生涯諮商

優勢、多元、全方位

作者 Norman C. Gysbers
Mary J. Heppner
Joseph A. Johnston

校閱者 田秀蘭

譯者 田秀蘭、吳芝儀、
王玉珍、楊育儀、
林昱芳、劉怡佳

FOURTH EDITION

CAREER COUNSELING

Holism, Diversity, and Strengths

Norman C. Gysbers

Mary J. Heppner

Joseph A. Johnston

目次

作者簡介

▍*Norman C. Gysbers*

　　Gysbers 博士是密蘇里大學教育學院諮商心理學程克拉特傑出教授（Curators' Distinguished Professor）。他在 1954 年於密西根州霍蘭市的霍普學院（Hope College）獲得學士學位，並在馬斯基根高地學區擔任教職（1954-1956），之後從軍兩年  （1956-1958）。他在 1959 年獲得碩士學位，1963 年獲得博士學位，都是從密西根大學取得。他同時也在 1963 年開始任教於密蘇里大學哥倫比亞校區。除了擔任助理教授之外，也領有執照，在大學實驗學校擔任學校諮商師，直到 1970 年。

　　在榮譽方面，Gysbers 獲得比利時布魯塞爾自由大學（Universite Libre de Bruxelles）所頒發的法蘭克專業獎（Franqui Professorship），並於 1984 年 2 月在當地演說。2000 年 5 月、2002、2004 年赴香港大學擔任訪問學者，2001 年 1 月於香港中文大學進行訪問，2000 年 7 至 8 月赴加拿大哥倫比亞大學訪問，也在 2011 年於國立臺灣師範大學擔任國際訪問學者。

　　他的教學及研究興趣主要在生涯發展、生涯諮商、學校輔導，以及諮商方案的發展、實施與評量。共計發表 96 篇研究，40 篇專書章節，15 篇手稿及 22 本著作。有些作品已譯成義大利文、韓文、日文、中文。

Gysbers 博士曾獲頒許多獎項，最著名的就是美國生涯發展學會在 1989 年所頒發的終生生涯成就獎（Eminent Career Award）、2013 年密蘇里生涯發展學會的終生成就獎（Lifetime Career Achievement Award）、2004 年美國學校諮商師學會所頒發的瑪莉葛克終生成就獎（Mary Gehrke Lifetime Achievement Award），以及 2002 年威廉坎伯優良教學獎（William T. Kemper Award for Excellence in Teaching）。2004 年獲得州長所頒發的教學優良獎（Governor's Award for Excellence in Teaching），1997 年獲得密蘇里大學優良校友及資深教師獎，2008 年則獲得密蘇里大學校友聯盟所頒發的傑出教師獎（Distinguished Faculty-Alumni Award）。

Gysbers 同時擔任《生涯發展季刊》（*The Career Development Quarterly*）的主編（1962-1970），美國生涯發展學會主席（1972-1973），美國諮商學會主席（1977-1978），以及美國生涯與技術教育學會副主席（1979-1982）。此外，他也是《生涯發展學刊》（*Journal of Career Development*）的主編（1978-2006）。

Mary J. Heppner

Heppner 博士任教於密蘇里大學，擔任諮商心理學教授，目前已退休。她畢業於明尼蘇達大學莫里斯分校，自內布拉斯加大學林肯分校取得碩士學位，博士學位則於密蘇里大學哥倫比亞校區完成。她的作品以女性生涯諮商及成人生涯轉換為主，是本原文書 1998 及 2003 年版本的共同作者。其他相關共同撰寫的作品包括：《21 世紀的生涯規劃》（*Career Planning for the Twenty-First Century*, 2000）、《博碩士論文撰寫及出版指引》（*A Guide to Successful Theses, Dissertations, and Publishing Research*, 2004），

以及《女性的生涯諮商手冊》（*Handbook of Career Counseling for Women*, 2006）的共同編者。此外，她也是「生涯轉換量表」（Career Transitions Inventory）的作者，同時也共同編製「生涯諮商自我效能量表」（Career Counseling Self-Efficacy Scale）。最近的研究作品在檢視生涯諮商過程對諮商效果的影響。此外，她也致力於中學及大學階段學生的性侵害預防研究。

她曾經以 Fulbright 學者身分訪問臺灣，也是美國心理學會第 17 分支的傑出學者，曾因為生涯發展方面的研究表現優良而獲得傑出成就何倫獎（John Holland Award），也獲得諮商領域優秀年輕學者獎項（Early Scientist Practitioner Award），同時也得到美國生涯發展學會的最佳優良獎（Merit Award）。在密蘇里大學中，她獲得威廉坎伯傑出教學獎（William T. Kemper Award for Outstanding Teaching）、羅伯丹尼爾教師獎（Robert S. Daniel Junior Faculty Teaching Award），和多項研究生優良導師獎，更是第一位榮獲密蘇里大學女性致力於教學及研究貢獻獎（Mizzou Women Award）得主。

▌ *Joseph A. Johnston*

Johnston 博士亦任教於密蘇里大學教育、學校與諮商心理學系，同時是生涯中心的主任。他的大學、碩士、博士學位都在密西根大學完成，固定在學校擔任生涯課程的教學。他是微克斯基金會（Wakonse Foundation）的創始人，此機構促進並提升大學的教學工作。他是美國諮商與發展學會、美國大學學生事務，以及美國生涯發展學會的資深會員。

為因應「美國閱讀挑戰」（America Reads Challenge）計畫，他在密西根大學開創了「語言教學方案」（A Way With Words）、「數

字教學方案」（A Way With Numbers），以及「躍星方案」（Jumpstart program）。出版過無數的期刊文章，帶領許多工作坊，同時也多次參與全美及國際會議，投入眾多專業期刊的編輯工作。對生涯理論與實務、領導、自我引導式學習、教師發展、實習，以及正向心理學都有積極的投入。

他曾獲得以下榮譽：生涯發展研究優良獎（Research Award in Career Development Scholarship, 2000）、密蘇里大學教育優良獎（Excellence in Education Award, 1996）、哥倫比亞克威尼斯俱樂部（Kiwanis Club of Columbia, Missouri）服務貢獻獎（2002）、全國大學學者學會優良會員獎（2002）、華頓自由創業獎（Sam M. Walton Free Enterprise Fellow, 2005）、全美大學學生宿舍管理榮耀獎（National Residence Hall Honorary, 2005）。曾任非洲兒童教育基金會（Funding African Children's Education, Inc., FACE）主席、密蘇里大學教師聯誼會規劃委員會委員（2000-2007）、領航教師（2005-2006），並獲得密蘇里生涯發展學會的終生成就獎（2013）。

貢獻者簡介

▍Lisa Y. Flores, PhD

美國密蘇里大學教育、學校與諮商心理學系教授。

▍Patrick Handley, PhD

為「洞察量表」（INSIGHT Inventory）的編製者，同時也是位專業訓練及演說家。

▍P. Paul Heppner, PhD

為密蘇里大學克拉特傑出教授，為文化潛能中心（Center for Cultural Competence）之共同創辦者及中心副主任。

▍John F. Kosciulek, PhD, CRC

為密西根州立大學諮商、教育心理，及特殊教育學系教授。

▍Amanda Nell, MA

為密蘇里大學生涯中心資深學生輔導主任。

█ 田秀蘭

現職：國立臺灣師範大學教育心理與輔導學系優聘教授

學歷：美國愛荷華大學諮商師教育哲學博士

經歷：國立臺灣師範大學副學務長、學生輔導中心主任、心田心理諮商
　　　所負責人

　　　美國馬里蘭大學心理學系諮商心理學程 Fulbright 訪問學者

　　　國立臺灣師範大學健康中心心理衛生組組長

　　　國立屏東師範學院初等教育學系教授、副教授

　　　國立屏東師範學院學生輔導中心主任

▌田秀蘭（前言、第 1～3、15～18 章）

（請參見校閱者簡介）

▌吳芝儀（第 9～10 章）

現職：國立嘉義大學輔導與諮商學系教授兼師資培育中心主任

學歷：英國雷汀大學社區研究博士

經歷：國立嘉義大學學生輔導中心主任

　　　國立嘉義大學學生職涯發展中心主任

　　　美國馬里蘭大學諮商與人事服務系訪問學者

　　　國立嘉義大學家庭教育研究所所長

　　　國立嘉義大學輔導與諮商學系主任兼所長

　　　國立中正大學犯罪防治研究所助理教授、副教授

　　　國立臺灣師範大學、國立中正大學學生輔導中心兼任輔導老師

　　　國立臺灣科技大學、實踐大學心理學／生涯規劃課程兼任講師

■王玉珍（第 4、13～14 章）

現職：國立臺灣師範大學教育心理與輔導學系教授

學歷：國立臺灣師範大學教育心理與輔導學研究所博士

經歷：國立臺北教育大學心理與諮商學系副教授、助理教授

　　　中國文化大學職涯發展與校友服務組組長

　　　臺北市立大同高中輔導教師

■楊育儀（第 3、5～8 章）

現職：國立嘉義大學輔導與諮商學系暨研究所副教授

學歷：英國倫敦大學組織心理學博士

經歷：加拿大多倫多大學訪問學者

■林昱芳（第 3、15～18 章）

現職：淡江大學諮商暨職涯輔導組專任諮商心理師

學歷：美國奧勒岡大學伴侶與家族治療碩士

經歷：台北市衛生局安心服務人員、P/E（Prepare/Enrich）認證婚前 /

　　　婚後協談員

■劉怡佳（第 11～12 章）

現職：國立臺灣師範大學附屬高級中學國中部輔導活動科專任教師

學歷：國立臺灣師範大學教育心理與輔導學士

前言

　　相較於 1990 年，美國今日變得更為壯大而有歷史，有更
多的西班牙及亞洲後裔，較不那麼依附婚姻及傳統形式的家
庭。不再那麼熱愛兒童，更偏愛好幾代家人住在同個屋簷下。
能包容同性婚姻，接受多重種族認定，喜歡住在市郊而非鄉
村，也比較能向南方及西方國家學習。

—— Nasser & Overberg, 2011

　　這些年來，我們所生活的社會、經濟體系性質和結構以及所從
事的工業及職業結構出現了巨大變化，讓我們難以跟上時代（U.S.
Department of Labor, 2013）。人們對自我、他人，以及社會所抱持的
價值及信念，也在改變當中，許多人在生活當中追求意義與和諧。我們
所處社會也逐漸重視多重種族、多種語言與多元文化。女性進入勞動市
場的情形相當頻繁，男性也開始不斷質疑自己傳統以來所扮演的角色及
信念。

　　以 2000 年代以來的人口趨勢而言，顯示家庭中家人分離
的情形頗為普遍。此一現象的形成原因，包括單親家庭的孩子
養育、未婚同居、離婚、再婚或再同居等等未解決的問題。許
多移民的轉型家庭也呈現如此的分離狀態，有些家庭可能橫跨
兩個國度。此外，這十年來人口變項也顯示婚姻及離婚現象因

教育背景而有許多不同的情形。我們也發現人口年齡結構顯示高齡化的情形，這在 2010 年代後會十分明顯。整體而言，人口變項方面的演變趨勢顯示出家庭生活更為複雜，變得模糊，經常流動變化，讓以往的統計方式難以測量。

—— Cherlin, 2010, p. 403

很不同於過去的習慣或是標準，我們發現生涯諮商在反映社會及經濟上的改變時，已經是具有動力、創意，及十分個人化的程序。個人生涯發展所呈現的自然現象與結構情形，已持續演進及浮現出來。這些概念為實務人員提供新的方式，理解並與各種年齡層及處於不同情境中的個案工作。要跟上這些改變，我們希望能隨時更新自己的專業知識，了解人們處於 21 世紀在工作及生活情境上會碰到的變化。你會希望重新檢視並活化一個人如何概念化自己的生涯發展，也檢視自己對個案所進行的生涯諮商結構是如何的。你會找出特定的處遇方式，包括質性的或量化的評估，以針對個案目標及問題，協助你以及個案共同蒐集資訊、了解並解釋這些資訊，同時也選擇適當的方式協助他們達到目標，解決問題。

本書目的

本書目的在協助你擴展並延伸對個人生涯發展的理解，同時也增廣你在生涯諮商方面的視野，以及相關的諮商技巧與技術。更具體地說，本書是為了協助你更新並增廣你的生涯專業知識，幫助你透過傳統及新興後現代生涯發展概念，而更能理解並解釋晤談過程中與個案所蒐集的資訊和你所觀察到的個案行為。這些知識也有助於你從個案的生活生涯主題（life career themes），或是他們對自己、對他人，以及對所處世界所抱持的意念、想法、態度和價值觀念，來理解並解釋他們的相關資

訊及行為。最後，我們也將協助你幫助不同年齡層及處於各種情況下的個案能更有效地理解並使用這些行為、資訊，幫助個案達成生涯目標或解決其所關心的生涯問題。

本書內容融合 21 世紀社會及經濟變化要求下，我們對傳統生涯諮商歷程的理解中最有力而重要的部分。此外，我們也融入新興及逐漸浮現的後現代生涯發展概念，討論它們在生涯諮商實務過程中的應用，進一步強化你對生涯諮商歷程的了解。這很重要，因為我們相信生涯諮商歷程長期以來受到忽略，好像這種諮商是沒有什麼歷程可言。我們提出生涯諮商歷程，並特別注意這歷程如何有助於我們擴展不同的選擇，並賦能真實的生活，包括不論性別、種族及族群，也不因同性戀、雙性戀、跨性別個案，或是因個人的身心障礙而有差異。雖然我們能夠很敏感地知道這些分類並不能涵蓋所有人群的多元形式，但我們還是選擇強調這些分類，並希望如此的表達能擴及類似的多元團體議題之中。

為了有助於你獲得具體的技巧，本書彙集一般諮商、心理、社會、經濟等領域的重要概念及技術，同時也具體含括生涯心理學知識。若你有意強化理論知識並擴展實務技術，不妨進一步深度檢視特定的生涯諮商處遇模式，包括量化及質性評估。這是一本有助於你更新並擴展能力的專書，能協助你對個案行為得到洞察並發展假設，進而應用這些知識選擇有效的生涯諮商技術及評估方式。

■ 全書概覽

本書以理論為基礎、實務為焦點的方式介紹生涯諮商，從生活生涯發展觀點全面性地了解個人的一般發展全貌，同時也了解特定的生涯發展行為。全書以優勢為基礎，著重生涯諮商理論概念的健全，對實務人員而言，在使用上十分友善，能應用在處於不同情境下不同年齡層的個案。我們特別注意生涯發展及生涯諮商過程中會出現的重要生活情境，

包括性別、文化、種族、性取向、社會階層、靈性層面，以及障礙等。對於工作世界的持續變化也有特別注意，包括全球化以及工作與家庭之間互動的實務涵義。

因為本書以理論為基礎，以實務應用為導向，我們更重視生涯諮商歷程的中心概念，也就是工作同盟的性質與結構。本書的優點，在於使用了後現代理論，包括建構主義、社會建構論，以及渾沌理論。這些理論概念均聚焦於個人敘事所統整的生活生涯主題，個案以這些主題來組織自己的思想、感受與意念。為了協助生涯諮商師蒐集個案資訊，針對個案行為進行了解與假設，協助個案發展並實踐其行動計畫，本書除介紹量化評估工具之外，也納入非常實務且高度好用的質性生涯評估技術。本書另一項特色，在針對抗拒型個案做討論，為何這些個案會抗拒，他們又如何抗拒？我們又該如何與這類型個案工作？最後，本書說明生涯諮商中該如何使用生涯資訊、如何協助個案發展並執行行動計畫、如何善用社群媒體，以及如何進行生涯諮商歷程的結案等等。

第一部分「21 世紀之生涯諮商：不斷演進的背景、挑戰和概念」，提供了面對 21 世紀以來種種變化之下的生涯諮商知識基礎及觀點。第 1 章聚焦於我們與個案工作時的生涯諮商歷程及階段，從生活生涯發展角度描述生涯諮商歷程並提供「生涯諮商自我效能量表」相關資訊。第 2 章描述生涯發展理論建構的演進，同時也呈現部分傳統及後現代理論和取向，以了解生涯發展，強調理論建構在生涯諮商實務中的應用。第 3、4、5 章則彰顯多元化的特色，聚焦於社會階層所帶來的影響，描述男女性別相關議題對生涯諮商的影響，並討論性取向所關注的議題。第 6 章以賦能身心障礙者生活選擇為焦點，第 7 章檢視工作世界及家庭的變遷，以及這些變遷對個人生活所帶來的影響。

第二部分「個案目標或問題辨認、澄清、具體化」，針對我們所提出的技術、工具、議題進行深度討論，這些討論依循我們第 1 章所提出

生涯諮商歷程的第一階段。第 8 章檢視生涯諮商的開始階段，以工作同盟及其對生涯諮商歷程的影響為焦點。第 9 章描述生活生涯主題概念，並舉實例說明如何辨識生活生涯主題，以及這些主題如何協助個案了解自己的目標、行為，或是所關心的問題。第 10、11、12 章，呈現後現代質性技巧的特色，內容包括結構性的晤談、家族圖、職業組合卡，提供結構性及半結構性的架構，協助我們在生涯諮商資料蒐集階段讓個案說故事，並辨識生活生涯主題。第 13 章，我們針對標準化測驗及量表的選擇進行深度討論，看這些工具如何提供個案在興趣及人格特質各方面的訊息。第 14 章則針對個案風格及優勢的評估進行討論。最後，第 15 章處理抗拒型個案問題，說明可能存在哪些抗拒型態，以及面對抗拒型個案的處理方式。

第三部分「個案目標或問題解決」，強調生涯諮商策略目的在協助個案達成目標，解決問題。第 16 章，我們著重生涯諮商歷程中的資訊使用，同時也呈現關於個案如何能設定目標、發展生涯計畫的細節，這整個歷程建基於個案及諮商師的共同工作所達成的結果。第 17 章是此一版本的新闢章節（按：本書為原文版第四版），聚焦於社群媒體在生涯諮商中的應用。最後，第 18 章檢視生涯諮商的結束階段，包括如何進入結束階段以及結束階段所含括的個案及諮商師之工作同盟結束議題。

▊ 適合閱讀本書之對象

本書適合多種讀者，首先，在不同場域從事生涯諮商的實務人員會發現這本書有足夠的深度，涵蓋傳統及現代與後現代的生涯理論、議題及技術。然而本書也不只是補充了相關知識技術，還細心雕琢並連結幾個重要部分，這些均有組織地環繞在全面的生涯發展觀點以及生涯諮商歷程中，所以，本書無疑為實務人員提供了很好的更新資源。其次，本

書也適用於正在受訓的準諮商師、心理師、諮商教育，及其他相關助人工作學習者。因為本書提供了他們在職前需要具備的生涯諮商知識與技巧。本書的生涯諮商過程特色建基於生活生涯發展觀點，特別注意多元性、社會階層、身心障礙、性取向，以及性別議題。本書帶領學習者走過整個生涯諮商歷程不同階段，提供深度的評估技術。此外，也提供一個架構，用以統整後現代質性及傳統量化評估技術、資訊，並直接且自然地融入到生涯諮商歷程，有些地方並不容易，許多仍在受訓學習者尚無法做到。

■ 本版新增

由於人們對生涯諮商越來越感興趣，生涯諮商的趨勢、議題，以及實務方面的文獻也明顯地擴展，因此，原文第三版顯然有必要做些更新修正。在本版，也就是原文第四版裡，我們很認真地增加了所有影響生涯諮商師工作的因素以及生涯諮商理論與實務的最新文獻，也包括相關研究。目的在強化理論基礎及相關的情境根基，以便這個領域可以持續維持實務上所應強調的重點。此版本中，我們所做的修改及增補，包括以下幾個重點：

- 我們將書名做了修改，強調優勢、多元，以及全方位，這些主題貫穿於全書中。
- 對生涯行為的理解方面，我們提供生涯理論演進的整個全貌，並涵蓋了後現代理論取向的生涯發展，包括建構主義、社會建構論，以及渾沌理論。
- 我們新增一個章節，重點放在社群媒體在生涯諮商中所扮演的角色。

■ 參考文獻

Cherlin, A. J. (2010). Demographic trends in the United States: A review of research in the 2000s. *Journal of Marriage and Family, 72*, 403–419.

Nasser, H. E., & Overberg, P. (2011). Census tracks 20 years of sweeping change. *USA Today*. Retrieved from http://www.usatoday.com

U.S. Department of Labor. (2013). *Occupational outlook handbook, 2013–2014 ed.* St. Paul, MN: Jist Publishing.

致謝

　　本書的撰寫，要感謝多位同事的支持、鼓勵、付出，特別要感謝 Lisa Flores, Patrick Handley, Puncky Heppner, John Kosciulek 與 Amanda Nell 等人。Lisa 在第 3 章〈賦能生活選擇：種族與階級脈絡下的生涯諮商〉幫了很大的忙；Patrick 對第 14 章「洞察量表」的說明貢獻許多；Puncky 對第 5 章〈賦能男性的生活選擇：性別與性取向的檢視〉有實質的貢獻；John 則是第 6 章〈藉由賦能式生涯諮商促進身心障礙者之生涯發展〉；Amanda 協助撰寫第 17 章〈在生涯諮商中使用社群媒體〉。我們也特別感謝 Kathleen Kerr 協助本書關於研究的部分。謝謝你們！

　　最後，若沒有行政同仁的高效率協助，本書也是難以完成的，這要歸功於 Linda Coats。謝謝你，Linda！

校閱序

　　打開網頁，鍵入「生涯」兩個字，大概可以找到將近三億筆資料，可見得生涯概念對大眾而言的普遍性。生涯諮商方面的書籍比比皆是，我們選擇這本專書翻譯，主要是因為這本書是少數從全方位觀點出發且重視諮商心理歷程的生涯專書。原作者是密蘇里大學的教授群，他們在諮商心理學領域有豐富的經驗與優異的成就，並以生涯諮商為研究及實務焦點，發展適用於不同年齡層、不同族群個案在不同情境下的諮商策略。

　　全書從諮商觀點出發，首先主張生涯諮商與個人的情緒諮商是不可分離的，接著介紹這些年來的諮商文化及生涯理論背景，著重多元族群、多元性別、身障弱勢，以及家庭與社會變遷下的社會文化脈絡。其次以生涯諮商歷程及技術為焦點，討論具體的諮商策略，協助個案辨認生涯主題、訂定生涯目標。具體的策略包括故事敘說、家族圖的分析、組合卡的使用、標準化測驗的應用，以及近年來頗受歡迎的優勢取向生涯諮商等；此外更增闢一章討論抗拒型個案的處遇方式。有不少個案帶著生涯問題而來，但事實上卻與其生活層面的其他問題有關，敏感度夠高又具有智慧的助人者，能讓帶著生涯問題而來的個案在諮商歷程中卸下心防，洞察個人議題並解決所面臨的困境。

　　所有的諮商心理師在接受生涯諮商訓練時，本書可說是絕佳的參考用書。對於諮商經驗豐富的心理師，要改變其對生涯諮商的陌生、低自我效能，或是以往既有的刻板印象，這也會是一本絕佳的進修專書。

原書是為第四版，第一版於 1997 年出版，2002 年修訂為第二版，書名副標題均為：歷程、議題、技術（Process, Issues, and Techniques）。第三版於 2009 年修訂，書名的副標題則更動為：情境、歷程、技術（Contexts, Processes, and Techniques），逐漸重視生涯議題出現的文化情境而非議題本身。直到第四版於 2014 年出版，副書名更改為本書所譯之優勢、多元、全方位（Holism, Diversity, and Strengths）。足見隨著時代演進，個人獨特性及社會多元化同時受到生涯諮商的關心。這本書的另一特色，是能採納專家之言，在少數章節邀請專精該領域的學者或實務人員論述，例如針對種族文化、性別、身心障礙的生涯諮商、資訊媒體的應用，以及特定量表的專家學者等。隨著時代演進，第一作者 Gysbers 教授在拿到博士學位後至今將近六十個年頭，這些年來，能隨著文化情境更迭新知，接納新世代資訊媒介，讓既有作品更適合現代諮商文化，著實為我們後生的楷模。

　　全書在翻譯過程也頗耗功夫，多位譯者在翻譯之初即針對重要關鍵字進行討論，翻譯過程也互相討論提攜。多位原作者的撰寫風格偏重學術研究，用詞精煉，在翻譯過程需推敲文字段落的清晰及流暢性，而出版社編輯者在校稿過程，對照原書、鉅細靡遺，也激發了譯者群的精神。我們期待本書對生涯諮商議題有興趣的學習者及實務者均能受益。

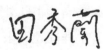

Part **I**

21 世紀之生涯諮商：
不斷演進的背景、
挑戰和概念

CHAPTER 1

生涯諮商：
生活生涯發展之觀點

　　生涯具有個人獨特意涵，是由個人終其一生所做選擇而營造出來的，也是個人與其所處環境之間不斷互動所呈現出的結果。包括個人在進入職場之前所涉獵的活動，以及進入職場之後所完成之正式活動。生涯，環繞著我們所扮演之所有生活角色的組合，因此，有效管理我們的生涯，也包括了有效地整合我們所扮演的角色。就現實角度而言，生涯是指我們要讓自己的生活經驗變得更為有意義的過程。而生涯發展歷程，基本上是個心靈旅程，反映出我們在這地球上如何運用時間的種種選擇行為。

——Niles & Harris-Bowlsbey, 2005, p. 30

　　在 21 世紀持續開展的過程裡，生涯發展的理論、研究基礎，以及生涯諮商的實務也不斷地變化。一些符合現代規範、以科學為基礎的理論，像是 Holland 理論所主張的職業人格與工作環境，在引導生涯諮商實務上，一直都是很有用的（R. W. Lent, 2013）。在這同時，也陸續出現許多「以後現代以及建構主義哲學為基礎的生涯諮商取向」（McMahon, Watson, Chetty, & Hoelson, 2012, p. 127）。

　　現代理論以及後現代理論的結合，刺激著我們重新檢視生涯發展與生涯

諮商實務的性質與結構是如何催化這些新概念的形成。這些檢視也刺激了我們在生涯諮商實務進行中採用新的方法蒐集個案資訊。同樣很重要的，這些方法也提供了我們新的方式來思考對個案所蒐集的資訊及行為問題，並發展假設；讓我們開啟新的方法運用這些假設來選擇處遇方法，以協助個案解決問題、達成目標。

為了對本書的其他章節做好準備，第 1 章的第一節由生涯發展理論建立的基礎及變化過程，討論生涯諮商的本質與結構。這些討論是要為接下來幾章所介紹的生涯諮商處遇提供一個觀點及組織架構。在本章的第二節，我們描述一種生涯發展的全方位視野，稱之為**生活生涯發展**（life career development），目的是提供一項概念基礎，以開啟對各個年齡層以及各種情境的個案進行生涯諮商。最後，本章討論諮商師進行生涯諮商應具備的能力，我們也提出「生涯諮商自我效能量表」（Career Counseling Self-Efficacy Scale; O'Brien & Heppner, 1995），並加以論述。

生涯諮商

什麼是生涯諮商？這和其他形式的諮商工作不同嗎？都一樣嗎？有沒有哪些部分是重疊的？近年來，當我們想澄清生涯諮商時，這些問題持續增加（Amundson, Harris-Bowlsbey, & Niles, 2009; Capuzzi & Stauffer, 2012; Savickas, 2011）。在這討論過程中，有兩個主要問題。首先是生涯諮商的本質問題，生涯諮商的本質以及所隱含的特色是什麼？過程中也包含心理的歷程嗎？其次是結構問題，生涯諮商有結構嗎？如果有的話，是哪些階段或次階段？各階段的次序及彼此間的關係又如何？

一、生涯諮商的本質

「就歷史脈絡而言，生涯與職業諮商是諮商專業發展上的里程碑」（Dorn, 1992, p. 176）。但很不幸地，在這歷史脈絡裡，生涯諮商也成為一

種刻板印象。在很多人眼裡，它變得是費時很短、不帶心理歷程，而且焦點是放在結果及方法的（Osipow, 1982）。Swanson（1995）摘述 Manuele-Adkins 的話：

> Manuele-Adkins（1992）認為生涯諮商刻板印象觀點貶低了生涯諮商中的心理要素，以至於影響了生涯諮商服務的品質與提供。在這樣的刻板印象下，生涯諮商是個理性的歷程，強調提供資訊、測驗評估，以及電腦系統的服務。是短期的，以至於限制了服務策略的範圍，忽略了做決定的心理歷程。這刻板印象讓生涯諮商不同於一般的個人諮商，因此也貶低了生涯諮商給人的價值感，甚至錯誤的區分為與工作有關或與工作無關。（p. 222）

Young 與 Domene（2012）為這歷史性的辯論外加一筆，他們說：「生涯諮商與生活當中其他部分的諮商，像是家庭、情緒困擾，及關係議題還是有差別的。」（p. 16）他們指出，很可惜，生涯諮商及一般諮商實務人員分別擁有不同的專業認定、實務及專業學會。這些做法更進一步增加了這樣的區分，結果是雙方的專業無法連結而各自使用各自的專業文獻。

這樣的區分讓有些人認為生涯諮商師的角色是主動、引導式的，因為他們使用質性及量化的評估，並提供訊息資料。相對地，一般從事個人—情緒諮商的諮商師，被認為是催化的、探索的，因為他們將焦點放在心理歷程，也就是個案及諮商師的互動歷程（Imbimbo, 1994）。這樣的分歧觀點導致生涯諮商典型的刻板印象：「三次晤談、一團霧水」（Crites, 1981, pp. 49-52），因此我們也無需訝異為何在典型的刻板印象下，相較於一般個人—情緒諮商，在專業者的眼裡生涯諮商並沒有那麼重要。

此外，我們相信這種二分現象使得一般人對生涯諮商的本質產生錯誤的信念，Amundson 等人（2009）稱這些錯誤的信念與想法為**生涯諮商迷思**（career counseling myths）：

1. 生涯諮商師有套標準化的評量工具，讓個人知道該選擇什麼工作。

2. 工作角色決定可以是獨立於生活中其他角色的。

3. 生涯諮商不處理「個人」議題。

4. 生涯諮商師並不需要其他諮商專業就能將工作做得很好。

5. 生涯諮商不需要與個案討論他所處的情境及文化脈絡。

6. 只有在需要做生涯決定時才會用到生涯諮商。

7. 在做完生涯決定後，生涯諮商就可以結束了。（p. 5）

　　相對於典型的刻板印象，我們相信生涯諮商是屬於一般諮商的，因為它與各類諮商歷程所擁有的內在特質及性質是相同的。然而，不同之處在於個案所提出的問題焦點經常是以工作及生涯議題為主，且諮商過程中較常同時使用到質性及量化的評量方式，也較常應用資訊提供。Swanson（1995）依據這樣的特徵來定義：「生涯諮商是諮商師與個案彼此之間持續面對面的互動，主要聚焦於工作或生涯相關議題；彼此互動的本質是心理層面的，且在這心理互動關係下提供重要的功能。」（p. 245）

　　身為諮商實務者，大家都知道，當個案提出問題時，很多時候只是個開始。當諮商展開後，其他問題就浮現了。生涯問題經常變成個人—情緒問題以及家庭問題，然後又再成為生涯問題（Andersen & Vandehey, 2012）。心理上的壓力是很常見的（Multon, Heppner, Gysbers, Zook, & Ellis-Kalton, 2001）。想法、情緒，以及感受都包含在內。如同 Kidd（2004）所指出：「我們需要更知道情緒的表達究竟如何影響我們的生涯發展。」（p. 443）Hartung（2011a）支持 Kidd 的觀點：

　　　　情緒可以很肯定地回答職業行為中關於「為何」的問題。我們似乎也已經到了需要檢視情緒在生涯理論及實務中所扮演角色的時候，看看情緒如何更廣泛且細膩地在生活生涯設計中滋養生活目標方向、形塑目的、建構意義、增進其描繪性，並提升意圖。（p. 302）

　　將諮商劃分為生涯諮商與個人─情緒諮商，這刻板印象是人為的，在實務上也站不住腳。因為許多個案同時處理多重的個人─情緒及生涯問題，其中許多部分是相連結而交織的（R. E. Lent & Brown, 2013），而這也並非新的概念。多年前，Super（1957）就指出：「職業與個人諮商彼此之間的劃分是人為的，因為強調一般諮商的重要性而犧牲其他諮商的重要性，是沒有必要的。」（p. 196）近年來，Flores（2007）也說：「個人層面及生涯層面的生活是同時運作的，彼此之間是相互依賴的。」（pp. 3-4）而Amundson（1998）也認為：「大部分帶著生活問題前來諮商的人，所談問題不會全然就只是落在生涯問題或是個人問題。生活本就不會定義得如此純然。」（p. 16）

　　如果生涯諮商與其他形式的諮商屬於同一層級，那麼為何又需要使用「**生涯諮商**」一詞呢？我們主張使用生涯諮商此一詞彙，一部分是因為歷史因素。以前我們使用「**職業**」（vocational）這個詞彙，現在則使用「**生涯**」（career），職業兩個字，已經可以算是歷史遺產了。

　　單就歷史觀點而言，並不足以說明生涯諮商此一詞彙的使用。我們有另一項理由，也就是：生涯諮商，必須將注意力焦點放在個案工作及生涯問題，這些問題需要源自於生涯發展的理論、研究、實務各方面的理論概念及處遇。這些必要的理論概念及處遇在既有的其他諮商取向文獻中是找不到的。同時，基於個人─情緒諮商觀點的理論概念及處遇，在關於生涯諮商的文獻中通常也找不到。依照 Collin（2006）的說法：

　　　　生涯同時具備主觀及客觀性質，既是社會真實（social reality），也是個人經驗的存在。即使焦點放在前者，潛藏的個人經驗也還是存在著。生涯也代表著二元性質：個人主義與集體主義，既有修辭學意義（rhetoric）也有實證性意義（praxis）。這二元性使得生涯的本質是模糊的，這並非「不是這樣就是那樣」的議題，而是「兩者／而且」的議題。也因為如此，生涯是個非常有動

力且吸引人的構念，一直到 21 世紀也十分具有意義。（p. 63）

在現代和未來世界中，不論是生涯理論或是個人—情緒理論，這兩方面的理論概念及實務處遇都有助於我們協助個案（Fouad et al., 2007）。我們的初衷在於協助個案，而非預設諮商處遇上的差別。Zunker（2002）也曾經說過：「我們不只是生涯諮商師，同時也與個案談個人問題。」（p. 7）對於強調以個案問題來引導個案及與個案工作，Blustein 與 Spengler（1995）在他們發展的領域敏感取向（domain-sensitive approach）諮商中提及：

領域敏感取向的諮商過程，強調含括個人的全面經驗，整個處遇目標在增進個案生涯及非生涯方面的適應，並促進發展歷程。「領域」的意義是涵蓋個案生涯以及非生涯的心理經驗。藉由使用「領域敏感」（domain sensitive）此一詞彙，我們試圖捕捉諮商師對個案生涯及非生涯方面固有的開放、同理與興趣，同時也有能力在生涯以及非生涯領域之間適當轉換。在影響效果方面，領域敏感取向的特徵在於諮商師對個案前後一致的興趣，而且能覺察個案所有可能的心理經驗及其行為上的表達。使用此一取向時，諮商師很明顯地同時重視個案生涯或是非生涯領域的經驗。至於從何處著手介入，是基於知情上的判斷，諮商師知道問題是如何形成的，也知道從何處著手是最恰當的。（p. 317）

在領域敏感取向當中，由於生涯諮商歷程將注意力集中於生涯（工作）議題上，因此生涯問題不會自動轉變為個人—情緒問題（Blustein, 2006）。同樣地，個人情緒—問題也不會自動轉變為生涯問題。「領域敏感取向的本質在於它的處遇並非基於截然不同的處遇模式，而是基於每位個案的獨特性，包括個案所呈現的問題及其過往經歷。」（Blustein & Spengler, 1995, p. 318）「生涯諮商」（career counseling）以及「個人—情緒諮商」

（personal-emotional counseling）這兩個詞需要繼續存在，以維持理論及研究上的組織系統，而非限制我們對個案的視野、限制我們與個案的工作。多年前，Super（1955）就說了：「我們是對人諮商，不是對問題做諮商。」（p. 4）

二、生涯諮商的結構

基於我們對生涯諮商本質所做的討論，接下來的任務是要思考諮商師與個案進行生涯諮商時的組織方式。與個案進行的生涯諮商可以劃分為不同的階段或次階段嗎？若可以的話如何劃分？順序如何？不同階段彼此之間有關係嗎？

從 Parsons（1909）開始，有許多作者均嘗試說明生涯諮商的結構（Amundson et al., 2009; Crites, 1981; Kidd, 2004; McDaniels & Gysbers, 1992; Savickas, 2011）。本書將生涯諮商結構劃分為兩大主要階段（**個案目標或問題辨認、澄清、具體化，以及個案目標或問題解決**），以及數個次階段。表 1-1 呈現這些階段及次階段的概覽。

此外，我們同意 Swanson（1995）的說法，個案與諮商師彼此之間的關係對生涯諮商的功能有很大的影響。表 1-1 也勾勒出我們對諮商師及個案之間在生涯諮商不同階段及次階段中的關係或工作同盟。我們可以看出在諮商不同階段中工作同盟關係的演進——從工作同盟的形成到強化、持續，直到生涯諮商完成後結束。好的諮商關係有何重要性呢？ Amundson（2006）曾說：「所有的諮商處遇，均有賴好的關係作為基礎。」（p. 7）（有關工作同盟完整的討論，包括目標設定、任務的建立、個案及諮商師彼此連結的營造，詳見第 8 章。）

我們要記得，儘管所有生涯諮商階段及次階段有可能在一次晤談就完成，但更有可能會在幾次晤談之間逐漸展開。在有些機構可能設有晤談次數的限制，若是如此，個案及諮商師都需要知道時間的限制而決定在有限的時間內要完成些什麼。在這樣的情況下，雙方也可能會需要同意在彼此關係結

表 1-1　生涯諮商的結構

階段及次階段	工作同盟
一、個案目標或問題辨認、澄清、具體化 **開始** • 定義並澄清個案與諮商師的關係、責任，簽署知後同意書，包括保密議題。 • 辨認個案一開始呈現的目標或問題。 • 傾聽個案內在的想法、感受以及潛藏的動力。 **蒐集個案資訊** 由諮商師引導、以量化工具及質性程序澄清並具體化個案所呈現的目標或問題，目的在： • 探索個案對自己、對他人，以及對世界的觀點，看看自己如何受社會、歷史及文化情境的影響。 　－個案使用如何的語言呈現自己的觀點。 　－種族及性別認同狀況。 • 探索個案如何理解自己的生活角色、情境及事件，包括過去、現在、未來。 • 檢視整個可能會出現的個人或環境障礙或限制。 • 辨認個案的決策風格。 **了解個案行為並提出假設** 應用生涯、諮商、人格理論及多元文化、性別文獻中的語言及構念，了解並解釋個案資訊、行為，並且是從個案所陳述的目標或問題來看。 • 以與個案目標及問題有關的理論及文獻為基礎形成假設，進而選擇適當的處遇。	**一、形成工作同盟** • 辨認一開始提出的諮商目標。 • 具體指出即將處理的首要任務。 • 營造諮商師與個案之間的連結。 **二、強化工作同盟** • 尋求或修改彼此認可的目標或任務，或增加目標、任務，捨棄一些用不到的目標或任務。 • 強化諮商師與個案之間的連結。

表 1-1　生涯諮商的結構（續）

階段及次階段	工作同盟
• 以可能影響個案行為有關的文化／性別變項為焦點。 • 傾聽個案的抗拒，並做回應。 **二、個案目標或問題解決** **採取行動** 　採用理論—研究為基礎的處遇方式，包括諮商技巧、質性及量化評估，並以相關訊息協助個案達成目標，或是在工作同盟的情境裡回應他們的問題。 **發展生涯目標及行動計畫** 　與個案發展生涯目標及行動計畫，以解決問題、達成目標，並在問題出現時克服可能的環境及個人偏誤障礙。 **評估結果並結束諮商關係** 　當個案達成目標或問題得到解決時，結束關係。	**三、持續工作同盟** • 透過任務的完成，達到個案目標；也可能將一些目標列為未完成事項。 • 完成諮商師與個案之間的連結。 **四、結束工作同盟關係**

束之前，可以有哪些事項不能完成。

　　此外，我們也需要記得，雖然這些諮商中的階段或次階段在理論上是依序進行，但實際上可能並非完全一樣。生涯諮商過程中，經常是在幾個階段或次階段之間來來回回的，或必須先回到前一階段、次階段之後，才能進入後續階段。有時在進入採取行動次階段後，才會發現需要其他未預期的處遇，而有需要回到蒐集個案資訊的次階段。若以圖形來呈現，圖 1-1 的圓形圖說明表 1-1 當中各階段及次階段間的線性關係。要注意工作同盟的演進和它與各階段、次階段之間的關係，以及它在生涯諮商結構中是如何位於中心位置。

　　最後，也必須知道，並非所有尋求諮商的人都想走完或需要走完整個生

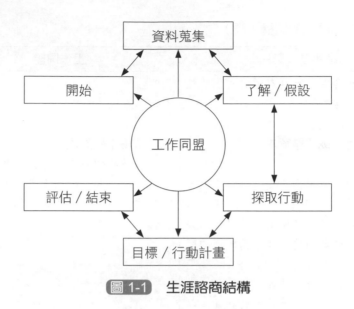

圖 1-1 生涯諮商結構

涯諮商歷程。有些人想要或需要的協助很少，有些個案需要花較長時間走完整個歷程但卻又抗拒。在工作同盟開始形成時，抗拒會是在開始次階段中第一個要處理的任務。即使抗拒看似已經處理完畢，但我們也必須知道，抗拒可能會一再出現，有可能在諮商後期個案才糾結於他們所面對的問題。要記得，對這些個案而言，處理一再出現的抗拒，會包含在生涯諮商中所涵蓋的心理歷程中（詳見第 15 章針對生涯諮商中出現抗拒的討論）。

生活生涯發展：全方位觀點

如前文所述，我們可以看到生涯諮商的主要任務是根據個案所呈現的問題以及接下來的目標蒐集資訊。同樣重要的是理解個案的問題和目標並據以發展假設，選擇適當的處遇策略，使個案有能力解決問題，達成目標。

要協助個案完成生涯諮商任務，我們主張較廣泛、全面性的生涯發展觀點，稱之為**生活生涯發展**，以引導在任何情境下所有年齡層的個人。Amundson 等人（2009）也主張此一全面性的觀點，他對此廣義的名詞給了

如此的定義：「生涯諮商強調個人整個人生以及全方位的觀點。」（p. 7）
Westergaard（2012）也支持生涯發展廣義的全方位觀點，他說：「強調全
方位取向的『生活設計』（life-designing）概念，且其中的『生涯』並不單
純是指『工作』。」（p. 336）

一、什麼是生涯發展？

(一) 初步定義

Gysbers 與 Moore（1975）最初在 1973 年〈超越生涯發展 —— 生活生
涯發展〉（Beyond Career Development—Life Career Development）一文中
曾經指出，**生活生涯發展**可定義為個人一生的自我發展，這過程中透過生活
角色、情境及個人生活事件彼此之間的互動及統整而形成。而生活生涯發
展當中的「生活」（life）這個詞，焦點是在整個全人，是整個全人的生涯
（human career）。「生涯」（career）這個詞，則是指個人所涵蓋的相關
角色（包括工作者、休閒者、學習者、家庭成員以及公民）、他們扮演這些
角色的情境（包括家庭、學校、社區及工作場所），以及相關事件，不論是
計畫中或非計畫性的，都可能在其一生當中出現（包括進入職場、結婚、晉
升、離婚或退休）。「生活生涯發展」一詞，不僅將這些意義結合在一起，
同時也形成更廣的涵義。生活生涯發展對個人多元性的生活風格做了最全方
位的描述。

(二) 擴展後的定義

生活生涯發展概念在 1973 年所做的原初定義與今日或未來的生涯會有
關係嗎？答案是「對的，會有關係」。即使個人一生當中的生活角色、生活
情境，以及生活事件相互交織所形成的雛形是十分有價值的，但很明顯的，
有更重要的因素在影響個人生活生涯發展，這些因素都應該涵蓋在這模式當
中。McDaniels 與 Gysbers（1992）針對這點提出性別、原始族群、宗教，

以及種族等因素，這些因素都應加入生活生涯發展的原初概念中。因為這些因素對不同年齡層、處於不同情境的個人而言，在形塑其生活角色是有重要影響的，與其所處環境及生活事件也都有關係。此外，這些因素也為個人提供更好的解釋力，用以理解生活生涯發展的動力。

圖 1-2 描述生活生涯發展的廣義定義，要注意「生活情境」、「生活角色」及「生活事件」這幾個標題。每個標題下圓圈或方框內字詞代表不同的生活情境（像是家庭、工作、學校）、生活角色（如：父母、配偶）、生活事件（如：結婚、退休、進入職場、離婚）。圖的最底下，也就是性別、原始族群、種族，與本書（原文書）第一版相同，本書第三版將宗教改為靈性層面，將社經地位改為社會階層。這些改變的目的在反映此學科最新的思潮。此外，我們也加入了新的因素——性取向。這些改變及新加入的因素更能解釋生活生涯發展的全面性，我們在本版書中持續強調這些因素的重要性。

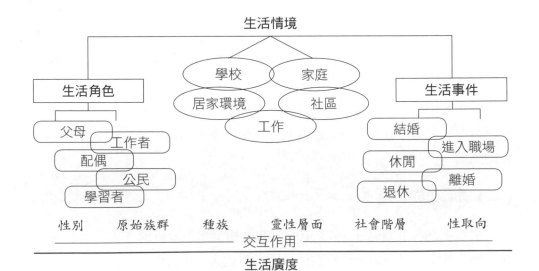

圖 1-2 生活生涯發展

註：取自 *Counseling for Career Development*, by C. McDaniels & N. C. Gysbers, 1992, San Francisco: Jossey-Bass。

　　我們要讓每個人都有能力完全理解並解釋整個全人生涯是什麼，為何是全面性的，以及是如何發展而來的；會有如何的生涯目標；會遇到什麼生涯問題。這是很重要的，特別是在今日複雜的社會中。我們所生活的國家是整個世界經濟體的一部分（Friedman, 2007），國家的發展在種族、族群或靈性層面都日趨多元，但共同的主題依舊連繫著彼此。整個國家在教育或職業方面的性別觀點持續在改變，社會階層及性取向對形塑個人社會化及現狀或未來狀態持續扮演重要的角色，而靈性層面也在個人生活中扮演著重要角色。Paloutzian 與 Lowe（2012）也強調這樣的觀點，他們指出：

　　　　我們生活在多元文化、多元族群、彼此影響的多元價值世界中，在宗教信仰方面也有無盡的樣貌，包括有信仰、無信仰，或是靈性層面的種種情形。這世界如今彼此緊密連結、互賴，多半透過與工作相關的經濟活動或體制，若沒有讓人們與所處工作文化互相觀察、理解，並接受彼此的差異，以共同受益的方式一起投入並適應、共融，則會是一大錯誤。（p. 194）

　　因此，我們需要更完整地理解這些因素對生活生涯發展的影響，並且更直接地評估個案是否能達成他們的目標，解決他們的問題。

二、生活生涯發展的目標──協助個人建立生涯意識

(一) 何謂生涯意識？

　　要讓個人以生活生涯發展為寬廣的視野，辨認、描述並理解過去、現在及未來的發展所呈現的動力，就是要讓個案能發自內心地出現生涯意識（career consciousness）。什麼是生涯意識呢？Gysbers 與 Moore（1975）將生涯意識定義為一種觀照能力，能看到可能的生活角色並進行分析，將這些內容與現階段的情境及狀況做連結。我們解釋並延伸這樣的概念，將

生涯意識定義為個人對積極樂觀與時間連續性的內在感知（Ickes, 1981），使個人能觀照、計畫，並對自己的目前及未來生活生涯都能營造「積極的生活方式，以創造意外驚喜、敏感於新的契機，抓住能找到的任何機會」（Krumboltz, 2009, p. 152）。

我們提出的生涯意識概念具有寬廣的行動導向意涵。「其中包括個人的背景、教育、政治理念、洞見、價值觀、情緒以及哲學。」（Reich, 1971, p. 15）然而依 Reich 的觀點，意識的概念不僅止於此，它應該涵蓋了整個全人，也是個人建構他們生命的方式。我們將 Reich 對意識的定義含括進我們的概念，同時也凸顯其寬廣的行動導向意涵，我們加入「生涯」一詞，讓焦點能放在整個全人生涯。人，有各類生涯，工作世界則有林林總總的職業。

我們相信生涯諮商在 21 世紀所面臨的挑戰，是要協助所有不同年齡層的人能在各種不同情境下有清楚的生涯意識，讓他們能夠在現在或未來生活角色、生活情境及生活事件中投射自我，並讓這些角色、情境、事件變得更有意義。在這個挑戰當中，重要的任務是要協助個人針對眼前所見、呈現的意義進行評估、反映，並採取有目的的行動。透過意義的產生，生涯諮商歷程「協助個人降低評估結果與全面性意義之間的不一致感受，並恢復與世界的連結感，視自己的生活是有意義的」（Park, 2012, p. 25）。此外，我們相信在面對這項挑戰時，生涯諮商歷程必定在情境中展開，且性別、種族、原始族群、社會階層、性取向，以及障礙情形都可能形塑這些反應、意義的賦予，以及行動的歷程。

(二) 多種面向的生涯意識

生涯意識具有多種層面，所包括的元素很多，像是未來我、與事實不符的想法，以及召喚。但這些並非是各自獨立、不同的實體，而是一個人各個部分的統整。

1. 未來我

生涯意識概念中，包括未來我（possible selves）這個概念，Markus 與 Nurius（1986）首先提出這個概念。什麼是未來我呢？「未來我代表人對自己未來會成為如何樣貌的想法，他們想變成什麼，害怕變得如何，也因此提供了認知及情緒上的概念連結。」（Markus & Nurius, 1986, p. 954）我們同意 Collin 與 Guichard（2011）所說的，未來我「不是被給予的，而是被建構出來的」（p. 93），且「永遠沒有完成的時候」（p. 94）。

為何未來我的概念如此重要？「未來我，是很重要的。首先，它有誘發我們未來行為的功能（例如，要自己做什麼或是不要做什麼）。其次，它能評估或解釋我們此刻是如何看待自己。」（Markus & Nurius, 1986, p. 954）Oyserman 與 Fryberg（2006）對未來我的說明，也很類似：

> 未來我，是指我們對自己未來會成為如何樣貌的想像，我們希望未來可以如何，我們害怕未來會變得如何，以及我們對未來整個期待的自我。可是對於長久之後的想像——「以後我會成為什麼樣的大人」，或是短期間的未來——「我明年會是如何的」。（p. 17）

2. 與事實不符的想法——感到後悔

生涯意識此一概念，也可能包括與事實不相符的想法（counterfactual thoughts），像是覺得事情可能會是如何的，或是應該會發生什麼的狀況（Roese, 2005）。

> 當我們說「當初要是」、「幾乎」，或是用「可以是」、「會是」，或是「應該是」等等的時候，我們就是在表達一種與事實不符的想法：「若是我高一點」或是「我差一點就要贏了……我會

是個競爭者……若不是太陽照到我眼睛，我應該可以接到那個球的。」（p. 1）

與事實不符的想法會導致個人後悔的感覺，或是覺得難過、失望，覺得若當初做不同的決定，此刻所處情境應該會更好（Beike, Markman, & Karadogan, 2009; Berg, Grant, & Johnson, 2010）。Obodaru（2012）強調這點：

> 即使我們依循某個路線，也不見得能忘掉被放棄的選項，相反地，我們會思考並衍生一些想法，想想當初若走上那些不同路線，最終會遇到些什麼，而這些想法也渲染了我們此刻的知覺，阻擋了我們對未來的視野。（p. 51）

3. 召喚

除了未來我以及像是後悔等與事實不符的想法之外，生涯意識還包括召喚（calling）這概念。在生涯意識中的召喚，有很深的歷史根源，也經常有宗教意味在裡頭。然而，依照 Dik 與 Duffy（2012）的想法，宗教意味多半已經消逝：「召喚幾乎已失去了宗教意味，現在的召喚定義是非宗教性的，是一種令人歡喜愉悅的事，讓一個人相信世界會是更美好的。」（p. 10）

Dik 與 Duffy（2012）指出，成功建構生涯，並非單靠智慧、動機、機會。他們認為：

> 成功的生涯也需要一致的信念，相信一個人能做好該做好的事，而做好必須妥善完成的事，真的能引導出有意義的結果。不僅如此，當我們遇上阻礙時，我們有能力（在外來限制能接受的範圍內）形塑我們的任務，讓我們能鼓勵、催化，並提供活出具有召喚意識的生活方式。（p. 19）

三、生活生涯發展概念在生涯諮商中的應用

　　生活生涯發展概念提供十分寬廣的視野，能帶領我們聚焦個人生活生涯發展為更寬廣且更為完整的圖像。也因此能提供個人具潛力而又實際的圖像表徵，說明個人主要生活的可能性以及責任感，同時也能用語言來描述自己，讓自己得以發展生涯意識。要發展生涯意識並不容易，然而，如果我們對過去、現在及未來賦予意義時所採用的觀點過於狹窄，就無法捕捉生活生涯發展的完整視角，那麼供他們投射的螢幕就不夠寬廣，難以容納眾多的向度、動力，以及彼此之間的關係。沒有看到的事物，不能成為個人生涯意識的一部分，「一束光線只能照亮小小一點範圍，其他所有外圍的，都是模糊的」（Heath & Heath, 2013, p. 2）。

　　從生活生涯發展觀點來看人類發展與行為，也提供了一些方式，讓我們能分析並理解個人在生涯期程的發展與行為。這觀點將生涯視野從以工作為焦點，擴展為涵蓋個人生活角色、生活情境及生活事件，當然也包括工作，這些都與個人的生活廣度（life span）有關。這麼做，讓個案在將某個生活角色連結到不同生活角色時，能聚焦於該特定的角色（以體會不同生活情境對該角色所產生的影響），同時也能預期計畫性或非計畫性的事件或者非事件對個人生涯規劃或決定可能產生的影響（Amundson et al., 2009; Anderson, Goodman, & Schlossberg, 2012; Hartung, 2011a）。加入了性別、原始族群、靈性層面、種族、社會階層、性取向以及身心障礙之後，在這更廣的真實生活架構之下，個人能呈現、組織，並了解這些因素不論是對現階段生活或是對未來我的影響——在本質上，這就是他們的生活生涯發展。

　　我們要珍惜感懷這概念化的潛力，關注掙扎於與工作相關問題的個人。有時這些工作相關的議題並不容易理解，它們往往涵蓋大量的想法、感覺、意義，也可能包括了其他的生活角色、情境及事件。Hartung（2011b）針對這一點強調：

首先，諮商師……必須承認並重視個案澄清各個角色的重要性，而非一開始就假定工作角色是個案各種問題或關注的主要焦點。（p. 107）

對人類發展與行為的生活生涯觀點，也能夠呼應較為年長的個案，他們會希望尋求新的機會。Leider 與 Webber（2013）使用「人生新想像」（Life Reimagined）來描述這種現象，並認為人生新想像可以是用來思考年齡漸長的方法。這可以用來與年長個案討論關於新機會的意義，Leider 及 Webber 將此稱為「安可生涯」（encore careers，第二生涯之意）（p. 6）。他們指出，隨著人們日益長壽且健康狀況良好，讓人們能有這種轉換到新生活角色、新生活情境，以及新生活事件的潛能，而不再在乎年紀。

生活生涯發展提供個人較為寬廣的視野，透過這視野，他們能見識並理解工作上所應關心的議題，以及其他生活角色對這些議題所可能產生的影響。再加上性別、原始族群、種族、靈性層面、社會階層、性取向，以及身心障礙，這寬廣的視野變得更有力量。如今，個人得以將個人歷史及歷史中的參照團體帶入焦點，他們了解這些因素如何直接或間接地影響他們，影響其他人，以及他們生活的世界。透過這些因素，他們更理解同時也更能反映不同的生活角色，包括他們對工作上所關注的議題。也因此，他們有了新的語言。這新的語言是很重要的，正如 Savickas（2011）所說：「當我們說出口時，就已經是在賦予意義了。言語，提供生活上的資源，讓我們能夠思考，並賦予意義。」（p. 16）Lago 與 Smith（2010）同樣也強調此一觀點：「當我們在討論語言的力量時，常有個論點，認為語言不僅只是描述了現實，它也決定了現實。」（p. 7）

阿德勒學派的「表現得就好像是」（acting as if）此一技術可用來協助個案練習使用這新的語言。我們可以請個案想像並描述他們想要成為什麼樣的人，然後問他們如此描述的感覺如何？這些描述所代表的意義為何？以及如果他們真的成為所描述的人，會怎麼做？依照 Watts（2013）的說法：

此一過程的目的，是要將潛在的抗拒擱置在一邊，進而能改變這些個案所知覺到的風險，使之中性化。「就好像是」（as if）的行動，提供個案機會，讓個案能樹立不同的或是他較偏愛的結果，進而能**重新敘說**他們在個人後設敘說（metanarrative，或者是阿德勒學派所說的「生活風格」）時所壓抑的層面。（pp. 49-50）

在生涯諮商上的應用啟示

從生活觀點來看生涯發展，此一較為廣義的理解讓我們清楚除了對個人危機的需求做反應之外，我們同時也必須回應個人的整體發展需求。很明顯的，個人必須處理生活當中的危機，但生涯諮商中所應強調的並不只是這些危機。這樣的思考，在應用上有幾個重點。以下提出三點：

一、預測及發展

第一個應用啟示圍繞在**預測**（prediction）及**發展**（development）這兩個概念上，傳統的生涯諮商實務，強調對個人能力、性向、人格特質、價值觀，以及興趣的評估，用以協助他們選擇適當的教育方案或是做成職業決定。這樣的重視雖然很重要，但並不夠。除此之外更重要的，應該是要注意個案的生活生涯發展情形，以便目標的達成以及問題的解決盡可能立基於寬廣且明智的基礎。我們相信 Tennyson 在 1970 年代所提到，至今也還十分適用的主張：

> 將焦點放在對能力的評估，讓我們假定此評估與選擇的結果有關。在這程序中，諮商師忽略了個案本身在能力及性向方面的發展。我們通常都會認為一個人所能做的，有賴於他過去所學、所做，也因此輔導服務長期以來傾向於了解個案已經發展出來的性向，而非培養新的才能。（Tennyson, 1970, p. 262）

二、優勢與限制

第二項應用啟示的焦點在**優勢**（strengths）與**限制**（deficits）。重點在生涯諮商如何協助個人有效處理問題。這些問題包括個案經常問到的：個人危機；缺乏訓練機會或是職場世界的訊息；與配偶、小孩、工作夥伴、督導之間的摩擦，諮商師經常需要回應這些問題。問題解決會成為焦點，且必須持續，以協助個案發現較恰當的問題解決方法。

在此同時，我們相信預防性的正向焦點（preventive positive focus）是必需的，以協助個案找到並發展他們的優勢，為自己以及社會建構更好的世界（Snyder, Lopez, & Pedrotti, 2011）。此一預防性的正向焦點並非新的觀念，它在諮商語言及文獻中的出現已超過百年之久。新的部分在於一種緊急意識，更看重協助個案發展及聚焦在優勢的重要性，而非僅僅是在他的限制。雖然有些個案不認為自己有什麼優點，但每個人一定都有些優勢，指出這些優勢，並運用這些優勢，對個人正向成長及發展是十分重要的。Snyder 等人（2011）也強調，個人必須找到自己的優勢，以朝向平衡的生活。「快樂並具有產能的生活，其中一個特徵在於個人視野及行動之間的平衡感受。」（p. 480）

三、穩定及變化

第三個應用啟示在**穩定**（stability）及**變化**（change）這兩個詞的特點。有時這兩個詞所代表的意義看來是相對的，而非是一個銅板的兩面。Pryor 與 Bright（2011）指出，在生涯發展中不論是強調穩定或是變化，我們有時只注意兩個相反的觀點而很少能在晤談中將兩者融合。Pryor 與 Bright 強調在了解我們的生涯發展以及與個案工作時，必須同時涵容兩種觀點。

> 複雜的動力系統涵蓋了穩定及變化、結構及意外，這些是相互連結、來來回回持續堆疊出潛在的影響，而且是在同時間影響同一

個系統。因此，穩定可能導致變化，變化也可能回過頭來形成穩定。確實，系統中的某些部分會持續改變，而在同時，另外一部分也正醞釀著穩定的建立。（p. 29）

確認諮商師應具備的能力

以生活為本的生涯發展，諮商師需要擁有全方位的觀點，以便有能力與各個年齡層及處在各種情況下的個案工作（Hiebert, 2006）。使用這些能力時，他們必須要有足夠的自信。那麼究竟需要些什麼能力呢？O'Brien 與 Heppner（1995）指出 25 種生涯諮商師所需的能力，這是根據他們所編製的「生涯諮商自我效能量表」（CCSES）。此量表用以評估諮商師的信心程度，讓他們知道自己在各個能力向度上的表現。該量表的 25 個能力向度呈現於表 1-2。

「生涯諮商自我效能量表」有良好的內部一致性信度，間隔兩週的再測信度也不錯（O'Brien, Heppner, Flores, & Bikos, 1997）。聚斂效度方面，得到專家評定相關係數以及幾份情緒—社會性諮商自我效能評量工具的支持。區辨效度方面，CCSES 的總分與情緒—社會性諮商經驗和自我效能工具之間的關係不顯著，與研究自我效能之間的關係也不顯著。此外，建構效度也有得到支持，在學生上完生涯課程後，效能分數有增加；於生涯諮商領域中不同年資層級的人，其效能層級也不同（例如實務心理師分數就比研究生分數為高）。最後，因素分析的結果顯示所出現的四個因素能解釋 73% 的變異量。以上這些研究發現以及此量表在相關訓練及生涯諮商評量方面的應用，詳見 O'Brien 等人的研究發表。

此量表的使用，可以計算總分也可以計算分量表的分數。總分包括每個題目分數相加，分量表則為各因素所涵蓋題目的得分相加。分數越高表示受試者進行生涯諮商的信心程度越高。

表 1-2　生涯諮商自我效能量表

以下有一系列與諮商相關的活動，請針對每一項活動，指出現階段你認為自己所具備能力的信心程度，並依據量尺中數字 0, 1, 2, 3, 4 的定義在每題後面圈選出適當的數字。請注意，在回答每個題目時，是依據你現在的感受，而非依據你對自我能力的期望，或是依據以前的能力。

0	1	2	3	4
沒有自信		中等程度自信		有高度自信

1. 選擇適當工具，以協助個案澄清生涯能力。	0	1	2	3	4
2. 提供支持，以協助個案完成生涯目標。	0	1	2	3	4
3. 協助個案理解他的非工作生活角色（如：家庭、休閒、興趣）如何影響他的生涯決定。	0	1	2	3	4
4. 了解個案在**做生涯決定時**與性別相關的特殊議題。	0	1	2	3	4
5. 與生涯個案發展治療性的關係。	0	1	2	3	4
6. 選擇與人格特質相關的工具，以協助生涯個案澄清其人格特質對生涯規劃的影響。	0	1	2	3	4
7. 對生涯個案解釋測驗結果。	0	1	2	3	4
8. 以有效方式與生涯個案結束諮商關係。	0	1	2	3	4
9. 了解工作職場中與種族相關的特殊議題。	0	1	2	3	4
10. 了解女同性戀、男同性戀、雙性戀等個案**做生涯決定時**會碰到的相關特殊議題。	0	1	2	3	4
11. 提供符合現代趨勢的全國及在地相關職業資訊。	0	1	2	3	4
12. 選擇適合生涯個案性別、年齡、教育，與文化背景之生涯評量工具。	0	1	2	3	4
13. 協助生涯個案調整在生涯決定歷程中的感受。	0	1	2	3	4
14. 知道如何應用可能會影響生涯諮商歷程的最新倫理及法律議題相關知識。	0	1	2	3	4
15. 了解**工作職場中**與女同性戀、男同性戀、雙性戀等相關的特定議題。	0	1	2	3	4

表 1-2　　**生涯諮商自我效能量表（續）**

16. 能對生涯個案表達無條件的接納。	0	1	2	3	4
17. 選擇適當工具來評估生涯個案的興趣。	0	1	2	3	4
18. 選擇適當工具以澄清生涯個案的價值觀。	0	1	2	3	4
19. 了解**工作職場中**與性別相關的特殊議題。	0	1	2	3	4
20. 了解**生涯決定中**與種族相關的特殊議題。	0	1	2	3	4
21. 仔細聆聽生涯個案所呈現的關注問題。	0	1	2	3	4
22. 綜合生涯個案所呈現的個人及生涯訊息，以便讓個案的問題是容易理解的。	0	1	2	3	4
23. 協助個案辨認可能影響他達成目標的內在及外在的阻礙。	0	1	2	3	4
24. 使用新近的研究發現來有效處理生涯個案。	0	1	2	3	4
25. 當生涯個案拒絕接受自己做決定的責任時，依舊能對個案維持同理心。	0	1	2	3	4

註：經作者同意後可使用此量表進行研究。Copyright by & Karen M. O'Brien & Mary J. Heppner。有關此量表其他相關訊息可直接與 Karen M. O'Brien 聯絡，聯絡請洽美國馬里蘭大學心理系（Department of Psychology, University of Maryland, College Park, MD 20742）。

「生涯諮商自我效能量表」的第一個因素為治療歷程與同盟技術（Therapeutic Process and Alliance Skills），包括 10 個題目，各題項的因素負荷量介於 .65 到 .88 之間。此因素評估諮商師在發展治療關係、提供支持、綜合各部分資訊、指出個案阻礙，以及結束生涯諮商關係等各方面的有效做法。題項包括第 2、3、5、8、13、16、21、22、23、25 題。

第二個因素是職業評估與解釋技術（Vocational Assessment and Interpretation Skills），包括 6 個題項，各題項因素負荷量介於 .69 到 .97 之間。此因素評估個人對選擇適當工具之能力的信心程度，以便有效評估個案的興趣、價值、人格特質，並解釋測量結果。所包括題項為第 1、6、7、12、17、18 題。

第三個因素為多元文化能力技術（Multicultural Competency Skills），共 6 個題項，因素負荷量介於 .56 到 .92 之間。此因素強調多元文化諮商能力的重要性，具體而言，此因素評估諮商師對了解種族、性別、性取向等特定議題方面相關能力的信心評估，不論是在工作場所或是在協助這些族群個案做生涯決定時。所包含題項為第 4、9、10、15、19、20 題。

最後一個因素是工作世界、倫理及生涯研究的現代趨勢（Current Trends in the World of Work, Ethics, and Career Research），各題項因素負荷量介於 .77 到 .80 之間。此因素評估現代研究發現、倫理與法律議題，以及在地與國家就業市場趨勢，所包括 3 個題項為第 11、14、24 題。

我們所知道的生涯發展及生涯諮商

在本章結束之前，我們必須停下來檢視我們所知道的生涯發展及生涯諮商。這議題已經討論了將近百年，也累積了相當豐富的文獻，不論是論述性的或實徵性的。我們不可能在此對文獻做出完整的回顧，然而，我們將對近年來的一些重要文獻提出簡短的摘述。

Fouad（2007）對 1995 年以來生涯發展及生涯諮商所做的實徵研究回顧中，將重要發現歸納為以下幾點：

1. 工作滿意度並不僅止於能夠被適配性（congruence）所解釋，Holland 理論其他層面也支持工作滿意度。Holland 理論似乎最適合應用於類似白人文化的族群。

2. 孩子的生涯夢想與期望並不一定真能預測他們成人後的職業。這些最終的選擇可能受限於父母社經地位、學校，以及教育和環境所提供的機會。然而，這些期望能調節貧窮環境背景所產生的影響。

3. 個人的生涯調適、正向關係、開放經驗，以及社會及心理資本，有助於促進個人的生涯探索。

4. 在完成生涯相關任務時，對自我能力的信念是預測個人選擇的重要變項，特別是在非傳統性的生涯方面。

5. 個人所生存的情境，是由他（她）的性別、種族、社會階層，以及性取向所形塑。這些因素影響個人真正的以及他們所知覺到的生涯機會與選擇。

6. 生涯決定困難也許與個人持續探索不同機會的需求有關，也可能與對於做決定尚未準備就緒有關。然而，生涯決定困難也可能與其他類型的心理議題有關，例如性別焦慮或是焦慮性未定向（indecisiveness）。

7. 生涯諮商與介入策略是有效果的。最有效的生涯諮商方式是個別諮商，包括回家作業、測驗解釋、工作世界資訊的提供、社會支持，以及角色楷模的討論。

Whiston 與 Blustein（2013）支持第七項發現，他們說：「有許多研究發現，支持生涯發展的介入策略是有效果的。」（p. 4）他們持續提出證明，認為生涯諮商是有效的，有助於增進個人生涯決定技巧，更有效地處理生涯發展任務。他們也認為生涯諮商服務是有效益的，有助於個人轉換到工作世界。

當你閱讀接下來的幾章時，要記得這些研究結果，你會發現各章都會有些討論或是強調。當你讀完整本書時，也可以回到這份清單，這可以提醒你關於生涯發展與諮商的重要發現。你將發現，對各個不同年齡層以及處於各種環境下，生涯諮商對個人生活的影響，以及個人的生涯發展歷程，本書都將呈現相當豐富的知識。

結語

Wolfe 與 Kolb（1980）將這過去幾十年來以生活為中心的動力生涯發展觀點做了這樣的結論，他們形容生涯諮商含括了個人的整體生活：

　　生涯發展包括個人的全面生活，而不只是職業而已。因此，它所關心的是整個人，包括個人的需求與慾望、能力與潛能、令人興奮及焦慮的事、頓悟洞察與盲點以及缺點等等。更重要的是，生涯關心一個人生活中不斷改變的脈絡。環境上的壓力或限制、與重要他人之間的連結、對孩子以及年邁雙親的責任、個人所處情況的整個結構，這些也都是必須了解以及思考的因素。在這些條件下，生涯發展及個人發展是整合的。個人與環境在彼此不斷地互動下，演進、改變、重疊，構成了這生涯發展戲劇中的焦點。（pp. 1-2）

　　我們得注意，Wolfe 與 Kolb（1980）在定義生涯發展時，以**生涯發展戲劇**（the drama of career development）一詞來作為結束，我們稱之為**尋常日戲劇**（the drama of the ordinary）。因為生涯是開展的，是一天天進展的，所以個人不會經常注意，也不會珍惜。這就像是很平凡地戴著面紗，也因此個案無法領會生涯的動力以及它對我們日常生活所形成的實質影響。他們也許不知道「日常生活中的所作所為都是生涯的核心」（Young, Marshall, & Valach, 2007, p. 8）。而藉由與個案從廣義的概念討論生活生涯發展，讓個案了解人類成長與發展──整個全人的生涯──我們得以讓生涯發展戲劇成為**超乎尋常的戲劇**（the drama of the extraordinary）。這是超乎尋常的戲劇，因為「每個人都是各自的旅行者，在個人旅程中掌握自己的生涯」（Inkson & Elkin, 2008, p. 90）。

參考文獻

Amundson, N. E. (1998). *Active engagement: Enhancing the career counseling process.* Richmond, British Columbia, Canada: Ergon Communications.

Amundson, N. (2006). Challenges for career interventions in changing contexts. *International Journal for Educational and Vocational Guidance, 6,* 3–14.

Amundson, N. E., Harris-Bowlsbey, J., & Niles, S. (2009). *Essential elements of career counseling: Processes and techniques* (2nd ed.). Upper Saddle River, NJ: Pearson Education.

Andersen, P., & Vandehey, M. (2012). *Career counseling and development in a global economy* (2nd ed.). Belmont, CA: Brooks/Cole, Cengage Learning.

Anderson, M. L., Goodman, J., & Schlossberg, N. K. (2012). *Counseling adults in transition: Linking Schlossberg's theory with practice in a diverse world* (4th ed.). New York, NY: Springer.

Beike, D. R., Markman, K. D., & Karadogan, F. (2009). What we regret most are lost opportunities: A theory of regret intensity. *Personality and Social Psychology Bulletin, 35*, 385–397.

Berg, J. M., Grant, A. M., & Johnson, V. (2010). When callings are calling: Crafting work and leisure in pursuit of unanswered occupational callings. *Organizational Science, 21*, 973–994.

Blustein, D. L. (2006). *The psychology of working: A new perspective for career development, counseling, and public policy.* Mahwah, NJ: Erlbaum.

Blustein, D. L., & Spengler, P. M. (1995). Personal adjustment: Career counseling and psychotherapy. In W. B. Walsh & S. H. Osipow (Eds.), *Handbook of vocational psychology: Theory, research, and practice* (pp. 295–329). Hillsdale, NJ: Erlbaum.

Capuzzi, D., & Stauffer, M. D. (2012). *Career counseling: Foundations, perspectives, and applications* (2nd ed.). New York, NY: Routledge.

Collin, A. (2006). Career. In J. H. Greenhaus & G. A. Callanan (Eds.), *Encyclopedia of career development* (Vol. 1, pp. 60–63). Thousand Oaks, CA: Sage.

Collin, A., & Guichard, J. (2011). Constructing self in career theory and counseling interventions. In P. J. Hartung & L. M. Subich (Eds.), *Developing self in work and career: Concepts, cases, and contexts* (pp. 89–106). Washington, DC: American Psychological Association.

Crites, J. O. (1981). *Career counseling: Models, methods, and materials.* New York, NY: McGraw-Hill.

Dik, B. J., & Duffy, R. D. (2012). *Make your job a calling.* West Conshokocken, PA: Templeton Press.

Dorn, F. J. (1992). Occupational wellness: The integration of career identity and personal identity. *Journal of Counseling & Development, 71*, 176–178.

Flores, L. Y. (2007). Introduction to a special issue. *Journal of Career Development, 34*, 3–4.

Fouad, N. A. (2007). Work and vocational psychology: Theory, research, and applications. *Annual Review of Psychology, 58*, 543–564.

Fouad, N. A., Chen, Y., Guillen, A., Henry, C., Kantamneni, N., Novakovic, A., . . . Terry, S. (2007). Role induction in career counseling. *The Career Development Quarterly, 56*, 19–33.

Friedman, T. L. (2007). *The world is flat.* New York, NY: Picador/Farrar, Straus & Giroux.

Gysbers, N. C., & Moore, E. J. (1975). Beyond career development—Life career development. *Personal and Guidance Journal, 53*, 647–652.

Hartung, P. J. (2011a). Barrier or benefit? Emotion in life–career design. *Journal of Career Assessment, 19*(3), 296–305.

Hartung, P. J. (2011b). Career construction: Principles and practice. In K. Maree (Ed.), *Shaping the story: A guide to facilitating narrative career counseling* (pp. 103–120). Rotterdam, The Netherlands: Sense.

Heath, C., & Heath, D. (2013). *Decisive: How to make better choices in life and work.* New York, NY: Crown Business.

Hiebert, B. (2006). Career counseling competences. In J. H. Greenhaus & G. A. Callanan (Eds.), *Encyclopedia of career development* (Vol. 1, pp. 92–93). Thousand Oaks, CA: Sage.

Ickes, J. L. (1981). *The psychology of career consciousness: The causal relationship between subjective future and career maturity* (Unpublished doctoral dissertation). Kent State University, Kent, OH.

Imbimbo, P. V. (1994). Integrating personal and career counseling: A challenge for counselors. *Journal of Employment Counseling, 31*, 50–59.

Inkson, K., & Elkin, G. (2008). Landscape with travellers: The context of careers in developed nations. In J. A. Athanasou & R. Van Esbroeck (Eds.), *International handbook of career guidance* (pp. 69–94). New York, NY: Springer.

Kidd, J. M. (2004). Emotion in career contexts: Challenges for theory and research. *Journal of Vocational Behavior, 64*, 441–454.

Krumboltz, J. D. (2009). The happenstance learning theory. *Journal of Career Assessment, 17*, 135–154.

Lago, C., & Smith, B. (2010). Ethical practice and best practice. In C. Lago & B. Smith (Eds.), *Anti-discriminatory practice in counseling and psychotherapy* (2nd ed., pp. 1–12). London, England: Sage.

Leider, R. J., & Webber, A. M. (2013). Life reimagined: The new story of aging. *Career Developments, 29*(3), 5–9.

Lent, R. E., & Brown, S. D. (2013). Understanding and facilitating career development in the 21st century. In S. D. Brown & R. W. Lent (Eds.), *Career development and counseling* (pp. 1–26). Hoboken, NJ: Wiley.

Lent, R. W. (2013). Career–life preparedness: Revisiting career planning and adjustment in the new workplace. *The Career Development Quarterly, 61*, 2–14.

Markus, H., & Nurius, P. (1986). Possible selves. *American Psychologist, 41*, 954–969.

McDaniels, C., & Gysbers, N. C. (1992). *Counseling for career development: Theories, resources, and practice.* San Francisco, CA: Jossey-Bass.

McMahon, M., Watson, M., Chetty, C., & Hoelson, C. N. (2012). Examining process constructs of narrative career counselling: An exploratory case study. *British Journal of Guidance & Counselling, 40*(2), 127–141.

Multon, K. D., Heppner, M. J., Gysbers, N. C., Zook, C., & Ellis-Kalton, C. A. (2001). Client psychological distress: An important factor in career counseling. *The Career Development Quarterly, 49*, 324–335.

Niles, S. G., & Harris-Bowlsbey, J. (2005). *Career development interventions in the 21st century* (2nd ed.). Upper Saddle River, NJ: Pearson Education.

Obodaru, O. (2012). The self not taken: How alternative selves develop and how they influence our professional lives. *Academy of Management Review, 37*, 34–57.

O'Brien, K. M., & Heppner, M. J. (1995). *The Career Counseling Self-Efficacy Scale.* (Available from K. M. O'Brien, Psychology Department, University of Maryland, College Park, MD 20742)

O'Brien, K. M., Heppner, M. J., Flores, L. Y., & Bikos, L. H. (1997). The Career Counseling Self-Efficacy Scale: Instrument of development and training applications. *Journal of Counseling Psychology, 44*, 20–31.

Osipow, S. H. (1982). Research in career counseling: An analysis of issues and problems. *The Counseling Psychologist, 10*(4), 27–34.

Oyserman, D., & Fryberg, S. (2006). The possible selves of diverse adolescents: Content and function across gender, race, and national origin. In C. Dunkel & J. Kerpelman

(Eds.), *Possible selves: Theory, research and applications* (pp. 17–39). New York, NY: Nova Science.

Paloutzian, R. F., & Lowe, D. A. (2012). Spiritual transformation and engagement in workplace culture. In P. C. Hill & B. J. Dik (Eds.), *Psychology of religion and workplace spirituality* (pp. 179–199). Charlotte, NC: Information Age.

Park, C. L. (2012). Religious and spiritual aspects of meaning in the context of work life. In P. C. Hill & B. J. Dik (Eds.), *Psychology of religion and workplace spirituality* (pp. 25–42). Charlotte, NC: Information Age.

Parsons, F. (1909). *Choosing a vocation.* Boston, MA: Houghton Mifflin.

Pryor, R., & Bright, J. (2011). *The chaos theory of careers.* New York, NY: Routledge.

Reich, C. A. (1971). *The greening of America.* New York, NY: Bantam Books.

Roese, N. (2005). *If only: How to turn regret into opportunity.* New York, NY: Broadway Books.

Savickas, M. L. (2011). *Career counseling.* Washington, DC: American Psychological Association.

Snyder, C. R., Lopez, S. J., & Pedrotti, J. T. (2011). *Positive psychology: The scientific and practical explorations of human strengths* (2nd ed.). Thousand Oaks, CA: Sage.

Super, D. E. (1955). Transition: From vocational guidance to counseling psychology. *Journal of Counseling Psychology, 2,* 3–9.

Super, D. E. (1957). *The psychology of careers.* New York, NY: Harper & Brothers.

Swanson, J. L. (1995). The process and outcome of career counseling. In W. B. Walsh & S. H. Osipow (Eds.), *Handbook of vocational psychology: Theory, research, and practice* (pp. 217–259). Hillsdale, NJ: Erlbaum.

Tennyson, W. (1970). Comment. *Vocational Guidance Quarterly, 18,* 261–263.

Watts, R. E. (2013). Reflecting 'as if.' *Counseling Today, 55,* 48–53.

Westergaard, J. (2012). Career guidance and therapeutic counseling: Sharing 'what works' in practice with young people. *British Journal of Guidance & Counselling, 40,* 327–339.

Whiston, S. C., & Blustein, D. L. (2013). *The impact of career interventions: Preparing our citizens for the 21st century jobs* (Policy brief). Retrieved from the National Career Development Association (www.ncda.org) and the Society for Vocational Psychology (www.div17.org/vocpsych/).

Wolfe, D. M., & Kolb, D. A. (1980). Career development, personal growth, and experimental learning. In J. W. Springer (Ed.), *Issues in career and human resource development* (pp. 1–56). Madison, WI: American Society for Training and Development.

Young, R. A., & Domene, J. F. (2012). Creating a research agenda in career counselling: The place of action theory. *British Journal of Guidance and Counselling, 40*(1), 15–30.

Young, R. A., Marshall, S. K., & Valach, L. (2007). Making career theories more culturally sensitive: Implications for counseling. *The Career Development Quarterly, 56,* 4–18.

Zunker, V. G. (2002). *Career counseling: Applied concepts of life planning.* Pacific Grove, CA: Brooks/Cole.

CHAPTER 2

理解生涯行為與發展的方法：相關理論

　　「為何要研讀理論？」「理論與實務之間的關係如何？」「諮商師訓練的課程，都太理論化了。」「當我試著對個案做傾聽及反應時，理論總讓我綁手綁腳。」當諮商師聚在一起討論他們之前所受的訓練或是目前工作時，經常出現類似這些問題或是評論。為何會有如此的態度？一部分是因為事實上理論與實務之間就是有些鴻溝，許多書籍或期刊論文都在描述理論，卻很少解釋如何將這些理論概念或語言應用在諮商當中。

　　理論提供我們檢視並理解人類行為的方法，Anderson、Goodman 與 Schlossberg（2012）提及：「理論是一套抽象原則，可用來預測並組織某特定知識中的事實。」（p. 4）Krumboltz（2005）也主張：「理論只不過是一種簡化複雜情境的方法，以便我們較容易理解全貌。」（p. 34）對我們而言，理論摘述並概化一群資訊，有助於我們理解並解釋這些資訊所描述的現象。它可用以預測未來的發展，同時也可以刺激更多的研究（Young, Marshall, & Valach, 2007）。

　　因此，理論提供基礎知識，你可以從中勾勒出有用的概念及語言來解釋個案的行為。此外，理論也提供了一個架構，我們得以在這架構中檢視個案的行為，並形成假設，說明個案行為背後的可能意義。換句話說，知識協助我們找出、理解，並針對個案目標或問題做出反應。

那麼諮商歷程、個案、理論之間的互動情形如何呢？個案通常會十分投入生涯諮商，因為他們在轉變當中，不論是自己選擇或是情境使然，因為他們難以掌握或者根本無法掌握當下情境。這些轉變歷程當中豐富的內在思考及情感，通常也都是看不清、摸不著的，但至少在表面上感覺是十分錯雜而混淆的。我該做些什麼？我該往哪個方向走？我該如何面對或解決我的問題，或完成我的目標？這些都會是個案覺得糾結的問題。有時這些問題在個案內心根本不見得已經具體成形，更別談答案。

究竟理論如何協助你在實務工作中與個案處理這些議題？理論有助於我們指認並解釋個案的行為及資訊，讓我們有辦法對個案內在想法及感受賦予意義。這些意義能與實際策略產生連結，用以協助個案追求生涯目標，解決問題。

生涯理論除了協助我們理解並回應個案問題與目標外，同時也提供我們洞見，讓我們知道生涯諮商可能的結果。Super（1990）在好幾年前就提出以下這點，直到現在我們還是覺得十分鏗鏘有力。

> 生涯發展理論很明顯地促進了以下幾個重點：個人職業自我概念的澄清、實踐，並完成發展任務。在成長階段，個人在自主性、時間觀，以及自尊心方面均有所成長。在探索階段，就深度及廣度而言，在個人職業自我概念、興趣及職業偏好方面的探索內容也更為清晰、特定，進而能夠完成實踐。在建立階段，嘗試、穩定、扎實並追求進展。維持階段，主要任務為調適，至少要能維持並追求進步、更新，有時則力求轉化。衰退或是褪離階段則是讓角色的重心逐漸轉換。（p. 254）

本章一開始將回顧我們對生涯行為及發展的理解，看看自 1800 年代晚期以來生涯理論是如何演變的。然後對一些理論做簡短的描述，嘗試解釋生涯行為及發展所呈現的性質、結構以及過程。我們不會說明所有生涯理論，

因為一些坊間的書籍已經做了介紹。我們在此僅描述幾種理論，從不同時間階段說明這些不同理論構念如何催化我們對個案行為的理解，並促進個案對自己行為的認識。

生涯行為及發展理論的歷史演變

許多年前，Crites（1969）指出生涯行為及發展理論在建立過程中的三大分野：其一為**觀察階段**（Observational Era），自 1800 年代晚期開始一直到 1920 年代中期；其次為**實徵階段**（Empirical Era），從第一次世界大戰一直到第二次世界大戰結束，約為 1914 年至 1945 年；第三階段則為**理論階段**（Theoretical Era），從 1940 年代晚期一直到現在。

一、觀察階段

自 1800 年代中期開始，一直到 1900 年代早期，美國積極投入工業革命。在此階段，工業急速成長，社會繁榮，社會改革不斷，充滿了烏托邦式的理想主義。社會的繁榮及改革在進步主義運動的旗誌下開始實踐，同時也企圖改變與工業革命相關的負面情境。早期所使用的**職業輔導**（vocational guidance）一詞，在此進步主義運動之下產生。此一名詞只不過是「廣義之進步主義改革運動在 19 世紀末及 20 世紀初期所產生的一個名詞」（Stephens, 1970, p. 5）。

在此階段的初期，基督教青年協會（Young Men's Christian Association, YMCA）十分致力於對個人進行職業輔導；而有些人，像是 Lysander Richards 也致力於此，他在 1881 年出版《職業學：新興專業》（*Vocophy: The New Profession*）。Savickas 與 Baker（2005）指出，在這幾年當中，實務工作者以顱相學、容貌學、掌紋學等角度來進行職業輔導工作。「這些偽科學能指認每個人彼此之間的差異，但卻藉由頭蓋骨、臉部特徵，以及身型來評估這些差異的涵義……」（p. 20）。雖然直到 1900 年代早期還在談

論這些偽科學的技術，但是當越來越多科學取向職業輔導方法發展並使用之後，這些偽科學已經不被認為是有效的。

我們今天所知道的職業輔導基礎，是在 1900 年代初期由一群人及社會團體所建立。在當時，Frank Parsons 被認為是「職業輔導的夢想家與建築師」（Herr, Cramer, & Niles, 2004, p. 19）。1908 年的 1 月，他在人民服務中心設置職業局，在那兒他開始使用「職業輔導」這個詞。他的著作《職業選擇》（*Choosing a Vocation*）於 1909 年出版，書中描述三階段的輔導方式，這也讓職業輔導成為「具備科學地位的一門學問」（Savickas & Baker, 2005, p. 24）。他在書中提及：

> 聰明的職業選擇包括三大要素：(1) 清楚地認識自己，包括性向、興趣、野心、資源、限制，以及這些特質背後的成因；(2) 了解在不同工作類型中的成功必要條件，包括各項工作的優勢、缺失、回饋、機會，以及可能的展望等等；(3) 精確的推理，亦即對個人及工作世界這兩組事實要素之間的關係推理。（Parsons, 1909, p. 5）

Parsons 依靠「個案本身自我分析、諮商師精確的直覺，甚至面容的觀察（physiognomatic observation）」來實踐這三大要素（Hale, 1980, p. 122）。整個過程包括七個步驟：個人資訊的蒐集、自我分析、個人的自我選擇與決定、諮商師的分析、職場世界的展望、意見的引入，以及針對所選擇工作進行適配的一般性協助（Parsons, 1909）。他同時也開始藉由心理測驗新發展的評估工具來評估個案的心理能力。他聯絡哈佛大學心理實驗室的主任 Hugo Munsterberg 使用心理測驗來評估職業局的個案（Hale, 1980）。

心理測驗（此即智力測驗）的使用在 1910 年代迅速發展，像是 James Cottell、Hugo Munsterberg，以及 H. L. Hollinworth 是其中極力提倡使用心理測驗的人。第一次大量實施紙筆智力測驗是美國在第一次世界大戰時，對

軍隊使用「陸軍測驗」（Army Alpha and Beta tests; Crites, 1969）。戰後，這些測驗在學校及工廠的使用大增（Savickas & Baker, 2005）。

二、實徵階段

依照 Savickas 與 Baker（2005）的主張，觀察階段在 1920 年代中期結束，他們如此描述觀察階段的結束以及實徵階段的開始：

> 在觀察階段，職業心理學將焦點放在職業適應活動及智力測驗。在實徵階段，職業心理學則具體化為一門心理科學，將 Parsons 的職業輔導及 Binet 的智力測驗融合為現代的性向測驗及興趣測驗。（p. 37）

在 1920、1930 及 1940 年代，許多以性向、能力及興趣為主的心理測驗已相繼發展並廣為使用。例如，1927 年 E. K. Strong 研發了第一版的「史東興趣量表」（Strong Interest Inventory）。之後，在 1930 年代早期，「明尼蘇達機械能力測驗」（Minnesota Mechanical Ability Tests）出版。在同樣時期，明尼蘇達大學員工穩定性研究中心成立，一部分也是因為要因應經濟大恐慌所形成的問題。Savickas 與 Baker（2005）提及這中心進行了許多研究，也發展了許多測驗。

1933 年，國會通過 Wagner-Peyser 法案，成立了美國就業服務部（U. S. Employment Service）：

> 在就業服務部成立時，針對 25,000 名雇主及 100,000 名勞工進行調查，蒐集相關職業資訊，發展能力及潛力測量，並研究技能的可遷移性，撰寫對工作的描述。（Savickas & Baker, 2005, p. 39）

　　第二次世界大戰有許多心理學家使用心理測驗進行人事分類。符合此一目的的主要心理測驗為「陸軍普通性向測驗」（Army General Classification Test），大約施測了九百萬人。依照 Crites（1969）所言，在針對士兵進行選擇及分類過程中所遇到的問題使得職業心理學領域急速成長，並改變了過去個人與工作之間關係的看法。「1930 年代所謂人與工作適配的取向，在 1940 年代成為大家所熟知的特質因素理論。」（p. 8）

三、理論階段

　　理論階段在概念上可區分為兩個類別：「現代」（modorn）與「後現代」（postmodern）。現代理論開始於 1950 年代，後現代理論則在 1980 年代晚期至 1990 年代早期出現。

(一) 現代理論

　　直到 1950 年代，特質因素取向一直主導著生涯諮商，依循 Parsons（1909）的觀點，「特質」（trait）聚焦在個人的特徵，「因素」（factor）則是看工作職場所需具備的條件。實徵階段所提供的評量工具以及職業資訊，可以讓此一取向足以操作化。

　　之後，在 1951 年，Ginzberg、Ginsburg、Axelrad 與 Herma 等人指出職業諮商人員在進行輔導時，缺乏理論的引導，這讓此專業領域有所警覺。職業輔導是個缺乏理論基礎的輔導歷程，他們指出：

> 　　職業諮商師是十分忙碌的實務人員，他們急於改進諮商技巧，不斷尋求有用的工具，以研究心態投注大量時間於發展更好的技術。他們不是理論學家，不探究一個人如何進行職業選擇，對理論也沒有任何主觀偏誤，因為他們沒有時間投注於任何理論的發展。（p. 7）

　　針對理論的缺乏，Ginzberg 等人（1951）提出職業選擇理論，認為職業選擇歷程可以長達十年。之後 Super（1953）提出終身的生涯發展，並提出十項命題，用以描述他的綜合性理論。Roe（1956）接著出版了一本專書《職業心理學》（*The Psychology of Occupations*）。之後 Holland 在 1959 年「依據職業環境、個人及其發展，以及個人與職業環境之間的互動」（p. 35），提出他的職業選擇理論。

　　在接下來的數十年當中，許多理論如雨後春筍般，協助人們理解並解釋生涯行為與發展。大致分成幾個類別：特質因素理論、發展理論、學習理論，以及社會經濟理論（Brown, 2007）。要知道現代理論在今日都還在使用，如同 Savickas 與 Baker（2005）所言：「這些理論並非『歷史』，直到今日大家都還在使用。」（p. 42）

(二) 後現代理論

　　依照 McMahon（2010）的觀點，現代理論「主要受邏輯實證哲學的影響」（p. 1），其基本假設係認為我們可以透過科學質問方法客觀地觀察到並測量出所謂的現實（reality）。後現代理論不同於邏輯實證哲學，他們強調個人透過對所處真實生活經驗賦予意義，進而對其所處世界建構自我意念。「後現代主義擁護多元文化觀點，他們所強調的信念是：沒有任何不變的真理，只有由我們建構自己的現實及真理」（Niles & Harris-Bowlsbey, 2005, p. 104）。後現代理論也強調生涯諮商應當是「較少專家及評估導向，而更敏感於文化及情境內涵，也比較能涵融質性及主觀歷程」（McMahon & Watson, 2013, p. 284）。

　　建構論及社會建構論在 1980 年代及 1990 年代開始出現，但我們需注意這些理論中有些基本概念是源自過去的理論學家，像是阿德勒（Adler）。Watts（2003）曾經提及：

　　　　有越來越多的文獻顯示阿德勒心理治療與認知建構及社會建構

理論取向之心理治療彼此之間有所共鳴。（p. 139）

現代及後現代時期之生涯理論

以下介紹幾個現代及後現代時期的生涯理論，用以說明這些理論中的建構如何協助我們了解個案的行為，並協助個案了解他們自己的行為。我們所選擇的現代理論包括：(1)Super 的生活廣度、生活空間之生涯發展理論；(2)Holland 的職業人格及工作環境理論；(3)Schlossberg 的成人生涯發展轉換模式；(4)Lent、Brown 與 Hackett 的社會認知生涯理論；(5)Krumboltz 的機緣學習理論；(6)Cook、Heppner 與 O'Brien 的生態理論。在後現代理論部分，我們選擇 (1) 建構主義／社會建構主義，以及 (2) 生涯混沌理論。

針對每個理論，我們先簡短說明他們的基本理念，然後指出針對個案、諮商師以及諮商歷程的應用啟示。所強調的，是這些理論中的構念如何協助我們較完整地理解個案行為、訊息，並選擇實務上的處遇，以協助個案達到目標，解決問題。

生涯發展的現代理論

一、Super 的生活廣度、生活空間之生涯發展理論

Super（1990）描述自己的理論為「涵蓋各個不同層面的生涯發展理論，……這些不同層面包括以下幾個特定部分：發展、差異、社會、人格，以及現象心理學，這些層面因自我概念及學習理論而維繫在一起」（p. 199）。Super 一開始的想法出現在 1930 年代晚期，依照 Super、Savickas 與 Super（1996）的觀點，這些想法起源自他對工作及職業的興趣、Buehler（1933）的發展研究，以及 Davidson 與 Anderson（1937）所做的職業流

動研究。這些一開始的想法後來集結成 Super（1942）所出版的《職業適應動力》（*The Dynamics of Vocational Adjustment*）。Super 在此書中呈現了生涯選擇的發展性觀點，認為生涯選擇是個歷程而非單一事件，這也是「Super 一項最重要的觀念」（Super et al., 1996, p. 122）。

　　1950 年代早期，Super（1953）在美國心理學會中的諮商與輔導分會（也是現在的諮商心理學分會）會議中以主席身分引介他的理論概要，其中一部分也是為了要回應 Ginzberg 等人（1951）所指出的職業諮商師在他們的實務工作中缺乏理論的引導。在他幾次的演講中，指出組成適當職業發展理論的幾個重要元素。這些元素包括個別差異、多元潛能（multipotentiality）、職業能力類型、角色楷模的認同、持續性的適應能力、生命階段、生涯組型，以及發展是可以被引導的、發展是互動的結果、生涯組型的動力、工作滿意、工作地位、工作角色，以及工作是一種生活方式。後來他發表一系列共 10 個命題，讓這些元素構成所謂的「綜合性理論的摘要陳述」（a summary statement of a comprehensive theory; Super, 1953, p. 189）。之後，又增加了另外兩個命題。再晚個幾年，他又增加了兩個，所以總共是 14 個命題（Super, 1990）。

　　在發展這 14 個命題的同時，Super（1990）引用了四個多元性的領域：差異心理學、發展心理學、職業社會學，以及人格理論。差異心理學提供了知識基礎，讓我們知道個人所擁有的各種特質以及各種職業所需具備的不同條件。發展心理學提供洞見，讓我們知道個人是如何發展他們各自的能力及興趣，以及所謂的生命階段及發展任務概念。職業社會學提供新的概念，讓我們理解所謂的職業流動及環境所形成的影響。最後，人格理論對自我概念及人境適配理論有不少的貢獻。

　　前三個命題強調個人有不同的能力、興趣、價值觀念，也因為如此，他們適合勝任不同的職業。一個人不是只適合某一種職業，他可能適合擔任很多不同的職業，所有職業也都可能適合很多不同的個人。接下來六個命題的焦點包括自我概念以及自我概念在生涯選擇中的實踐、生命階段中的大小循

環、生涯組型與生涯成熟。另四個命題則論及各項因素彼此之間的綜合及妥協，包括個人與社會因素，以及工作及生活滿意等等。最後一項命題，焦點放在人格組織與生活角色彼此之間的關係，並從這樣的關係中檢視工作與職業。其中的生活角色包括工作者、學生、休閒者、持家者以及公民。

在 1951 年，紐約米德爾敦（Middletown, NY）有一項名為生涯組型研究（Career Pattern Study）的大型研究計畫，測試 Super 及其同事所提出的幾項假設，他們剛開始時追蹤 138 位八年級男孩以及 142 位九年級的男孩。在理論上，Super 等人認為個人生命階段的移動是很典型的歷程，大致上是能隨年紀向度做追蹤的。他們在學生 21 歲時，簡單地做了追蹤；在 25 歲時，做了比較密集的追蹤；在 36 歲時又再做一次。生涯組型研究所有相關的發現，都發表在一系列的期刊當中（Jordaan & Heyde, 1979; Super & Overstreet, 1960）、在 Super（1985）所撰寫的文章中，以及 Fisher（1989）所寫的博士論文中。

Super 所發表的生活廣度、生活空間取向的生涯發展理論（life-span, life space theory of career development）將生活角色與生命階段概念融合成一個互動系統（Super et al., 1996），而生涯彩虹圖模式（Life-Career Rainbow model）就代表著這個互動系統。在彩虹圖的外緣，呈現五個生命階段與年齡範圍之間的關係，這些生命階段分別是成長、探索、建立、維持、衰退等階段。Super 稱之為「大循環」（maxicycles），雖然是線性的，但並非每個人都會以同樣方式或在同樣年齡走過這些階段。從一個階段步入下個階段的轉變過程中，涵蓋了「小循環」（minicycles）的概念，或是在往前邁進之前先回到之前的階段。在每個階段當中，邁入下個階段之前都需要精熟於該階段的發展任務。「在整個發展軌道上，成功完成各階段的發展任務，便能有效地發揮該階段角色（例如學生、工作者，或是退休者）應具備的功能，作為邁入下一階段的基礎。」（Super et al., 1996, p. 131）

除生命階段之外，生涯彩虹圖的另一個特色是生活角色，它位於圖中所有生命階段（生活空間）中的整個空間與時間。Super 指出每個人在整個生

活廣度中都會扮演的六個角色，分別為持家者、工作者、公民、休閒者、學生，以及孩子。而個人經常會同時扮演很多不同的角色，所付出的時間及心力會隨著生命階段及年齡而有所不同。個人對這些生活角色的參與，在不同生命階段也會隨年齡及情境不同而有所消長，有些角色在某段年齡裡是較為重要的。「藉由結合生活空間與生活廣度，或是從發展的角度而言，彩虹圖呈現了生命階段中各角色的組合變化樣貌。就如同 Super 自己所言，生活角色經常隨時間而此消彼長。」（Sverko, 2006, p. 791）

在 Super 生涯發展公式當中，還有個重要的概念——**生涯成熟**（career maturity）。雖然很多人對生涯成熟的定義有不同的看法，但大致上都同意這個名詞與個人對發展任務的投入有關，個人應當清楚自己所處年齡或階段應完成的任務。然而成熟並非是指要達到某種程度，而是與個人在任何時期的目標有關。此一概念的形成，有助於我們提升生活的廣度，而不會停留在靜態的或是不可逆的生涯發展情勢。晚近，Super 重新定義生涯成熟概念，他認為對成人而言，此一名詞應當是**生涯調適**（career adaptability）。在他的公式裡，生涯成熟（調適）是一種計畫性的構念（包括自主性、自尊心，以及時間觀）。除計畫性之外，也包括探索、資訊、做決定，以及現實傾向。

雖然 Super 的理論建立十分豐富並且持續好長一段時間，但他也知道將理論應用於實務工作的重要性。對於將理論應用於生涯諮商，是他特別感興趣的。後來，他與許多共事者一起發展出「生涯發展評估與諮商模式」（career development assessment and counseling model, C-DAC model）（Niles & Harris-Bowlsbey, 2005; Super, Osborne, Walsh, Brown, & Niles, 1992）。

依照 Super 等人（1996）的說法，C-DAC 模式一開始是與個案討論他所關心的問題，看看他所呈現的基本資料，然後就開始四個階段的評估。第一個階段評估個案工作角色相對於其他生活角色的重要性。第二個階段，注意力放在個案的生涯階段以及他所關心的生涯議題，找出相關資源，進行並

完成選擇，同時也評估有助於他在工作職場進行調適的資源。接下來的第三階段，是藉由特質因素方法評估個案的興趣、能力，以及價值觀念。最後一個階段，焦點放在以質性方式進行個案自我概念以及生命主題的評估：

> C-DAC 的最後一個步驟是統整評估結果以及晤談資料，讓結果成為有意義的全貌（meaningful whole）。在最後一個步驟裡，我們將晤談內容及評估資料統整為敘事性的內容，這敘事內容是合乎實際並且能夠感知的，能勾勒出個案的職業認定（vocational identity）、職業自我概念、因應資源，讓個人能呈現出多種角色的情境，涵蓋多項發展任務。將此敘事內容與剛開始個案所關心的生涯問題相比較，我們可以與個案合作，一起設計出諮商計畫，促進他的生涯發展。（Super et al., 1996, p. 151）

Super（1990）進一步摘述他的生涯發展理論，他說：

> 在過去十年裡，此生涯發展模式做了許多的修改及延伸。差異心理學方面，有些技術性但並不十分明顯的進展。對生涯成熟的操作性定義做了些修改，這發展模式也隨之改變。我們在生涯階段的小循環概念也有些修正，但基本構念與幾年前剛形成時是一樣的。至於如何進行自我概念的評估，也隨著大家對評估工具的研究發現而有些演進。自我概念理論如何適用於不同族群的相關知識，也不斷進展，但在模式中的這個部分並沒有改變很多。在過去十年，生命階段理論有些修改，但也在幾個重要研究中得到驗證。在學習理論方面的研究強調社會學習的重要，但卻忽略了種種的互動學習情況。生涯模式目前也許是在維持階段，但健康的維持並非靜止不動，而是不斷的更新、改進，因為中年生涯的改變是很容易看到並進行研究的。

　　生命階段概念在近幾年裡也有些改變，主要是從成長、探索、建立、維持、衰退這些大循環中慢慢增加了各階段中同樣五個階段的小循環概念。再次的探索以及再次的建立也因此而吸引不少人的注意，此外，「轉換」（transition）一詞也在此時用來說明這個歷程。……同樣也很重要的，是強調有些轉換並非肇因於年齡的事實，有些轉換時機，是個人人格特質及能力所發揮功能的結果，同時也與個人所處的情境有關。（pp. 236-237）

Super 生活廣度、生活空間理論在生涯諮商實務上的應用

1. 因為個人的生活生涯發展所涵蓋的內容不只是職業選擇以及對工作角色的調適，所以生涯諮商更應該將注意力集中於工作角色與其他生活角色是如何互動的（Niles & Harris-Bowlsbey, 2005）。

2. 由於職業決定與其他生活決定有關，而且在整個生活廣度裡也經常持續有類似的決定，所以不同年齡層及處於不同環境下的個人，都需要生涯諮商。

3. 因為生涯發展可描述為階段歷程，每個階段皆有其發展任務，也因為這些階段並非線性的，而是具有循環性的，諮商師必須協助個案了解，當他們的發展回到更早階段時，並非是不正常的現象。

4. 因為在不同發展階段的人會需要不同的諮商方法，即使是在類似階段，每個人生涯成熟或調適的程度也不相同，這時我們需要以不同方式進行諮商。所以，我們必須學習如何使用生命階段及發展任務進行診斷並選擇適當的處遇策略。

二、Holland 職業人格及工作環境理論

　　Holland 的智慧，讓我們得以從實務角度來思考理論。他在所發表的書中（Holland, 1997）說明了他的理論，認為這理論係針對三個十分常見且基

本的問題提出解釋：

1. 什麼樣的個人及環境特徵能導致令人滿意的生涯決定、投入、成就，又是什麼樣的特徵會導致無法決定、不滿意自己的決定，或是缺乏成就感？
2. 什麼樣的個人及環境特徵能導致個人在一輩子的工作表現中有某個程度上的穩定性或是改變？
3. 能針對個人生涯問題提供協助的最有效方法為何？（p. 1）

　　該書從頭到尾，Holland 都很強調實務應用的重要性。事實上，他只用幾頁篇幅介紹自己的理論，之後都是用一些實務性的方法來闡述如何應用這理論，在此我們也跟著他的引導。這理論最簡單的說法是：首先，人們可以因其彼此之間的相似性區分為六大類別，分別為實用型（Realistic）、研究型（Investigative）、藝術型（Artistic）、社會型（Social）、企業型（Enterprising）、事務型（Conventional）（也稱之為 RIASEC 模式）。越接近某個類型的人，越能展現出這個類型的特質及行為。同樣地，環境也可以依其相似性而區分為這六個類型。Holland 還說：「從我們對人格類型及環境模式的所得知識當中，我們得以預測並理解人與環境彼此之間的配對結果。」（1997, p. 2）

　　至此，大家很清楚地可以理解為何我們需要盡可能知道人格類型及其所對應的環境。研究結果也支持 Holland 所主張的六個類型，而且，這些類型在興趣、職業與非職業的偏好傾向、目標、信念、價值，及技巧方面都是不同的。表 2-1 提供這六個類型的綜合描述，在本書其他地方你也可以看到有不同的工具可用來評估一個人與這六個類型的相似性。

　　在應用這個理論時，你必須知道區別各類型人格的特色，並了解幾個重要原則。表 2-1 提供了綜合性的描述，包括各類型特色的概覽，該表直接引自《職業選擇：職業人格及工作環境理論》（*Making Vocational Choices:*

表2-1 人格類型及其主要特徵

	實用型	研究型	藝術型	社會型	企業型	事務型
特質	脚踏實地 謙遜的 實際的 審慎的 武斷的 自然的 不重視洞察力	聰慧的 好奇的 重學術的 開放的 興趣廣泛	開放的 不順從 想像力豐富 直覺的 敏銳的 富有創意	和藹的 友善的 容易理解他人 社交性的 有說服力 外向的	外向的 操控的 冒險的 熱心的 追求權力 精力旺盛	保守的 不善想像 壓抑的 實事求是 重事方法的
生活目標	組織儀器或設備 成為傑出的運動員	創造有價值意義的產品 在科學方面有卓越的理論貢獻	成為知名的演藝人員 出版創作故事 原創畫家 創作音樂出色的作家	協助他人而犧牲自我 為優良教師或是心理治療師	成為社區財務及企業上的領導 成為倍受歡迎的人物 衣著得體的	財務及商業上的專家 出產豐富的
價值	自由 聰慧 有野心的 自制 順從	聰慧 邏輯 有野心的 智慧	公平 想像 勇氣 美麗世界	公平 自我尊重 助人的 包容	自由 有野心的 不重視包容	缺乏想像力 較少包容
認同楷模	愛迪生 伯德海軍上將 （Admiral Byrd）	居里夫人 達爾文	T. S. 艾略特 畢卡索	珍‧亞當斯 （Jane Addams） 史懷哲	福特 卡內基	巴魯克 （Bernard Baruch） 洛克斐勒
性向與能力	技術	科學	藝術	社會與教育 領導與營銷 商業與會計 人際關係	領導與營銷 社會與教育 商業與會計 人際關係	商業與會計
能力自我評估	機械能力	數學能力 研究能力	藝術能力	—	—	會計能力
最擅長能力	機械	科學	藝術	人類關係	領導能力	商業

註：取自 *Making Vocational Choices: A Theory of Vocational Personalities and Work Environments*, third edition, by J. L. Holland。Copyright 1973, 1985, 1992, 1997 by Psychological Assessment Resources, Inc.

A Theory of Vocational Personalities and Work Environments; Holland, 1997），經常用來評估個人與某個類型相似的情形。若你使用相關工具，你必須透澈詳讀此一引導手冊，詳細內容則可以參閱技術指導手冊（Holland et al., 1994），該手冊對這些類型相關特質的描述較為完整。

　　除了了解這六個類型特質及其所對應的環境之外，尚需理解一些其他重要原則以適切使用此理論，包括某個類型與另一類型之間的關係（精算性）或是可以理解圖 2-1 當中的六角形（Holland, 1997, p. 6），在特質與環境方面各個類型彼此之間的一致性、人與環境之間的適配性、分化性，以及職業認定。

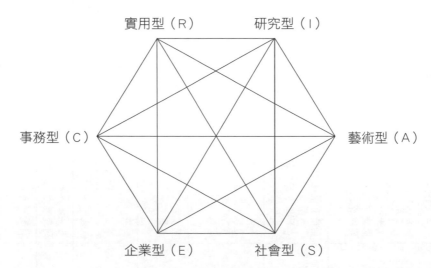

圖 2-1　定義人格類型與環境六個類型間心理相似性的六角形模式

註：取自 *Making Vocational Choices: A Theory of Vocational Personalities and Work Environments*, third edition, by J. L. Holland。Copyright 1973, 1985, 1992, 1997 by Psychological Assessment Resources, Inc.

（一）精算性——看見六類型特質與環境彼此之間或之中的關係

首先，或許也是最重要的，是要懂得精算性（calculus）這個概念，也就是某個類型與其他類型的關係。最清楚的方法，就是觀察六角形當中的某個點，然後依序順時鐘或逆時鐘看其他類型（參見圖 2-1）。先從實用型開始，接著依序是研究型、藝術型、社會型、企業型，以及事務型（RIASEC）等六個類型，將這六個類型依此順序排列，可以一一比較這六個類型之間的相似性，你會發現在六角形當中，距離越近的類型，彼此之間越相似。例如，實用型（R）及研究型（I）兩個類型彼此相鄰，就類型描述上以及兩類型的人是否能夠一同工作而言，兩者是接近的。相對的，實用型（R）及社會型（S）兩類型距離最遠，也就是社會型最不像實用型。一個人與某類型的相似性，也許很相近，也可能相去甚遠，相似性越高，越容易正確地預測到適合他特質的環境。

（二）一致性——定義人格類型及環境各類型彼此之間的關係

一旦我們了解這項原則，就能開始觀察這理論如何預測一個人的生涯選擇。若個人認同的類型位在六角形中的位置是相近的，此即 Holland 所謂的一致性（consistency），他們的生涯探索也會比一致性不高的人要來得容易（一致性不高的人，他的幾個偏好環境在六角形當中彼此是相對的）。一致性同時可以用來描述人格及環境類型。

（三）適配性——定義個人所屬人格類型與環境之間的切合程度

就邏輯上的期望而言，理論應當能提供更多協助，讓我們能預測個人對所做選擇的滿意程度。就此點而言，Holland 提出適配性（congruence）概念，也就是關於個人人格類型與環境之間的關係。彼此之間越一致，滿意度會越高，也就是說，適配性程度越高，工作滿意度就越高。當實用型的人在實用型環境中工作，或研究型的人在研究型環境中工作，就是適配性高。當

實用型的人在社會型領域工作，或研究型的人在企業型環境工作，則適配性程度低。對於是否容易預測個人的生涯選擇，或是對該項選擇是否滿意，很快就順勢而出，一些相關的概念也持續在討論中。

　　當然，將個人人格類型與環境進行適配，這看來也可能過於單純。當你知道所有人都具備這六個類型的特質，或具備其中多種特質，你就知道將此理論描述為配對過程，是並非十分合理的。同樣的，在職業環境類型中亦然，各類型工作多多少少與其他五種環境類型具有重疊性。所有環境都可以說明適合其環境的工作者所需具備主要特質，我們從不曾見過專屬某一類型環境特質的工作，不同人格類型在不同環境所具備的代表性程度也不一樣。所以，不論是性質描述或實際應用上，配對都變得很複雜。Holland 後來以分化性概念進一步說明這實務應用上的過程。

(四) 分化性——定義個人特質及工作環境的清晰程度

　　分化性（differentiation）這概念有助於我們修改對職業行為的預測。雖然我們與每個人格類型以及六類工作環境多少都有關係，但還是會有程度上的不同。高分化的人，在某個類型特質上特別凸顯，對其他類型認同較低，或是根本並不相似。分化性低的人，也許在每個類型上分數都很高，也可能都很低。總之，分化性是另一個實務應用的概念。

(五) 認定——用以形容個人對目標、興趣、天賦的清晰及穩定性

　　人格類型、工作環境，以及一致性、適配性、分化性等原則，這些概念協助我們以具有創意的思考方式應用這理論。但 Holland 在努力修正他的理論時，浮現出另一個概念，也就是職業認定（vocational identity），是指個人在目前生涯規劃對某項職業所感受到的畫面清晰情形。他發展了「我的職業情境」（My Vocational Situation; Holland, Daiger, & Power, 1980; Holland et al., 1994），用以測量個人的認定情形（詳見第 13 章）。個人對生涯目標以及面對目標所應完成的任務的清晰程度，都可以呈現在這份量表的測量

結果中。職業認定的概念以及這份工具，為此理論提供了另一項具有實用性的應用模式。這很清楚地回答了我們的疑問，知道為何某些個案很難做決定，某些個案則能很快地做出決定。若我們知道求助個案的職業認定狀況，相對上會較容易協助他們進行生涯決定以及生涯探索。這概念也可以用來形容工作環境類型，定義各種工作環境所應達成的目標、任務，以及所能提供給工作者的回饋。

職業認定，是另一個協助我們回答 Holland（1997）所提出三個基本問題的好法子之一。在我們所討論的幾個原則裡，對於一個人為何或如何做決定、為何有些人感到滿意而有些人則否、有些人能持續他們的選擇而有些人卻又無法持續，這些議題我們都已有些討論基礎。此外，也包括為何在提供生涯協助時，有些處遇較其他處遇要來得恰當。

(六) Holland 職業人格及工作環境理論在生涯諮商實務上的應用

1. 我們可以協助個案評估他們的人格特質及工作環境，並協助他們了解這兩者彼此之間的關係。不論是「職業偏好量表」（Vocational Preference Inventory）或是「生涯自我探索量表」（Self-Directed Search），對我們的助人過程都會有幫助。在很短的時間內，《這樣求職才能成功！》（*What Color Is Your Parachute?*）中的宴會活動（Bolles, 2001, p. 289）變得十分受歡迎，這活動對興趣的探索十分有效。若大家想要看看這理論的視覺呈現，可以參考密蘇里大學生涯中心（University of Missouri Career Center）網站的生涯興趣遊戲活動（Career Interests Game）。

2. 在使用職業組合卡時，我們也可以考慮以何倫碼（Holland Codes）作為分類的依據。使用「職業夢想量表」（Occupational Dreams Inventory）作為刺激，與個案討論他的期望，然後以何倫碼來說明他的夢想類型（在第 13 章會有更多關於此及生涯自我探索量表的說明）。

3. 我們協助個案發現他們自己的特質、生活目標、價值觀念、性向，以及

能力，這樣的投入與成就有助於他們連結人格特質與工作環境。

4. 可以使用「我的職業情境」快速地協助個案發現自己的需求。

5. 可以使用 Holland 與 Gottfredson（1994）所發展的「生涯態度及策略量表」（Career Attitudes and Strategies Inventory）協助工作者評估自己現階段的工作環境。

6. 可以依照何倫碼來組織並蒐集更多關於你的生涯及職業資訊，這部分可以參考 Gottfredson 與 Holland（1996）所編訂的《何倫職業典》（*Dictionary of Holland Occupational Titles*），裡頭的職業都是依照何倫碼做歸類，會是個很不錯的引導。

7. 我們要學著仔細聆聽個案的個我生涯理論，或是他們的故事，這會是一個很好的開始，也可能就是個案所需要的。

(七) 生涯介入及改變策略

Holland（1997）提出了三項基本假設：(1) 每個人對生涯都有一套自己的生涯理論，稱之為**個我生涯理論**（personal career theory, PCT）（p. 205）；(2) 當一套理論似乎沒什麼效果時，一個人可以從其他地方獲得協助，有時就是像我們這樣的專業資源；(3) 當個案詢問我們時，我們可以提供一些介入策略，讓他們修正或是讓自己的理論更為精緻化。要這麼做的第一步，就是我們要盡可能了解個案的個我生涯理論。Holland 認為當我們在傾聽個案時，我們應用了某個診斷架構，藉由這架構，我們聽出一些蛛絲馬跡，用以說明我們應當如何描述這理論。他建議我們在思考個案的個我生涯理論時，可以依照三個向度：有效性（validity）、複雜性（complexity）、全面性（comprehensive）。而當個案前來求助時，我們是以這特定的個人生涯故事為基礎而提供我們認為最有效的處遇策略。我們是聆聽所有線索，用以描述個案的 PCT，並且知道什麼策略對個案才是最有用的，以協助他修正、精煉，並實踐自己的 PCT。因此，仔細聆聽線索以及找到有用策略，兩者都十分重要。

　　至於在使用此一取向的架構方面，我們建議能由 Holland（1997, pp. 205-206）所建議的三個連續數線開始，你可以仔細傾聽個案，直到你可以判斷評估個案在這三個向度上各自是處於何處（Gottfredson & Cook, 1984; Prochaska, Norcross, & DiClemente, 1994）：

評估個案的個我生涯理論

　　1. 無效的——————————— 有效的
　　2. 簡單的——————————— 複雜的
　　3. 不完整的——————————— 全面性的

　　接下來，在面對不夠完整、不是那麼有效，或是需要精緻化的個我生涯理論時，你的經驗會引導你，看看什麼樣的做法是最適合個案的。很清楚地，我們會開始發現，某個特定介入處遇對某類型 PCT 會較有效果。

　　Holland（1997）總能站在第一線提供實務上的建議，他提出了一個「四個層級的診斷及處遇計畫」：

第一個層級，個人擁有較有效（複雜、全面性）的個我生涯理論。

第二個層級，個人的生涯理論內容含有職業資訊，但需要更深的探索、
　　　　　　修正，或是針對非一般性職業或失業情況做調適。

第三個層級，在連結個人特質與職業、特定工作角色、特殊化，或處理
　　　　　　工作變化時，個人的生涯理論轉換單位是微弱的，或是缺乏可靠
　　　　　　的公式。

第四個層級，則是個人的生涯理論整體而言都十分微弱（pp. 207-
　　　　　　208）。

　　屬第一個層級的個案較不需要協助，因為他們的個我生涯理論發展得很好。第二個層級的個案則需要一些幫忙，至少在某些地方需要延伸、修正，或是調整。第三個層級的個案，會認為自己在某些特定工作上有困難，或是在目前工作上會需要做些調整。他們需要較多的協助，也許需要一對一的諮

商，以解決他們在想法上所碰到的特定問題。第四個層級，個案需要大量協
助，因為他們的個我生涯理論有重大的缺失或是弱點。

　　雖然這四層級模式在當時並非發展得十分完整，但此一診斷系統確實有
助於我們思考，並開始認真地將個案視為一個獨特的個體，傾聽他所帶來的
問題。這模式也認為，當我們在協助每一位個案發展或提供適切的生涯服務
時，我們的經驗是很重要的。即使我們對每位個案都有些想法，但也不會對
每個個案的想法都一樣。

(八) 生涯介入及改變策略在生涯諮商實務中的應用

1. 身為諮商師，我們要承認每個人都有一個自己的個我生涯理論，從中我
   們可以得知這個人的生活決策，我們的角色就是要讓個案能使自己的生
   涯理論更為清晰細緻。

2. 我們可以鼓勵個案描述自己是如何理解自己的生涯理論，而當他們在描
   述時，我們可以思考其中的有效性、複雜性，以及全面性程度。

3. 如果個案已經發展出一套有效的、複雜的，以及全面性的個我生涯理
   論，那麼我們最需要的就是職業資訊，並再次確認個案是在正確的軌道
   上。

4. 如果個案的個我生涯理論在某些部分並非十分有效（例如所得結論是依
   據不合理或非理性的信念），或是對於某些重要途徑的思考過於簡化或
   不夠完整，諮商師可以協助個案精緻化自己的理論，並對自己的生活情
   境做更佳的描述。

5. 本章所呈現的其他理論及模式都能協助個案精緻化自己的個我生涯理
   論。例如，Super 的理論有助於個案理解自己的生涯發展進程；Holland
   的理論有助於個案認識自己的選擇所反映出的人境適配情形；Lent、
   Brown 與 Hackett 的理論協助個案知道自己的自我效能和結果預期如何
   影響自己的興趣、選擇及目標達成情形；Schlossberg 的理論則有助於
   個案理解個人的生涯轉換如何影響個人的生命進程；Cook、Heppner 與

O'Brien 的理論協助個案理解宏觀系統、外在系統、中介系統，以及微觀系統如何形塑他們的選擇；Krumboltz 的理論則協助個案理解機會事件是如何形成並持續形塑個人的生命歷程。

依此，就某些層面而言，生涯處遇及改變理論認可個別差異，而各個生涯理論的不同層面也都可用來協助個案描述自己獨特的生涯路徑。我們的理論，終究必須真實地面對個案，因為理論的存在就是要協助個案。理論必須真的能解釋生涯行為，如此才能有用。藉由鼓勵個案設計自己的個我生涯理論，我們豐富個案的自我了解，進而終能引導個案獲得最為有效、複雜且又最為全面性的理論，讓他們能用以引導自己的生命組型。

三、Schlossberg 的成人生涯發展轉換模式

> 當諮商師、心理師、社工師，以及其他助人者聽到許多故事時，不論是個案的、同事的，或是朋友的，會發現每一個故事都很獨特——轉換模式為此提供一個很有系統的架構。雖然轉換各有不同，每個人的情況也不一樣，但了解個人轉換過程的結構是穩定的。（Anderson et al., 2012, p. 38）

依 Anderson 等人（2012）的觀點，成人生涯發展轉換模式（adult career development transition model）主要分三個部分，第一部分焦點放在接近轉換，包括轉換的辨認及過程；第二部分主要在辨認因應資源；第三部分則強調處理轉換的相關策略。

(一) 接近轉換

要了解轉換，很重要的一點是要能辨認出轉換的類型。Anderson 等人（2012）指出三種類型：第一類是**預期性轉換**（anticipated transition），這類轉換是生命發展過程中預期會出現之事件所引起的轉換。第二類是**非預期**

性的轉換（unanticipated transition），這類轉換是因為生命中非預期事件所引起的轉換。最後一類是**非事件性轉換**（nonevent transition），這類轉換是由預期性或計畫性事件並未發生時所引起。

在了解轉換時，我們必須尊重每個人的期待，因為每個人的期待事件可能並不一樣，而促成轉換的事件情境內容則是另一個重要的考量。例如，事件是發生在個案身上，或是發生在其他相關人身上？是個人內在的，還是與人際互動有關？轉換對個人所造成的影響當然也十分重要。有時，一連串的轉換接踵而來，個人在經驗某個轉換時，另一個轉換又出現了。

(二) 轉換的歷程

「雖然我們看得出轉換的開始與某個事件有關，也或者並不一定有事件出現，但轉換的歷程真的是要花很長一段時間。」（Anderson et al., 2012, p. 48）當個案在轉換時，會經歷一連串的階段。首先，轉換會是無所不在的，因之而起的轉變，會完全破壞個案的整個生活。此外，人們會懷疑（「這根本不可能會發生！」），然後有種被出賣的感覺（例如，「我為這公司工作了三十幾年！」）、覺得困惑（「我現在該怎麼辦？」）、生氣（「我要控訴某人！」），過一段時間之後，找到解決方法（「我有很多的技術，我應該能找到工作！」）。

有時人們會想要過於簡化這些階段以及這些階段所包括的內容。Anderson 等人（2012）強調轉換通常包括了十分複雜的動力，令人滿意的解決方式有賴於個案的特質以及促成轉換階段的事件發生狀況。有時對某些個案而言，轉換的結局也可能惡化，沒有令人滿意的解決方法。

諮商師如何評估個案處在轉換歷程中的哪個階段？Schlossberg（1984）建議我們從個案的知覺開始，因為處於同樣階段的不同個案對該階段情境會有不同觀點。另一種方式，是評估個案對他們所面臨轉換的既有成見。Schlossberg（1984, p. 56）建議我們使用連續數線的評估概念，一端是「普遍性的」（pervasiveness，轉換完全滲入個案的態度及行為），另一

端則是「有界限的」（boundedness，能包容轉換並統整於個案的自我概念內）。最後，生活滿意度也可以用來評估個案在轉換過程中的狀況，當然，愈接近轉換結束找到解決方法的階段，滿意度愈高。

(三) 影響生涯轉換的相關因子

　　Anderson 等人（2012）指出四項個人在處理生涯轉換時的主要因素：情境（situation）、自我（self）、支持（support）、策略（strategies）。

　　1. 情境：諮商師需要了解個案在轉換過程中有哪些的主要變項，這些變項包括：

- 觸發因子（trigger），是什麼因素促使轉換的出現？
- 時間點（timing），這轉換與什麼社會情境背景（social clock）有關？
- 來源（source），控制這轉換的來源在哪裡？
- 角色的改變（role change），這轉換與任何的角色改變有關嗎？
- 持續情形（duration），轉換會是永久性的或是暫時性的？
- 之前有類似於此轉換相關的經驗？
- 目前有處於什麼樣的壓力狀態嗎？

　　2. 自我：要了解個案能擁有的因應資源，必須認清個案的個人所處情境及心理資源，其中需要考量的個人基本資料包括社會經濟地位、個案所屬文化、族群、種族，性別角色、年齡及生命階段，以及健康狀況。心理資源包括有關自我發展、人格、前景、承諾，以及價值觀等。

　　依照 Anderson 等人（2012）的觀點，以下幾個問題可用來評估個案的自我狀態：

- 在面對這世界時，他們有足夠的自主性嗎？能忍受模糊性嗎？
- 他們樂觀嗎？對於有水的水杯，他們所看到的，是半滿的還是半空的？

- 對於周遭所發生的事物，他們的態度是自責的？
- 面對轉換，他們能有控制感？
- 他們相信所做的努力能影響某些特定行為的結果？
- 他們擁有意義感及目的感？
- 他們擁有復原力的特質？（p. 83）

3. 支持：最後一組要考量的變項與個案所處的環境有關。當我們與轉換之中的個案工作時，考慮個案所擁有的支持系統是很重要的（如親密關係、家庭、朋友網絡、機構），這些支持系統對他們而言所提供的功能（包括情感上的、肯定、協助、回饋），以及他們所能擁有的選擇性（真實的、感受到的、已使用的，以及能創造的）也很重要。

以下幾個問題可用來評估個案的支持系統：

- 個案能得到他在轉換期間所需要的協助、肯定、情緒支持？
- 個案能有足夠的支持範圍，包括配偶或伴侶、其他親密的家人或朋友，或工作夥伴、同事、鄰居、相關機構、組織，甚至是不認識的人？
- 個案的支持系統或所謂的「社會支持的陪伴」會因為這轉換而被打斷嗎？
- 個案會覺得面臨轉換時的支持系統有足夠的資源，或是不夠？（Anderson et al., 2012, p. 87）

4. 策略：面對轉換的因應策略包括嘗試控制整個情境、意義，以及與這轉換相關的壓力。Anderson 等人（2012）認為「一個人面對轉換的因應能力，有賴他所擁有以及失去之能力彼此間的交互作用和平衡」（p. 91）。因此他們建議提問以下問題，以了解個案在所擁有以及所失去這兩者之間的平衡狀況：

- 就時間點、持續情形，以及評估的觀點而言，有哪些因素是與這特定的轉換情況有關的？
- 就個案而言，有哪些個人或外在因素會影響這轉換過程？是個案的自我（self）嗎？
- 個案是健康的，還是有什麼疾病？
- 個案個人的自我發展與人格發展程度如何？對未來展望的狀況又如何？
- 個案所使用的因應策略為何？
- 個案擁有哪些支持系統？
- 個案所知覺或是真正能有的選擇有哪些？（p. 92）

(四) Schlossberg 成人生涯發展轉換模式在生涯諮商實務中的應用

1. 因為很多人在生涯發展較晚階段才改變職業，諮商師對想要改變的個案應該採開放態度，理解他們並同理他們在轉換過程中所面對的挫折、痛苦，以及喜悅。
2. 由於經歷轉換的個案經常會感到焦慮及情緒上的動盪，我們必須提供安全的環境——這時以傾聽及反應技術，以及專注聚焦的技巧為主的諮商關係就很重要。
3. 因為轉換中的個案很難重新聚焦或是重新架構自己的情況，諮商師需要透過解釋、主題澄清，並呈現內在和外在資訊，以提供個案新的視野。
4. 因為轉換中的個案通常需要協助，以繼續前進，因此我們需要協助他們發展問題解決、做決定，以及因應等方面的技巧。
5. 要能夠成功地進行轉換，社會支持系統是很重要的。諮商師要提供個案所需要的技巧，協助他們發展適當的社會支持系統及網絡。

四、Lent、Brown 與 Hackett 的社會認知生涯理論

相較於 Super 及 Holland 等人的基本理論，社會認知生涯理論（social

cognitive career theory, SCCT; Lent, 2013; Lent, Brown, & Hackett, 1994）是較新的理論。它的獨特之處，在於「以個人建構為焦點，這焦點是集中於個人生涯決定相關的事件所凸顯出來的個人建構」（Swanson & Fouad, 1999, p. 340）。對來自不同種族與族群的個人職業行為，這理論也很有用，因為這理論有特別注意到影響個人生涯發展的情境因素。確實，自從本理論提出之後，有許多以多元族群為對象的研究也如雨後春筍般地出現（如 Flores & O'Brien, 2002; Fouad & Smith, 1996; Gainor & Lent, 1998; Lent, 2013; Morrow, Gore, & Campbell, 1996; Tang, Fouad, & Smith, 1999）。

　　Lent 與他的同儕（1994）發展了一個綜合性的理論，包括三個部分，用以解釋這生涯發展中三個相互交織的成分：(1) 興趣發展；(2) 教育或生涯選擇；(3) 在教育或職業場域的表現及持續情形。Lent 等人延伸了 Bandura（1986）的社會認知理論以及 Hackett 與 Betz（1981）的生涯自我效能理論，發展出這套社會認知生涯理論，強調個人及所處社會情境所帶來的影響，這些影響包括個人的自我效能、結果預期，以及目標設定，而這些因素又影響著個人的興趣、行動以及表現。以下簡短說明我們覺得重要的部分，其他則請讀者們自行閱讀原初的發表（Lent et al., 1994），以深入了解這個理論。此外，Lent（2013）在近期所發表的文章中也充分說明了這理論與生涯發展及諮商之間的關係。

　　圖 2-2 勾勒出與興趣相關的社會認知決定因素。基本上這理論假定自我效能信念（self-efficacy beliefs）及結果預期（outcome expectancies），可以預測個人的學業及生涯興趣。所謂的**自我效能信念**，是指「個人對自己能組織並執行一份行動任務，以達到指定表現標準的自我能力判斷」（Bandura, 1986, p. 391）。**結果預期**則是指「個人對所可能產生之回應結果所持的信念」（Lent et al., 1994, p. 83）。因此，個人對自己在某特定領域的能力，以及對可能產生的結果所抱持的信念，均會影響個人興趣的發展。這些興趣（包括自我效能信念及結果預期）能預測目標，進而影響個人對於活動的選擇及實踐。這接下來會使個人體驗到成就表現（目標達成及實

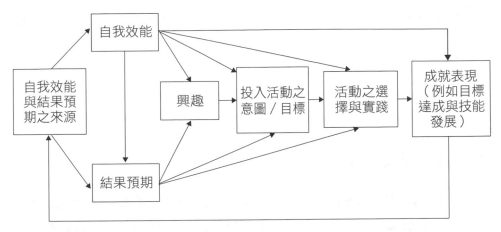

圖 **2-2** **基本生涯興趣之長期發展模式（社會認知生涯興趣模式）**

註：此模式強調兒童及青少年時期所受的認知及行為影響因素。取自 "Toward a
Unifying Social Cognitive Theory of Career and Academic Interest, Choice, and
Performance," by R. W. Lent, S. D. Brown, & G. Hackett, 1994, *Journal of Vocational
Behavior*, 45, p. 116。Copyright 1994 by Elsevier.

現）、嘗試不同的活動，並感受到成功經驗。因此，我們對自我效能及結果
的知覺，被認為是影響個人生涯興趣發展的重要因素。

Lent、Brown 與 Hackett 社會認知生涯理論在生涯諮商實務中的應用

1. 諮商師應該協助個案檢視學習歷程及特定之學習經驗的重要性，讓他們
   清楚過去的相關經驗是如何形塑他們今日的生涯路徑。
2. 尤其是在檢視過去經驗的過程時，我們不妨從這理論的細節之處看看之
   前的學習經驗如何協助個案形塑他在生涯計畫方面的自信及自我效能，
   以及這些經驗如何形成個案的結果預期與最終的生涯興趣。
3. 生涯自我效能究竟是如何發展而成的，在各種與生涯相關的經驗中，個
   案自信心發展過程又遇到些什麼阻礙？這方面的檢視對個案會很有幫助。
4. 在自我效能信念的形成過程中，這理論強調必須細心地檢視個人相關因
   素，像是性別、種族、性取向、能力或障礙的程度，以及社會階層。

5. 協助個案檢視過去的表現成就以及對未來表現目標的知覺，是很重要的。而且，個案對未來表現水準的自我效能信念及結果預期，也都有必要做進一步的檢視。

6. 依照此理論的主張，諮商師重要的角色就是要協助個案檢視自己過去的正向及現實期望，以協助他們發展並達成自己所期待的具體目標。

五、機緣學習理論

機緣學習理論（happenstance learning theory, HLT）是 Krumboltz（2009）在生涯發展理論方面最新的想法。他認為「這是一種嘗試，用以解釋個人為何以及如何在一輩子當中會有不同的發展路徑，同時也能說明諮商師如何催化這過程」（p. 135）。他這樣的想法，建基於許多學者的概念，包括 Bandura（1982）、Betsworth 與 Hansen（1996），以及 Cabral 與 Salomone（1990）。

針對機緣學習理論，Krumboltz（2009）做了如下的摘述：

> 機緣學習理論指出，人類行為是人們無窮學習經驗的產物，不論是在有計畫或是無計畫的情境裡，在這些情境中個案發現了自我。學習結果則包括技巧、興趣、知識、信念、偏好、敏感度、情緒，以及未來行動。（p. 135）

在解釋這套理論時，Krumboltz 指出影響個人行為的九個因素。首先是**生理遺傳**（genetics），可以看到「許多重要的心理變項與遺傳因素是有關的」（p. 137）。第二個是**學習經驗**（learning experiences），這在個案的成長歷程也扮演了重要的角色。第三個是**工具性學習經驗**（instrumental learning experiences），個案透過這經驗而能觀察到自己的行為及結果，這也都影響著個案行為。第四個是**聯結性學習經驗**（associate learning experiences），透過這類經驗，個案得以觀察他人行為的影響。第五個

是**環境情境事件**（environmental conditions and events），這些環境因素也實際影響了個案的行為。第六個是**父母及重要的照顧者**（parents and caretakers），他們對個案行為也有重要影響。第七個是**同儕團體**（peer groups），他們對個案行為的形塑是有影響的。第八個是個案成長過程中具**結構性的教育環境**（structured educational settings），這對個案行為有重要的影響，不論是好的或壞的。最後，第九個是**不完美世界**（imperfect world），Krumboltz 提到在這世上，有些人有較多機會，有些人則沒有那麼豐富的機會。

(一) 基本假定

Krumboltz（2009）提及：「生涯諮商師應該引導個案，讓他們知道參與各種有趣或有益活動的重要性，肯定他們的反應、對各種機會維持警覺、學習能夠成功完成每個新活動所需具備的技巧」（p. 135）。要能如此，他提出機緣學習理論的四個基本命題：

命題一：生涯諮商的目標是要協助個案採取行動，以促成令自己更
　　　　為滿意的生涯及個人生活，而不僅只於單一的生涯決定。
　　　　（p. 141）

命題二：生涯評估，是用來刺激學習而非將個人特質與職業特徵做
　　　　匹配。（p. 143）

命題三：個案學習投入探索活動，是一種營造有益的非計畫性偶發
　　　　事件的方法。（p. 144）

命題四：成功的諮商，主要是看個案在諮商情境之外現實生活中的
　　　　表現與成就。（p. 145）

(二) 機緣學習理論的應用

在與個案使用機緣學習理論時，Krumboltz（2009）建議不妨採取以下五種做法。第一，讓個案有所期待，同時也讓他們知道，他們會有焦慮是正

常的,而生涯諮商的目標就在協助他們營造令自己滿意的生活(而這當中包括許多因素)。個人的生活,受到許多因素的影響,包括計畫之外的偶發事件。而整個過程中,找出自己要的職業就變成一個開始,以便自己能有更多的探索。第二,我們得找出個案關心的事情,這會是個重要起點。要記得,要從個案的起點開始,而非是你的起點。第三,以個案過去非計畫性的成功經驗作為此刻行動的基礎,問問他們,請他們描述這非計畫性的事件如何影響他們後來的行為。第四,讓個案能敏感地找出機會,協助他們重新架構非計畫性的事件,進而轉為正向的機會。最後,問問個案:「是什麼事情使得你無法採取行動?」或是:「我們現在能做些什麼,以達成目標?」引導個案思考這些問題,以協助他們克服行動上的阻礙。

除了以上五種做法外,Krumboltz(2009)很強調諮商結果的評估。他指出,評估並不是在諮商過程中進行,而應當是評估個案在諮商之後所出現的行為。他說:「在進行諮商效果評估時,諮商師要能在現實生活情境中找出個案的想法、感受及行為等方面的改變程度。」(p. 148)

(三)再次檢視我們身為生涯諮商師的角色

要能有偶發機會的出現,我們必須鼓勵個案有開放的心態。當個案前來求助,需要生涯諮商時,我們經常假定自己的角色就是協助個案解決他們所處的模糊,降低他們的焦慮,很快地找出答案,做一份興趣量表,或是給他們一堆生涯資訊。但有另一種想法是或許可以協助個案,讓他們能安然於眼前的情境,以便能對周圍的機會都保持開放態度——通常在壓力之下,他們較難感受到機會的存在。不確定往往縮小了我們的知覺以及思考範圍,因而錯失了一些原本可以是機會的情形。

Gelatt 與 Gelatt(2003)指出,對生涯目標的不確定,可能會讓一個人發現新的點子或機會。一旦決定目標後,我們會將焦點放在已經確定的選擇,對其他可能的機會就不那麼地抱持開放態度。協助個案增加對模糊性的忍受度,也許會成為諮商師的重要任務。

(四)機緣學習理論在生涯諮商實務中的應用

1. 我們需要改變想法，避免低估機緣的重要性，在諮商過程中要能辨認、發現一些增加其重要性的方法。

2. 我們要知道，「無法決定」（indecision）不能被標籤化為是我們不想要的，這反而是我們應當要珍惜的狀況。

3. 我們要倡導開放的胸懷，這樣的情況也許最能協助我們的個案找到方向。

4. 我們必須協助個案將非計畫性的事件視為機會，並從中獲得優勢。

六、種族／性別生態取向之生涯發展模式

「基本上，人類生活與我們周遭的環境世界是息息相關的。」（Cook, 2012, p. 6）Cook、Heppner 與 O'Brien（2002）所建立的生涯發展模式，是要檢視個人職業發展的相關情境因素，他們使用生態模式概念發展出所謂的**種族／性別生態取向的生涯發展模式**（race/gender ecological model of career development）。這生態模式指出，人類行為是人與環境之間持續互動的結果，而且是多面向因素互動所產生的結果，不論是個人自我、人際之間，或是更廣的社會文化層級（Cook, 2012）。職業行為可以被解讀為是種種「情境中的行動」（Landrine, 1995, p. 5），要說明這些行為或是行為的意義，則行為背後的情境是最重要的。這模式曾經應用在理解多元文化背景女性的職業行為，並提供處遇（詳見 Cook, Heppner, & O'Brien, 2004, 2005）。例如，Ancis 與 Davidson（2012）使用生態理論理解女性在與教育、工作職場、性別暴力，以及法律等相關的議題；Bieschke 與 Toepfer-Hendey（2006）則應用此生涯模式於生涯諮商介入中協助女同性戀者；Heppner 與 O'Brien（2006）則是將其應用在貧困的女性身上。生態模式的思考，已經衍伸應用到理解促進社會正義所必須的改變程度（Pitt-Catsouphes & Swanberg, 2006）。

Bronfenbrenner（1977）所發展的生態模式是最受廣泛使用的，Cook 與他的同事使用此一模式作為理論架構的指引。Bronfenbrenner 指出四個影響人類行為的主要次系統：(1) 微觀系統（microsystem），包括在某環境下的人際互動系統，像是家庭、學校、工作場所；(2) 中介系統（mesosystem），此系統是由微觀系統彼此之間的互動所組成，像是個人學校與其工作環境之間的關係；(3) 外在系統（exosystem），是次系統彼此之間的連結，這系統間接影響個人，像是他的鄰居或是傳播媒體；最後是 (4) 宏觀系統（macrosystem），是社會中的理想元素，包括道德常規及價值。

種族／性別生態模式的生涯發展承認，在本質上，人們所處的社會環境系統是充滿互動的。此模式認為每個人都有各自的性別及種族，這些因素對個人一生的生涯具有決定性的影響，包括他會遭遇的阻礙或機會。這也提醒我們，生涯行為並不是發生在真空中，而是個人一輩子與其所處環境互動的結果。就如 Ancis 與 Davidson（2012）所描述，以生態為基礎的生涯諮商可協助「在職場中掙扎於性騷擾問題的女性……她們可以將此壓抑行為視為是根植在社會／文化信念（也就是宏觀系統）的權力問題，而不是個人層面的問題」（p. 69）。

此外，生涯行為被認為是受到更大的生態環境中次系統彼此之間互動結果所決定（Bronfenbrenner, 1977）。這系統讓我們很明顯地知道，互動關係在很多不同層級中同時發生。所以，就定義而言，我們無法將焦點放在任何一個互動層級，說明在某個時間點上之所以形成個人生涯行為的動力因素。這模式承認，雖然具有同樣性別或種族的個人可能因為他們的地理環境因素而處於類似的情境，但每條生涯路徑都是獨特的，因為每個人都會有獨特的次系統互動情形。個案前來諮商時，通常會帶著他們的生態系統觀點，藉以理解環境並有所反應（譬如，覺得有機會或是沒有機會、對現實自我以及理想楷模的比較、對未來視野的正向或負向態度、對有關或無關他人之刻板印象的內化作用等等）。我們也認為個案會以複雜的方式形塑他們的環境，因為他們過度地對他人生涯行為有所懲罰或回饋。

在應用種族／性別生態模式時，有個不錯的實例。大文化，也就是所謂的宏觀系統中，會延續與種族或性別有關的生涯迷思或刻板印象，事實上可能會是種族或性別歧視的教條形式。這宏觀系統涵蓋一些價值體系，諸如男性白人的優越性，歐洲中心主義的世界觀、種族或性別思潮，或是種族／性別的職業選擇類別。宏觀系統價值觀念會有個人內化情形，例如內化壓抑（internalized oppression），也許就微觀系統而言，也影響一個人如何因為對方的性別或種族而對待這個人。

種族／性別生態模式在生涯諮商實務中的應用

1. 這模式提醒生涯諮商師，在面對任何個案時，我們都能以許多不同方式改變個人與環境的互動。很多時候也包括透過個案或諮商師的主動機制，找到一些技巧，不斷練習，以便能更有效地因應環境，或是提出形塑個案與環境互動的認知歷程。

2. 對於個人所想要或是適當的生涯選擇，傳統的生涯諮商處遇方式能協助個人改變原來的想法或是知覺；而生態模式則提醒諮商師扮演主動倡導的角色，鼓勵個案改變環境及社會，這樣也許能促進其他或是未來個案的發展。

3. 對個案生態系統做仔細評估，能決定如何以及在何處進行生涯諮商介入會是對個人最有效的。

4. 諮商師就如同橋樑一般，架接個案與工作世界，是個案的夥伴，讓個案與工作世界能有成功而滿意的互動。

5. 諮商師可使用各種不同方式，並強調考量各種各類概念化及處遇方式，能讓個案得到最佳的服務。

6. 此模式需要一連串的技巧，而這技巧並不一定是內在心理取向的（intrapsychically），但一定要尊重長久以來影響個案生活的複雜性。

生涯發展的後現代理論

一、建構主義／社會建構主義

在 1980 年代晚期，特別是在 1990 年代以及 21 世紀的前二十年，許多理論學家開始由以邏輯哲學為基礎的現代理論轉向他們所稱的後現代理論。

像是建構主義（constructivism）、建構理論學者（constructivist）、建構論（constructionism）、社會建構主義（social constructionism）、情境論者（contextualist），以及敘事（narrative）等等詞彙也都被大量不同作者使用，持續找出並澄清究竟後現代取向的生涯發展是由哪些概念所構成（McIlveen & Schultheiss, 2012; McMahon & Watson, 2012; Meier, 2012; Sharf, 2010）。當這些關於如何定義或描述後現代理論的議題持續被討論時（McIlveen & Schultheiss, 2012），似乎發現整體而言有兩個詞彙是能得到共識的，也就是「建構主義」（constructivism）以及「社會建構主義」（social constructionism）（Young & Collin, 2004）。依循 Young 與 Collin（2004）的說法，我們將注意力放在這兩個詞彙上，並分別描述這兩個看似不同卻又十分密切相關的後現代理論。

建構主義可定義為一種學習理論類型，說明個人在對自己所處的真實生活經驗賦予意義時，如何對自己、他人，以及所處世界建構屬於自己的想法。「建構主義方法論（constructivist epistemology）主張知識是由人類所建構的，也就是說，在無人建構知識的存在時，知識是無法反映真實存在的。」（Young & Popadink, 2012, p. 10）

相對地，**社會建構主義**「涵蓋各種社會因素觀點，認為這些社會因素能解釋外在社會世界是如何透過社會歷程及相關實務現象而形成的」（Young & Collin, 2004, p. 377）。因此，也強調社會或外在歷程形塑了個人的生涯發展；而不是強調個人是透過對自己、對他人，以及對所處環境的認識（也

就是內在歷程）而形成個人生涯發展。依社會建構主義觀點而言，生涯是「建構於社會及歷史情境脈絡的」（Young & Collin, 2004, p. 381）。

建構主義以及社會建構主義是關於個人生涯發展的兩大後現代取向，兩個取向都提供理論學家及研究者豐碩的討論，探究形成及形塑個人生涯發展的相關歷程。相關文獻也持續討論各種觀點，讓我們更完整地理解個人內在認知思考結構及性質（建構主義）、外在的歷程（社會建構主義），以及兩者對個人生涯發展的影響（可參考 2004 年 6 月 *Journal of Vocational Behavior* 第 64 卷第 3 期特刊關於建構主義、社會建構主義及生涯的討論，和 2007 年 11 月 *International Journal for Educational and Vocational Guidance* 第 7 卷第 3 期專刊關於職業心理學方法及派典新論的討論）。

雖然理論學家及研究者將這些後現代觀點做區分，並提出不同研究和理論目的，但我們相信個人在生活中是不會有所區分的。個人在建構其生活時，同時具備內在（自我）及外在（社會）歷程。個案能說明在自己的生涯發展過程中，是如何地看待自己、他人，以及他們所接觸的世界，同時也能捕捉文化、歷史，以及社會結構的影響。我們同意 Young 與 Collin（2004）的觀點，「生涯能代表自我及社會經驗互動的獨特關係」（p. 381）。我們相信個人是「致力於讓自我經驗有意義的主動機制」，「一個人必須在他們所處的環境當中被解讀」（McMahon & Watson, 2007, p. 171）。

個人透過內在（自我）及外在（社會）歷程生活在這世界上，並建構自我，這觀點其實並不是新的。例如，Hughes（1937）就說過：「生涯是動態的觀點，人們視其生活是全面性的，能解釋不同特質、行動及周遭所發生事件的意義。」（pp. 409-410）。隔了二十年後，Super（1957）也有相同的看法：

> 個人生來就有一定程度的神經性或內分泌傾向或潛能，這可以被視為是個人的內在資源。他同時也發現個人所處的環境包括一些與個人無關的傾向或潛能，但在個人發展過程中，個人會與這些傾

向或潛能有所互動，這些也許就是所謂的文化資源。當個人使用這些環境中的資源，並將自身的傾向及潛能融入在生涯發展任務表現當中以符合社會期待，這時互動就產生了。（p. 283）

以建構主義及社會建構主義為取向的生涯諮商，「要求諮商師進入個案生涯系統的心理社會層面」（McIlveen, Ford, & Dun, 2005, p. 31）。也就是說，在生涯諮商過程中，我們會使用敘事取向方式協助個案說故事，以他們自己的語言及立場來說故事。這也是指，我們要協助個案以自己的生活生涯主題與類型描述他們生活生涯發展中的過去、現在、未來。

在敘事取向生涯諮商中，Cochran（2011）曾經說過：

對於進入生涯諮商的個案而言，也許最佳的描述就是一團密布的烏雲。這不只是因為生命情節的組型意義是難以言喻的，也因為這些情節有可能受到偏誤或是不當的評估，且容易受最近事件的影響，或是有不確定的連結等等。大致上來說，敘事生涯諮商是要協助個人揭開一連串生命主題的意義，讓個人能領會這些主題所形成的整體一致性。對個案而言，他們過去或許並沒有看到這些重要的連結，一些特定慾望、事件、能力等等的重要性並沒有得到足夠的認可。在這情況下，敘事取向生涯諮商師的功能就是在協助個案透過自己的生命歷史而更清楚自己的組型意義。（p. 13）

第 1 章當中的表 1-1 描述我們在生涯諮商中蒐集個案資料的階段。如同表 1-1 所列，我們可以透過量化及質性方式蒐集個案資料。質性資料像是生活生涯評估（Life Career Assessment，第 10 章）、生涯家族圖（career genograms，第 11 章），以及組合卡（card sorts，第 12 章），這幾種工具特別有用，因為這些工具提供了很好的架構及刺激，用以協助個案說故事。這階段強調讓個案分享自己對自己的看法、對他人的看法，以及對世界的觀

感；也讓個案看看自己是如何讓自己的生活角色、生活情境，以及對過去、現在、未來的生活事件賦予意義；同時也看看他們如何想像未來可能會面臨的個人及環境障礙，或是社會限制。

> 當個人透過故事反映個人的真實生活經驗時，他們就是在雕塑個人的敘事統整（narrative identity），在這過程中，他們專注於意義的賦予。要了解一個人自我統整的歷程，就是要了解一個人如何從經驗中形塑故事、如何對自我及對他人敘說這故事，並將這些故事融入在個人對自我、對他人，以及對世界的認識中。（Singer, 2004, p. 437）

如同我們在第 1 章所說，有效的生涯諮商，重點在於個案與諮商師彼此之間所建立的工作同盟（working alliance）。以建構主義及社會建構主義為基礎的後現代取向質性處遇方式對於同盟的建立，特別有用。當諮商師協助個案從自己的觀點，使用自己的語言說故事，這就表示個案所說的是重要的，同時也表示，諮商師關心並且仔細聆聽、理解個案所說的。Bujold（2004）曾引述 Rugira 的概念，強調：「敘事的轉化力量，在於關係的存在，在這種關係中，一個人會覺得自己是被認可的、被尊重的。」（p. 473）Sinisalo 與 Komulainen（2008）也引用 Arthur、Inkson 與 Pringle 的概念，提及：「生涯故事，讓個人觀點能從現在流向未來，以此時為基礎，進一步思考自己能夠做些什麼。」（p. 47）

建構主義及社會建構主義在生涯諮商實務中的應用

1. 後現代取向生涯發展強調多元文化觀點，焦點信念在於並沒有固定不變的真理。相反地，個人能建構他們自己的真實、自己的現實（Niles & Harris-Bowlsbey, 2005）。

2. 質性評估提供了很好的架構及刺激，用以協助個案說故事，認識我是

誰、往哪裡去，思考他們相信會影響自己生涯發展的問題與情境。

3.「建構主義引導生涯實務者朝向個人生涯的全面經驗，而且是處於情境中的全面生涯經驗。」（McIlveen et al., 2005, p. 31）

4.「敘事治療師會讓個案知道，他們是透過語言及文化實務現象而建構自己的世界，因此，他們對自己原有的假設及知覺進行解構及重構。」（Meier, 2012, p. 2）

5.「個案的故事是具有表面效度的，也就是說，這些故事具備既有的價值，敘事治療師認為個案的故事反映了個案某些層面的意義。」（Meier, 2012, p. 4）

二、生涯發展混沌理論

混沌理論（chaos theory）是一種看待個人行為的新方式，從經濟學、數學、生物學，以及物理學的觀點著眼，同時也提供不同角度，用以理解一般人類發展或生涯發展過程中的複雜及不確定。依據 Briggs 與 Peat（1989）的觀點，混沌理論將我們對人類行為的觀點從過去的還原主義（reductionism）帶進了整體性（wholeness）及改變性（change）的視野。

> 還原主義夢想的本質，主張大自然受控於人類思想……，不同於此一觀點（朝向整體及系統中各部分的獨立性）的新趨勢，造就了今日的新興科學，也就是混沌、整體、變化等概念，這新的趨勢堅持各元素彼此之間的互動、覺察大自然的不可預測，以及科學論述中的不確定性。（p. 201）

生涯發展混沌理論（chaos theory of career development）視個人為複雜的動力系統。在個人成長及發展過程中，他們受制於各種不同且持續變化的生活挑戰。當他們開展個人的生涯發展，經常發現自己所面對的挑戰是計畫之外的、非線性的、不可預測的，而且也是持續變化的。

(一) 吸引的概念

當變化出現時，個人會統合出一致性的自我（coherent self），並維持、支持這份自我，Pryor 與 Bright（2011）將此歷程稱為吸引（attraction）。吸引歷程可以分為四種類型，包括**點吸子**（point attractor）、**鐘擺吸子**（pendulum attractor）、**習慣性吸子**（torus attractor），以及**奇異吸子**（strange attractor），分別形容以不同的行為模式類型來回應生活中不斷出現的挑戰（Pryor & Bright, 2011）。

1. 點吸子：當個人將選擇行為聚焦於以個人興趣、能力及人格特質與職業的適切性為主要考量因素時，便是使用了所謂的點吸子。在達到極點之時，也許會被視為具有「較為窄化、較為早閉、做決定時過於自信、選擇彈性固化、意識型態或目標導向思考，以及（甚或是）強迫性或恐懼性的行為（Pryor & Bright, 2011, p. 42）。同時，也可能忽略了機會及不確定性在生活中的角色。

2. 鐘擺吸子：這類型的吸子經常在行為中擺盪著。依照 Pryor 與 Bright（2011）所言，這類型的人，其行為思考似乎是受制於非黑即白的二分思考，以至於他們的思考接近僵化。有時：

> 這類型個案很少能有出現雙贏的時候。此外，他們所期待的「平衡」解決方式可能讓問題更為嚴重，因為他們試圖讓鐘擺停在最低點：也就是說，在妥協時，衝突需求並沒有得到適當解決，因此讓兩邊問題更為嚴重。（p. 43）

3. 習慣性吸子：這類型的行為通常可以被描述為是「有規律、習慣性，同時也是可以預測其想法及行為的」（Pryor & Bright, 2011, p. 44）。這類型的人通常會以組織或分類人們行為及事務的方式而試圖控制他們的生活，他們喜歡一致性以及規律的生活。在達到極點的時候：

恐懼、缺乏安全感、有自我意識、不確定、擔心失敗，抱持
「在舒適圈當中玩耍」（play it safe）的心態，這些動機通常就是
將人們的行為侷限在習慣性吸子當中。當一個負面且非預期中的事
件出現，並打破個人能掌握一切的錯覺時，他們就會想回歸早期的
因應模式、拒絕思索改變的結果、否認或期待他們不會受到影響，
或是很容易對自己的能力失去信心，無法面對眼前新的情境做任何
反應。（pp. 44-45）

4. 奇異吸子：點吸子、鐘擺吸子、習慣性吸子係屬於封閉性思考系
統，意思是指使用這類型行為的人，通常會有種強烈的控制感。此外，他
們也偏愛穩定及秩序。另一方面，開放性的思考系統（奇異吸子）則認為
「改變可能不是直線性的！一點點的不同，可能導致整個系統的大大重組」
（Pryor & Bright, 2011, p. 48）。依照 Pryor 與 Bright 的觀點，奇異吸子類
型的思考，能促進個人適應及成長的能力。機會不被視為是秩序性的相反，
而是個人存在的一部分。

(二) 混沌理論與心靈概念

Pryor 與 Bright（2011）指出，混沌理論強調將個人心靈（spirituality）
統整到生涯發展的概念中。他們摘述了 Bloch（2006）的作品，提出個人
生涯發展的五大心靈向度，並主張諮商師必須在生涯諮商中處理這五大
向度。第一個向度為**連結**（connection），焦點放在個案與其人際社群、
世界，及宇宙的連結。第二個是**目的**（purpose），焦點放在「人類的意
義感、目的性、重要性」（Pryor & Bright, 2011, p. 148）。第三項是**超越**
（transcendence），強調有種更大的力量，是超越我們所能理解的。第四個
向度是**和諧**（harmony），著重在「個人如何讓所有事情得其所適（fit）而
統整為具有智慧的整體」（Pryor & Bright, 2011, pp. 148-149）。最後一個
是**召喚**（calling），意思是指個人能感知到他們在生活中的所作所為是接受

召喚後的結果。

(三)混沌理論與階段轉換概念

「混沌理論學者發現，不論是漸進地或是飛快地，系統中會有改變的出現，而且改變的結果，會重組整個系統。」（Bright & Pryor, 2008, p. 64）當改變出現時，我們稱之為階段的轉換（phase shift），因為整個系統會不同於原來的組型。Pryor 與 Bright（2011）用「**階段轉換**」（shiftwork）一詞來形容諮商師在協助個案處理這些生活中的階段轉換或改變時，改變是在什麼時候出現以及如何演變。他們提出諮商師需要注意的 11 個階段轉換：

轉換 1：由預測，到預測及形成組型。

轉換 2：從計畫好，到持續計畫。

轉換 3：從縮小範圍，到聚焦於開放性。

轉換 4：從控制，到彈性地掌握。

轉換 5：從失敗性冒險，到激進性冒險（failure vs. endeavor）。

轉換 6：從可能性，到可能會有很多種不同的可能。

轉換 7：從目標、角色及規則，到意義、賦予意義，以及接受黑天鵝效應（譯註：即就算不可能發生的事發生了也能應變）。

轉換 8：從告知，到告知及轉變。

轉換 9：從正規思考，到正規及擴散性思考。

轉換 10：從事先預知，到能夠與緊急情況共處。

轉換 11：從信任掌握控制，到相信對自己的信任。（p. 49）

(四)生涯發展混沌理論在生涯諮商實務中的應用

在生涯諮商過程中，如何處理這 11 個階段轉換呢？ Bright 與 Pryor（2008）建議生涯諮商師使用以下這四個步驟程序：

1. 要能明確指出個案所使用的封閉性思考策略，能具體舉例更好。

2. 協助個案理解，我們所做的努力，包括控制、確認、求知、預測，真的是有限的。

3. 協助個案辨認並使用奇異吸子於日常生活的穩定性及令人驚豔之處。

4. 協助個案知覺到複雜的向度，同時也承認並有效地以具有結構性的方式處理不確定性、改變、機會，以完成他們深處的期望。（p. 49）

結語

　　生涯理論最終目的在協助個案了解自己的生活故事，以及在這些故事中的工作及其他重要角色。本章所提理論及取向目的在提供諮商師初步觀點，以協助他們在與個案工作時能了解個案生活故事的獨特性。雖然有些諮商師從某個「單一理論」（unitheoretical）立場處理個案問題（Savickas, 1996, p. 193），對所有個案都從某個理論視角出發，但最有效能的諮商師會發現「折衷的理論」（theoretical eclecticism）（p. 193）會是最有用的。他們能視每位個案所面臨的情境及生活狀況，彈性運用豐富的理論或取向協助個案了解自己的生涯行為。

　　就我們的經驗而言，我們發現在與個案工作時，理論會是極具價值的指南。我們所具備的各家理論知識越是豐富，在應用時就越有彈性，最後與個案的工作也就越有效果。這種彈性不會那麼快或那麼容易就出現，必須透過不斷的研讀、省思，以及實務經驗的累積。對這些理論的研讀，最好是讀些原始資料，而非透過類似像本書或教科書的摘述。好的學習必須透過深入的思考，想想不同理論使用在不同人群當中的優點、缺點，這些心得通常也是透過與不同個案個別晤談，從第一手的工作經驗中體會何種個案在何種情境下會是最有用的。

　　任何理論最終還是要經過考驗，看是否能提供個案清楚的洞察，理解其生命旅程。我們相信本書所提供的簡短描述，能有助於你與個案的工作，讓他們能探索、擴展，並了解自己獨具魅力的生活故事。

 參考文獻

Ancis, J. R., & Davidson, M. M. (2012). Gender and mental health in ecological/sociological context. In C. Z. Enns & E. N. Williams (Eds.), *The Oxford handbook of feminist multicultural counseling psychology* (pp. 67–86). Oxford, England: University Press.

Anderson, M. L., Goodman, J., & Schlossberg, N. K. (2012). *Counseling adults in transition* (4th ed.). New York, NY: Springer.

Bandura, A. (1982). The psychology of chance encounters and life paths. *American Psychologist, 37*, 747–755.

Bandura, A. (1986). *Social foundations of thought and action: A social cognitive theory.* Englewood Cliffs, NJ: Prentice Hall.

Betsworth, D. G., & Hansen, J.-I. C. (1996). The categorization of serendipitous career development events. *Journal of Career Assessment, 4*, 91–98.

Bieschke, K. J., & Toepfer-Hendey, E. (2006). Career counseling with lesbian women. In W. B. Walsh & M. J. Heppner (Eds.), *Handbook of career counseling for women* (pp. 351–386). Hillsdale, NJ: Erlbaum.

Bloch, D. P. (2006). Spirituality and careers. In J. H. Greenhaus & G. A. Callanan (Eds.), *Encyclopedia of career development* (Vol. 2, pp. 762–764). Thousand Oaks, CA: Sage.

Bolles, R. N. (2001). *What color is your parachute?* Berkeley, CA: Ten Speed Press.

Briggs, J., & Peat, F. D. (1989). *Turbulent mirror: An illustrated guide to chaos theory and the science of wholeness.* New York, NY: Harper & Row.

Bright, J., & Pryor, R. (2008). Shiftwork: A chaos theory of careers agenda for change in career counseling. *Australian Journal of Career Development, 17*, 63–72.

Bronfenbrenner, U. (1977). Toward an experimental ecology of human development. *American Psychologist, 32*, 513–531.

Brown, D. (2007). *Career information, career counseling, and career development* (9th ed.). Boston, MA: Pearson Education.

Buehler, C. (1933). *Der menschliche Lebenslauf als psychologisches Problem* [The course of human life as a psychological problem]. Leipzig, Germany: Herzel.

Bujold, C. (2004). Constructing career through narrative. *Journal of Vocational Behavior, 64*, 470–484.

Cabral, A. C., & Salomone, P. R. (1990). Chance and careers: Normative versus contextual development. *The Career Development Quarterly, 39*, 5–17.

Cochran, L. (2011). The promise of narrative career counseling. In K. Maree (Ed.), *Shaping the story: A guide to facilitating narrative career counseling* (pp. 7–19). Rotterdam, The Netherlands: Sense.

Cook, E. P. (2012). *Understanding people in context: The ecological perspective in counseling.* Alexandria, VA: American Counseling Association.

Cook, E. P., Heppner, M. J., & O'Brien, K. M. (2002). Career development of women of color and White women: Assumptions, conceptualizations, and interventions from an ecological perspective. *The Career Development Quarterly, 50*, 291–305.

Cook, E. P., Heppner, M. J., & O'Brien, K. M. (2004). An ecological model of career development. In R. K. Conyne & E. P. Cook (Eds.), *Ecological counseling: An innovative approach to conceptualizing person–environment interaction* (pp. 219–242). Alexandria, VA: American Counseling Association.

Cook, E. P., Heppner, M. J., & O'Brien, K. M. (2005). An ecological model of women's career development. *Journal of Multicultural Counseling and Development, 33,* 165–179.

Crites, J. O. (1969). *Vocational psychology: The study of vocational behavior and development.* New York, NY: McGraw-Hill.

Davidson, P. E., & Anderson, H. D. (1937). *Occupational mobility in an American community.* Stanford, CA: Stanford University Press.

Fisher, I. (1989). *Midlife change.* Unpublished doctoral dissertation, Teachers College, Columbia University, New York, NY.

Flores, L. Y., & O'Brien, K. M. (2002). The career development of Mexican American adolescent women: A test of social cognitive career theory. *Journal of Counseling Psychology, 49,* 14–27.

Fouad, N., & Smith, P. L. (1996). A test of a social cognitive model for middle school students: Math and science. *Journal of Counseling Psychology, 43,* 338–346.

Gainor, K. A., & Lent, R. W. (1998). Social cognitive expectations and racial identity attitudes in predicting the math choice intentions of Black college students. *Journal of Counseling Psychology, 45,* 403–413.

Gelatt, H. B., & Gelatt, C. (2003). *Creative decision making: Using positive uncertainty.* Boston, MA: Crisp.

Ginzberg, E., Ginsburg, J. W., Axelrad, S., & Herma, J. L. (1951). *Occupational choice: An approach to a general theory.* New York, NY: Columbia University Press.

Gottfredson, G. D., & Cook, M. S. (1984). *The psychology of everyday life: A theory of persons and environments with implications for social control.* Unpublished manuscript.

Gottfredson, G. D., & Holland, J. L. (1996). *Dictionary of Holland occupational titles.* Odessa, FL: Psychological Assessment Resources.

Hackett, G., & Betz, N. E. (1981). A self-efficacy approach to the career development of women. *Journal of Vocational Behavior, 18,* 326–339.

Hale, M., Jr. (1980). *Human science and social order.* Philadelphia, PA: Temple University Press.

Heppner, M. J., & O'Brien, K. (2006). Women and poverty: The need for a holistic approach to career interventions. In B. Walsh & M. J. Heppner (Eds.), *Handbook of career counseling for women* (pp. 75–102). Hillsdale, NJ: Erlbaum.

Herr, E. L., Cramer, S. H., & Niles, S. G. (2004). *Career guidance and counseling through the lifespan* (6th ed.). Boston, MA: Pearson Education.

Holland, J. L. (1959). A theory of vocational choice. *Journal of Counseling Psychology, 6,* 35–45.

Holland, J. L. (1997). *Making vocational choices: A theory of vocational personalities and work environments* (3rd ed.). Odessa, FL: Psychological Assessment Resources.

Holland, J. L., Daiger, D. C., & Power, P. G. (1980). Some diagnostic scales for research in decision-making and personality: Identity, information, and barriers. *Journal of Personality and Social Psychology, 39,* 1191–1200.

Holland, J. L., & Gottfredson, G. D. (1994). *Career Attitudes and Strategies Inventory.* Odessa, FL: Psychological Assessment Resources.

Holland, J. L., Powell, A. B., & Fritzsche, B. A. (1994). *The Self-Directed Search (SDS) professional user's guide.* Odessa, FL: Psychological Assessment Resources.

Hughes, E. C. (1937). Institutional office and the person. *American Journal of Sociology,* *43,* 404–413.

Jordaan, J. P., & Heyde, M. B. (1979). *Vocational maturity during the high-school years.* New York, NY: Teachers College Press.

Krumboltz, J. D. (2005). Don't let theories boggle your mind. In S. G. Niles & J. Harris-Bowlsbey (Eds.), *Career development interventions in the 21st century* (p. 34). Upper Saddle River, NJ: Pearson Education.

Krumboltz, J. D. (2009). The happenstance learning theory. *Journal of Career Assessment,* *17,* 135–154.

Landrine, H. (1995). *Bringing cultural diversity to feminist psychology: Theory, research, and practice.* Washington, DC: American Psychological Association.

Lent, R. W. (2013). Social cognitive career theory. In S. D. Brown & R. W. Lent (Eds.), *Career development and counseling: Putting theory and research to work* (pp. 115–146). Hoboken, NJ: Wiley.

Lent, R. W., Brown, S. D., & Hackett, G. (1994). Toward a unifying social cognitive theory of career and academic interest, choice, and performance. *Journal of Vocational Behavior, 45,* 79–122.

McIlveen, P., Ford, T., & Dun, K. (2005). A narrative sentence completion process for system career assessment. *Australian Journal of Career Development, 14*(3), 30–39.

McIlveen, P., & Schultheiss, D. E. (Eds.). (2012). *Social constructionism in vocational psychology and career development.* Rotterdam, The Netherlands: Sense.

McMahon, M. (2010). Career counseling and storytelling: Constructing a 21st century narrative for practice. In H. Ohlsson & H. Borg (Eds.), *Career development* (pp. 1–23). Hauppauge, NY: Nova Science.

McMahon, M., & Watson, M. (2007). An analytical framework for career research in the post-modern era. *International Journal for Educational and Vocational Guidance, 7,* 169–179.

McMahon, M., & Watson, M. (2012). Story drafting: Strategies for facilitating narrative career counseling. *International Journal for Educational and Vocational Guidance, 12,* 211–224.

McMahon, M., & Watson, M. (2013). Story telling: Crafting identities. *British Journal of Guidance & Counseling, 41,* 277–286.

Meier, S. T. (2012). *Language and narratives in counseling and psychotherapy.* New York, NY: Springer.

Morrow, S. L., Gore, P. A., & Campbell, B. W. (1996). The application of a sociocognitive framework to the career development of lesbian women and gay men. *Journal of Vocational Behavior, 48,* 136–148.

Niles, S. G., & Harris-Bowlsbey, J. (2005). *Career development interventions in the 21st century* (2nd ed.). Upper Saddle River, NJ: Pearson Education.

Parsons, F. (1909). *Choosing a vocation.* Boston, MA: Houghton Mifflin.

Pitt-Catsouphes, M., & Swanberg, J. E. (2006). Connecting social work perspectives to work–family research and practice. In M. Pitt-Carsouphes, E. F. Kossek, & S. Sweet (Eds.), *The work and family handbook: Multi-disciplinary perspectives and approaches* (pp. 327–366). Mahwah, NJ: Erlbaum.

Prochaska, J. O., Norcross, J. C., & DiClemente, C. C. (1994). *Changing for good.* New York, NY: Morrow.

Pryor, R., & Bright, J. (2011). *The chaos theory of careers.* New York, NY: Routledge.

Richards, L. S. (1881). *Vocophy: The new profession.* Marlboro, MA: Bratt Brothers.

Roe, A. (1956). *The psychology of occupations.* New York, NY: Wiley.

Savickas, M. L. (1996). A framework for linking career theory and practices. In M. L. Savickas & W. B. Walsh (Eds.), *Handbook of career counseling theory and practice* (pp. 191–212). Palo Alto, CA: Davies-Black.

Savickas, M. L., & Baker, D. B. (2005). The history of vocational psychology: Antecedents, origin, and early development. In W. B. Walsh & M. L. Savickas (Eds.), *Handbook of vocational psychology* (3rd ed., pp. 15–50). Mahwah, NJ: Erlbaum.

Schlossberg, N. K. (1984). *Counseling adults in transition: Linking practice with theory.* New York, NY: Springer.

Sharf, R. S. (2010). *Applying career development theory to counseling* (5th ed.). Belmont, CA: Thomson Wadsworth.

Singer, J. A. (2004). Narrative identity and meaning-making across the adult lifespan: An introduction. *Journal of Personality, 72,* 437–460.

Sinisalo, P., & Komulainen, K. (2008). The creation of coherence in the transitional career: A narrative case study of the woman entrepreneur. *International Journal for Educational and Vocational Guidance, 8,* 35–48.

Stephens, W. R. (1970). *Social reform and the origins of vocational guidance.* Washington, DC: National Vocational Guidance Association.

Super, D. E. (1942). *The dynamics of vocational adjustment.* New York, NY: HarperCollins.

Super, D. E. (1953). A theory of vocational development. *American Psychologist, 8,* 185–190.

Super, D. E. (1957). *The psychology of careers.* New York, NY: Harper & Brothers.

Super, D. E. (1985). Coming of age in Middletown: Careers in the making. *American Psychologist, 40,* 405–414.

Super, D. E. (1990). A life-span, life-space approach to career development. In D. Brown, L. Brooks, & Associates (Eds.), *Career choice and development: Applying contemporary theories in practice* (2nd ed., pp. 197–261). San Francisco, CA: Jossey-Bass.

Super, D. E., Osborne, W. L., Walsh, D. J., Brown, S. D., & Niles, S. G. (1992). Development career assessment and counseling. *Journal of Counseling & Development, 71,* 74–80.

Super, D. E., & Overstreet, P. L. (1960). *The vocational maturity of ninth-grade boys.* New York, NY: Teachers College Press.

Super, D. E., Savickas, M. L., & Super, C. M. (1996). The life-span, life-space approach to careers. In D. Brown, L. Brooks, & Associates (Eds.), *Career choice and development* (3rd ed., pp. 121–178). San Francisco, CA: Jossey-Bass.

Sverko, B. (2006). Super's career development theory. In J. H. Greenhaus & G. A. Callanan (Eds.), *Encyclopedia of career development* (Vol. 2, pp. 789–792). Thousand Oaks, CA: Sage.

Swanson, J. L., & Fouad, N. A. (1999). Applying theories of person–environment fit to the transition from school to work. *The Career Development Quarterly, 47,* 337–347.

Tang, M., Fouad, N. A., & Smith, P. L. (1999). Asian Americans' career choices: A path model to examine factors influencing their career choices. *Journal of Vocational Behavior, 54,* 142–157.

Watts, R. E. (2003). Adlerian therapy as a relational constructivist approach. *The Family Journal: Counseling and Therapy for Couples and Families, 11,* 139–147.

Young, R. A., & Collin, A. (2004). Introduction: Constructivism and social construction-
ism in the career field. *Journal of Vocational Behavior, 64,* 373–388.

Young, R. A., Marshall, S. K., & Valach, L. (2007). Making career theories more cultur-
ally sensitive: Implications for counseling. *The Career Development Quarterly, 56,* 4–18.

Young, R. A., & Popadink, N. E. (2012). Social constructionist theories in vocational psy-
chology. In P. McIlveen & D. E. Schultheiss (Eds.), *Social constructionism in vocational
psychology and career development* (pp. 9–28). Rotterdam, The Netherlands: Sense.

CHAPTER 3

賦能生活選擇：種族與階級脈絡下的生涯諮商

作者：Lisa Y. Flores

　　如果我們想要充分應用 Parsons 的貢獻，就需要讓自己所進行的生涯研究能立基於對社會議題有更廣泛的理解，並將焦點放在處遇性方案，協助賦能個案及改變不公平的制度。

——Blustein, 2001, p. 174

　　本章有四個目的：第一，檢視生涯發展領域誕生的相關歷史及社會因素，包括六項源自於歐洲的文化價值，這些文化價值對生涯諮商理論、研究、實務有顯著的影響。第二，簡要討論生涯發展領域擴展時，在地緣及族群方面的必然因素。第三，檢視影響文化多樣性個人生涯發展的重要個別差異因素，包括世界觀、文化涵化（acculturation）、種族認同（racial identity）及族群認同（ethnic identity）。第四，列出個案從一開始需要協助，直到結束後的追蹤輔導，生涯諮商整個歷程各個層面會討論到的文化內涵角色。除本章之外，有很多很不錯的書籍都從種族及族群角度介紹了關於個人的生涯發展，或聚焦在生涯發展過程中社會階層所帶來的啟示，例如：Blustein（2006）所著的《工作心理學》（*The Psychology of Working: A New Perspective for Career Development, Counseling, and Public Policy*）以及 2013 年出版的《牛津工作心理學手冊》（*The Oxford Handbook of the*

Psychology of Working)、Liu（2012）的《助人專業中的社會階層及階級主義》（*Social Class and Classism in the Helping Professions: Research, Theory, and Practice*）、Peterson 與 Gonzalez（2005）的《人類生活中的工作角色》（*The Role of Work in People's Lives: Applied Career Counseling and Vocational Psychology*, 2nd edition），以 及 Walsh、Bingham、Brown 與 Ward（2001）的《非裔美國人的生涯諮商》（*Career Counseling for African Americans*），均在這個領域提供了很有用的資源。

專有名詞定義

雖然幾個名詞在文獻使用上是可以交替使用的，但本章使用以下幾個名詞：**族群**（ethnicity）、**種族**（race）、**文化**（culture）和**社會階層**（social class）。**族群**，或稱**原始族群**（ethnic origin），指的是社會地理及文化遺產上的共同獨特性。社會地理習俗（例如：語言、宗教、飲食、舞蹈、價值觀、儀式），通常由特定族群從一代傳遞到下一代。族群的例子包括義大利美國人、蘇族人、墨西哥裔美國人、韓裔美國人和非裔美國人等。

相較之下，**種族**在社會科學文獻中通常以兩種方式定義：自然／生物種族和社會種族。**自然種族**（natural race）是指共同的基因型或生理，通常表現為團體的表現型或身體特徵，如頭髮質地、體型、面部特徵和膚色。生物學家和社會科學家長期以來一直在挑戰自然種族的概念，並且幾乎完全拋棄了這種用法。會拋棄的其中一個原因是難以界定「純粹」的種族；例如，來自「種族」不同父母的後代，從他們的外貌來看，我們就會質疑種族是純粹自然或是生物性的。此外，社會科學家認為一個人的生理學與社會行為或個性風格無關。

今日，多數社會科學家視種族為一種社會建構；也就是說，種族是在某個社會或國家中的社會性定義。因此強調種族的社會建構與我們所生活的社

會是很有關係的，這一點很重要。對於從其他國家移民到美國的居民而言，他們不認同類似於美國的某個種族團體，這情況已經十分普遍。例如，一位移民者可能說：「我從來不覺得自己是拉丁美洲人，直到我移民到這裡，我們在祖國時不會這樣覺得。」**社會種族**（social race）包含了一群人共同的社會歷史經驗（例如：被驅逐在外的黑人共同擁有黑奴及黑人解放運動的文化經驗）。種族之間的共同經歷和社會關係明顯地影響了一個人的信仰、行為以及社會政治和經濟條件。在美國，已經形成了五個主要的「種族」群體：美洲原住民，亞裔／亞裔美國人，黑人／非裔美國人，拉丁人／拉丁裔美國人和白人美國人。在這些社會種族群體中，有許多族群群體，例如切羅基人（Cherokee）、華裔美國人、非裔美國人、波多黎各人和德裔美國人。白人已被視為多數種族，因為他們的人口在美國占多數，而且，他們具有政治和經濟權力。

文化是一個重要的概念，與種族和族群有關，但並不相同。一般而言，**文化**是指社會群體的態度、價值觀、規範和行為。文化群體的成員通常透過一個群體中的**濡化**（enculturation）或社會化過程來獲取或學習他們的社會群體價值觀和行為。然而，即使某人可以被分類為特定的種族或族群，他不一定在文化上認同該群體的態度、價值觀或規範。例如，身為墨西哥裔美國人亦可能無法認同墨西哥裔美國人社區中常見的文化習俗。

在美國，社會階層是一種與種族和族群相關的錯綜複雜的結構。也就是說，美國存在的經濟不平等是種族化的；不成比例的非裔美國人、拉丁裔和美洲原住民都很窮，而不成比例的白人在經濟上是菁英優異的（Lui et al., 2006）。迄今為止，**社會階層**幾乎完全圍繞社會經濟地位進行定義，並包括教育、職業和財務狀況。然而，經濟因素並不能說明社會階層的始末。最近，人們呼籲不僅要將社會階層定義為社會經濟地位，還要包括生活方式、權力和聲望等問題（Diemer & Ali, 2009; Liu et al., 2004）。這些研究人員認為，只有當我們研究經濟和社會地位變項的組合時，我們才能理解社會階層對一個人的生涯抱負、選擇和發展的影響。

社會階層已被證明會影響許多與生涯相關的變項，包括對工作的看法（Chaves et al., 2004）、生涯發展進程（Blustein et al., 2002; Diemer & Blustein, 2006），和職業期待（Diemer & Hsieh, 2008; Lapour & Heppner, 2009）。直到最近，社會階層在心理學文獻中都還是很少受到關注（Fouad & Brown, 2000），特別是關於貧困個案的需求（L. Smith, 2005）；然而，社會階層是理解所有個案的生涯發展進程的一個重要層面，無論他們所屬種族或族群如何。此外，重要的是要了解社會階層如何影響每個人的生涯選擇，不論是那些擁有經濟優勢的人以及那些來自勞工階級和低社會階層背景的人（Heppner & Scott, 2004; Lapour & Heppner, 2009），身為生涯諮商師的我們，都會探討社會階層偏誤如何影響我們與個案的合作（Liu & Ali, 2005）。

生涯領域的誕生

在本章開頭的引文中，Blustein（2001, p. 174）提到了今日幾位學者的呼籲，主張生涯諮商研究和實務要能「回到根本」。為了要好好理解這種重新定向的原因，本章針對生涯諮商的歷史根源提供一些簡要的提醒，以及之後從這些早期根源發展出來的假設和實踐。

職業輔導運動誕生於美國的一次重大轉型期，該運動主要是為了因應當時的社會問題，其中包括人口大量增長、向城市遷移、移民率高以及引進童工法。在這個時候，經濟動盪和人口變化都伴隨著工業革命帶來的變化，需要訓練並安置個人進入勞動力市場。生涯服務最初由 Frank Parsons 於 1909 年開始實施，目的在幫助來自歐洲的移民在這個新而碩大的國家及其發展中的經濟系統獲得安置。因此，我們的根源在協助貧困及受到邊緣化的群體。然而，學者們認為，後來的理論發展和隨後在該領域的研究，卻形成實務上偏重社會中一小部分且具特權優勢的階層：中產階層、受過教育的白領工作者（Blustein, 2006; Fitzgerald & Betz, 1994; Richardson, 1993）。此外，自

20 世紀初以來，中產階級的文化價值觀和信念均反映在生涯理論和介入方面。接下來，將強調這些價值觀是如何滲透到這個領域的。

六個關鍵原則

　　20 世紀初期在美國定居的歐洲移民試圖融入美國社會，那時的美國社會鼓勵將一個民族認同換成另一個民族認同，即白人美國人。這些移民正在努力學習英語並成為美國「大熔爐」的一部分，西歐文化融合在一起，創造出一種新的「白人」文化。在這種背景下，許多先前有關現今生涯發展的原則已經形成了，在這一歷史背景下誕生的六個關鍵原則是基於西歐的經驗和世界觀，這些關鍵原則對美國生涯理論、研究、實務發展有深遠影響。這六個關鍵原則分別是：(1) 普遍性；(2) 個人主義和自主性；(3) 富裕；(4) 機會結構開放性以及菁英迷思；(5) 工作在人們生活中的中心地位；(6) 生涯發展過程的直線性、進展性與合理性。

一、普遍性原則

　　生涯發展領域的一個重要假設，是理論和實務可以普遍適用於不同種族、族群、階級、性別或國籍者，可以充分解釋所有人的生涯決策。此外，我們用於理解生涯發展歷程的結構和專有名詞被認定對不同群體均有類似的定義。這普遍性（universality）原則的偏誤可能會有問題，因為它是有利於西方的觀點，而且未考慮可能解釋個人生涯決策的個別、文化、處境和代間差異。

　　Wrenn（1962）警告我們需避免文化上的概括性——以一個普遍概念來定義所謂的健康和正常行為。在美國，傳統上所認為的健康是以本節描述的歐洲原則為中心。這種以歐洲為中心的立場沒有考量文化差異，而假設了嚴格的統一性（Sue & Sue, 2013）。有些人質疑生涯理論、概念和工具在跨文化群體的有效性（如 Leong & Brown, 1995），並呼籲對文化多樣化的群

體進行更多研究，以確定可能解釋職業行為的特定文化變項。與此同時，其他人認為理論不是問題，問題在於生涯研究人員和實務工作者應用或測試這些理論的方式（Hardin, 2007; Hardin, Robitschek, Flores, Navarro, & Ashton, 2013）。具體而言，這些研究人員警告生涯諮商師和研究人員可能會狹隘地運用這些理論及其相關結構以適應西方世界觀。如果使用更廣泛和更具文化敏感性的視角，這些理論可能有助於理解我們社會中的邊緣化文化群體的生涯發展。顯然，需要更多的研究來確定我們的理論和概念在哪些方面是普遍適用於所有人，並且需要更多的討論，以便我們在與各式各樣不同的個案工作時，以具文化敏感性的方式一起使用這些工具。

二、個人主義和自主性原則

生涯理論、研究和實務的另一個核心原則是「個人」的重要性。個人是主要的核心（core unit），做出決定而形塑最終的自我。西方心理學理論強調對家庭的分離和個體化是一項重要的發展任務。事實上，所有傳統的生涯理論都關注自我的各個層面，以決定生涯發展的結果：我們怎樣才能找到個人興趣與工作世界之間的適配性？我們如何幫助個人爭取自我實現？我們如何幫助個案制定基於個人的生涯和人生目標？我們如何幫助個人發展能夠為其生涯決策提供訊息的自我效能信念？一個人的生涯如何定義自我？

在生涯諮商中，我們鼓勵青少年「健康地」與家庭分離並開始相信自己的決策能力。在這裡，**健康被定義為個別化的過程**，也就是要被視為健康的人需要與家人分離，並做出關乎人生的個人決定。這個原則持續反映在生涯理論、介入及評估當中。舉例來說，大部分的生涯理論使用一些概念像是個人興趣、目標、人格特質、技巧、自我效能信念或是自我概念來解釋生涯決定，而且生涯介入通常包含生涯諮商師與個案一對一的晤談。生涯諮商通常使用評量個人因素的評估工具，而不考慮可能對個人產生影響的環境變項。文化多樣化的個案在生涯決定中，對體制中的困難、家庭、教師和文化的作用進行環境評估同樣重要。

　　對於來自集體主義文化的個人而言，個人主義（individualism）和自主性（autonomy）可能並不具有什麼意義，或與其無關。對於具有集體主義價值觀的群體成員，家庭或社區的成員資格至關重要，成員非常重視其集體成員資格。職業選擇及人生規劃時，可能與社區裡的他人做諮詢，並考慮到社區，或是這個選擇可能會由社區裡的長者做決定。因此，將這種依賴家庭支持和集體決策視為不成熟或過度依賴可能是一個嚴重的錯誤。這種依賴在許多亞洲文化中受到重視和尊重，研究表明，對家庭的家庭期望、支持和義務對於亞裔美國人的生涯發展非常重要（Fouad et al., 2008）。因此，生涯選擇是用潛在的貢獻，也就是對家庭或社區帶來的好處來衡量，而不是單從個人角度來做衡量。經驗性的數據支持這樣的觀察：個人主義和自主性在生涯規劃中可能不像某些亞裔美國人的集體主義或社區那樣具有文化相關性（Hardin, Leong, & Osipow, 2001），而且來自不同種族和族群群體的一些人可以根據個人興趣（Tang, Fouad, & Smith, 1999）或是自我效能信念（Flores & O'Brien, 2002）以外的因素做出生涯決定。

三、富裕原則

　　另一個中心原則是生涯諮商個案具有一定程度的富裕（affluence）。生涯發展理論的核心假設是個人擁有追求其生涯興趣和目標的經濟手段。中產階級中的偏見（Liu & Ali, 2005; Richardson, 1993）在我們的生涯理論和方法中已經普遍存在，並且只與美國的少數人有關。這個原則假設由於財務上擁有優勢，人們在做出生涯選擇時能夠行使一定程度的意志（Blustein, 2006）。此外，亦假設有名望的職業是理想的，社會中的每個人都渴望擁有這些工作（Liu & Ali, 2005）。因此，生涯諮商師的作用是評估興趣、技能和價值觀，並幫助個人找到適當的或高地位的職業選擇。這些職業選擇都有價格標籤，例如職業技術培訓、就讀大學或搬遷到選定職業領域的工作崗位等費用。

　　對於世界上大多數人來說，這種富裕的原則是不正確的，對美國的許多

人來說也是如此。對於生活在美國的窮人和勞工階級白人以及少數種族和族群而言尤其更是如此。對於來自較低社會階層的許多人來說，生涯決定是基於為家庭提供基本必需品的需要而做出的決定，因此找工作——任何工作——來支付食衣住行的費用是重要的。事實上，一項研究報告指出，美國來自東北部城市地區貧困和勞工階層的高中青少年更有可能將工作視為賺錢的手段，而不是個人發展或實踐個人認同的機會（Chaves et al., 2004）。不過，仍然有其他人可能會根據工資以外的因素做出生涯決定，例如提供的生活品質以及與家人和孩子共度時光的能力。人們所接收到有關工作和職場的資訊，大多是由家庭影響所形塑的，這些訊息對一個人長大成人準備進入職場時，扮演著很重要的角色（Fouad et al., 2008）。選擇一份職業以滿足個人的認同或表達自己的興趣，這選擇的豐富性通常是保留給受過大學教育或是經濟上占有優勢者。這種少數種族與族群或白人所經驗到的經濟濫用和種族之間的關係對個人生涯興趣及發展的影響，人們仍了解得不多。我們需要更多的研究來闡明種族和階級之間的交互作用，並擺脫階層及種族因素，以便能更全面性地理解富裕原則對少數種族和族群以及白種人的適用性。

四、機會結構開放性以及菁英迷思原則

此一原則強調個人在生涯領域中對於選擇、參與，以致最終滿意整個過程的掌握性，進而產生這樣的信念：我們生活在菁英世界（meritocracy），或是生活在唯有具備某種個人優勢的人才能有所進展的社會。那些在這種假設下工作的人認為，我們社會中有名望的工作，以及財富和資源，都是根據優勢和努力來分配的。就本質上而言，富裕的人透過努力工作積累資產，而窮人則因為懶惰故獲得應有的報償。因此，假設個人能掌控自己努力工作，就能夠實現「美國夢」，這是許多美國人所持有的信念（F. Miller & Clark, 1997）。這個原則反映在意識型態上——你可以「靠自己出人頭地」，實現任何職業夢想。

Ehrenreich（2001）在她的書《我在底層的生活：當專欄作家化身為

女服務生》〔*Nickel and Dimed: On (Not) Getting By in America*〕之中，描述了她臥底在美國各地不同城市從事最低工資的工作。她描述說，這些工作非常艱苦，體力勞累，她的同事也是她所見過最勤奮的人。然而，儘管他們努力工作，但勞工階級的許多成員卻難以維持生計或提升社會地位。McNamee 與 Miller（2004）挑戰我們生活在一個菁英領導社會的信念，並認為一些基於非優質菁英的因素能決定人們的工作和其他經濟資源的累積。這些非優質菁英的因素包括（但不限於）差別待遇、社會資本、繼承、特權和優質公共教育的不平等機會。生涯理論學家曾發表關於非優質菁英變項（像是運氣或偶然事件）在生涯發展過程中所扮演的角色（Krumboltz, 1998; Krumboltz & Levin, 2004; Mitchell, Levin, & Krumboltz, 1999）。

　　無色種族意識型態（color-blind racial ideology）是個很有用的建構，可用以強調此一原則的文化相對性。具體而言，某些個人、群體和系統有意識或無意識地操弄這種意識型態框架，否認、扭曲或最小化種族主義（或階級主義）在人們生活中所扮演的角色，並假定為了實現公平，所有人都應該受到同等的對待。歸咎於種族意識型態的人利用這一點來主張解散優惠性差別待遇方案，這些方案今天在美國數個州受到威脅。研究發現，種族意識型態與優惠性差別待遇的信念有關（Bobo, 1998; W. A. Smith, 2006）。無色種族意識型態有助於合法化個人歸咎他的情況，而不是指責制度結構和政策阻止一個人滿足他的生涯抱負（Neville, Lilly, Duran, Lee, & Browne, 2000; Neville, Worthington, & Spanierman, 2001）。在一個理想的世界裡，每個人都有同樣的機會選擇一個具有個人意義、有益和有利可圖的生涯。遺憾的是，我們並不生活在理想的世界裡。我們生活在種族主義和階級剝削持續存在的社會中，而這些連鎖系統反過來建構了個人的生涯選擇。

　　這個原則忽視了歧視在創造社會、心理、制度、政治和經濟障礙方面造成的損失，嚴重侵蝕了我們社會中許多人對其生涯發展各個方面的控制。取而代之，它將成功的責任置於個人之上，如果一個人沒有成功，就會責怪他不夠努力。確實，在我們的社會中，對窮人（Lott, 2002）以及少數種族和

族群（Niemann, 1999）的刻板印象猖獗。當組織系統成員在決策或與不同員工互動時，會依賴這些刻板印象，而這顯然會對組織內的招聘、僱用和留用的實施產生有害影響。當這些團體的成員將這些訊息內化時，刻板印象也可以成為主要的生涯阻礙。當我們回顧勞動力市場報告時，制度性種族主義影響的證據是顯而易見的。更具體來說，根據美國勞工統計局（U.S. Bureau of Labor Statistics, 2013a, 2013b），白人比非裔美國人、拉丁人／拉丁裔美國人和亞裔更有可能擔任管理和專業職位。此外，非裔美國人和拉丁人／拉丁裔美國人的收入低於白人和亞裔美國人（U.S. Bureau of Labor Statistics, 2013c）。重要的是要了解制度性種族主義的多種情形（例如，收入差異大、在一個組織裡某個種族或族群的僱員或領導者過少，不具代表性）及個人性種族主義（例如，對刻板印象的信念），可能會限制少數種族和族群以及各種社會階層的人員檢視或離開某個職業或生涯領域。

Sue 與 Sue（2013）提出一個四象限模式，以內外控（開啟個人命運的內控 vs. 外控解釋）和責任歸因（生活情況的個人 vs. 系統歸因）為軸，這有助於協助所有個案的生涯諮商，不管他們是什麼種族或社會階層。大多數傳統的生涯諮商方法和介入都遵循內控——個人責任理念，這與一個人透過靠自己出人頭地的信念是相同意思的。因為偏見和歧視的存在，許多少數種族和族群群體成員和勞工階級可能合理地知覺到可能妨礙其生涯發展的制度性障礙。然而，很少有實徵研究檢視人格變項並感知制度性種族主義對這些群體成員的生涯選擇和滿意度的影響。因此，在以個人種族、族群或社會階層背景為基礎的研究方面，尚未清楚知道個人的控制與責任歸因對生涯發展的影響。

五、工作在人們生活中的中心地位原則

這個原則假設工作在一個人的生活中扮演著重要的中心角色，因此，找到能滿足這個人需求的生涯非常重要。工作被認為是構成一個人認同的核心，提供了人類需要感覺完整的自我實現感。雖然在許多人的生活中，工作

扮演著重要的角色，但它可能沒有位在許多生涯理論及研究人員所提供的
中心舞台（Blustein, 2006; Richardson, 1993）。中心地位（centrality）的缺
乏，可能是因為壓迫的形式（種族歧視、階級歧視、性別歧視），也可能因
為社會價值觀。舉例來說，少數種族和族群群體成員可能在工作場所遭受制
度性種族歧視，因此將其視為對個人的敵對或不受肯定的環境。在一個相關
的說明中，貧窮和勞工階級的人可能會感到他們的勞動被剝削，這進一步也
增加了工作疏離的感覺。文化價值觀也可能促使其他生活角色（如家庭、教
會或休閒活動）扮演更重要的角色。很少有研究去檢視文化在開啟和強調工
作環境之外其他環境的重要性，這些其他環境可能提供個人生活的中心地位
及認同上的肯定。我們有必要更了解關於貧窮及種族歧視交互作用後對個人
工作及認同影響的重要性。

六、生涯發展過程的直線性、進展性與合理性原則

我們通常會以有次序、理性和線性的方式描述生涯諮商和生涯發展過
程，這在 Parsons（1909）制定職業選擇的三部分模型的組成部分中顯而易
見：(1) 對自我的了解，(2) 對工作世界的了解，(3) 前述兩者間關係的真實
推理。這種線性進展在本世紀產生了深遠的影響，並繼續作為我們目前的實
務形式。Gelatt（1962, 1989）最初將決策過程描述為理性的，但後來修改
了他的想法，以融入彈性、直覺和非理性。因此，對所有個案，特別是少數
種族和族群的個案以及貧困和勞工階級的個案，直線性、進展性和合理性的
方法成效是生涯諮商師所重視的考慮因素。確實，研究表明，來自不同文
化群體的人不會將其生涯視為線性或理性（如 Gomez et al., 2001）；同樣
地，個案可能會將諮商視為循環而非線性的過程。

在當今的全球經濟中，工作世界所假定的直線性特徵對所有工作者來說
都變得不那麼真實了。與過去不同，生涯改變並不少見，工作者可以期望在
他們的一生中擁有一些工作，並且期望擁有可以應用於一系列職業、可轉移
的技能。在本章後文更詳細的討論中，很多上世紀早期出現的假設對本世紀

的多數工作者來說可能不再適用。如果生涯諮商要真正賦能日益多樣化的勞動力，我們必須檢視當前基本運作原則的準確性。

人口變項和道德規準

美國自人口普查局（U.S. Census Bureau）成立以來，人口概況產生了戲劇性的變化。在 20 世紀初，當美國人口普查局首次開始追蹤人口數據時，美國有 7,500 萬至 9,000 萬居民，其中大多數是歐洲移民。2010 年最新的人口普查數據顯示，美國人口包括 3.087 億人（Mackun & Wilson, 2011），並反映出一個高度多樣化文化背景的人口（Humes, Jones, & Ramirez, 2011）。這些人口變項也複製在我們的社會機構中，特別是工作場所和教育系統。隨著社會的人口結構不斷變化，生涯諮商專業人員可以期待與多樣化的個案合作。重要的是，生涯諮商師應了解這些人口統計變化對其工作的影響，並了解為各式各樣的人提供有效的生涯的專業服務和道德義務。以下提供統計數據，用以說明美國不斷變化的人口統計數據，同時我們也必須充分注意多元文化個案的生涯需求及發展：

- 2011 年，15.9% 的人口生活在貧困中（U.S. Census Bureau, 2011）。
- 2011 年的人口普查數據顯示，16.3% 的人口是拉丁裔或西班牙裔，這使其成為僅次於白人的第二大種族或族群。2000 年至 2010 年間，美國人口增長的一半以上是由於拉丁裔人口增加所造成（Humes et al., 2011）。與其他群體相比，預計這一群體的規模將繼續大幅增加，美國人口普查局（U.S. Census Bureau, 2012b）預測，2060 年起拉丁裔和西班牙裔將占其人口的近三分之一。拉丁裔和西班牙裔在 2011 年的貧困率為 25.8%，其收入中位數為 39,589 美元（U.S. Census Bureau, 2011）。
- 非裔美國人占人口的 12.6%（Humes et al., 2011）。2011 年，非裔美

國家庭在所有種族群體中的收入中位數最低（33,223 美元），約占非西班牙裔白人家庭平均收入的 62%（U.S. Census Bureau, 2011）。在 2011 年，他們的貧困率為 28.1%（U.S. Census Bureau, 2011）。

- 雖然亞裔美國人只占總人口的 4.8%，但他們是美國增長最快的兩個種族或族群群體之一。政府預計亞裔美國人的人數將在 2012 年至 2060 年期間增加一倍，預計他們將占人口的 8.2%（U.S. Census Bureau, 2012b）。亞裔美國家庭在美國所有種族群體中的收入中位數最高（67,885 美元），在 2011 年的貧困率為 12.8%（U.S. Census Bureau, 2011）。

- 美洲原住民占美國人口的 0.9%（Humes et al., 2011）。在 2011 年，美洲原住民的貧困率為 29.5%，是所有種族群體中最高的（U.S. Census Bureau, 2011）。在 2010 年，只有不到 1% 的四年制大學學位授予美洲原住民（U.S. Department of Education, 2012）。

- 雖然非西班牙裔白人的貧困率是美國種族群體中最低的 11%，但他們的貧困人口占該群體的 45%（U.S. Census Bureau, 2011）。

- 預計勞動力將變得更加種族和族群多樣化。拉丁裔和西班牙裔、亞裔美國人和非裔美國人的勞動力參與率預計將比白人更快速增加；到 2020 年，預計拉丁裔、非裔美國人和亞裔美國人將占勞動力的 40%（Toossi, 2012）。

如果這些預測是準確的，並且這些人口趨勢沒有改變，那麼幾十年後美國社會將真正成為多元種族和多元文化，沒有一個種族或族群將成為多數。現今，美國社會中近 40% 的人都是有色人種（拉丁裔、非裔美國人、亞裔美國人和美洲原住民），就集體主義而言，預計在本世紀中葉他們將組成美國大部分的人口。

在我們看到這些人口變化的同時，統計數據指出這些群體在教育程度、就業狀況和收入方面存在顯著差異。根據美國人口普查局（U.S. Census

Bureau, 2012a），較高比例的成年白人（90%）至少接受過高中教育，而拉丁裔至少接受高中教育的比例最低（61%）。此外，白人賺的錢比拉丁裔和非裔美國人多，而這種差異存在於所有職業領域中，而且是在教育程度相同的情況下（U.S. Bureau of Labor Statistics, 2011）。顯而易見的，教育、專業和薪水三者是相互關聯的，並且分別對一個人在美國的社會及經濟地位都有重要的影響。例如，隨著教育程度的進展，終身收入會增加，就業選擇機會也隨之擴大。

從這些數據資料顯示，我們亟需針對少數種族和族群以及低社會階層的人提供生涯協助，因為他們更充分地進入並融入學校和工作場所，而這些地方長期歧視他們、將他們邊緣化。正如 Blustein（2001）在本章的開頭引述中所提到的，生涯諮商師可以提供具文化觀點的有效生涯服務，並且為多樣化的個案提供獲得教育培訓和生涯選擇的廣泛訊息，以修正這些不公平社會現象，整個過程中，生涯諮商師扮演了很重要的角色。要影響個案的生涯發展，很重要的是要了解種族和社會階層交互作用對他們的影響。生涯諮商師知道，雖然處於貧困的少數種族和族群比例過高，但在所有種族和族群多樣化的社區中存在著廣泛的多樣性，這一點很重要。

可惜的是，我們現有關於少數種族和族群生涯發展的知識基礎很有限（Byars & McCubbin, 2001; Flores, Berkel et al., 2006; Richardson, 1993），針對這種研究狀態，早期的批評者之一是 Richardson。他指出，由於理論和研究的主導方向是中產階級白人，該領域實際上邊緣化了少數種族和族群以及較低社會階層人們的生涯發展需求。根據美國 36 年來（1969 至 2004）主要職業期刊發表的生涯發展研究分析，所有研究中只有 6.7%（或總共281 篇文章）與美國的種族和族群多元化的生涯發展有關（Flores, Berkel et al., 2006）。此外，生涯發展文獻很少關注社會階層如何影響生涯決定過程（Blustein, 2006; Diemer & Ali, 2009; Heppner & Scott, 2004; Liu & Ali, 2005; Richardson, 1993）。迄今為止，我們關於生涯發展、生涯諮商和生涯評估的大部分知識都是基於對中產階級白人個體進行的研究，而且與人口統

計或勞動力的組成都不成比例。我們對大規模群體以及人口增長最快群體的了解很少，尤其是來自不同種族和族群背景以及能代表廣泛社會階層的人。在種族、族群和社會階層方面需要對文化多樣性的樣本進行更多的研究，以發展適用於大範圍人群、具文化觀點的理論和模式以及有效生涯介入方案。

上述的統計數據並沒有明確說清楚應有的倫理義務，我們應當向所有個案提供高品質、具文化敏感和相關的生涯諮商服務。幾年前，心理學家認為讓不具備多元文化知識的專業工作者對多元文化背景的個案提供服務，是不道德的（Korman, 1974）。儘管有這樣的認知，心理健康服務對於文化多樣性個案依舊不夠敏感，他們認為，有許多因素導致多元文化社區的服務使用率偏低，像是尋求幫助是種恥辱、缺乏具有文化能力的專業工作者，以及受文化和階級約束的專業實務（Sue & Sue, 2013）。

在文化背景下提供生涯諮商，應考慮若干問題並提供具文化敏感的生涯服務。具體來說，生涯諮商領域因使用有文化偏見的評估測驗而受到批評，這些測驗最初是針對美國白人開發的，對少數種族和族群可能有效，也可能無效（Flores, Spanierman, & Obasi, 2003; Fouad, 1993）。在評估工具的文化有效性時，應考慮以下標準：(1) 這些項目與母群有文化相關性的程度，(2) 每個項目的語義含義在不同文化上相似的程度，(3) 工具的結果解釋在不同母群中的相似程度如何（Paniagua, 1994）。生涯發展模式也被批評為未包括重要的文化變項，如移民斷離（immigration disruption）、種族歧視或貧困（Fouad & Bingham, 1995; Leong & Brown, 1995）。此外，一些主要的生涯理論建立在主要是中產階級白人男性的基礎之上（例如，Super 1953年在米德爾敦的研究），與這些理論相關的實務和評估是基於歐洲中心主義的世界觀和基礎原則，這些原則是該領域成立之初的特徵。這些模式對於有色人種和社會階層範圍內所有人的有效性，有很多都是未經測試的。因此，生涯諮商師必須根據專業道德標準（例如：美國生涯發展學會、美國心理學會）調整其實務，且擁有必要的知識、覺察和技能（Hargrove, Creagh, & Kelly, 2003; Sue, Arredondo, & McDavis, 1992），變得精通於在文化脈

絡下提供服務。最近的一項研究發現，雖然專業生涯諮商師自陳報告認為自己多元文化諮詢能力高於平均水平，但評估他們對特定生涯諮商實務的反應，在多元文化知識和技能都被評定為較低（Vespia, Fitzpatrick, Fouad, Kantamneni, & Chen, 2010）。雖然重視、肯定和覺察到多樣性及差異性是與多元生涯個案工作的重要基礎，生涯諮商師仍必須接受持續培訓和回饋，以便他們在生涯諮商實務中能應用多元文化知識與技能。

個別差異變項：世界觀、文化涵化、種族及族群認同發展

生涯諮商師從某一特定文化族群以寬廣的視野看待個案問題時，其實正冒著倚賴群體的刻板印象而忽略了每位個案各自的獨特性之風險。由於在每個不同文化族群裡，也存在著大量的族群內差異，因此當我們提供生涯諮商時，必須考量個別差異變項，這一點很重要。多元文化生涯研究長期以來，最為人所詬病的就是經常在做組間差異比較（這種情形通常是以中產階級白人為常態，而拿其他群體來與之比較），或是忽略了組內因素而一致認定某個群體內就是如何（Leong & Flores, 2013; Worthington, Flores, & Navarro, 2004）。除了以性別、年齡、社會階層、性取向、能力地位為基礎的跨文化群體差異之外，生涯諮商師還應該注意在理論及實徵支持方面逐漸受到重視的特定文化變項，像是世界觀、文化涵化、種族及族群認同、文化價值觀，以及世代地位。從特定的文化變項了解個案，有助於我們發展理解並敏感於其文化背景的生涯諮商介入策略。這些個別差異變項也許影響生涯諮商的每個階段，從一開始發現需要協助，直到諮商的結束。這些變項中，每個都可以應用於來自不同文化或社經背景的個案，然而，研究顯示這些變項通常用在特定的文化群體（Cokley, 2007）。在本節，我們將簡短回顧世界觀、文化涵化、種族及族群認同這幾個文化變項，並勾勒這些變項在生涯發展研究上的重要發現。

一、世界觀

世界觀（worldview），大概是三個個別差異變項當中最廣泛的一個。世界觀的定義，是指一個人用以解釋、定義事件，並決定、比較一個人的態度及價值的參照架構（Sue & Sue, 2013）。通常需要透過濡化（enculturation）的過程，也就是說一個人學習透過對某個種族、族群，或社會階層群體的文化進行社會化而後知覺到個人與自我、社區及世界的關係。雖然世界觀擁有幾個不同的成分，包括群體認同（文化意識）、個人自我認同（個別相對於集體自我概念）、信念（假定），以及語言（溝通型態）（Dana, 1993），但文獻中世界觀的關鍵元素一向都集中在價值向度上的討論。價值傾向反映出決策過程的文化成分，像是人與自然之間的關係（主宰控制相對於和諧共處）、時間傾向（未來、此時、過去）、人際關係（個別的、附屬的）、活動型態（行動、當下、即將），以及人類天性（善、惡、非善非惡）（Kluckhohn & Strodtbeck, 1961）。我們所處的文化背景及生活經驗，高度影響著我們對這幾個領域的價值傾向。

評估生涯個案世界觀的要素，有助於我們對個案所關心的議題進行概念化，並提供服務。世界觀會影響一個人生涯發展的各個層面，也會影響整個生涯諮商歷程。因此，身為生涯諮商師，我們必須檢視自己的世界觀，因為這會影響我們在諮商過程中對個案所做的提問、所選擇的處遇，以及諮商目標。此外，生涯諮商師的世界觀傾向也會影響生涯選擇的步調、時機，以及工作選擇的實質內容。本章一開始所描述的六個關鍵原則反映出許多西歐文化所懷抱的世界觀。前文也指出，這些原則形塑了現今的生涯研究理論及實務。要了解世界觀如何形塑生涯諮商歷程，我們可以想像一位前來尋求生涯諮商的女性美洲原住民案例，她帶著此時（present）的時間傾向，重視附屬關係，偏好即將（being-in-becoming）的活動向度。而生涯諮商實務是屬於未來時間傾向的（像是生涯目標、未來生涯選擇），很多地方有賴個人主義價值（像是個人選擇、興趣、目標），也期待個人能掌握自己的生涯發

展歷程，為自己做出最佳決定。在生涯諮商實務中，女性美洲原住民在這些方面的差異十分明顯，如果生涯諮商師不對諮商過程做些調整，以符合個案的世界觀傾向，則經常會導致個案提早結束諮商，或是對諮商不滿。少數種族及族群的家庭和社區價值觀念在個人生涯決定過程扮演了重要的角色（如 Flores, Robitschek, Celebi, Andersen, & Hoang, 2010; Fouad et al., 2008; Pearson & Bieschke, 2001），具有文化敏感度的生涯諮商師會考慮使用建構取向，像是生涯敘事及家族圖，而不是使用傳統生涯實務中的設定個人目標，並完成傳統的生涯評估（興趣、自我效能評量）。

二、文化涵化

文化涵化（acculturation）通常可用以理解特定族群群體內的個別差異。文化涵化的定義，泛指當兩種或兩種以上文化相碰撞時所激發出的多向度的心理歷程。然而，在多元文化社會中，是否所有的群體都會經歷這樣的文化涵化歷程，還是只有非主流文化成員會經歷此一歷程，當中仍有一些爭辯（Berry, 2002）。依照文化涵化理論，來自某個文化群體的個人在接觸其他文化群體時，會學習新文化所涵蓋的價值及實務，但某個程度上也同時維持原來所屬傳統文化（Berry, 2002）。這種在文化涵化過程所做的調適，可以是心理方面的（個人對所屬群體的感受），也可以是社會文化的（在個人文化團體內或團體外所形成的關係）（Berry, 2002），以及受到文化涵化過程所影響的文化層面的語言、友誼型態、所屬社群、習俗、音樂、食物偏好等等。從過往以來，我們用以描述並評估墨西哥裔（Cuellar, Arnold, & Maldonado, 1995）、亞裔（Kim, Atkinson, & Yang, 1999; Suinn, Rickard-Figueroa, Lew, & Vigil, 1987）、非裔（Landrine & Klonoff, 1996）、拉丁裔（Marin & Gamba, 1996; Norris, Ford, & Bova, 1996）個人的適應歷程時，文化涵化模式及評估工具已逐漸發展出來，並且也有能應用於不同族群的泛族群文化涵化量表（Stephenson, 2000）。

在過去二十年來，心理學研究中的文化涵化模式不斷演進（Kim &

Abreu, 2001），至今，文化涵化的雙向度或多向度模式都十分值得廣為使用（M. J. Miller & Kerlow-Myers, 2009）。在多向度模式中，一個人可以同時對兩種以上不同文化有不同程度的傾向（自己的文化、客居文化、其他文化）。基本上，個人可以從他所屬傳統或是新的文化中選擇性地保留或捨棄某些特質，端看這些特質在調整後的效用。依 Berry（1980）的模式，回答兩個大問題將有助於生涯實務者決定個案的文化涵化程度：(1) 就語言、自我認同及生活方式而言，個人希望能維持他所繼承的文化到何種的程度？(2) 個人接觸主流文化、想參與主流文化實務活動的程度如何？

回答這兩個問題，將有助於生涯諮商師了解個案處在四種不同文化涵化策略的哪一種。第一種策略，**統整**（integration）或**雙元文化**（bicultural），特色在於期望能維持自己原來文化，但每天處於另一個文化之下，與另一文化背景的人互動。例如一位個案在十幾歲時，從臺灣移民到美國，能說流利的英文，但仍舊以中文與家人互動，同時在生活上維持著傳統的習慣。在生涯方面，生涯諮商師也許會協助她根據雙語或雙元文化的優勢來找工作。研究顯示，相較於其他文化涵化策略，統整型策略能引導出較多的教導經驗（Nguyen, Huynh, & Lonergan-Garwick, 2007）以及較高的薪資水平（Valdivia et al., 2008）。第二個策略是**同化**（assimilation），這包括想放棄自己原來的文化認同而融入主流群體。例如，一位年輕男孩希望大家稱呼他時，叫英文名字 John，而不用他原來的名字 Juan，以便能將自己與所繼承的墨西哥文化有所區隔，他可能也會努力試圖擺脫西班牙語口音。他相信如果這樣朝著主流文化因應，他就能為學校及職場所接受。研究顯示能夠朝主流文化有高適應傾向的人，與其生涯自我效能（Byars-Winston, Estrada, Howard, Davis, & Zalapa, 2010; Flores, Navarro, Smith, & Ploszaj, 2006; Flores et al., 2010; Patel, Salahuddin, & O'Brien, 2008; Rivera, Chen, Flores, Blumberg, & Ponterotto, 2007）、職業選擇（Flores & O'Brien, 2002; Tang et al., 1999），及教育目標（Flores, Navarro, & Dewitz, 2008; Flores, Ojeda, Huang, Gee, & Lee, 2006）有關。第三個策略是**分別**（separation），

意思是指個人只想維持自己原來的文化認同而不與主流團體有任何互動。一位拉丁或非裔美國人高中學生也許選擇就讀為西裔服務的機構，或是自成立以來以黑人文化為主的機構，期盼能融入反映出他的文化價值的學習環境，同時共同學習的學生及老師也都是來自跟他相同的文化群體。實徵研究發現，對自己原來所屬文化的認同傾向，與生涯自我效能有關（Flores et al., 2010），但與教育情境的期待並無關係（Flores et al., 2008; Flores, Ojeda et al., 2006）。最後一個策略是**邊緣化**（marginalization），這類型的人對維持他們原有族群認同並不感興趣，也不喜歡與主流文化互動。採取此一文化涵化策略的人也許包括幫派成員，或是隸屬於某個宗教團體的成員，他們採取另一種全新的認同，而這認同是基於他們的團體屬性。

對個人的文化涵化程度了解越多，越能幫助他們描述並解釋個人職業行為的各個層面。研究發現文化涵化影響少數種族及族群（例如墨西哥裔美國人、亞裔美國人、越南裔美國人）個人的工作經驗及生涯發展。具體而言，文化涵化影響一個人的生涯決定自我效能（Patel et al., 2008）、生涯自我效能（Rivera et al., 2007）、生涯成熟（Hardin et al., 2001）、有關教育及生涯方面的家庭衝突（Chung, 2001）、工作滿意度（Leong, 2001），以及對是否就業的懷疑（Valentine, 2006）等眾多變項。此外，一項研究發現，主管對於文化涵化的員工有較高的績效評估（Leong, 2001）。因為這些變項在工作相關的決定、適應、滿意度各方面扮演了很重要的角色，因此當我們與多元文化個案工作時，文化涵化成為十分重要的領域。

文化涵化程度也可以用來解釋生涯諮商歷程的各個層面，包括求助行為、諮商師偏好、自我揭露的程度、對生涯諮商師的期待，以及整個諮商歷程狀況。傳統的生涯介入也許最適合文化涵化程度高的個案，而基於文化情境內涵的生涯介入，對緊守其傳統文化的個案而言卻是最重要的。例如，對一個第四代華裔美國女性而言，她在一個以白人為主的中西部社區長大，「傳統」的生涯介入方式對她也許是適用的。但是，在應用時，我們的處遇計畫設計並沒有排除考慮階層或文化相關概念，像是社會階層世界觀以及種

族認同等等。

三、種族及族群認同發展

過去三十年來，許多理論學家及研究學者提出並探究種族及族群認同發展的模式（如 Cross, 1971; Cross & Vandiver, 2001; Helms, 1984, 1990, 1995; Phinney, 1992）。在多元文化生涯的文獻中（Byars & McCubbin, 2001; Flores, Berkel et al., 2006），以種族認同或族群認同來檢視群體內差異，是在文化上最為特定具體也最為廣泛使用的方法。

種族認同（racial identity）及**族群認同**（ethnic identity）是兩個不同的構念。種族認同涵蓋個人在種族受到壓抑的社會情境下對自我的理解，以及描述個人在面對自己以及其他種族的社會化方式。種族認同模式主張個人由於生活在受到壓抑的社會裡，因而發展出面對種族團體的態度及認同（Helms, 1990）。種族認同發展模式在過去二十年來逐漸受到重視，這些既存模式用以描述認同過程的非線性歷程。這非線性歷程，係透過白人及有色人種透過對自己種族以及其他種族團體成員所持特定態度，而呈現出不同階段或不同地位的循環。相較下，族群認同是指個人對族群團體的自我認定情形。族群認同的評估，係透過自陳式量表，包括一個人對族群的認同尋覓及歸屬，以及對於團體內活動的承諾（Phinney, 1992）。

美國公民權力運動（Civil Rights Movement）刺激了種族認同發展理論的形成。Cross（1971）的黑人化理論（nigrescence theory）是第一個描述黑人種族意識發展的理論架構。這理論為許多種族認同發展模式提供了一個很好的基礎，整個理論描述個人逐漸覺察種族壓抑以及身為某個種族的發展歷程（Cross, 1971; Helms, 1990, 1995）。種族認同是個人在情緒、認知及行為態度與其所處環境各因素間動態性交互作用的結果。

種族認同發展模式各有多少階段或多少狀態、對每個狀態的描述如何，以及所期待的結果如何，也都不一樣。例如，Cross（1971）的理論包括五個階段（前相會期、相會期、投入—融入、內化、內化—承諾）；Helms

（1990, 1994）所提出有色人種的發展模式包括五個狀態（接觸、無法共鳴、投入／融入、內化、統整覺察）；Helms（1995）對白人種族認同模式則分為六個狀態（接觸、解體、重整、假性獨立、投入／融入、自主性）。與白人種族認同發展模式相關的結果通常可用來描述個人發展的歷程，包括對種族覺察增加、對種族壓抑的確認，以及個人在受壓抑情境下能獲益的方法。相反地，美國有色人種的發展歷程是從一開始對種族議題的忽視，到擺脫對自我種族負面訊息的內化，到面對所有受到壓抑群體的承諾及投入（Helms, 1995）。很重要的，是要注意這些狀態並非互斥，個人的態度也許合乎每種狀態，但這些態度的強度也許在不同情境和狀態時，會有所不同。

學者們假設種族認同態度與少數種族及族群個人的生涯發展有關，因為這些都與社會上的種族氣氛以及教育及工作情境有關（Byars & Hackett, 1998; Cokley, Dreher, & Stockdale, 2004; Helms & Piper, 1994）。很重要的是，我們得注意這些狀態在個人的生涯發展各個不同階段都扮演了很重要的角色，這過程有許多相關因素，都可能影響個人的生涯決定。例如，態度很明顯屬於「前相會期」的個案，也許很清楚工作世界中的種族因素，也可能會內化來自主管的負面評價，這負面評價也許與之前所得的回饋矛盾，而未發覺這負面回饋是根源於主管自己本身的偏誤或刻板印象。在投入／融入階段的個案，他的態度可能就不會信任非黑人同事，於是，這也許就影響到他的工作滿意度。最後，種族認同態度發展較高階段的人，可能會感受到額外與工作相關的壓力，因為他們要在以白人為主的職場環境中證明自己，進而致力於促進多元文化的職場環境。

一些實徵性研究證實了種族認同與生涯相關變項之間的關係，以非裔美國人為對象的研究，顯示種族認同態度與職業認定（Jackson & Neville, 1996）、生活角色重要性（Carter & Constantine, 2000），以及社會認知因素（Byars-Winston, 2006; Gainor & Lent, 1998）有關，但與生涯決定無關（McCowan & Alston, 1998），以高中生為樣本，發現與考慮從事職業的

數量也無關（Lease, 2006），與學校成績及標準化測驗分數也無關（Awad, 2007）。此外，種族認同態度能預測非裔美國人學生的生涯發展，比年齡及性別等人口變項更具有預測力（Jackson & Neville, 1996）。種族認同在實徵上證實與亞裔美國人的生涯成熟有關（Carter & Constantine, 2000）；對白人而言，與工作相關的價值信念也有關（Carter, Gushue, & Weitzman, 1994）。

　　有個重要的研究領域聚焦在種族態度與諮商技巧之間的關係，初步研究建議高階的種族認同發展與較高的自陳式多元諮商能力有關（Middleton et al., 2005; Ottavi, Pope-Davis, & Dings, 1994）。很重要的是白人生涯諮商師應受過訓練，清楚自己的種族認同態度以及可能會對生涯諮商歷程的影響，因為這些態度會被帶入面對多元文化個案進行的文化敏感性生涯諮商中。

　　族群認同對多元文化個案的生涯發展也有很重要的影響，然而，這方面的實徵文獻較為薄弱。研究發現多元化的種族／族群樣本，其族群認同與生涯決定、生涯猶豫、生涯選擇的重要性及舒適度有關（Duffy & Klingaman, 2009），與生涯決定自我效能也有關（Gushue, 2006; Gushue & Whitson, 2006b; Rollins & Valdez, 2006），對生涯規劃結果預期有間接效果（Gushue, 2006）。然而，以非裔美國人學生為樣本時，族群認同與生涯相關的自我效能並無相關（Gushue & Whitson, 2006a），對種族多元性的學生而言亦然（Byars-Winston et al., 2010）。雖然我們需要有更多的研究，以便能了解族群認同及生涯決定之間的關係，我們仍應鼓勵生涯實務工作者評估個案的族群認同，以了解生涯決定如何形成，與其團體隸屬及榮耀又有何關係。

文化視野下的生涯諮商歷程

　　文化，是生涯諮商和生涯發展的關鍵因素，應該既可以作為濾鏡來理解個案，它同時也是影響諮商歷程每個階段的重要因素。以下針對第 1 章所描

述的生涯規劃歷程，介紹每個階段的重要文化層面。這至關重要，生涯諮商師要不斷探索自己的文化價值觀，以及這些價值觀如何影響他們與種族、族群、社會經濟、文化相似或與相異的個案工作。為了幫助這個探索諮商歷程，讀者應該在他們的生涯發展歷程中檢視其可能因生活經驗而改變的世界觀、種族和族群認同以及社會階層的態度等。

一、階段一：個案目標或問題辨認、澄清、具體化

(一)辨認——開始和形成工作同盟

諮商師必須意識到文化可以各種方式影響一個人的生涯發展，這是從一開始就很重要的。鑑於生涯諮商中的個案可能會來自各種不同的文化背景，Leong（1993）建構的創造性不確定性（creative uncertainty），會是一個很好的起點。即使我們不確定每位個案的文化背景和價值觀，以及這些可能如何影響了個案的生涯諮商歷程，Leong 提醒我們在幫助個案時宜保持創新。我們對文化相關因素塑造生涯實務的知識和意識越多，我們就越有創造力。

伴隨著對創造性的需求，我們也需要在諮商一開始就與個案建立強有力的工作同盟，以防止個案提前終止諮商（Bingham & Ward, 1994; Fouad & Bingham, 1995）。Meara 與 Patton（1994）認為，生涯個案過早終止諮商的一個原因可能是缺乏對工作同盟的關注。因此，無論諮商師和個案的文化背景如何，都需要與個案建立投契關係（rapport），以幫助個案感到與諮商師的連結感。這種早期連結可以為有效的生涯諮商所需的合作和相互關係奠定基礎。諮商師也可以透過傳達對個案生活經驗的理解和驗證，以及對個案生活和未來選擇的關注和興趣來促進工作同盟。

在生涯諮商的開始階段，可能有助於評估個案的「種族顯著性」（racial salience）程度，或者個人認為種族在生涯規劃歷程中具有影響力的程度，包括其所感知的工作選擇、職業刻板印象和生涯決定（Helms & Piper, 1994）。檢視個案的階級顯著性（class salience）程度，以及現今或

過去的社會階層認同如何影響生涯發展也很重要。所有這些資訊都有助於形塑生涯諮商中的表述。

(二) 澄清——蒐集個案資訊

蒐集有關個案的資訊，應包括評估文化特定變項和前文討論的個別差異。此評估不限於傳統的測驗和量表使用範圍，應納入質性評估和訪談，以了解個案的各個方面（Lonberg & Hackett, 2006; Ponterotto, Rivera, & Sueyoshi, 2000; Subich, 1996）。使用家族圖（Gibson, 2005; Sueyoshi, Rivera, & Ponterotto, 2001）、生活和生涯敘事（Clark, Severy, & Sawyer, 2004; Galindo, Aragon, & Underhill, 1996）、多元文化的檢核表（Ward & Bingham, 1993）、職業分類卡和生涯／生活時間線，都是了解個案特別有用的方法。透過文化背景過濾這些資訊，並了解這些文化背景如何塑造一個人的生涯發展（Blustein, Coutinho, Murphy, Backus, & Catraio, 2011; Heppner & Fu, 2010; Leong, Hardin, & Gupta, 2010）是生涯諮商師的一項重要技能。此外，第 2 章討論過的種族／性別生態模式之生涯發展提供了一個模板，用於協助個案檢視影響其生涯發展的宏觀系統和微觀系統。例如，評估個案的種族認同狀態作為微觀系統的影響，對於理解生涯諮商歷程的許多動態非常重要。這種對種族認同狀況的評估，可以藉由一種種族認同量表或不那麼正式的口頭評估來完成，此乃基於諮商師對各種族認同狀態的透澈理解。諮商師將受益於閱讀最近生涯發展期刊中關於社會階層世界觀、文化涵化、種族和族群認同等問題，以及致力於理解多元文化生涯諮商和評估等特定議題（如 *Journal of Career Assessment* 第 2 卷第 3 期；*Journal of Vocational Behavior* 第 44 卷第 2 期；*The Career Development Quarterly* 第 50 卷第 4 期；*Journal of Multicultural Counseling and Development* 第 33 卷第 3 期；*Journal of Career Development* 第 34 卷第 3 期；*Journal of Career Development* 第 37 卷第 1 期）。正如 Helms（1994）所指出的，為了理解個案的種族認同狀態，諮商師可能要評估個案如何將種族資訊整合到其生涯

自我概念中，這可能是有效提供生涯規劃輔助的關鍵因素。特別重要的是要檢視個案的種族認同如何影響工作選擇中的種族顯著性、工作環境中處理種族主義的策略、工作適應，以及工作滿意度等。

除了蒐集個案資訊之外，此階段也要提供可能對個案有用的資訊。特別是如果個案處於發展較差的種族認同狀態，他可能不知道生涯發展歷程中的結構性障礙。因此，諮商師必須幫助個案意識到這些障礙，並討論當這些障礙發生時如何克服。諮商師還可以指出社會政治環境、文化和社會階層在塑造個人自我概念中的作用。這些資訊將為今後討論環境和文化因素如何影響個案生涯發展歷程的重要層面奠定基礎。

(三) 具體化──了解個案行為並提出假設

在試圖促進個案更為具體特定時，若時機適當，諮商師可以探索貧窮、性別、種族或歧視等因素對個案自我效能的影響，關於個案在傳統勞動市場中能否有所成就，以及其預期的可能結果。諮商師還可以探索職業自我概念的性別、種族和階層等性質，以及自我概念如何影響工作選擇。諮商師可以進一步探索個案對職業自我的看法，以及這樣的看法如何以可能有害的方式使其妥協他的生涯選擇。例如，如果個案表示自己的教育程度低，諮商師應該設法了解這些低期望的來源，並嘗試擴大個案正在考慮的教育和生涯選擇範圍。鑑於非裔美國人和婦女在社會服務職業領域中的比例過高，諮商師可能會探討這些是否符合他們真正的興趣，或者只是遵循社會對傳統職業的期望。此外，這個諮商階段包括諮商師檢視關於文化特定變項的假設，以解釋個案的職業行為。特別是，研究文化特定變項如何能夠增強諮商師和個案對生涯發展歷程的理解，可能會有所幫助。個案帶入生涯規劃歷程和職場中的文化特定變項，具有其獨特的優勢，在諮商中應仔細檢視。

二、階段二：個案目標或問題解決

(一) 採取行動

多元文化諮商領域的一些學者（Sue & Sue, 2013）表明，一些種族和族群多樣化的個案更偏好諮商師採用指導式和行動導向的諮商方法，而不是洞察式或反思導向的方法（Fusick & Bordeau, 2004; Okonji, Osokie, & Pulos, 1996），雖然這些偏好能因種族、族群、性別、文化涵化和社會階層而異。幾乎沒有關於生涯介入策略對多元文化個案有效性的研究（Brown, Yamini-Diouf, & Ruiz de Esparza, 2005; Brown & Ryan Krane, 2000; Heppner & Heppner, 2003）。但是，從現存的多元文化諮商和生涯文獻中可以得出很多建議。例如，研究所得資料已經發現，在個人對生涯機會和生涯阻礙的知覺方面，有種族和族群群體上的差異；相對於白人，少數種族及族群覺得其生涯選擇機會較少，而知覺到的阻礙較多（Fouad & Byars-Winston, 2005）。鑑於環境障礙對種族和族群多樣化以及貧困個人的生涯發展產生了巨大影響，在這一階段或許非常重要的是幫助個案辨識在這整個過程中，哪些範圍是他能控制的，而哪些又是他無法掌握的。這對那些生活在貧困中的個案尤其有用。直接與個案討論如何克服生涯規劃和求職歷程中的某些阻礙也可能非常有用。

此外，對來自多元文化背景的個案而言，提供機會讓他們參與團體處遇尤其有幫助。一些學者表示，這強化了個案的集體主義世界觀，讓他們得以與遭遇類似生涯挑戰的其他人有所連結（Bowman, 1993; Clark et al., 2004; Shea, Ma, & Yeh, 2007）。在行動階段，可以採取生涯探索團體或工作俱樂部的形式，讓許多人聚集在一起並提供支持、引導和資源，讓可能伴隨這些重要生活轉變的恐懼和感受可以得到常態化的出口。這也可能是向個案推薦相似文化中各種生涯領域楷模人物的適當時機，以擴大對可能的生涯領域的認識，並提高自我效能信念。

將家庭納入行動階段也可能是有幫助的，不論是讓他們直接參與歷程，或是透過詢問家庭成員對個案某些特定選擇的看法。可以鼓勵個案將其直系親屬、大家庭或社區作為生涯規劃歷程中的資源。服務提供的系統可能包括在社區中心舉辦生涯規劃工作坊，並與社區領導者合作設計和實施生涯規劃服務。這對於生活在較低社經社區且幾乎沒有交通工具的人們來說尤其有利。

一些學者指出諮商師要重視個案能夠增加對自我認識的能力，並代表自己採取行動，找到適當的楷模並發展網絡。當個案在白人具極大優勢的情境中遭遇困難，我們絕對會確保他們的權益，然而，當諮商師愈重視由個案生成而不是諮商師生成的知識，個案就愈能感受到更多的自我效能和優勢（Hawks & Muha, 1991）。

(二) 發展生涯目標及行動計畫

生涯諮商歷程會一直延續到建立個人生涯計畫。特定的生涯計畫就像是為諮商歷程中行動階段導航的路線圖。諮商師可以幫助個案在更微觀的層面上檢視如何採取行動步驟，以及如何克服潛在的障礙。甚至，在一些行動步驟上，諮商師可能需要在更大的就業和教育系統中扮演倡導者的角色，幫助個案創造性地設計可能對其所面臨的種族主義、階級主義和歧視情況做出反應的步驟。在此階段，由於個案認為需要重新評估並重新審視之前的步驟，因此流程中的非線性可能會變得明顯。此時，生涯諮商師增強個案的決策風格和獨特優勢，尤其重要。

(三) 評估結果並結束諮商關係

這個階段，諮商會談可從內容（我們做了什麼）和歷程（我們如何做）的角度來評估，諮商師可以強調個案在生涯規劃歷程各個方面的優勢和進展程度。諮商師也可以告知個案只要他有需要進一步的協助，歡迎他隨時回到諮商室來。由於幾個原因，這對於文化多樣化的個案尤為重要。首先，

Fouad 與 Bingham（1995）認為，很多時候來自不同文化背景的人可能會將諮商師視為專家，甚至如家人的角色。在諮商關係結束後又回到諮商室來，也許會讓個案感覺到挫敗或失去面子，特別是對於亞裔美國人個案，因此對個案來說並非易事。所以諮商師要幫助個案將回到諮商視為諮商關係中的常態。強調個案回歸可能性的另一個原因，是個案可能遇到與種族相關的障礙（種族主義、歧視等），並需要進一步的幫助。如果諮商師和個案之間建立了牢固的關係，當個案再度遭遇困難時會很自然回來尋求幫助，無須再與另一位諮商師重新建立全新的關係。

結語

總而言之，我們必須從文化視野檢視生涯規劃歷程的每個階段。雖然每個階段的內涵要素可能都是相似的，但個案的文化背景會為每個階段帶來不同的需求，若能審慎考慮和檢視，能引導出更有效和更賦能的生涯諮商。一旦文化背景受到不當忽視，諮商師可能會對其文化多樣化的個案造成極大傷害。諮商師對文化特定變項的認識和知識越多，他們就越能提供最優質的服務，並有助於賦能所有人的生活選擇。

參考文獻

Awad, G. H. (2007). The role of racial identity, academic self-concept, and self-esteem in the prediction of academic outcomes for African American students. *Journal of Black Psychology, 33*, 188–207.

Berry, J. W. (1980). Acculturation as varieties of adaptation. In A. M. Padilla (Ed.), *Acculturation: Theory, models and some new findings* (pp. 9–25). Boulder, CO: Westview Press.

Berry, J. W. (2002). Conceptual approaches to acculturation. In K. M. Chun, P. B. Organista, & G. Marin (Eds.), *Acculturation: Advances in theory, measurement, and applied research* (pp. 17–37). Washington, DC: American Psychological Association.

Bingham, R. P., & Ward, C. M. (1994). Career counseling with ethnic minority women. In W. B. Walsh & S. Osipow (Eds.), *Career counseling with women* (pp. 165–195). Hillsdale, NJ: Erlbaum.

Blustein, D. L. (2001). Extending the reach of vocational psychology: Toward an inclusive and integrative psychology of working. *Journal of Vocational Behavior, 59*, 171–182.

Blustein, D. L. (2006). *The psychology of working: A new perspective for career development, counseling, and public policy*. Mahwah, NJ: Erlbaum.

Blustein, D. L. (2013). *The Oxford handbook of the psychology of working*. Oxford, England: Oxford University Press.

Blustein, D. L., Chaves, A. P., Diemer, M. A., Gallagher, L. A., Marshall, K. G., Sirin, S., & Bhati, K. S. (2002). Voices of the forgotten half: The role of social class in the school-to-work transition. *Journal of Counseling Psychology, 49*, 311–323.

Blustein, D. L., Coutinho, M. T. N., Murphy, K. A., Backus, F., & Catraio, C. (2011). Self and social class in career theory and practice. In P. J. Hartung & L. M. Subich (Eds.), *Developing self in work and career: Concepts, cases, and contexts* (pp. 213–229). Washington, DC: American Psychological Association.

Bobo, L. (1998). Race, interests, and beliefs about affirmative action: Unanswered questions and new directions. *American Behavioral Scientist, 41*, 985–1003.

Bowman, S. L. (1993). Career intervention strategies for ethnic minorities. *The Career Development Quarterly, 42*, 14–25.

Brown, M. T., Yamini-Diouf, Y., & Ruiz de Esparza, C. (2005). Career interventions for racial or ethnic minority persons: A research agenda. In W. B. Walsh & M. L. Savickas (Eds.), *Handbook of vocational psychology: Theory, research, and practice* (3rd ed., pp. 227–242). Mahwah, NJ: Erlbaum.

Brown, S. D., & Ryan Krane, N. E. (2000). Four (or five) sessions and a cloud of dust: Old assumptions and new observations about career counseling. In S. D. Brown & R. W. Lent (Eds.), *Handbook of counseling psychology* (3rd ed., pp. 740–766). New York, NY: Wiley.

Byars, A. M., & Hackett, G. (1998). Applications of social cognitive theory to the career development of women of color. *Applied & Preventive Psychology, 7*, 255–267.

Byars, A. M., & McCubbin, L. D. (2001). Trends in career development research with racial/ethnic minorities: Prospects and challenges. In J. G. Ponterotto, J. M. Casas, L. Suzuki, & C. Alexander (Eds.), *Handbook of multicultural counseling* (2nd ed., pp. 633–654). Thousand Oaks, CA: Sage.

Byars-Winston, A. M. (2006). Racial ideology in predicting social cognitive career variables for Black undergraduates. *Journal of Vocational Behavior, 69*, 134–148.

Byars-Winston, A. M., Estrada, Y., Howard, C., Davis, D., & Zalapa, J. (2010). Influence of social cognitive and ethnic variables on academic goals of underrepresented students in science and engineering: A multiple-groups analysis. *Journal of Counseling Psychology, 57*, 205–218.

Carter, R. T., & Constantine, M. G. (2000). Career maturity, life role salience, and racial/ethnic identity among Black and Asian American college students. *Journal of Career Assessment, 8*, 173–187.

Carter, R. T., Gushue, G. V., & Weitzman, L. M. (1994). White racial identity development and work values. *Journal of Vocational Behavior, 44*, 185–197.

Chaves, A. P., Diemer, M. A., Blustein, D. L., Gallagher, L. A., DeVoy, J. E., Casares, M. T., & Perry, J. C. (2004). Conceptions of work: The view from urban youth. *Journal of Counseling Psychology, 51*, 275–286.

Chung, R. H. G. (2001). Gender, ethnicity, and acculturation in intergenerational conflict of Asian American college students. *Cultural Diversity and Ethnic Minority Psychology, 7,* 376–386.

Clark, M. A., Severy, L., & Sawyer, S. A. (2004). Creating connections: Using a narrative approach in career group counseling with college students from diverse cultural backgrounds. *Journal of College Counseling, 7,* 24–31.

Cokley, K. O. (2007). Critical issues in the measurement of ethnic and racial identity: A referendum on the state of the field. *Journal of Counseling Psychology, 54,* 224–234.

Cokley, K., Dreher, G. F., & Stockdale, M. S. (2004). Toward the inclusiveness and career success of African Americans. In M. S. Stockdale & F. J. Crosby (Eds.), *The psychology and management of workplace diversity* (pp. 168–190). Malden, MA: Blackwell.

Cross, W. E., Jr. (1971). The negro-to-Black conversion experience: Toward a psychology of Black liberation. *Black World, 20,* 13–27.

Cross, W. E., Jr., & Vandiver, B. J. (2001). Nigrescence theory and measurement: Introducing the Cross Racial Identity Scale. In J. G. Ponterotto, J. M. Casas, L. Suzuki, & C. Alexander (Eds.), *Handbook of multicultural counseling* (2nd ed., pp. 371–393). Thousand Oaks, CA: Sage.

Cuellar, I., Arnold, B., & Maldonado, R. (1995). Acculturation Rating Scale for Mexican Americans–II: A revision of the original ARSMA scale. *Hispanic Journal of Behavioral Sciences, 17,* 275–304.

Dana, R. H. (1993). *Multicultural assessment perspectives for professional psychology.* Boston. MA: Allyn & Bacon.

Diemer, M. A., & Ali, S. R. (2009). Integrating social class into vocational psychology: Theory and practice implications. *Journal of Career Assessment, 17,* 247–265.

Diemer, M. A., & Blustein, D. L. (2006). Critical consciousness and career development among urban youth. *Journal of Vocational Behavior, 68,* 220–232.

Diemer, M. A., & Hsieh, C. (2008). Vocational expectations among lower socioeconomic status adolescents of color. *The Career Development Quarterly, 56,* 257–267.

Duffy, R. D., & Klingaman, E. A. (2009). Ethnic identity and career development among first-year college students. *Journal of Career Assessment, 17,* 286–297.

Ehrenreich, B. (2001). *Nickel and dimed: On (not) getting by in America.* New York, NY: Metropolitan Books.

Fitzgerald, L. F., & Betz, N. E. (1994). Career development in cultural context: The role of gender, race, class, and sexual orientation. In M. L. Savickas & R. W. Lent (Eds.), *Convergence in career development theories* (pp. 103–118). Palo Alto, CA: Consulting Psychologists Press.

Flores, L. Y., Berkel, L. A., Nilsson, J. E., Ojeda, L., Jordan, S. E., Lynn, G. L., & Leal, V. M. (2006). Racial/ethnic minority vocational research: A content and trend analysis across 36 years. *The Career Development Quarterly, 55,* 2–21.

Flores, L. Y., Navarro, R. L., & Dewitz, J. (2008). Mexican American high school students' post-secondary educational goals: Applying social cognitive career theory. *Journal of Career Assessment, 16,* 489–501.

Flores, L. Y., Navarro, R. L., Smith, J., & Ploszaj, A. (2006). Testing a model of career choice nontraditionality with Mexican American adolescent men. *Journal of Career Assessment, 14,* 214–234.

Flores, L. Y., & O'Brien, K. M. (2002). The career development of Mexican American adolescent women: A test of social cognitive career theory. *Journal of Counseling Psychology, 49,* 14–27.

Flores, L. Y., Ojeda, L., Huang, Y., Gee, D., & Lee, S. (2006). The relation of acculturation, problem solving appraisal, and career decision-making self-efficacy to Mexican American high school students' educational goals. *Journal of Counseling Psychology, 53*, 260–266.

Flores, L. Y., Robitschek, C., Celebi, E., Andersen, C., & Hoang, U. (2010). Social cognitive influences on Mexican Americans' career choices across Holland's themes. *Journal of Vocational Psychology, 76*, 198–210.

Flores, L. Y., Spanierman, L. B., & Obasi, E. M. (2003). Professional and ethical issues in career assessment with diverse racial and ethnic groups. *Journal of Career Assessment, 11*, 76–95.

Fouad, N. A. (1993). Cross-cultural vocational assessment. *The Career Development Quarterly, 42*, 4–13.

Fouad, N. A., & Bingham, R. P. (1995). Career counseling with racial and ethnic minorities. In W. B. Walsh & S. H. Osipow (Eds.), *Handbook of vocational psychology: Theory, research, and practice* (2nd ed., pp. 331–365). Mahwah, NJ: Erlbaum.

Fouad, N. A., & Brown, M. T. (2000). Role of race and social class in development: Implications for counseling psychology. In S. D. Brown & R. D. Lent (Eds.), *Handbook of counseling psychology* (pp. 379–408). New York, NY: Wiley.

Fouad, N. A., & Byars-Winston, A. M. (2005). Cultural context of career choice: Meta-analysis of race/ethnicity differences. *The Career Development Quarterly, 53*, 223–233.

Fouad, N. A., Kantamneni, N., Smothers, M. K., Chen, Y. L., Fitzpatrick, M., & Terry, S. (2008). Asian American career development: A qualitative analysis. *Journal of Vocational Behavior, 72*, 43–59.

Fusick, L., & Bordeau, W. C. (2004). Counseling at-risk Afro-American youth: An examination of contemporary issues and effective school-based strategies. *Professional School Counseling, 8*, 102–115.

Gainor, K. A., & Lent, R. W. (1998). Social cognitive expectations and racial identity attitudes in predicting the math choice intentions of Black college students. *Journal of Counseling Psychology, 45*, 403–413.

Galindo, R., Aragon, M., & Underhill, R. (1996). The competence to act: Chicana teacher role identity in life and career narratives. *Urban Review, 28*, 279–308.

Gelatt, H. B. (1962). Decision-making: A conceptual frame of reference for counseling. *Journal of Counseling Psychology, 9*, 240–245.

Gelatt, H. B. (1989). Positive uncertainty: A new decision making framework for counseling. *Journal of Counseling Psychology, 36*, 252–256.

Gibson, D. M. (2005). The use of genograms in career counseling with elementary, middle, and high school students. *The Career Development Quarterly, 53*, 353–362.

Gomez, M. J., Fassinger, R. E., Prosser, J., Cooke, K., Mejia, B., & Luna, J. (2001). *Voces abriendo caminos* (voices forging paths): A qualitative study of the career development of notable Latinas. *Journal of Counseling Psychology, 48*, 286–300.

Gushue, G. V. (2006). The relationship of ethnic identity, career decision-making self-efficacy and outcome expectations among Latino/a high school students. *Journal of Vocational Behavior, 68*, 85–95.

Gushue, G. V., & Whitson, M. L. (2006a). The relationship among support, ethnic identity, career decision self-efficacy, and outcome expectations in African American high school students: Applying social cognitive career theory. *Journal of Career Development, 33*, 112–124.

Gushue, G. V., & Whitson, M. L. (2006b). The relationship of ethnic identity and gender role attitudes to the development of career choice goals among Black and Latina girls. *Journal of Counseling Psychology, 53*, 379–385.

Hardin, E. E. (2007, August). *Cultural validity of career theories: A new perspective.* Symposium conducted at the 115th Annual Convention of the American Psychological Association, San Francisco, CA.

Hardin, E. E., Leong, F. T., & Osipow, S. H. (2001). Cultural relativity in the conceptualization of career maturity. *Journal of Vocational Behavior, 58*, 36–52.

Hardin, E. E., Robitschek, C., Flores, L. Y., Navarro, R., & Ashton, M. W. (2013). *The cultural lens approach to evaluating cultural validity of psychological theory.* Manuscript submitted for publication.

Hargrove, B. K., Creagh, M. G., & Kelly, D. B. (2003). Multicultural competencies in career counseling. In D. B. Pope-Davis, H. L. K. Coleman, W. M. Liu, & R. L. Toporek (Eds.), *Handbook of multicultural competencies in counseling and psychology* (pp. 392–405). Thousand Oaks, CA: Sage.

Hawks, B. K., & Muha, D. (1991). Facilitating the career development of minorities: Doing it differently this time. *The Career Development Quarterly, 39*, 251–260.

Helms, J. E. (1984). Toward a theoretical explanation of the effects of race on counseling: A black and white model. *The Counseling Psychologist, 12*(4), 153–165.

Helms, J. E. (Ed.). (1990). *Black and White racial identity: Theory, research and practice.* New York, NY: Greenwood Press.

Helms, J. E. (1994). Racial identity and career assessment. *Journal of Career Assessment, 3*, 199–209.

Helms, J. E. (1995). An update of Helm's White and people of color racial identity models. In J. G. Ponterotto, J. M. Casas, L. A. Suzuki, & C. M. Alexander (Eds.), *Handbook of multicultural counseling* (pp. 181–198). Thousand Oaks, CA: Sage.

Helms, J. E., & Piper, R. E. (1994). Implications of racial identity theory for vocational psychology. *Journal of Vocational Behavior, 44*, 124–136.

Heppner, M. J., & Fu, C. C. (2010). The gendered context of vocational self-construction. In P. J. Hartung & L. M. Subich (Eds.), *Developing self in work and careers: Concepts, cases, and contexts* (pp. 177–192). Washington, DC: American Psychological Association.

Heppner, M. J., & Heppner, P. P. (2003). Identifying process variables in career counseling: A research agenda. *Journal of Vocational Behavior, 62*, 429–452.

Heppner, M. J., & Scott, A. B. (2004). From whence we came: The role of social class in our families of origin. *The Counseling Psychologist, 32*, 596–602.

Humes, K. R., Jones, N. A., & Ramirez, R. R. (2011). *Overview of race and Hispanic origin: 2010.* Retrieved from http://www.census.gov/prod/cen2010/briefs/c2010br-02.pdf

Jackson, C. C., & Neville, H. A. (1996). Influence of racial identity attitudes on African American college students' vocational identity and hope. *Journal of Vocational Behavior, 53*, 97–113.

Kim, B. S., & Abreu, J. (2001). Acculturation measurement: Theory, current instruments, and future directions. In J. G. Ponterotto, J. M. Casas, L. Suzuki, & C. Alexander (Eds.), *Handbook of multicultural counseling* (2nd ed., pp. 394–424). Thousand Oaks, CA: Sage.

Kim, B. S. K., Atkinson, D. R., & Yang, P. H. (1999). The Asian Values Scale: Development, factor analysis, validation, and reliability. *Journal of Counseling Psychology, 46*, 342–352.

Kluckhohn, F. R., & Strodtbeck, F. L. (1961). *Variations in value orientations.* Evanston, IL: Row, Petersen.

Korman, M. (1974). National conference on levels and patterns of professional training in psychology. *American Psychologist, 29,* 441–449.

Krumboltz, J. D. (1998). Serendipity is not serendipitous. *Journal of Counseling Psychology, 45,* 390–392.

Krumboltz, J. D., & Levin, A. S. (2004). *Luck is no accident: Making the most of happenstance in your life and career.* Atascadero, CA: Impact.

Landrine, H., & Klonoff, E. A. (1996). *African American acculturation: Deconstructing race and reviving culture.* Thousand Oaks, CA: Sage.

Lapour, A. S., & Heppner, M. J. (2009). Social class privilege and adolescent women's perceived career options. *Journal of Counseling Psychology, 56,* 477–494.

Lease, S. H. (2006). Factors predictive of the range of occupations considered by African American juniors and seniors in high school. *Journal of Career Development, 32,* 333–350.

Leong, F. T. L. (1993). The career counseling process with racial-ethnic minorities: The case of Asian Americans. *The Career Development Quarterly, 42,* 26–40.

Leong, F. T. L. (2001). The role of acculturation in the career adjustment of Asian American workers: A test of Leong and Chou's (1994) formulations. *Cultural Diversity and Ethnic Minority Psychology, 7,* 262–273.

Leong, F. T. L., & Brown, M. T. (1995). Theoretical issues in cross-cultural career development: Cultural validity and cultural specificity. In W. B. Walsh & S. H. Osipow (Eds.), *Handbook of vocational psychology: Theory, research, and practice* (2nd ed., pp. 143–180). Mahwah, NJ: Erlbaum.

Leong, F. T. L., & Flores, L. Y. (2013). Multicultural perspectives in vocational psychology. In W. B. Walsh, M. L. Savickas, & P. J. Hartung (Eds.), *Handbook of vocational psychology: Theory, research, and practice* (4th ed., pp. 53–80). New York, NY: Routledge.

Leong, F. T. L., Hardin, E. E., & Gupta, A. (2010). Self in vocational psychology: A cultural formulations approach. In P. J. Hartung & L. M. Subich (Eds.), *Developing self in work and careers: Concepts, cases, and contexts* (pp. 193–211). Washington, DC: American Psychological Association.

Liu, W. M. (2012). *Social class and classism in the helping professions: Research, theory, and practice.* Thousand Oaks, CA: Sage.

Liu, W. M., & Ali, S. R. (2005). Addressing social class and classism in vocational theory and practice: Extending the emancipatory communitarian approach. *The Counseling Psychologist, 33,* 189–196.

Liu, W. M., Ali, S. R., Soleck, G., Hopps, J., Dunston, K., & Pickett, T., Jr. (2004). Using social class in counseling psychology research. *Journal of Counseling Psychology, 51,* 3–18.

Lonberg, S. D., & Hackett, G. (2006). Career assessment and counseling for women. In W. B. Walsh & M. J. Heppner (Eds.), *Handbook of career counseling for women* (2nd ed., pp. 103–166). Mahwah, NJ: Erlbaum.

Lott, B. (2002). Cognitive and behavioral distancing from the poor. *American Psychologist, 57,* 100–110.

Lui, M., Robles, B., Leondar-Wright, B., Brewer, R., & Adamson, R., with United for a Fair Economy. (2006). *The color of wealth: The story behind the U.S. racial wealth divide.* New York, NY: New Press.

Mackun, P., & Wilson, S. (2011). *Population distribution and change: 2000 to 2010*. Retrieved from http://www.census.gov/prod/cen2010/briefs/c2010br-01.pdf

Marin, G., & Gamba, R. J. (1996). A new measurement of acculturation for Hispanics: The Bidimensional Acculturation Scale for Hispanics (BAS). *Hispanic Journal of Behavioral Sciences, 18*, 297–316.

McCowan, C. J., & Alston, R. J. (1998). Racial identity, African self-consciousness, and career decision making in African American college women. *Journal of Multicultural Counseling and Development, 26*, 28–38.

McNamee, S. J., & Miller, R. K., Jr. (2004). *The meritocracy myth*. Lanham, MD: Rowman & Littlefield.

Meara, N. M., & Patton, M. J. (1994). Contributions of the working alliance in the practice of career counseling. *The Career Development Quarterly, 43*, 161–177.

Middleton, R. A., Stadler, H. A., Simpson, C., Guo, Y. J., Brown, M. J., Crow, G., . . . Lazarte, A. A. (2005). Mental health practitioners: The relationship between White racial identity attitudes and self-reported multicultural counseling competencies. *Journal of Counseling & Development, 83*, 444–456.

Miller, F., & Clark, M. A. (1997). Looking toward the future: Young people's attitudes about affirmative action and the American dream. *American Behavioral Scientist, 41*, 262–271.

Miller, M. J., & Kerlow-Myers, A. E. (2009). A content analysis of acculturation research in the career development literature. *Journal of Career Development, 35*, 352–384.

Mitchell, K. E., Levin, A. S., & Krumboltz, J. D. (1999). Planned happenstance: Constructing unexpected career opportunities. *Journal of Counseling & Development, 77*, 115–124.

Neville, H. A., Lilly, R. L., Duran, G., Lee, R. M., & Browne, L. (2000). Construction and initial validation of the Color-Blind Racial Attitudes Scale (CoBRAS). *Journal of Counseling Psychology, 47*, 59–70.

Neville, H. A., Worthington, R. L., & Spanierman, L. B. (2001). Race, power, and multicultural counseling psychology: Understanding White privilege and color-blind racial attitudes. In J. G. Ponterotto, J. M. Casas, L. Suzuki, & C. J. Alexander (Eds.), *Handbook of multicultural counseling* (2nd ed., pp. 257–288). Thousand Oaks, CA: Sage.

Nguyen, A. D., Huynh, Q., & Lonergan-Garwick, J. (2007). The role of acculturation in the mentoring-career satisfaction model for Asian/Pacific Islander American university faculty. *Cultural Diversity and Ethnic Minority Psychology, 13*, 295–303.

Niemann, Y. F. (1999). Stereotypes about Chicanas and Chicanos: Implications for counseling. *The Counseling Psychologist, 29*, 55–90.

Norris, A. E., Ford, K., & Bova, C. A. (1996). Psychometrics of a brief acculturation scale for Hispanics in a probability sample of urban Hispanic adolescents and young adults. *Hispanic Journal of Behavioral Sciences, 18*, 29–38.

Okonji, J. M. A., Osokie, J. N., & Pulos, S. (1996). Preferred style and ethnicity of counselors by African American males. *Journal of Black Psychology, 22*, 329–339.

Ottavi, T. M., Pope-Davis, D. B., & Dings, J. G. (1994). Relationship between White racial identity attitudes and self-reported multicultural counseling competencies. *Journal of Counseling Psychology, 41*, 149–154.

Paniagua, F. A. (1994). *Assessing and treating culturally diverse clients*. Thousand Oaks, CA: Sage.

Parsons, F. (1909). *Choosing a vocation*. Garrett Park, MD: Garrett Park Press.

Patel, S. G., Salahuddin, N. M., & O'Brien, K. M. (2008). Career decision-making self-efficacy of Vietnamese adolescents: The role of acculturation, social support, socio-economic status, and racism. *Journal of Career Development, 34*, 218–240.

Pearson, S. M., & Bieschke, K. J. (2001). Succeeding against the odds: An examination of familial influences on the career development of professional African American women. *Journal of Counseling Psychology, 48*, 301–309.

Peterson, N., & Gonzalez, R. C. (2005). *The role of work in people's lives: Applied career counseling and vocational psychology* (2nd ed.). Belmont, CA: Thomson, Brooks/Cole.

Phinney, J. S. (1992). The Multigroup Ethnic Identity Measure: A new scale for use with diverse groups. *Journal of Adolescent Research, 7*, 156–176.

Ponterotto, J. G., Rivera, L., & Sueyoshi, L. A. (2000). The career in-culture interview: A semi-structured protocol for the cross-cultural intake interview. *The Career Development Quarterly, 49*, 85–96.

Richardson, M. S. (1993). Work in people's lives: A location for counseling psychologists. *Journal of Counseling Psychology, 40*, 425–433.

Rivera, L. M., Chen, E. C., Flores, L. Y., Blumberg, F., & Ponterotto, J. G. (2007). The effects of perceived barriers, role models, and acculturation on the career self-efficacy and career consideration of Hispanic women. *The Career Development Quarterly, 56*, 47–61.

Rollins, V. B., & Valdez, J. N. (2006). Perceived racism and career self-efficacy in African American adolescents. *Journal of Black Psychology, 32*, 176–198.

Shea, M., Ma, P. W. W., & Yeh, C. J. (2007). Development of a culturally specific career exploration group for urban Chinese immigrant youth. *The Career Development Quarterly, 56*, 62–73.

Smith, L. (2005). Psychotherapy, classism, and the poor. *The American Psychologist, 60*, 687–696.

Smith, W. A. (2006). Racial ideology and affirmative action support in a diverse college student population. *Journal of Negro Education, 75*, 589–605.

Stephenson, M. (2000). Development and validation of the Stephenson Multigroup Acculturation Scale (SMAS). *Psychological Assessment, 12*, 77–88.

Subich, L. M. (1996). Addressing diversity in the process of career assessment. In M. L. Savickas & W. B. Walsh (Eds.), *Handbook of career counseling theory and practice* (pp. 277–290). Palo Alto, CA: Davies-Black.

Sue, D. W., Arredondo, P., & McDavis, R. J. (1992). Multicultural counseling competencies and standards: A call to the profession. *Journal of Multicultural Counseling and Development, 70*, 477–486.

Sue, D. W., & Sue, D. (2013). *Counseling the culturally diverse: Theory and practice* (6th ed.). New York, NY: Wiley.

Sueyoshi, L. A., Rivera, L., & Ponterotto, J. G. (2001). The family genogram as a tool in multicultural career counseling. In J. G. Ponterotto, J. M. Casas, L. A. Suzuki, & C. M. Alexander (Eds.), *Handbook of multicultural counseling* (2nd ed., pp. 655–671). Thousand Oaks, CA: Sage.

Suinn, R. M., Rickard-Figueroa, K., Lew, S., & Vigil, P. (1987). The Suinn-Lew Asian Self-Identity Acculturation Scale: An initial report. *Educational and Psychological Measurement, 47*, 401–407.

Super, D. E. (1953). A theory of vocational development. *American Psychologist, 8*, 185–190.

Tang, M., Fouad, D. A., & Smith, P. L. (1999). Asian Americans' career choices: A path model to examine factors influencing their career choices. *Journal of Vocational Behavior, 54*, 142–157.

Toossi, M. (2012, January). Labor force projections to 2020: A more slowly growing workforce. *Monthly Labor Review*. Retrieved from http://www.bls.gov/opub/mlr/2012/01/art3full.pdf

U.S. Bureau of Labor Statistics. (2011). *Labor force characteristics by race and ethnicity, 2010.* Retrieved from http://www.bls.gov/cps/cpsrace2010.pdf

U.S. Bureau of Labor Statistics. (2013a). *Employed persons by occupation, race, Hispanic or Latino ethnicity, and sex.* Retrieved from http://www.bls.gov/cps/cpsaat11.pdf

U.S. Bureau of Labor Statistics. (2013b). *Employed persons by sex, occupation, class of worker, full- or part-time status, and race.* Retrieved from http://www.bls.gov/cps/cpsaat12.pdf

U.S. Bureau of Labor Statistics. (2013c). *Median weekly earnings of full-time wage and salary workers by selected characteristics.* Retrieved from http://www.bls.gov/cps/cpsaat37.pdf

U.S. Census Bureau. (2011). *2011 American Community Survey.* Retrieved from http://www.census.gov/acs/www/about_the_survey/2011_acs_improvements/

U.S. Census Bureau. (2012a). *Educational attainment in the United States: 2009: Current population reports.* Retrieved from http://www.census.gov/prod/2012pubs/p20-566.pdf

U.S. Census Bureau. (2012b). *U.S. Census Bureau projections show a slower growing, older, more diverse nation in a half century from now.* Retrieved from http://www.census.gov/newsroom/releases/archives/population/cb12-243.html

U.S. Department of Education, National Center for Education Statistics. (2012). *The condition of education 2012* (NCES 2012-045). Retrieved from http://nces.ed.gov/fastfacts/display.asp?id=72

Valdivia, C., Dozi, P., Jeanetta, S., Flores, L. Y., Martinez, D., & Dannerbeck, A. (2008). The impact of networks and the context of reception on asset accumulation strategies of Latino newcomers in new settlement communities of the Midwest. *American Journal of Agricultural Economics, 90*, 1319–1325.

Valentine, S. (2006). Hispanics' self-esteem, acculturation, and skepticism of women's work. *Journal of Applied Social Psychology, 36*, 206–221.

Vespia, K. M., Fitzpatrick, M. E., Fouad, N. A., Kantamneni, N., & Chen, Y.-L. (2010). Multicultural career counseling: A national survey of competencies and practices. *The Career Development Quarterly, 59*, 54–71.

Walsh, W. B., Bingham, R. P., Brown, M. T., & Ward, C. M. (2001). *Career counseling for African Americans.* Mahwah, NJ: Erlbaum.

Ward, C. M., & Bingham, R. P. (1993). Career assessment of ethnic minority women. *Journal of Career Assessment, 1*, 246–257.

Worthington, R. L., Flores, L. Y., & Navarro, R. L. (2004). Career development in context: Research with people of color. In S. D. Brown & R. W. Lent (Eds.), *Career development and counseling: Putting theory and research to work* (pp. 225–252). Hoboken, NJ: Wiley.

Wrenn, C. G. (1962). The culturally encapsulated counselor. *Harvard Educational Review, 32*, 444–449.

CHAPTER 4

賦能女性的生活選擇：性別與性取向的檢視

綜觀古今，個人工作和生涯發展各面向，最明顯的預測變項就是性別。基本上，生而為男性或為女性，是個人生活內涵當中一項很有力的預測因素，包括像是這個人是在家中工作或在外面工作（或者都有），認為對他們來說所謂適切的工作類型、受雇的工作類型、在職涯上能夠升到多高的階級、遭受到職場騷擾的程度和類型、賺到多少錢、在工作和家庭生活中面臨的衝突或者受益的多寡、個人感受到的工作滿意的程度，乃至於最終這個人生活的整體品質。

——Heppner, 2013, p. 187

賦能女孩和女性，使其能做出兼具經濟安全以及個人意義的真實生活選擇，是生涯諮商師的核心要務。當我們從社會認同及其對生涯發展的影響因素來檢視時，性別（gender）可說是社會上對女性生涯選擇與適應而言一個極為明顯的面向（Hackett & Kohlhart, 2012; Watt & Eccles, 2008）。

雖然說女性主義的第二波勢力為社會政策和立法帶來重要的改變，但性別相關議題仍舊影響著女孩和女性的生活路徑（Heppner, 2013; Heppner & Jung, 2013; Ormerod, Joseph, Weitzman, & Winterrowd, 2012; Walsh &

Heppner, 2006）。舉例來說，聯合國近年的報告指出：(1) 在所有國家中，女性並沒有得到和男性相對等的對待；(2) 世界上有 13 億的人口處於貧窮狀態，而當中有近 70% 是女性；(3) 世界上 2,700 萬難民中，大約有 75% 到 80% 是女性和兒童；(4) 世界上超過 10 億的成人文盲中，有三分之二是女性；(5) 在發展中國家和已發展國家中，大部分女性的平均收入僅是從事同樣工作男性的四分之三；以及 (6) 全世界已發展國家中，從事 STEM〔科學（science）、科技（technology）、工程（engineering）以及數學（math）〕領域人口中，女性長期均占少數（Hausmann, Tyson, & Zahidi, 2010）。

因此，一位生涯諮商師想要發揮效能，了解性別脈絡相當重要。除此之外，女性的性取向在她的生涯發展上影響甚鉅，因此我們在此也一起討論這對女性生涯發展的影響。

在一個缺乏性別意識（或性取向意識）議題的實務場域中，生涯諮商師的角色大可持續這樣的刻板印象，並且使這種刻板印象情況加劇。但我們認為，生涯諮商的專業性其實是正好相反的觀點。生涯諮商師應該懷抱成為修復者和社會運動者的夢想，應該賦能人們，使其能對抗現狀所帶來的不對等和壓迫，並且應該成為有影響力的社會正義倡議者。在研究領域中，諮商師已著重在社會正義上的願景（Arredondo & Perez, 2003; Ratts, Toporek, & Lewis, 2010），而對女性而言，沒有比讓女性透過找到有意義的工作，更能明確地讓她們得到社會正義。有意義的職業工作讓女性能夠「充分且平等地參與這個社會，而這個社會同樣也是為了滿足她們的需求而打造。社會正義包含一個對社會的願景，在這個社會中，資源平均分配，而且社會上每一分子，不管是生理或心理層面上都能感到安全且安心」（Bell, 1997, p. 3）。

在本章的一開始，我們聚焦在性別脈絡的主要面向以及其性別特定的影響結果。所有的文獻資料（如 Walsh & Heppner, 2006）已經探討過女性生涯發展相關議題，接著應該要對這些議題進行更多更深入的分析。此處討論

的一些主要議題，是為了帶出性別脈絡的重要面向，以及像是女同性戀者、雙性戀者以及跨性別者等面向，這可能對我們的個案帶來最直接的影響。本章接著提出幾個特定的評量方式、技術以及資訊，讓生涯諮商實務工作透過這些資訊的分享，能賦能於女同性戀者、雙性戀者、跨性別者以及異性戀者。這部分也將討論第 1 章所介紹性別與性取向在生涯諮商不同階段所造成的影響。

當我們開始這一章時，有件事需要說明。我們盡可能地嘗試整合關於女同性戀者、男同性戀者、雙性戀者以及跨性別者（lesbian, gay, bisexual, and transgender, LGBT）等的生涯研究文獻，只是儘管這類文獻在過去十年有所成長，但還是有所缺乏且不夠完整。同性戀者的文獻資料雖然不多，但有所成長；而雙性戀者和跨性別者的生涯發展研究幾乎可說付之闕如。因此，我們要提醒讀者，由於缺乏相關研究，我們在討論以及提供 LGBT 個案協助時就難免受到限制。然而，我們相信在主流生涯文獻中探討 LGBT 議題相當重要，所以我們已試著盡可能涵蓋有關這方面討論的文獻資料。有一本指標性的書籍：《同性戀、雙性戀與跨性別個案諮商與心理治療手冊》（*Handbook of Counseling and Psychotherapy With Lesbian, Gay, Bisexual, and Transgender Clients*）這本應用手冊（有兩個版本）提供許多關於 LGBT 議題相當有價值的資訊，包括對生涯與職業等相關議題的討論（Bieschke, Perez, & DeBord, 2006; Perez, DeBord, & Bieschke, 1999; Prince, 2013; Szymanski & Hilton, 2012）。

在下一段落中，我們將以主題式和發展進程的呈現方式，來簡要地回顧一些有關性別和性取向影響的相關文獻。然而，這些文獻並不是以分門別類或線性的方式呈現。舉例來說，男性和女性在一生當中，都會一直經驗到性別角色社會化的影響。主題式的分類，主要是提供一個組織性的架構來探討主要的發展影響，並且包含兒童時期性別角色社會化下性別堆疊（gendered overlay）、青少年所處的性別情境脈絡，以及性別化的職場脈絡。

性別堆疊：兒童時期的性別角色社會化

所有主要性別脈絡的堆疊，起始於男孩和女孩無所不在的性別角色社會化。我們與人互動的方式，從非常小的年紀開始就受到他人的影響，而這樣的互動顯著地影響了我們如何看待自己以及我們的選擇。形塑我們的性別相關的人格特質、興趣以及行為，開始於人生的早期階段（Matlin, 2012），受到來自父母、老師、同儕、傳播媒體、教會以及其他等的影響。職業的刻板化印象開始得非常早。Matlin（2012）指出，在幼兒園到四年級間的兒童，他們就已經逐漸接收到男生和女生各做哪些工作等這種僵化的訊息。這個研究結果支持了 Gottfredson（1981, 2005）的設限（circumscription）與妥協（compromise）理論，她的理論主張，孩童對所謂適切職業的覺知，會限縮在其可接受的性別類型生涯選項狹窄範圍內。這個階段一般大約是 6 到 8 歲的年紀，而且一旦認定了就很難改變。Mac Naughton（2007）指出：「許多研究強調，學齡前兒童就會談論不同性別決定了不同的穿著細節，包括你喜歡的顏色、你的髮型、你的聲音、你挑選的遊戲、你喜好的事物、你厭惡的事物，還有你和別人的互動關係。」（p. 263）然而，重要的是也要記得，性別認同也是伴隨著其他的社會認同來發展，性別認同的產生十分複雜，由種族、階級及性取向等相互影響而成（Mac Naughton, 2007）。

性取向認同（sexual orientation identity）在女同性戀者和雙性戀女性的職涯發展中所扮演的角色，已是一些研究探討的焦點所在。Croteau、Anderson、Distefano 與 Kampa-Kokesch（1999）提出促進最多實徵研究探討的兩大範疇，分別是：(1) 性別角色社會化以一種有別於異性戀者所發展的方式，對同性戀者職涯興趣發展產生影響；(2) 同性戀者內化了社會職業刻板印象，而且以此來認定他們的就業機會結構。

Croteau 等人（1999）指出，相較於異性戀者，同性戀者的生涯興趣傾向於性別非傳統性。這種非傳統性有兩個潛在的結果。假如同性戀孩子在追

求非傳統生涯路徑上有所挫折，這可能導致生涯猶豫、受限的生涯選擇，以及極低的生涯滿意度等等情形發生。然而也有一些證據建議，女同性戀者也有可能更會追求非傳統的職涯，而且，在女同性戀社群中，她們所做的非傳統生涯選擇更能得到支持（Fassinger, 1995, 1996）。

除此之外，研究者也指出 LGBT 族群可能內化了所謂適切的生涯領域這個刻板印象，而且把他們的選擇侷限在一些他們認為的適合選項，例如許多研究就提出 LGBT 族群限制了自己與孩童工作的機會等證據（Croteau et al., 1999）。因此，什麼是對她們性別而言適合的，這類的早期社會生活訊息，對異性戀女性、女同性戀者或雙性戀女性後來的生涯選擇可能產生了相當程度的影響。對學校諮商師而言，在這些訊息變成男孩和女孩看待工作世界的刻板化方式之前，他們有必要扮演一個積極、能夠協助改變這些性別刻板印象的角色。

青少年所處的性別情境脈絡

當孩童進入青少年這個介於兒童和成人的關鍵轉變階段，有許多重要的影響因素形塑了他們看待自己和職業世界的觀點。這個階段更是發展自我認同感的關鍵時期。有許多研究者把焦點放在學校環境，視其對社會化和自我概念形塑有著主要的影響力。

有許多重要的研究檢視男孩和女孩在各階段教育經驗中的差異情況。一些研究檢視校園中的性別偏誤（gender bias），研究者觀察從中小學階段（Sadker & Sadker, 1994）到大學階段（Fischer & Good, 1994; Ossana, Helms, & Leonard, 1992）的偏誤情形。雖然這當中有一些性別偏誤的發生是以公開喧鬧的方式進行，例如教授所講的黃色笑話，但更多的部分其實是很隱微的，像是教授持續忽略有關女孩和女性的觀點。這使得在學術領域中，女孩和女性感受到自己是沒有價值或是受到忽視。Freeman（1979）標記這樣的現象為**虛無的環境**（null environment）。虛無的環境是指既不主

動的勸阻，也不積極的鼓舞，而是無視或忽略這個個體。在 Freeman 對大學生的研究中，她發現不管是女性和男性都曾感受到被學校所忽略，但男性比起女性，仍感受到更多來自朋友和家人的鼓勵。像這樣忽略女性的過程就符合虛無的環境的特性，現已定義為是一種消極的歧視（Betz, 1989）。雖然現在對這個情形的敏覺度已經提高，近年研究仍指出，美國的男老師和女老師仍持續更關注男學生在學業上的表現（Good & Brophy, 2003）。「教師選擇給予男學生更多學習、擔任領導者角色以及得到學業獎勵的機會，特別是在數學和科學領域。」（Grant & Kimberly, 2007, p. 573）

雖然許多早期研究指出部分學校諮商師持有一些性別偏誤的態度，像是有些並不清楚女性就業情形，有些則增強了刻板印象的選項（Betz, 2006），但從那時起，已有少數研究開始探究現今態度和相關實務情形。雖然多數諮商師現已覺察到自己不應落入對職業選擇的性別角色刻板化，但我們仍然不清楚在諮商環境中有多少隱微的訊息被傳達出來。若沒有像 Sadker 與 Sadker（1994）一樣在教室內進行行為學的研究，要確認學校諮商師到底增強了哪樣的選項非常困難。有少數研究探討性別偏誤對生涯和生活規劃領域的影響，遺憾的是，在研究結果中發現在態度和實務工作中，仍帶有性別偏誤（Robertson & Fitzgerald, 1990）。

恐同症（homophobia）是指「對男同性戀者和女同性戀者系統性的歧視。……這個名詞指的是一種恐慌感，與精神上或無意識的動機有關」（Ghaill, Haywood, & Popoviciu, 2007, p. 549）。研究也發現，恐同的信念和態度在社會上相當普遍（像是在媒體、書籍上或人際群體互動中可看見）（Ghaill et al., 2007; Mandel & Vitelli, 2007），因此，心理健康專業工作者很有可能在有意識或者潛意識的層次上，已接收到許多這類的態度。生涯諮商師必須意識到自身恐同的態度，並且不要根據生涯刻板印象來鼓勵女同性戀個案從事或不要從事一些特定的工作。

雖然青少年正處於在生涯選擇舉棋不定的認同發展階段，但如果青少年同時也處在性認同（sexual identity）發展的過程中，那他們的職業認定發

展可能因此而拖延。在一項研究中，女同性戀者曾提到她們感覺自己落後同齡的異性戀者，這是因為她們花很多時間與情感能量在性認同發展和出櫃的過程上。有關更多 LGBT 青少年資訊，請參考 Hershberger 與 D'Augelli（1999）的研究。

Kerr 和她的同事（Kerr, Vuyk, & Rea, 2012）以學術上成就極高的女孩和女性為研究對象，進行一項廣泛的研究。研究結果提到，即使對這群極度聰明的人來說，在生涯發展中缺乏指導和支持，仍然會造成嚴重的後果。研究者提及，對這群年輕女性來說，生涯發展根本不算生涯發展；反之，她們稱之為「一場惡性循環，因為這群年輕聰明的女性會調整她們的興趣、啟發及成就，以符合她們自己感知到所受的限制」（Kerr & Maresh, 1994, p. 207）。此外，在 Kerr 和同事的研究中也提到，雖然聰明的女孩和男孩在智力、創造能力和心理調適的表現上大同小異，但在學校或其他場合的性別實踐，仍導致日後男性與女性在興趣、成就與幸福感方面都可看到性別上的差異（Kerr et al., 2012）。

因此，年輕男性與女性的生涯抱負在童年時期與青春期的性別脈絡中，受到相當大的影響。社會認知學習理論和研究均指出，這樣的性別訊息越早編碼進個體的基模中，就越難被修改。研究指出，當個體離開教育體系進入職場，針對性別和性取向的偏見仍繼續被增強。對女同性戀、雙性戀女性和跨性別者來說，這樣的偏見是加重的，多重弱勢身分的交互作用增加了這些女性面臨歧視的可能性；這樣以恐同症和異性戀主義為名的歧視，不僅僅建立在對性別的歧視上，也建立在對性取向的歧視上（Prince, 2013）。

性別化的職場脈絡

對女性在職場上而言，這些性別角色印象形成了持續歧視的基礎，包括在工作僱用方面（Betz, 2006）、薪資方面（Watt & Eccles, 2008），以及職場性騷擾（Ormerod et al., 2012; Paludi, 2007）等，這些情形在研究文獻中

的呈現都相當一致。即便女性工作者表現十分亮眼，在工作職場上，依舊會遇到大家所稱的「玻璃天花板效應」（glass ceiling; Russell, 2006），女性工作者職務雖然可以晉升，但卻無法晉升到行政職最頂端的位置。雖然現今看起來公司對性騷擾存在的察覺逐漸增加，但貶低女性、對女性充滿敵意的情形依舊存在，同時，將女性排除於高層職位的非正式網絡，仍處於主導的情勢。

另外也有證據顯示，女同性戀者在職場上比異性戀女性經歷了更多就業歧視（Bieschke & Toepfer-Hendey, 2006; Ormerod et al., 2012）。這是因為女同性戀者除了可能因自己的性別受到偏見外，她們也必須面對來自異性戀者、有恐同症社會所造成的騷擾和歧視。雖然現在社會已有稍微較不接受公然歧視弱勢族群這樣的態度，但研究指出，這個社會仍可接受大眾對女同性戀者和男同性戀者流露出敵意。女同性戀者提到，害怕失去工作左右了她們決定是否應該公開自己的性取向。研究指出這些恐懼依舊存在，而女同性戀者依舊因為自己的性取向面臨相當程度上的就業歧視。

Croteau 等人（1999）的研究提到，針對 LGBT 族群的就業歧視現象相當普遍；在實驗對象中，25% 到 66% 的人曾遭遇到職場歧視。這樣的職場歧視經常是正式的，像是工作聘僱、工作晉升、加薪，以及給伴侶的有限津貼；但也可能是非正式的，包括含有敵意的工作環境和言語上的騷擾（Croteau, 1996）。

工作場域的性認同管理（sexual identity management），在許多研究中被定義為「理解 LGB 族群獨特職涯經驗的核心議題」（Lidderdale, Croteau, Anderson, Tovar-Murray, & Davis, 2006, p. 245）。一個人隱藏自己性取向的程度，與其所受的歧視程度有顯著相關（Croteau & Lark, 1995）。Griffin（1992）提出四種職場上的性認同管理類別：(1)「略過不提」（passing），讓大家相信他或她是異性戀；(2)「掩飾」（covering），在工作上隱藏自己的性取向，但不會假裝自己是異性戀；(3)「隱性出櫃」（implicitly out），不遮掩自己平常的生活，但並不會明確提及自己是女同

性戀或雙性戀者；(4)「顯性出櫃」（explicitly out），在工作時公開標示自己為女同性戀者或雙性戀者。Griffin 推測上述選擇策略，與個體害怕被察覺和對自我坦誠需求二者之間的張力關係有關（Croteau et al., 1999）。有學者指出，此性認同管理模式的優點，在於能夠描述出個體選擇隱藏或公開性認同的不同策略範圍。但也有些學者批評這個模式受限於「一些關鍵的問題無法獲得解答，像是有關個人是如何學習到這些策略的，以及這些策略是如何隨著時間改變的。個人和脈絡變項的影響情形，並沒有被好好的解釋」（Lidderdale et al., 2006, p. 249）。Lidderdale 和同事（2006）運用社會認知生涯決定模式架構（Lent, Brown, & Hackett, 1994），發展了一個工作場域的性認同管理模式。這個模式細分了四個區塊，清楚描述出這個模式多面向和概念上的性質。這四個區塊分別為：(1) 培養關於性認同管理的學習經驗；(2) 發展個人能接受的性認同管理策略；(3) 選擇及應用性認同管理策略；以及 (4) 從相關行動或結果中學習。生涯諮商師能夠用這個模式幫助個案知道脈絡變項和與性認同管理相關的影響因素，也可以幫助個案發展出性認同管理自我效能的信念（Lidderdale et al., 2006）。

與性別議題相關之結果

前幾節綜觀了在早期發展、青春期階段和職場中，性別環境面向上所出現的生涯相關的議題。對以女同性戀者、雙性戀和異性戀女性為對象的生涯諮商工作而言，能夠學習到更多與性別環境相關的資訊，是改善生涯諮商非常重要的一步。只有在我們諮商師能夠對性別脈絡程度與性取向相關議題有足夠的認識，我們才能對個案進行有效的諮商介入。本節將討論與性別特定面向相關最常見的影響結果，這些影響結果可能起因於這些性別環境，也可能會大幅影響生涯諮商工作。具體來說，這些影響結果包括像是數學專業領域的低參與度、對成功的期望較低、對非傳統性職業持較低的自我效能信念、關係的焦點，以及角色衝突等。

一、數學專業領域的低參與度

在有關數學與女孩的相關議題上，有好消息也有壞消息。好消息是：女孩和女性的數學成績在過去二十年來穩定提高，Boaler 與 Irving（2007）在研究中提到：「在世界各地幾個國家中，我們進行性別和數學間關係的調查……過去許多國家男孩和女孩在數學成就上的差異現在已不復存在」（p. 287）。有很多理由可以解釋這樣的好消息——最常見的是數學課找到辦法讓女孩子對數學感興趣。然而壞消息是，包括美國在內的一些國家，即便女性擁有很高的數學成就，也並未提高她們從事數學相關職業的比例。STEM 職業需要強大的數學或科學知識基礎，STEM 領域在美國經濟規模上擴展極為迅速。2002 年美國國家科學基金會研究指出，STEM 領域相關工作與一般類型的工作比起來，將以三倍快的速度成長。但是即使女性得到 STEM 相關領域博士學位的人數在過去二十五年來已成長五倍，女性只占了 STEM 勞動市場不到四分之一的職務位置（Fassinger & Asay, 2006）。

有鑑於現在與未來的大量工作皆需要數學相關技能，數學對女性的生涯發展已被視為「關鍵的過濾器」（critical filter）（Betz, 1994; 2006, p. 51）。對於女性能夠擁有選擇參與任何職業領域的權利來說，協助女性踏入 STEM 相關領域的輔導工作相當重要。如同 Fassinger 與 Asay（2006）所說：

> 這項工作大部分將需要體系上的改變，其中包括：發展教育和工作場所政策來肯定所有工作者並支持他們（例如，公平分配利益、反歧視聲明）；建制教育和工作場所政策來幫助女性面對歧視性的態度（例如，多樣化的訓練、透明的考核和獎勵制度）；實施採用支持各種家庭型態的社會法律和政策（例如，隨時提供所有家庭孩童照護服務、醫療，及法律相關福利）；最後，還有改變性別社會化的做法，讓全部的人都擁有自由並得到支持，以實現他們最

好的自我。（pp. 450-451）

對生涯諮商師來說，了解產生這樣的性別差異背後的機制和信念，是非常重要的。Correll（2010）研究男孩和女孩對自己數學能力信念上的差異，發現到即使男孩的數學分數和女孩一樣高，他們仍然認為自己的數學能力比女孩要強。既然相信自己具有能力的信念，是堅持投入於數學相關職涯的一個重要預測因子，這些信念的重要性就顯而易見。Correll 在研究中總結：「跟女孩比起來，男孩數學比較厲害，所以較不會想辦法去追求參與更多的數學相關活動。之所以如此，至少有部分原因是他們認為自己比較厲害。」（p. 1724）幫助年輕女性相信自己的能力，似乎就是轉變這些 STEM 差異現象當中相當重要的一步（Heppner, 2013）。

二、對成功的期望較低

性別脈絡所導致的另一個無所不在的可能影響，就是低估了女孩和女性的能力。跟男孩相比，女孩從小所接收到且認為可以從事的職業選項就狹隘很多。Unger 與 Crawford（1992）以國小一、二年級的兒童為研究對象，詢問了他們一個傳統的問題：「你長大想做什麼？」作答者共為 33 位男孩和 33 位女孩。研究中，男孩提出 18 種不同的職業，但女孩只講出 8 種職業。女孩特別容易提到，是因為自己不夠聰明或不夠好，以至於無法從事她們自己理想中的職業（O'Brien, Friedman, Tipton, & Linn, 2000）。

很多研究提到，女大學生也一直提及對自己校內考試或其他成就測驗的成功，抱持較低的期待（Matlin, 2012）。這樣的現象似乎持續出現在女性生涯發展中，成年女性也同樣對自己在生涯上的成就抱著較低的期望。這樣對自己的低估狀況，甚至在那些客觀表現上比男性還要好的女性身上也是如此（Matlin, 2012）。

Betz（2006）研究指出，女性抱持較低成功期望的工作，主要是那些工作在大家刻板印象中是屬於男性的工作。對工作低期望的情形，在一些比較

具有社會比較、競爭和社會評價等因素的工作，以及缺乏明確績效表現回饋的工作，特別明顯。但就像 Betz 所認為的，這些都是要達到生涯成功非常重要的特徵。因此，如果女性一直都低估自己在這些工作情境中的能力，可能會對她們整體的生涯發展不利。

O'Brien 和她的同事（2000）進行一項縱貫研究，在長達五年的研究發現，與高中時期所嚮往的職業相比，女性後來選擇地位較不崇高、職業類別較為傳統的工作。除此之外，這些女性所選擇的職業，也無法善盡自己的長才（O'Brien et al., 2000）。女同性戀者和雙性戀女性也可能對成功抱持著更為有限的期望，因為她們預期自己將進入更有偏見和歧視的工作環境。這樣的想法可能限制了她們追求職涯的廣度（Croteau et al., 1999）。

研究也指出，女性對自己能力的低估，也呈現在能力與興趣的相關測驗中（Swanson & Lease, 1990），證實了早些年 Bailey 與 Bailey（1971）的研究發現。Bailey 與 Bailey（1971）的研究提到男大學生評估自己比「一般的男性學生」還要好，而女大學生評量自己比「一般的女性學生」還要差。Swanson 與 Lease 敦促生涯諮商師補充自我評定方法，並盡可能的探討給分的真實性。

三、對非傳統性職業持較低的自我效能信念

性別差異的情形持續呈現在找尋工作上，在非傳統性別領域類型工作上，女性所占的比例較低（National Center for Education Statistics, 2012）。研究也指出，除了一開始就避免選擇這些非傳統性別領域的工作外，和男性相比，女性在這些非傳統領域工作上離職的比例也較高（Jacobs, Chhin, & Bleeker, 2006; Watt, 2006）。

女性在高薪資、地位崇高的非傳統職業領域裡參與率低，一個可能的原因是自我效能信念較低。**自我效能**（self-efficacy）是指個人對自己能完成特定領域所需工作任務之能力的信心程度。如果女性對自己在非傳統領域工作能力缺乏自信心，她就比較不會追求非傳統領域的工作。而且即便從事這

類型的工作，當遭遇到困難或障礙時，也比較不會繼續留在工作中。對非傳統類型工作的自我效能或自信，也與個人對該職業內在價值的高低有相關（Betz & Hackett, 1983; Larose, Ratelle, Guay, Senecal, & Harvey, 2006）。

四、家庭─工作的衝突或相互增益

當更多異性戀女性走出家庭投入有償勞動市場，她們期望對原本在家裡的角色期望有所改變。然而資料顯示，全職的異性戀女性，回到家後依舊必須延續之前在家裡所做的 80% 到 90% 的家事工作。這似乎是在各種族群和文化群體中很普遍的狀況。研究指出，對女性工作者而言，身兼二職帶給她們極大的壓力。在一項有關家庭與工作責任中角色衝突的研究發現，女同性戀伴侶比異性戀夫妻更願意盡力去公平分擔家事。只是解決這樣獨特的角色衝突問題，可能會包括處理伴侶間在性取向、工作上的認同管理，以及伴侶利益被剝奪等這些差異面向上（Croteau et al., 1999）。

但是在異性戀夫妻中，衝突的模式相當清楚。Betz 與 Fitzgerald（1987）大量檢視文獻中有關婚姻狀態與職業投入間關係的議題。在評論這方面議題的概要當中，Betz（1994）提出一項結論：「已婚與小孩個數和所有職業投入及事業成就的衡量標準間，存在著相當強烈的反比關係。」（p. 21）Betz 與 Fitzgerald 指出，根據他們的文獻探討，他們相信角色衝突是「女性的生涯發展中最重要的影響因素」（p. 203）。雖然這些是較久之前所進行的研究，但近幾年的研究結果也提出類似的結論。Frome、Alfeld、Eccles 與 Barber（2008）以中低收入女性為對象進行一項縱向研究發現，這些女性對工作彈性的渴望，確實是影響其生涯選擇的因素之一。事實顯示年輕女性仍然認為她們需要從事較有彈性或是對女性較為友善的工作，才能夠同時兼顧工作和家庭，而家庭責任對年輕女性來說仍然十分重要。

賦能女性選擇的評量工具與技巧

前幾節探討了性別脈絡的幾個關鍵面向，以及性別特定面向的影響結果。現在我們要探討幾個評量工具與技巧，用以幫助女性促進覺察與了解性別及性取向因素如何影響她們的生涯發展。本節將先描述幾項供生涯諮商師和個案參考的評量工具與技巧，幫助諮商師了解性別和性取向在諮商改變歷程中的可能影響。之後我們將討論幫助個案獲取相關資訊的重要性，以用之做出更能發揮真實自我的人生選擇。

一、評估自己的諮商理念

當我們要求諮商師評量自己的諮商理念時，闡明我們自己的諮商理念相當重要。大部分我們所建議進行的實際生涯諮商策略，都是根據這樣的理念在運作。有各種各樣的諮商理念在指引著生涯諮商工作，這些不同的諮商理念，可視為一個連續光譜。站在這個連續光譜中的一端，生涯諮商師視自己的角色為匹配個體與職業。這些生涯諮商師很大的程度上視自己為技術上的角色：評估個案的技能、興趣和能力，並將個案和最適合他們個人特質的工作進行配對。這些諮商師會認為評估的技巧和勞動市場資訊的知識對他們是最重要的。在連續光譜的另一端，與我們的理念更一致的，是生涯諮商師視自己的角色為個人和社會改變的推動者。這些諮商師運用對評量與職業訊息知識的了解，加上對心理學知識和建構的認識，來理解環境架構可能如何限制他們的個案當下正在考慮的選擇範圍。因此，生涯諮商師檢視並挑戰個案所持有關於自己以及對工作世界之潛在假定。

當這個理念直接應用到性別脈絡的生涯規劃中，我們相信在生涯諮商脈絡中，以性別與性取向作為分析類別的焦點可說是相當重要的。我們將生涯諮商師視為一個幫助個案理解並通過無數社會阻礙的人。在此社會阻礙是指有系統性地阻止女性和男性展望和實現經濟安全，以及阻礙女性和男性平衡

他們生命中有意義的成就和相互關係的連結。我們知道性別社會化帶給女性許多的問題（例如，較低的成功期望、較低的數學活動參與率、職業階層和隔離，以及家庭與職涯的衝突），嚴重地影響了女性的志向和選擇。類似於我們將在第 5 章所做更為深入的探討結果，男性的社會化也讓男性擔憂自己的表現、限制了他們的情感表達、使得他們人際關係受限，甚至也縮短了壽命。因此，我們認為生涯諮商師的角色，要挑戰、理解以性別為基底的恐同想法及異性戀者對同性戀者所抱持的一些假設，幫助個案重新捕捉自己曾經擁有但放棄的夢想，也幫助他們重拾原本所做的選擇。

　　這個理念同時也與一些已受肯定的諮商實務工作整合在一起。也就是認為恐同症和異性戀主義在女同性戀者和雙性戀女性生命中，可說是最主要的阻礙，同時，也透過生涯諮商，一起為 LGBT 族群尋找方法來肯定和增進他們的生活品質。

　　這樣的理念挑戰著諮商師，要他們超越工作現況中對人們與工作間的配對，改為讓接受諮商的個案能夠得到適當的資訊，並做出能呈現真實自我的生活抉擇，這樣的改變有賴我們每一位諮商師。要這麼做，我們給予的一些建議可能會違背生涯諮商主流的觀點，也就是要尊重個案自己做出的決定和生涯抉擇。衡量性別社會化和恐同症和異性戀主義的影響力，我們相信女性和男性很多時候尚未體驗到大環境的支持，也未得到適當必要的資訊來引領他們做出能忠實呈現自己的生涯抉擇。這樣的理念同時也強調，生涯諮商師扮演著改革推動者的角色，以塑造出更加人性化、提升個人發展的學校與工作環境。在這理念下，我們與個案所進行的個別諮商工作，以及促進環境改變的努力，兩者同樣都是十分重要的。

　　我們鼓勵諮商師應該闡明自己對於生涯諮商所抱持的理念，另外也要特別思考擁有多重性別認同的角色狀態，以及這樣的狀態如何影響一個人的生涯路徑。我們特別在這裡介紹生涯諮商的「批判女性主義取向」（critical feminist approach），一個以女性為對象的生涯諮商方法，這個諮商方法結合本書許多章節中提出的重要議題。我們同時還介紹了「LGBT 肯定取向」

（LGBT affirmativeness）的建構。我們希望這兩個諮商方法，在你考量自身生涯諮商中與女性一起工作時的關鍵理念上，能作為一個起始點。

（一）生涯諮商的批判女性主義取向
（Chronister, McWhirter, & Forrest, 2006; McWhirter, 1994）

針對多元女性的生涯諮商的批判女性主義模式或取向，是根據 McWhirter（1994）的賦能模式所發展而來。近來，Chronister 和她的同事（2006）更深入地探討這個模式，並將之應用在案例中。若對此取向更深層面向有興趣的讀者，建議可以參閱該資料。我們在本書想要強調此特別針對女性為對象的生涯諮商方法，因為我們認為此取向補充並增強了這本書中的許多面向，包括我們提出的生涯諮商歷程模式。這個批判女性主義模式可說格外重要，因為它著重在賦能的概念，因而在與多元女性一起工作時格外有用——尤其針對有色種族女性、移民女性、女同性戀者、貧窮女性與身心障礙女性。因此，此取向與我們所深信的社會正義目標一致，而這些目標對我們諮商師在從事的工作來說，相當重要。

首先，了解在這個模式中如何定義「賦能」（empowerment）這個概念非常重要：

> 藉由賦能的過程，那些沒有權力或被邊緣化的人、組織、團體將 (1) 意識到他們生活周遭工作中權力的動態；(2) 培養技能和能力以得到對自己生命合理的控制；(3) 賦能的練習行動；(4) 不侵犯他人權利，以及 (5) 在自己社群內同時積極支持對他人的賦能行動。（Chronister et al., 2006, p. 170; 亦參見 McWhirter, 1994）

生涯諮商的批判女性主義取向有五個構念，稱為 5C，用來描述此模式的中心原則。我們相信這五個構念對生涯諮商歷程極為重要，也補強我們在本書提出的生涯諮商歷程中的許多面向。接下來我們會介紹這五個構念，並點出與我們的生涯諮商歷程模式和思維相似之處。

1. 合作（collaboration）：合作指的是在諮商歷程中，對個案和諮商師雙方都必要的積極角色。此取向強調合作這個構念的重要性，與我們在模式中將工作同盟放置於核心位置，二者頗能呼應。合作強調諮商師與個案一起工作以共同建立諮商目標，也強調幫助他們達到這些目標的任務，以及強調諮商師與個案關係或聯繫的重要性。藉由這些過程，合作成為此模式諮商過程裡相當核心的位置。

2. 知能（competence）：知能指的是帶領個案發現並使用他所具備的技能，並幫助個案培養新技能的重要性。知能的概念，與我們之後提到的生涯諮商歷程中建立優勢的概念相符合，特別是使用「克利夫頓優勢識別量表」（Clifton Strengths Finder）（見第 14 章）等量表幫助個案發現並運用他們的優勢。每位個案都擁有其優勢，我們與個案的接觸應該從個案所擁有的優勢開始，而不是翻找他的病症和弱點——評估並增強個案的優勢力量，可說是我們專業知能所根植的理念。

3. 脈絡（context）：第三個重要的構念是脈絡。我們相信脈絡對於理解女性個案生涯發展十分重要。本書第 2 章討論的生態模式（Cook, Heppner, & O'Brien, 2005）強調的就是形塑個案生態的系統與次系統。我們相信，任何職業行為都是在脈絡下的一個行動，這是與一個人的宏觀系統、外在系統、中介系統還有微觀系統所共同交織塑造而成。當生涯諮商服務的對象範圍越來越廣泛（移民女性、貧窮女性等），要注意的就是，每位女性所置身的脈絡，可說就是用以了解和運用賦能來協助她們的重要關鍵。

4. 批判意識（critical consciousness）：McWhirter（1994）整合了Paulo Freire（1970）和 Ignacio Martin-Baro（1994）的研究，討論批判意識這個構念，將批判意識定義為涉及權力分析（或是指出在一位女性的生活脈絡中，權力是如何被展現或被表達的）之雙元歷程，以及關鍵的自我反思——此反思喚起了女性如何能轉化那些動力的自我覺知。為了能幫助個案進行這樣的思考，McWhirter 進一步強調，諮商師也必須發展自己的批判意識。她建議透過研讀多元文化的文獻資料、擁有相關跨文化的體驗、多與不

同社群的人談話，以及投入於深刻的自我反思當中，這些都可以幫助諮商師培養自己這方面的意識。

批判意識的思考和學習，也是我們一直在本書中極力希望諮商師能夠不斷持續進行的。這大概也是我們能給予諮商師最基本的忠告——諮商師必須要了解自己、知道自己的偏見和歧視、認識自我所擁有的權力以及使用權力的方式，還有知道自己受控於他人的方式。諮商師必須知道什麼形式的種族主義、性別主義、異性戀主義、還有所有其他種種「主義」如何影響著他們身為諮商師的方式。要真正有能力去賦能他人，讓他人看到在其生命中影響著他們的趨力所在，所有這樣深層且多數時候很困難的學習和省思方式，對諮商師而言非常重要。

5. 社群（community）：最後一個 C 是社群，意指幫助女性在人生旅途中找到可以支持她們的社群，同時也是幫助女性找到讓她們能夠透過賦能他人，進而賦能自己帶來力量的地方。與強暴受害者和受虐女性的初期諮商工作，即是著重透過幫助他人進而賦能個案自己，讓個案產生能量的做法。

我們相信，McWhirter（1994）的批判女性主義取向之生涯諮商方法，有助於在與女性一起工作時具體操作賦能之基本要素，因而應用在協助我們想要幫助的婦女時更有效能、做得更好。

(二) LGBT 肯定取向（Worthington, Savoy, & Vernaglia, 2001）

在異性戀群體裡，LGBT 肯定取向被概念化為「能表達並肯定對性認同的正向價值之態度、信念、情緒以及行為的廣度，以及能理解 LGBT 族群身處於壓迫的社會裡所面臨到的現實情形」（Worthington et al., 2001, p. 2）。這樣的個體，不只熟稔 LGBT 議題，也理解自身的性認同，更能對性取向的多元情形處之泰然。接觸並認識 LGBT 族群是成為 LGBT 肯定取向的生涯諮商師過程中重要的一環。與 LGBT 族群接觸不該只在身為諮商師這樣專業的場域中，還有在包括個人、社交和家庭場合的脈絡下。LGBT 肯定取向闡述了五種狀態：消極順從、尋找啟示與探索、暫時性的承諾、綜合

和統整、積極承諾。LGBT 肯定的形成是一種發展歷程，從一個未經檢驗、毫無意識的異性戀者或是恐同現象的世界建構下，透過理智性的理解 LGBT 肯定的意義；最終在覺察與表達上達到一個完整的統合，在這樣全面性的理解與表達下，稍早階段獲取的知識則融入個人的自我、專業和政治層面。LGBT 肯定取向的諮商師使用他們的自我覺察、知識、技能，並與 LGBT 族群接觸，將他們使用的諮商方法讓所有個案了解，包括女同性戀者、男同性戀者、雙性戀者和異性戀者的個案。

二、協助個案獲得適當資訊，做出忠於自我的生活選擇

除了持續對自己在女性生涯諮商理念上努力更新外，為與女性個案的諮商工作建立一套完整有用的工具與技巧、過程、討論要點，相當重要。在你以女性為諮商對象時，可以使用這套完善的工具和技巧。這裡將介紹兩項非正式的評估工具：(1)「成長過程中性別脈絡的環境評量」（Environmental Assessment of the Gendered Context Growing Up），以及 (2)「工作中性別脈絡的環境評量」（Environmental Assessment of the Gendered Context of Work）。在這兩項評量後，會討論如何透過知識增加生涯抉擇的自主性，包括：(1) 告知個案有關性別角色傳統性的代價與回饋；(2) 教導個案如何改變以異性戀以及恐同症為主觀意識的自我效能信念；(3) 告知個案有關繼續追求從事數學與科學職涯並考慮非傳統職業領域的重要性；(4) 強化重視女性過去傳統具有的獨特特性的重要性；(5) 使用特定的覺察和技能來解決女同性戀者和雙性戀女性的特定議題；以及 (6) 教育自己如何為有特定需求的女性群體提供服務，像是貧窮女性、身心障礙女性等。

(一) 成長過程中性別脈絡的環境評量

雖然研究指出性別角色社會化相當普遍，在顯現情形與影響情形這兩個幅度上，仍有相當多的個別差異。我們建議可以透過評量方法，檢視每位個案被傳統性別角色社會化影響的情形。這個評量方法應該包括，檢視各式各

樣主動支持以及阻礙的來源，還有已經影響個案人生旅程和所接收的選擇等的中立處遇。雖然這些評量方法會依人生際遇而有所改變，但仍可以透過以下問題作為評量的開端：

- 請回想一下妳童年時期的生活。對於妳可能追求的職業選擇，妳曾經接收過什麼樣的訊息？
- 誰最積極主動支持妳培養妳的興趣和技能？這個主動支持是什麼樣的形式？
- 對於妳可能感到有興趣的領域，妳能想到曾經遭遇到什麼阻礙嗎？那是什麼樣的阻礙呢？
- 在中小學（或高中、大學）時期，對於妳的興趣的發展，是否曾感受到支持、阻礙，或是中立的氛圍？
- 與追求非傳統的興趣相比，妳是否接受到更多鼓勵，鼓勵妳去追求符合妳的性別角色的興趣？
- 如果之後要繪製一張妳這一生的自我效能感曲線圖，妳將會如何呈現？
- 在妳的人生中，有沒有任何職業領域的工作曾經是妳的夢想，但被妳放棄的嗎？那是什麼類型的工作？妳可以回想到是什麼理由讓妳放棄這些工作的嗎？

這項評估可以在生涯諮商進行中完成，或提供給個案作為家庭作業，自行獨立思考回答。你可能也會想在這些題型上做變化用來繪製生涯家族圖（參見第 11 章）。這樣個案可以在接下來的諮商歷程中進行反思。

(二) 工作中性別脈絡的環境評量

許多與生涯發展相關的文獻聚焦於探討工作環境的適應或調適。調整自己，讓自己適合於工作文化中，以及檢視自己是否與該領域工作者有類似的興趣和技能，這兩者已被視為重要的生涯技能。我們無意質疑這整個重要

性，但研究學者開始指出，有些工作環境的負向因素對工作者的身體和心理健康都無益處（Carayon, 1993）。在本章中，我們將研究聚焦在性騷擾、玻璃天花板效應、工作上缺乏指導與支持等，以及將女性工作者視為性的對象或是女強人這樣的刻板定義。因此，調整自己讓自己適合於這樣的工作環境中，不能被視為適當的目標。研究指出，這樣不利於身心健康的工作環境，對之前曾在特定工作領域中受到輕視、邊緣化的個人來說，是特別不利的。從事非傳統領域工作的女性與男性也許會被要求調整自己來配合環境，但那樣的環境可能不會重視他們的獨特性，也可能會在那樣的環境中受到偏見、歧視，以及性騷擾。所以，生涯諮商師協助個案進行工作環境分析，格外重要。生涯諮商師要協助個案分析：在這環境裡，以適應為目標會是個健康的選擇嗎？或是，這環境所支持的文化，有可能對個人而言是不健康的嗎？同樣的，雖然這評量內容會依個人的工作環境條件而改變，仍可以透過以下的問題作為評量的開端：

- 一般來說，妳的工作環境帶給妳什麼樣的感覺？溫暖、友善的工作環境？冷酷、有敵意的工作環境？妳會用什麼樣的字眼描述妳工作上的氣氛？
- 在妳的工作環境中，對於公司裡妳曾經想追求的職位，妳接收過什麼訊息嗎？這些職位是否因為妳的性別或是性取向而有所限制？
- 在妳上班的工作環境中，有哪些徵兆顯示出對在那兒工作的人來說，環境是健康的？
- 在公司裡，妳的技能和興趣是否能夠被積極地發展和培養？
- 妳個性中獨特的那一面在工作環境中是否能受到重視（這樣的獨特面向可能不是公司文化的特性）？
- 在妳的工作環境中，是否想到有任何人曾有意無意甚或公然地騷擾或阻撓妳，因而打擊妳對自我價值的看法？
- 妳是否曾經因妳的性別或是性取向而感覺到被孤立或忽略？

一旦進行這類型的環境背景評估後，諮商師的角色是協助個案決定什麼樣的方式才是最健康、最具功能性的生活選擇，是調整自己容身於工作環境中、成為改革的推動者，或是離開那樣的系統？這兩份有關性別脈絡的環境評量，都是幫助諮商師獲取關於性別脈絡是如何對個人產生影響的方法。雖然這兩份評量的內容應該依個人個別情況有所調整，但我們在此所提供的兩組評量的問題，依舊可以刺激諮商師思考如何在生涯諮商過程中解決性別與性取向的相關議題。

（三）告知女性有關工作的性別角色傳統性的回饋與代價

研究顯示，有薪工作所帶來的成就感，不管對男性與女性的生活都非常重要，而這對個案來說，是很重要的知識分享。有項數據顯示，除了家庭主婦這個角色之外，如果一位女性沒有家庭之外其他管道取得成就感，她更有可能遭受到心理上的困擾（Betz, 2006），自尊心也會比有薪工作的女性為低。雖然尊重個案的最終選擇非常重要，但去檢視那些選擇的真實性也非常關鍵。唯有了解那些選擇背後的代價與回饋，才算是真正做出真實的選擇。

除了有意義的有薪工作帶給心理上的益處，女性需要知道，她們在生命當中有可能面臨經濟獨立的情形。在美國超過三分之二的女性處於離婚、喪夫、分居、單身的狀態，或是丈夫的收入低於低收入戶的標準（U.S. Department of Labor, 2007）。雖然大多數的年輕女性都對經濟穩定的未來抱持著相當樂觀的態度，她們還是應該得認知到許多女性生活的現實面。

因此，女性需要知道更多有關維持傳統性別角色的情形，可能遭受到的心理壓力以及經濟需求。生涯諮商師站在獨特立場，探索個案對角色性別傳統性的代價與回饋的認識情形，並提供他們需要的額外資訊。

（四）教導個案如何改變以異性戀及恐同症為主觀意識的自我效能信念

自我效能被定義為「人們對自己是否能組織及執行必要行動，以達到特定績效的一種能力判斷」（Bandura, 1986, p. 391）。相關研究顯示，自我

效能可以預測對行為活動的選擇、願意投入在那些活動上的程度、遇到阻礙時的堅持情形，以及實際表現的結果（Bandura, 1977）。研究顯示，下列幾項條件能被用以促進自我效能信念的發展：(1) 成就表現，或是嘗試採取行動而從中獲得成功的經驗；(2) 言語激勵，或由他人告訴你，你是可以辦得到的；(3) 替代性增強，看見與自己相似的人成功完成一件行動方案；(4) 身體回饋，身體告訴你你現在表現得如何（Bandura, 1977, 1982）。

　　雖然以性別為中心的自我效能信念可能已深植在個案對自己的看法中，但生涯諮商師要讓個案知道，這些信念在性質上是可以改變的！這對個案很重要。不管男女，他們若知道可以改變自身的這些信念，又加上如果他們知道改變這些信念所需要採取的程序步驟是如何的，他們就可以處在一個有利的地位，來決定是否要改變自己的這些信念。Hackett 與 Betz（1981）曾提出假設，認為 Bandura（1977, 1982）的理論架構與女性生涯發展領域二者間具有獨特的關聯性。而這論點後來也引發了豐富研究，探討自我效能信念對生涯相關行為的影響。在這第一個實徵研究中，Hackett 和 Betz 將 Bandura 的理論應用到女性生涯發展上，結果發現能支持其論點。其他研究也證實了自我效能與其他許多領域之間的關聯性，像是與學術（Bores-Rangel, Church, Szendre, & Reeves, 1990; Multon, Brown, & Lent, 1991）、數學（Pajares & Miller, 1995），還有工作相關行為（Sadri & Robertson, 1993）等領域的關聯性。Lent 等人（1994）也擴展了 Bandura 的研究應用範圍，發展社會認知理論中生涯與學術興趣、選擇與表現等的關係。他們使用後設分析方法的結果發現，學術與職業領域中的自我效能與表現，二者間有直接的關聯。社會認知理論也已應用在 LGBT 族群上（Morrow, Gore, & Campbell, 1996）。

　　生涯諮商師可以運用各種不同的理論和策略來促進女性自我效能的發展。鼓勵女性個案透過嘗試不同的經驗、嘗試她們可能考慮過的類似角色任務，都可以增進表現成就，進而增進其自我效能。實習工作、兼職工作和志工等工作經驗對女性來說，都提供了寶貴的方式，讓她們了解自己的能力比

她們原本以為的還要更好。而言語激勵，可以來自女性生命中的任何重要他人，當然也包括她的諮商師。讓個案知道，你相信她具有可以完成目標的能力，這可以說是強而有力的訊息。替代性增強，是自我效能信念的另外一項重要來源，涉及到個案如何看待那些跟她們身分角色相近的女性，成功地完成那些個案考慮過的角色任務。生涯諮商師可以協助個案找到這樣的角色典範，並安排雙方有正式或是非正式的碰面。因此，很重要的是，生涯諮商師要讓女性個案知道，改變以性別中心的興趣與行為模式是很有可能做得到的。提供女性個案相關特定資訊，讓她們知道什麼樣的方法可以改變她們對自己能力的信念，這對賦能女性而言可說是非常重要的一個步驟。

（五）告知個案有關繼續追求從事數學與科學職涯並考慮非傳統職業領域的重要性

本章前文曾提到，已有相關數據顯示繼續修習數學與科學相關課程對就業上的重要性；即便這樣的研究在文獻資料中已存在數年，但少有證據顯示父母和孩童已知道這個資訊。生涯諮商師可以扮演主動的角色，協助女孩和女性了解數學與科學相關科目在她們生涯發展中可能的角色。以下有三點特別技巧是生涯諮商師可以採用的：

1. 呈現特定的數據供女孩參考，可以用圖文方式表現來呈現，說明對缺乏數學、科學專業背景的人來說，可選擇的職涯範圍會持續縮小。

2. 與過去相比，現在女孩與女性修習更多數學相關專業科目。因此，很重要的是要增強她們，讓她們知道許多具吸引力的職業會用到這些數學能力。

3. 喜愛社交的人在數學與科學領域中的情形如何，也是我們需要研究的主題。舉例來說，Lips（1992）發現，相信科學家是擅長社交的研究參與者，較有可能喜歡數學與科學相關課程，對追求數學與科學相關領域的職業也顯示出較多的興趣。這些數據資料點出了一個重點，也就是諮商

師向個案提出一些適合作為她們榜樣的人，可以幫助個案打破對數學與科學領域相關職業既有的刻板印象。

三、重視女性的特質：將關係─自我理論整合至生涯諮商中

本章前文提到性別相關影響結果其中一點，即男性與女性在自我概念形塑上的相異，也就是對女性而言，對關係的重視是其自我認同中極為關鍵之處。在與女性個案工作中，這樣的差異不管在諮商歷程和諮商內容，都有許多可以應用的地方：

1. 也許身為諮商者，最重要的功能之一是協助女性個案重視自己身為女性的獨特性。從過去早年開始，在不同文化中，大家普遍重視男性特徵勝於重視女性特徵，對男孩特質的偏好也高於女孩（Basow, 1992）。這個現象一直都在不同的文化情境中發生，而這也相對造成了女性對自我的貶抑。因此，對諮商師來說，重視女性擁有的個人特質，也就是擅長維繫人與人之間的連結性和關係，並強化這些獨一無二的優勢，而不是像傳統觀念，將這些女性特質視為不成熟、依賴的，這點非常重要。

2. 諮商師可以協助個案探討她們對工作感到不滿意的原因，是否可能是因為她們缺乏與他人有連結的感覺。因此協助個案思考並確認不同行動方案的優缺點特別重要：她是否曾嘗試找較可以符合她關係需求的工作環境？她是否嘗試過在朝九晚五的工作時，改變她對連結感的需求以容身於工作環境中？她是否試著改變她的工作環境，使之能符合她對連結感的需求？這幾項行動方案都需要他人額外的協助。舉例來說，如果這位個案決定要改變她的工作環境，諮商師可以幫助她思考，這個工作環境如何能使關係連結感更好。

3. 雖然我們說，重視個案在連結感的需求以及處理關係的能力，特別是告知她們社會上如何貶抑這樣的個性等等，這些對諮商師而言都是很重要的，但是，讓個案在做生涯決定時，平衡地思考獨立和維持連結這兩者

的優缺點，也是相當重要的（Hotelling & Forrest, 1985）。女性在社會型職業（例如，護理或教學類型工作）中占有一席之地，這類型的工作能夠滿足她們在連結和關係感上的需求，但是因為這類工作在社會上並不享有崇高的地位，女性可能沒辦法從中賺取足夠的薪水來維持一個家庭。諮商師亦可協助個案了解到，若太注重關係的連結，也可能因對關係的需求而有超過負荷或者衝突的情形發生。特別是在格外有壓力的生涯轉換階段，諮商師也可能需要提醒個案，也要照顧自己的想望與需求。

4. 在生涯諮商過程中，個案對關係連結的需求也可能意味著她同時會從與你這位諮商師的連結關係上受惠（Nelson, 1996），而且她也許會希望你能自己坦露更多有關你個人生涯和人生規劃抉擇的事。這可能會是一個與個案建立好的工作同盟的方式。此外，她可能對職涯探索工具感到反感，或覺得這樣的探索工具沒有益處，因為她認為這套工具缺乏溫度、沒有與人有所連結（像是電腦化的職業資訊系統、職業評量工具模組）。曾經有位個案描述她的生涯諮商經驗：「他們只是拿我的資料，把我轉到一些隔間內，然後再把我送出門外——沒有人性的接觸或連結。我想獲得協助的可是我的生活！」

5. 雖然「職業理論的主流將職涯比喻為是一部汽車或一個機會，帶領著個人實現自我」（Forrest & Mikolaitis, 1986, p. 86），而協助個案仔細檢視過去生涯選擇經驗，包括此經驗如何影響她生活中的重要他人，個案也能從這個過程中受益。也就是說，能夠檢視個案對自己生涯規劃決策對周遭他人（生活伴侶、小孩、雇主等）的意義，這是有諮商療效的。自我 vs. 關係焦點（self vs. relational focus）形成「生涯轉換量表」（Career Transitions Inventory）其中一個因素的理論基礎，稍後在第 13 章會進一步討論。其中一個因素稱為決定上的獨立性（decision independence），當中的題目描述像是：「生涯選擇會影響到其他人，故當我在進行生涯轉換時，一定得考量到其他人的需求。」「生涯轉換

量表」在對評估個案關係焦點上相當有用，因為這個量表與個案的生涯決定相關。

這些方法能改變我們對健康認同發展的觀點而納入關係成分，對生涯諮商的內容和諮商的歷程觀點都產生影響。關係成分也突顯了生活生涯觀點（life career perspective）在生涯諮商的重要性（McDaniels & Gysbers, 1992），也就是，一個人的職業只是其生活生涯中的一部分，而不是全部。

除此之外，這樣的知識對個案來說相當有用，可以幫助他們盡可能做出最周詳的決定。考量到個案人口背景或情況的特殊性，其他資訊可能也相當重要。Walsh 與 Heppner（2006）進行多元議題的深度研究，諮商對象包括像是管理階級的女性、從事科學與工程相關工作的女性、雙生涯的關係、移民女性、貧窮女性等。這類與現今生活息息相關的資訊，在欲幫助個案釐清性別相關生活議題時，是不可或缺的參考資料。

在第 1 章中，我們列出生涯諮商歷程中所包含的兩個主要階段和數個次階段。在接下來，我們要討論將性別脈絡議題整合到寬廣的生涯規劃歷程中的方法。雖然自第 8 章到第 17 章，我們會討論到更多有關這個生涯諮商模式的一般議題，但下一小節，我們將會特別挑出每一階段中可能對女孩與女性個案在性別相關議題上可加以應用的方面來進行討論。

與女同性戀者或雙性戀女性個案一起工作的知能

雖然大多數針對以女孩和婦女為個案所做的諮商建議，對女同性戀和雙性戀女性個案的應用效果也很顯著，但是我們還是必須具備一些特別的技能，並且對一些領域有所覺知。欲在與 LGBT 個案一起工作時成為一位有效能的諮商師，以下五項技能相當重要：

1. 熟悉男女同性戀、雙性戀及跨性別者諮商議題學會所出版的《諮商 LGBQQIA 族 群 之 知 能 》（*Competencies for Counseling LGBQQIA*

Individuals）、《諮商跨性別個案之知能》（*Competencies for Counseling With Transgender Clients*），以及美國心理學會出版的《女同性戀、男同性戀及雙性戀個案之心理實務工作守則》（*Guidelines for Psychological Practice With Lesbian, Gay, and Bisexual Clients*）等出版品。這些諮商守則為所有服務機構中提供服務的人（包括生涯諮商師在內），提供豐富實用的建議。這兩個網站 https://algbtic.org/competencies-2/ 與 https://apa.org/pubs/databases 分別提供有關這些主題的相關資訊。

2. 認識性取向認同發展及其對生涯發展所產生的影響。已有許多相關研究的傑出文章可供參考（參見 Broido, 1999; Fukuyama & Ferguson, 1999; Reynolds & Hanjorgiris, 1999）。此外，McCarn 與 Fassinger（1996）建立了一個女同性戀者發展模式，而 Fassinger 與 Miller（1996）亦建立了一個少數性別族群之認同發展模式。

3. 理解並協助個案利用像是工作場域的性認同管理模式來處理職場歧視與性認同管理議題（參見 Croteau et al., 1999; Lidderdale et al., 2006）。

4. 了解與性取向相關的社會訊息如何影響 LGBT 個案之生涯興趣、生涯選擇以及機會架構的覺知（Croteau et al., 1999）。

5. 培養自身對於恐同症或異性戀偏見的覺察能力，進而採取積極的行動來克服這樣的偏見，並建立 LGBT 肯定的態度。可參考 Worthington 等人（2001）的研究工作，他們在 LGBT 肯定取向的領域上，有相當重要及新穎的貢獻。

生涯諮商歷程：將性別議題放進現有的諮商歷程中

一、階段一：個案目標或問題辨認、澄清、具體化

(一)辨認──開始和形成工作同盟

　　生涯諮商開始的階段，有其核心目標：(1) 找出個案的目標或是個案的問題所在，並辨識相關的內在想法與感受；(2) 形成工作同盟；(3) 定義並澄清個案與諮商師的諮商關係與責任。在規劃此階段時，請充分考慮到性別脈絡的議題，身為諮商師，你應該將下列事情謹記在心：

- 協助個案，透過性別與性取向濾鏡，來檢視她的目標。協助她檢視哪個目標是因為社會化需求而來的？哪些現有的問題，其實是來自於環境的壓力或被削弱的自我感所導致？內在的想法或感覺，是不是因為被貶抑或低效能感等社會化感受所造成的？個案所設定的符合真實的目標，是否基於充分的相關資訊？她是否提過有曾被放棄的夢想？

- 開始建立工作同盟時，應該特別注意個案在女權主義認同發展階段的狀態，並意識到這個狀態可能會影響你們正在建立的諮商關係層面上。舉例來說，如果個案正處於進入解放階段（embeddedness-emancipation phase）的狀態，對這位個案來說，若能讓她與具有性別覺察意識的女諮商師一起工作特別重要。她可能也可以接受與具有性別覺察意識的男諮商師共事，但這要取決於這位個案她當前的憤怒與分離情形。而建立工作同盟意味著建立合作與希望的連結，所以個案需要一位能理解她的處境、了解她的擔憂的諮商師。諮商師若能自我揭露自身生活中相關、適切的訊息，這對建立諮商關係連結會很有幫助。在建立工作同盟階段的同時，這也是一個增強個案優勢並強調

珍視獨特、傳統女性特質重要性的時刻。

- 當個案為女同性戀者或雙性戀者，請注意她們性取向認同發展階段的狀態，還有這樣的狀態對她們生涯發展可能造成的影響。這樣的認識對於衡量採取什麼樣的介入方案，也會有相當大的助益。舉例來說，如果個案剛好處在性認同發展非常早期的階段，她可能尚未準備好討論她的性認同是如何影響她的生涯發展。此外，諮商師要覺察自己對於與個案討論 LGBT 肯定取向的態度和行為，這點也很重要。考量對異性戀者所持的觀點、語言使用（使用「伴侶」一詞而非「配偶」），以及行為，這些對建立一個安全、信任、可靠的工作同盟而言，都很重要。

- 在澄清諮商關係與雙方個人之職責所在時，諮商師與個案討論自己的諮商理念，這部分特別是與女性個案一起工作時，格外重要。如果你比較偏向建立女性主義或性別覺察的諮商關係，也就是一具有合作關係並強調對等的諮商關係，那你就需要先與個案討論。有許多個案尋求諮商協助，是因為她們想要找到一位可以給予她們忠告或建議的專家，因此這樣合作的諮商關係，對她們而言會感到較為陌生。環境這個角色如何對一個人產生影響，這可能也是個很重要的理念議題，需要在建立工作同盟時提出討論。如果你認為你的諮商職責，是要挑戰那些以性別為中心或是異性戀者所持的觀點，那你應該讓個案知道這點。個案有權利在被充分告知後選擇生涯諮商師。諮商師的核心理念，對個案在做選擇時是一個重要的考量點。

(二) 澄清——蒐集個案資訊

在諮商歷程中，這個澄清與資料蒐集次階段的主要目標是對個案有進一步的認識。

因此本章稍早討論到的所有（或任一種）評估方式，若覺得適切，都可在進行其他標準化或非標準化評估過程中當作補充工具使用。使用「成長過

程中性別脈絡的環境評量」或是「工作中性別脈絡的環境評量」等評量工具來蒐集個案相關經歷，是非常適切的資料蒐集方式，主要是因為在她們成長過程中或工作中的性別脈絡經驗，可能都會影響她們生涯決定的歷程。

在諮商過程中若實施任何標準化評量工具，相當重要的一點是應與個案討論測量可能的偏差，以及女性通常在此類評量工具上低估自己能力的現象等相關議題。

若要更進一步了解個案在評量自己與各個生涯領域相關興趣與技能時，建議可使用職業組合卡（參見第 12 章）。職業組合卡可以讓諮商師挑戰有關個案對在非傳統職業領域中自我能力的信念。

(三) 具體化──了解個案行為並提出假設

生涯諮商歷程中，具體化這個次階段的主要目標是要更進一步認識個案，對於她獨特的動力以及她在工作上心理和環境層面的可能壓力提出假設。

此階段更深入地探索個案是如何從自身以及她所處的工作世界中建構出對自我的意義。當我們透過性別濾鏡來協助個案探索時，我們會試著從個人以及環境這兩方面的觀點來理解個案所做的生活選擇。我們也會試著評估個案先前以及眼前所做的生活選擇，這些選擇忠於她自己的情形。

在此階段適切的做法是，諮商師可以提供相關的資訊，好幫助個案理解性別所造成的可能影響。有時也須視情況而定，因為這方面的相關議題可能會討論到是否繼續從事數學與科學相關領域的工作，或是討論到可以調整哪些有關非傳統領域的自我效能信念，或者討論我們所知道關於傳統性別角色信念所產生的成本與效益的情形有哪些。

這是個非常重要的階段，主要在於可以幫助女同性戀個案理解到她們性取向的各方面是如何影響到生涯規劃歷程。而對諮商師來說，理解恐同內化的現象，以及協助個案辨識她是否有內化了異性戀的訊息和信念，這也都相當重要。對諮商師來說，很重要的體認是，性認同發展是代表著一個「新

興、持續的生活歷程」（Reynolds & Hanjorgiris, 1999, p. 36）。

在此諮商階段，諮商師也可以採用像是家族圖（參見第 11 章）等工具，從家庭系統觀點，來了解個案的生活選擇是如何受到性別脈絡所影響。這可能也是一個時機點，可邀請個案繪製自己的生命線，幫助她理解一些議題，像是自己的自我效能信念如何隨著時間而有所改變，或是過去在進行生活選擇時，出現過什麼樣的角色妥協情形。

二、階段二：個案目標或問題解決

生涯諮商歷程第二個階段是採取行動。在這個階段中，我們從蒐集及評估性別環境脈絡、性別特定面向的影響結果，進行到對這些訊息實際採取行動。而進行到這個階段意味著你已經盡可能的了解和蒐集個案的所有面向，也意味著個案已準備好，將依據有關自己與工作世界盡可能完整的訊息，進而將做出一個真實的、能忠於自我的人生選擇。

(一) 採取行動

無論個案所採取的行動，是決定要進入技職學校修習汽車修理的職業培訓，或是決定從醫學院預科變成護理課程，或是決定參加世界和平組織來改善第三世界女性的生活，或是決定開創自己的事業，進口民族風的紡織品與籃子，你們還是需要再探討許多性別相關議題。舉例如下：

- 個案應該演練面試技巧，避免她在工作面試時貶抑自己的能力，並能在面試中有能力辨識出關於性別歧視或是恐同等狀況，也有能力更早察覺任何不健康的工作環境。
- 個案應該學習與其他女性建立網絡，從中獲得支持，也建議應該找到曾經處理過相似情況、可成為自己典範的女性榜樣。
- 我們需要一份強而有力、能替個案加分的工作履歷表，這樣可以適當地呈現她的技能與背景相關資料。女性往往傾向在履歷表上低估自己

的能力，而且更糟的情況是，相關研究顯示，有些雇主對同樣一份履歷表，僅僅因為姓名不是男性而給予較不利的評比。因此，非常重要的一點是女性需要可以盡可能呈現出自己的能力優勢。

(二) 發展生涯目標及行動計畫

在此階段中，個案已經自各個介入歷程的幫助中，建立了個人的生涯計畫，並從中受益。這是從稍早諮商階段中，協助個案將所得到的訊息彙集、整合，做出一個獨一無二的計畫。這個計畫能協助個案從諮商這個充滿滋養的環境，跨出到面對外面真實世界時，較不會感到害怕。當個案做出計畫，並規劃出逐步、易於管理的步驟後，個案就可以開始對改變自己生活的能力產生信心感。除了找出個案將要採取的步驟外，找出其他可能阻礙這些步驟的潛在絆腳石，並設立克服這些阻礙的計畫也相當重要。此時是個討論「如果」的時刻：如果老闆拒絕妳接受額外職業訓練的請求時該怎麼辦？如果妳決定在工作中揭露自己的性取向而遭受到騷擾時該怎麼辦？如果妳沒有修習到妳想要修習的職能課程該怎麼辦？藉由行動階段的計畫，個案在進行這階段時會比較有信心。除了找出一些已知可能發生的阻礙外，也很重要的是，諮商師可以協助找出每位女性自身在面臨情況時所具有的優勢，並尋找一些方法提醒個案自己所具有的優勢。

(三) 評估結果並結束諮商關係

結案這個階段是用來評估目標進展和諮商歷程。當透過性別濾鏡檢視結案階段時，請考量以下幾點：

- 反思生涯諮商歷程這整個過程──在第一次諮商時，個案帶來了什麼樣的議題？諮商目標隨著時間有什麼樣的變化？在這個階段中很重要的是，點出並強化個案在諮商中探索信念和選擇的根源時，她所呈現出的優勢、開放的態度，以及勇氣等等個人的特質──因為她的這些

部分而讓這個諮商歷程能成功。

- 討論隨著時間改變時，諮商師和個案兩人之間的諮商關係。包括這個工作同盟是如何建立起來的？在這個同盟關係中，眼淚是如何被擦拭掉？諮商師和個案兩者對諮商結案抱持什麼樣的感覺？

- 讓個案知道，如果她需要更多協助，或是在她想與你分享事情進展時，你都隨時歡迎她回來找你。特別是女性個案，可以更聚焦在關係層面，讓她們知道在諮商歷程中所提供的支持系統，即便在諮商結束後她們遭遇任何困難時，都仍永遠存在，這點格外重要。

慶幸的是，在過去十年已有許多有關女性生涯發展的研究付梓。雖然特別針對女同性戀者與雙性戀女性生涯發展議題的討論較少，但也已經有大幅度的進展（Croteau et al., 1999）。

結語

我們在本章討論了非常多實徵和概念上的相關文獻。本章的目的是為了要點出性別脈絡的核心議題；找出這樣的環境對女性個案所造成可能的影響結果；討論相關合適的策略與評量工具，好將性別相關情境的知識整合到諮商歷程中；生涯規劃歷程的每一階段中，為女同性戀者、雙性戀女性、異性戀女性，找出相關的關鍵問題。藉由這些目的，我們希望能夠為諮商師做好準備，在透過生涯諮商賦能女性做選擇時擁有更多的個人效能感。

 參考文獻

Arredondo, P., & Perez, P. (2003). Expanding multicultural competence through social justice leadership. *The Counseling Psychologist, 31*, 282–289.

Bailey, R. C., & Bailey, D. G. (1971). Perceived ability in relation to actual ability and academic achievement. *Journal of Clinical Psychology, 27*, 461–463.

Bandura, A. (1977). *Social learning theory*. Englewood Cliffs, NJ: Prentice Hall.

Bandura, A. (1982). Self-efficacy mechanism in human agency. *American Psychologist, 37,* 122–147.

Bandura, A. (1986). *Social foundations of thought and action: A social cognitive theory.* Englewood Cliffs, NJ: Prentice Hall.

Basow, S. A. (1992). *Gender: Stereotypes and roles* (3rd ed.). Pacific Grove, CA: Brooks/Cole.

Bell, L. A. (1997). Theoretical foundations for social justice education. In M. Adams, L. A. Bell, & P. Griffin (Eds.), *Teaching for diversity and social justice: A sourcebook* (pp. 3–15). New York, NY: Routledge.

Betz, N. E. (1989). The null environment and women's career development. *The Counseling Psychologist, 17,* 136–144.

Betz, N. E. (1994). Career counseling for women in the sciences and engineering. In W. B. Walsh & S. H. Osipow (Eds.), *Career counseling for women* (pp. 1–41). Hillsdale, NJ: Erlbaum.

Betz, N. E. (2006). Basic issues and concepts in the career development and counseling of women. In W. B. Walsh & M. J. Heppner (Eds.), *Handbook of career counseling for women* (2nd ed., pp. 45–74). Mahwah, NJ: Erlbaum.

Betz, N. E., & Fitzgerald, L. (1987). *The career psychology of women.* New York, NY: Academic Press.

Betz, N. E., & Hackett, G. (1983). The relationship of career-related self-efficacy expectations to perceived career options in college women and men. *Journal of Counseling Psychology, 28,* 399–410.

Bieschke, K. J., Perez, R. M., & DeBord, K. A. (Eds.). (2006). *Handbook of counseling and psychotherapy with lesbian, gay, bisexual, and transgender clients* (2nd ed.). Washington, DC: American Psychological Association.

Bieschke, K. J., & Toepfer-Hendey, E. (2006). Career counseling with lesbian women. In W. B. Walsh & M. J. Heppner (Eds.), *Handbook of career counseling for women* (2nd ed., pp. 351–386). Mahwah, NJ: Erlbaum.

Boaler, J., & Irving, T. S. (2007). Mathematics. In B. Bank (Ed.), *Gender and education: An encyclopedia* (pp. 287–293). Westport, CT: Praeger.

Bores-Rangel, E., Church, A. T., Szendre, D., & Reeves, C. (1990). Self-efficacy in relation to occupational consideration in minority high school equivalency students. *Journal of Counseling Psychology, 39,* 498–508.

Broido, E. M. (1999). Constructing identity: The nature and meaning of lesbian, gay, and bisexual identities. In R. M. Perez, K. A. DeBord, & K. J. Bieschke (Eds.), *Handbook of counseling and psychotherapy with lesbian, gay, and bisexual clients* (1st ed., pp. 13–34). Washington, DC: American Psychological Association.

Carayon, P. (1993). Effect of electronic performance monitoring on job design and worker stress: A review of the literature and conceptual model. *Human Factors, 35,* 3–11.

Chronister, K. M., McWhirter, E. H., & Forrest, L. (2006). A critical feminist approach to career counseling with women. In W. B. Walsh & M. J. Heppner (Eds.), *Handbook of career counseling for women* (2nd ed., pp. 167–192). Mahwah, NJ: Erlbaum.

Cook, E. P., Heppner, M. J., & O'Brien, K. M. (2005). An ecological model of women's career development. *Journal of Multicultural Counseling and Development, 33,* 165–179.

Correll, S. J. (2010). Gender and the career choice process: The role of biased self-assessments. *American Journal of Sociology, 106,* 1691–1730.

Croteau, J. M. (1996). Research on the work experiences of lesbian, gay, and bisexual people: An integrative review of methodology findings. *Journal of Vocational Behavior, 48*, 195–209.

Croteau, J. M., Anderson, M. Z., Distefano, T. M., & Kampa-Kokesch, S. (1999). Lesbian, gay, and bisexual vocational psychology: Reviewing foundations and planning construction. In R. M. Perez, K. A. DeBord, & K. J. Bieschke (Eds.), *Handbook of counseling and psychotherapy with lesbian, gay, and bisexual clients* (1st ed., pp. 383–408). Washington, DC: American Psychological Association.

Croteau, J. M., & Lark, J. S. (1995). On being lesbian, gay or bisexual in student affairs: A national survey of experience on the job. *NASPA Journal, 32*, 189–197.

Fassinger, R. E. (1995). From invisibility to integration: Lesbian identity in the workplace. *The Career Development Quarterly, 44*, 149–167.

Fassinger, R. E. (1996). Notes from the margins: Integrating lesbian experience into vocation psychology of women. *Journal of Vocational Behavior, 48*, 160–175.

Fassinger, R. E., & Asay, P. A. (2006). Career counseling for women in science, technology, engineering, and mathematics (STEM) fields. In W. B. Walsh & M. J. Heppner (Eds.), *Handbook of career counseling for women* (2nd ed., pp. 427–452). Mahwah, NJ: Erlbaum.

Fassinger, R. E., & Miller, B. A. (1996). Validation of an inclusive model of sexual minority identity formation on a sample of gay men. *Journal of Homosexuality, 32*, 53–78.

Fischer, A. R., & Good, G. E. (1994). Gender, self, and others: Perceptions of the campus environment. *Journal of Counseling Psychology, 41*, 343–355.

Forrest, L., & Mikolaitis, N. (1986). The relational component of identity: An expansion of career development theory. *The Career Development Quarterly, 35*, 76–88.

Freeman, J. (1979). How to discriminate against women without really trying. In J. Freeman (Ed.), *Women: A feminist perspective* (2nd ed., pp. 194–208). Palo Alto, CA: Mayfield.

Freire, P. (1970). *Pedagogy of the oppressed.* New York, NY: Continuum.

Frome, P. M., Alfeld, C. J., Eccles, J., & Barber, B. L. (2008). Is the desire for a family-flexible job keeping young women out of male dominated occupations? In H. M. G. Watt & J. S. Eccles (Eds.), *Gender and occupational outcomes: Longitudinal assessment of individuals, social and cultural influences* (pp. 195–214). Washington, DC: American Psychological Association.

Fukuyama, M. A., & Ferguson, A. D. (1999). Lesbian, gay, and bisexual people of color: Understanding cultural complexity and managing multiple oppressions. In R. M. Perez, K. A. DeBord, & K. J. Bieschke (Eds.), *Handbook of counseling and psychotherapy with lesbian, gay, and bisexual clients* (1st ed., pp. 81–106). Washington, DC: American Psychological Association.

Ghaill, M. M., Haywood, C., & Popoviciu, L. (2007). Heterosexism and homophobia in the hidden curriculum. In B. Bank (Ed.), *Gender and education: An encyclopedia* (pp. 549–554). Westport, CT: Praeger.

Good, T. L., & Brophy, J. E. (2003). *Looking into classrooms.* Boston, MA: Allyn & Bacon.

Gottfredson, L. S. (1981). Circumscription and compromise: A developmental theory of occupational aspirations. *Journal of Counseling Psychology, 28*, 545–579.

Gottfredson, L. S. (2005). Applying Gottfredson's theory to circumscription and compromise in career guidance and counseling. In S. Brown & R. W. Lent (Eds.), *Career development and counseling: Putting theory and research to work* (pp. 71–100). Hoboken, NJ: Wiley.

Grant, L., & Kimberly, K. (2007). Teacher–student interactions. In B. Bank (Ed.), *Gender and education: An encyclopedia* (pp. 571–576). Westport, CT: Praeger.

Griffin, P. (1992). From hiding out to coming out: Empowering lesbian and gay educators. In K. M. Harbeck (Ed.), *Coming out of the classroom closet* (pp. 167–196). Binghamton, NY: Harrington Park Press.

Hackett, G., & Betz, N. E. (1981). A self-efficacy approach to the career development of women. *Journal of Vocational Behavior, 18*, 326–339.

Hackett, G., & Kohlhart, J. D. (2012). Feminist vocational/career theory and practice. In C. Z. Enns & E. N. Williams (Eds.), *The Oxford handbook of feminist multicultural counseling psychology* (pp. 255–276). New York, NY: Oxford University Press.

Hausmann, R., Tyson, L. D., & Zahidi, S. (2010). *The global gender gap report.* Geneva, Switzerland: World Economic Forum.

Heppner, M. J. (2013). Women, men and work: The long road to gender equity. In S. D. Brown & R. W. Lent (Eds.), *Career development and counseling: Putting theory and research to work* (2nd ed., pp. 187–214). New York, NY: Wiley.

Heppner, M. J., & Jung, A. K. (2013). Gender and social class: Powerful predictors of a life journey. In W. B. Walsh, M. L. Savickas, & P. J. Hartung (Eds.), *Handbook of vocational psychology: Theory, research, and practice* (4th ed., pp. 81–102). New York, NY: Routledge.

Hershberger, S. L., & D'Augelli, A. R. (1999). Issues in counseling lesbian, gay, and bisexual adolescents. In R. M. Perez, K. A. DeBord, & K. J. Bieschke (Eds.), *Handbook of counseling and psychotherapy with lesbian, gay, and bisexual clients* (1st ed., pp. 225–248). Washington, DC: American Psychological Association.

Hotelling, K., & Forrest, L. (1985). Gilligan's theory of sex role development: A perspective for counseling. *Journal of Counseling & Development, 64*, 183–186.

Jacobs, J. E., Chhin, C. S., & Bleeker, M. M. (2006). Enduring links: Parents' expectations and their young adult children's gender-typed occupational choices. *Educational Research and Evaluation, 12*, 395–407.

Kerr, B., & Maresh, S. E. (1994). Career counseling for gifted girls. In W. B. Walsh & S. H. Osipow (Eds.), *Career counseling for women* (pp. 197–235). Hillsdale, NJ: Erlbaum.

Kerr, B. A., Vuyk, A., & Rea, C. (2012). Gendered practices in the education of gifted girls and boys. *Psychology in the Schools, 7*, 647–655.

Larose, S., Ratelle, C. F., Guay, F., Senecal, C., & Harvey, M. (2006). Trajectories of science self-efficacy beliefs during the college transition and academic vocational adjustment in science and technology programs. *Educational Research and Evaluation, 12*, 373–393.

Lent, R. W., Brown, S. D., & Hackett, G. (1994). Toward a unifying social cognitive theory of career and academic interest, choice, and performance. *Journal of Vocational Behavior, 45*, 79–122.

Lidderdale, M. A., Croteau, J. M., Anderson, M. Z., Tovar-Murray, D., & Davis, J. M. (2006). Building lesbian, gay, and bisexual vocational psychology: A theoretical model of workplace sexual identity management. In K. J. Bieschke, R. M. Perez, & K. A. DeBord (Eds.), *Handbook of counseling and psychotherapy with lesbian, gay, bisexual, and transgender clients* (2nd ed., pp. 245–270). Washington, DC: American Psychological Association.

Lips, H. M. (1992). Gender- and science-related attitudes as predictors of college students' academic choices. *Journal of Vocational Behavior, 40,* 62–81.

Mac Naughton, G. (2007). Early childhood education. In B. Bank (Ed.), *Gender and education: An encyclopedia* (pp. 263–267). Westport, CT: Praeger.

Mandel, L., & Vitelli, R. (2007). Heterosexism and homophobia in the peer group. In B. Bank (Ed.), *Gender and education: An encyclopedia* (pp. 597–603). Westport, CT: Praeger.

Martin-Baro, I. (1994). *Writings for liberation psychology.* Cambridge, MA: Harvard University Press.

Matlin, M. (2012). *The psychology of women.* Belmont, CA: Wadsworth.

McCarn, S. R., & Fassinger, R. E. (1996). Revisioning sexual minority identity formation: A new model of lesbian identity implications for counseling and research. *The Counseling Psychologist, 24,* 508–534.

McDaniels, C., & Gysbers, N. C. (1992). *Counseling for career development: Theories, resources, and practice.* San Francisco, CA: Jossey-Bass.

McWhirter, E. H. (1994). *Counseling for empowerment.* Alexandria, VA: American Counseling Association.

Morrow, S. L., Gore, P. A., & Campbell, B. W. (1996). The application of a sociocognitive framework to the career development of lesbian women and gay men. *Journal of Vocational Behavior, 48,* 136–148.

Multon, K. D., Brown, S. D., & Lent, R. W. (1991). Relation of self-efficacy beliefs to academic outcomes: A meta-analytic investigation. *Journal of Counseling Psychology, 38,* 30–38.

National Center for Education Statistics. (2012). *Digest of education statistics: 2012.* Washington, DC: Author.

National Science Foundation. (2002). *Science and engineering indicators: 2002.* Washington, DC: Author.

Nelson, M. L. (1996). Separation versus connection, the gender controversy: Implications for counseling women. *Journal of Counseling & Development, 74,* 339–344.

O'Brien, K. M., Friedman, S. M., Tipton, L. C., & Linn, S. G. (2000). Attachment, separation, and women's vocational development: A longitudinal analysis. *Journal of Counseling Psychology, 47,* 301–315.

Ormerod, A. J., Joseph, D. L., Weitzman, L. M., & Winterrowd, E. (2012). Career issues and challenges viewed through a feminist multicultural lens: Work-life interface and sexual harassment. In C. Z. Enns & E. N. Williams (Eds.), *The Oxford handbook of feminist multicultural counseling psychology* (pp. 277–303). New York, NY: Oxford University Press.

Ossana, S., Helms, J., & Leonard, M. M. (1992). Do "womanist" identity attitudes influence college women's self-esteem and perceptions of environmental bias? *Journal of Counseling & Development, 70,* 402–408.

Pajares, F., & Miller, M. D. (1995). Mathematics self-efficacy and mathematics performances: The need for specificity of assessment. *Journal of Counseling Psychology, 42,* 190–198.

Paludi, M. (2007). Sexual harassment policies and practices. In B. Bank (Ed.), *Gender and education: An encyclopedia* (pp. 793–800). Westport, CT: Praeger.

Perez, R. M., DeBord, K. A., & Bieschke, K. J. (Eds.). (1999). *Handbook of counseling and psychotherapy with lesbian, gay, and bisexual clients* (1st ed.). Washington, DC: American Psychological Association.

Prince, J. (2013). Career development of lesbian, gay, bisexual, and transgender individuals. In S. D. Brown & R. W. Lent (Eds.), *Career development and counseling: Putting theory and research to work* (2nd ed., pp. 275–298). Hoboken, NJ: Wiley.

Ratts, M. J., Toporek, L., & Lewis, A. (2010). *ACA advocacy competencies: A social justice framework for counselors.* Alexandria, VA: American Counseling Association.

Reynolds, A. L., & Hanjorgiris, W. F. (1999). Coming out: Lesbian, gay, and bisexual identity development. In R. M. Perez, K. A. DeBord, & K. J. Bieschke (Eds.), *Handbook of counseling and psychotherapy with lesbian, gay, and bisexual clients* (1st ed., pp. 35–56). Washington, DC: American Psychological Association.

Robertson, J., & Fitzgerald, L. F. (1990). The (mis)treatment of men: Effects of client gender roles and life-style on diagnosis and attribution of pathology. *Journal of Counseling Psychology, 37,* 3–9.

Russell, J. E. A. (2006). Career counseling for women in management. In W. B. Walsh & M. J. Heppner (Eds.), *Handbook of career counseling for women* (2nd ed., pp. 453–512). Mahwah, NJ: Erlbaum.

Sadker, M. P., & Sadker, D. M. (1994). *Failing at fairness: How our schools cheat girls.* New York, NY: Touchstone.

Sadri, G., & Robertson, I. T. (1993). Self-efficacy and work-related behavior: A review and meta-analysis. *Applied Psychology, 42,* 139–152.

Swanson, J. L., & Lease, S. H. (1990). Gender differences in self-ratings of abilities and skills. *The Career Development Quarterly, 38,* 346–359.

Szymanski, D. M., & Hilton, A. N. (2012). Feminist counseling psychology and lesbians, bisexual women, and transgender persons. In C. Z. Enns & E. N. Williams (Eds.), *The Oxford handbook of feminist multicultural counseling psychology* (pp. 131–154). New York, NY: Oxford University Press.

Unger, R., & Crawford, M. (1992). *Women and gender.* New York, NY: McGraw-Hill.

U.S. Department of Labor. (2007). *Facts on U.S. working women* (Fact Sheet 88-1). Washington, DC: Office of the Secretary, Women's Bureau.

Walsh, W. B., & Heppner, M. J. (Eds.). (2006). *Handbook of career counseling for women* (2nd ed.). Hillsdale, NJ: Erlbaum.

Watt, H. M. G. (2006). The role of motivation in gendered educational and occupational trajectories related to math. *Educational Research and Evaluation, 21,* 305–322.

Watt, H. M. G., & Eccles, J. S. (Eds.). (2008). *Gender and occupational outcomes: Longitudinal assessment of individual, social, and cultural influences.* Washington, DC: American Psychological Association.

Worthington, R. L., Savoy, H. B., & Vernaglia, E. R. (2001). *Beyond tolerance: An integrative model of LGB-affirmativeness.* Unpublished manuscript.

CHAPTER 5

賦能男性的生活選擇：性別與性取向的檢視

共同作者：P. Paul Heppner

最近幾十年，如果試著在我們的專業諮商文獻中尋找和男性有關的生涯發展資訊，大概會毫無斬獲。因為男性在就業職場及其他領域通常被視為是相對優勢，比女性擁有更多特權，因此，和男性有關的特殊生涯議題很少被關注。過去，有些關於男性身心障礙、男同性戀等邊緣男性和低社經地位之男性的研究文獻，但即便有這些文獻仍是不足的。通常，我們會認為男性在職場中多數從事有聲望工作、收入較高，部分人握有前五百大公司之執行長職位，因此，多數研究結論皆會認為我們必須將焦點放在女孩或是女性身上，因為她們在勞動市場和其他領域普遍處於相對弱勢的位置（Heppner & Heppner, 2014）。

重要且必須注意的是，在我們的專業生涯文獻中對男性的著墨不多，這是一個相對近年才出現的現象。舉例而言，大概四十多年以前，心理學家Leona Tyler（1977）寫道：「很多我們知道關於個人是如何準備而找到工作世界中的位置，以及所經歷的階段，更適切地說，應該被標記為『中產階級男性的職涯發展』。」（p. 40）實際上，男性生涯發展很常被視為是普遍性的生涯發展現象，而人們較少關注女性或其他可能無法適用此規範的群體。我們的生涯發展理論、評估測量工具，甚至所謂的常態性工作型態，都是從男性觀點發展而來；如果女性在男性世界從事工作，她們會隱約地被教

導成要試著表現出男人的樣子。

若我們把剛剛 Leona Tyler 提到的常見觀點當作背景脈絡來看的話，馬上出現的一個問題便會是：「當整個生涯心理學領域，直到過去幾十年，多數仍關注在男性生涯發展，為什麼我們還需要有專章來討論如何賦能男性的生涯選擇？」

我們可從兩方面來回答這個問題。首先，雖專業領域文獻仍持續而普遍忽略了男孩、男性在教育及就業上的議題，但是，在過去這十年出現了豐碩的通俗性著作。舉例而言，《浮萍男孩》（Sax, 2007）、《拯救男性》（Parker, 2008）、《破碎的美國男性：以及如何修復他》（Boteach, 2008）、《男性的衰落》（Garcia, 2009）、《為什麼男孩失敗》（Whitmire, 2010）以及《男性的終結與女人的崛起》（Rosin, 2012）等書籍，這些書籍全在過去十年期間出版。這些由記者、家庭醫師、教育行政人員、猶太經師（拉比）撰寫的書籍，替男性在今日社會扮演的角色描繪出很不一樣的圖像，呼籲諮商師和生涯規劃專業人員對此必須有所關注。在這些書中強調了一些數據，像是：男孩的學術成績在所有教育階段都比女孩差（Whitmire, 2010）；在大學裡，60% 的大學和碩士學位由女性取得（Rosin, 2012）；在勞動力方面，2009 年是轉變為女性開始多過於男性之爆發點（Rosin, 2012）；在 15 個快速成長的職業中，有 12 個目前是由女性占有優勢（Bureau of Labor Statistics, 2013）。雖然前面提及的這些書籍在主題上有所不同，但訊息一致的卻是：相較於女性，男性在教育及勞動力表現較差，需要助人專業工作者提供快速而有效介入來協助他們（Heppner & Jung, 2013b）。

第二，我們認為即使現有文獻聚焦在男性經驗，但所關注對象卻是某些經高度篩選的男性群體——主要是白人、健全的、異性戀，以及在經濟和教育有優勢的男性，他們選擇在家庭之外、從事以傳統男性為主的職業。我們認為從過去便很少論述這群體以外的男性經驗，到現在仍是如此。舉例而言：有色種族男性、身心障礙男性、男同性戀者或雙性戀男性、窮困潦倒的

男性、缺乏教育優勢的男性、選擇非傳統生涯路徑的男性，以及奶爸族（留在家裡擔任專職父親的男人們）。無論就人力資源觀點或從社會正義觀點來說，我們必須了解更多有關「所有」男人之職業生活，這是特別重要的（Heppner, 2013; Heppner & Jung, 2013a）。

　　將男性都視為是一樣的，以及把男性經驗去脈絡化之生涯諮商，無法提供生涯規劃所需有用且豐富的訊息。舉例而言，在過去這些年來，生涯文獻中呈現出一種去脈絡化形式：愛和工作之分離，特別是對於男同性戀者與雙性戀男性。如同我們在第 4 章提到的，雖然我們已盡可能的嘗試整合有關男女同性戀、雙性戀及跨性別者（LGBT）的生涯研究，但是這方面文獻確實很少而且不完整。此外，許多研究僅關注於一個群體，像是關注同性戀男性但不包括同性戀女性（Chung, 2003），同性戀女性和同性戀男性文獻很少，而關於雙性戀及跨性別者的生涯發展文獻則幾乎不存在（Carroll, Gilroy, & Ryan, 2002; Chung, 2001, 2003; Prince, 2013）。所以，我們必須提醒讀者，由於目前有限的研究基礎，我們在討論和提供協助給 LGBT 個案的能力很有限。不過，我們確實認為在主流生涯文獻中探討同性戀、雙性戀和跨性別議題是重要的，因此，已盡可能放入這方面之學術參考著作。

　　同樣地，很重要的是我們專業領域已認知到、且有必要趨近於了解多元交織性之建構。也就是說，我們必須知道，身為男性並不是一個單獨存在之社會認定，男性特徵實則和是否富有或貧窮、是否是少數或主流、是否身心健全或障礙等相互交錯而生（Heppner & Heppner, 2014）。這些多元交織性其中任何之一皆可能改變我們在生涯諮商情境看到的每位個體的需要，影響「不同社會認定之間相互交織關係之形成」（Shields, 2008, p. 301）。

　　所以，本章目的是要指出性別脈絡之關鍵面向，以及這些面向如何帶來性別特定相關結果。一開始先回顧諸多複雜而多變的議題，在過去數十年來，已有很多和男性與性別角色發展有關的優秀著作（如 Brooks & Good, 2001; Englar-Carlson, Evans, & Duffey, 2014）。一本具有里程碑意義之著作是由 Perez、DeBord 與 Bieschke（1999）主編的《同性戀、雙性戀與跨性

別個案諮商及心理治療手冊》，現在已經出版了第二版（Bieschke, Perez, & DeBord, 2006），這本書可供參考諮詢，提供在同性戀、雙性戀與跨性別者的諮商和心理治療議題上更具深度的分析。此外，Pope 和他同事（2004）的論文則探討如何對男同性戀和女同性戀者進行有文化適切性的生涯諮商，提出了許多潛在有效之生涯介入方式。

雖然，跨性別者的生涯發展議題在其生活中無疑是很明顯的（歧視、經驗到跨性別恐懼症之就業文化、被調查個人身分是男性或女性等和就業有關的法律狀態），然而，實質上，卻很少看到任何直接有助於諮商跨性別者發展生涯之研究文獻（Chung, 2003）。跨性別者「呈現出的許多行為、表達與認同化，挑戰了文化中普遍存在之雙性別體制」（Carroll et al., 2002, p. 139）。有篇論文提供了許多有用訊息，說明跨性別的定義是如何演化而來，以及如何應用於強化諮商師的態度和知識。這篇論文是由 Carroll 和他同事在 2002 年所寫，它提供了很好的背景知識讓諮商師得以和這些挑戰當前雙性別體制的個案一起工作。期待在未來幾年，我們可以看到更具研究基礎之指導方針，幫助生涯諮商師和這些跨性別個案一起工作。

在這裡，我們討論了一些特定心理建構，藉此指出在兒童、青少年及成人職場中之性別化及異性戀主義脈絡有關之關鍵面向，它們最直接影響男性個案前來尋求生涯諮商。本章接著則提供一些特定評量工具、技巧和有關知識，可和個案分享，有助於讓生涯諮商更能對男性個案賦能。最後，我們將檢視性別和性取向認同對於第 1 章討論的各階段生涯諮商之影響。

性別堆疊：兒童時期的性別角色社會化

「社會化」這個詞：

> 意指個人學習在一個社會中他們所要扮演的角色和期待，以
> 及學習發展出自我感之方法……性別角色社會化這個詞，有時又

稱為「性別的社會化」，這涉及了發展和性別角色有關的信念，以及和特定生理性別相關的期待；也稱為「性別認同」（gender identity），也就是對於身為男性或女性的意義為何有所了解。（Stockard, 2007, p. 79）

性別脈絡，開始於當父母知道他們的孩子是一位男孩，所有互動型態開始被建立（Kite, Deaux, & Haines, 2008）。男孩會被給予比女孩更多不一樣的玩具，男孩更可能經驗到較粗暴、攻擊性的玩耍方式，他們被告知不要哭，或者不該表達悲傷或受傷感受。在孩子的書本和卡通中的男性角色楷模是攻擊性、有支配優勢、總是能控制情況的：他們可以處理任何問題，拯救任何需要幫助的女子。由於傳統父親在強化自主和獨立的環境中被養大，他們很可能會延續這樣的型態，和他們的兒子在情緒上保持距離（Gilligan, 1982）。這些和性別角色社會化有關的早年經驗形成了穩固基礎，讓男性終其一生表現出和性別有關的特徵。一直到最近，相較於男孩，女孩面對性別刻板化印象所造成的議題仍較常被書本與大眾媒體討論，導致 Levant（2001）下一個結論：「我們對於男孩的問題有一種文化盲，部分原因出自於我們假定男性必須是自給自足，還有部分原因是因為男孩被要求要把問題留給自己」（p. 355）。同時，我們也逐漸意識到口語表達能力對於教育和就業成功皆有著重要性，男孩早年在這方面的表現通常較落後，而且持續落後。就像 Whitmire（2010）在他的《為什麼男孩失敗》書中指出，這個世界已經變得越來越口語化，但男孩並沒有因而越來越會表達。

因此，這種早年社會化過程，影響了一開始對於職業選項的知覺。在非常早年時期，男孩已會性別刻板化職業領域，區分女性和男性的工作（Armstrong & Crombie, 2000; White & White, 2006），這種觀點從幼兒園開始到四年級之間越來越僵化而難以改變（Matlin, 2012）。對於男孩而言，不要去認同和女性有關的任何東西此需求是最重要的，包括傳統上的女性職業。男孩最大的恐懼是被叫做娘娘腔，所以男孩要壓制他們自身弱勢

或害怕的那一面，而裝做出堅強的外觀（Heppner & Heppner, 2014; O'Neil, 2008; Rabinowitz & Cochran, 1994）。這個早期性別社會化過程可能對於同性戀、雙性戀和跨性別者特別明顯，因為他們此時正首次接收到訊息，有關這些窄化之性別描述對於他們的未來可能代表何意。

青少年所處的性別脈絡情境

青少年是一個試著把自己放入世界及找到最適切位置的時期。在青少年這個時期，同儕是有高度影響力的。「同儕文化包括了同儕團體對行為和關係所給予的描述性及評價性意義，而同儕團體成員之間的互動包括某些談話和行為，用以建構、維持、鞏固、挑戰或改變這些意義。」（Bank, 2007, p. 605）一個關鍵重要的同儕文化任務，就是定義身為男孩或男人所代表的意涵。很多青少年男孩試著去找出他們是誰，以及他們如何成為世界上「重要的一員」。這可能意味著要參與一個對特定活動感興趣的團體，像是運動、下棋和車聚，也可能是參加幫派（Sheldon, 2007），有很大壓力迫使其必須遵從團體規範，透過這些活動來證明自己的男子氣概。運動對於某些男孩而言提供了主要社會化經驗，直接影響在職場中的態度及行為。男孩玩著有明確的誰是贏家、誰是輸家的遊戲，他們被教導成要競爭並贏得勝利。這些遊戲規則讓男孩社會化，就像以成人、男性為中心的職場傳統規則：團隊合作、競爭力以及無懈可擊的形象。Skovholt（1990）分析男性生活中運動之社會化力量，他指出在多數運動中，情感親密和極端個人主義同樣地沒有功能，男孩必須學習相當程度的合作，但又不和其他男孩有真實連結，因此，成年男性傾向於說他們認識很多朋友，和這些人可以互相合作完成某些專案任務，但他們卻缺乏緊密的親密連結，尤其是跟其他男性之間。這樣的社會化生活腳本之訊息從足球場帶到公司辦公大樓中，隨著時間發展延續存在而被增強。影響所及，對男孩來說，透過運動以及其他活動，青春期仍是一段情緒性受限制之時期，他們學會了要強硬而有能力，不能表達他們柔弱

或者弱勢那一面（Levant, 2001; O'Neil, 2008）；如此，造成他們切斷了自己的情感層面。

對男孩而言，透過性征服女性來展現男性氣概特別重要，這使得自覺必須適應這個異性戀社會之男同性戀青少年們在這時期感到特別艱辛，不然，就可能成為言語或肢體霸凌之受害者（Hershberger & D'Augelli, 1999; Mandel & Vitelli, 2007; Rosin, 2012）。對於那些正面臨性認同議題的青少年而言，職業認定可能會被延遲（Croteau, Anderson, Distefano, & Kampa-Kokesch, 1999; Tomlinson & Fassinger, 2003）。雖然許多文獻聚焦在討論傳統男性社會化之負面或有害影響，但是對於諮商師而言，了解和強化傳統男性力量也是重要的。就像 Levant（1996）指出，這個傳統的青少年社會化歷程同樣地也種下了成年男性力量的種子——在困難情境中能夠堅持至問題解決，以及面對危險時能擬訂策略、有邏輯地思考、解決問題、冒險和保持冷靜的能力。對於諮商師而言，知道這種傳統男性角色同時兼備之正向和有害面向是重要的，而對個案來說知道這些也是同樣重要的（Heppner & Heppner, 2014; O'Neil, 2008）。

性別化的職場脈絡

通常，年輕男性在第一份工作即開始刻劃出他們在成人世界中的認同（Heppner & Heppner, 2001, 2014）。Keen（1991）提到，第一份工作是男孩轉變成一位有男子氣概的男性之成年禮，而這是從他出生以來即被訓練要發展出來的角色，成就、競爭以及目標導向等概念對他來說都再熟悉不過。工作在此刻開始形成認同，導致對多數男性而言，工作和認同是難以分開的。如同 Skovholt（1990）所說：「為男性的生活畫出一幅圖像，時常可看到工作主導之樣態」（p. 39）。一旦進入工作環境，男性開始努力爭取那些定義為成功卻難捉摸的特徵，這個定義通常主要包含了物質主義成分，包括：擁有一個家、擁有一輛車、能夠供應家庭、度個不錯的假期（Skovholt

& Morgan, 1981）。很多男性的夢想是有個中產階級的專業工作，伴隨著許多報酬，就像我們在電視上一再看到的樣子。男性有很多傳統角色楷模指出該如何生活（Skovholt, 1990, p. 42），父親、祖父、男性鄰居和朋友，這些人都提供訊息給年輕男性，讓他們知道自己應有之工作行為，這訊息很清楚：男性被期待終其一生必須在家庭以外從事工作。

> 無論這個工作是喜歡的或討厭的，有沒有內在滿足或單調無聊，這些都不及於對男性必須工作的期待。對於數以千計成長於貧困環境的年輕男性而言，必須找到任何能提供基本需求之工作，對他們來說思考一份工作所擁有的意義是奢侈的，他們要的是如何生存下去。一位長期沒有工作的男性成年人違背了「強男人」（strong male）之原則，通常是讓人迴避和拒絕的。（Skovholt, 1990, p. 42）

如同這段話所強調，確認一位男性在選擇職業時沒有說出之考量是重要的。就像 Blustein（2006, 2011）曾深刻地描述，世界上多數女性或男性僅有有限的自由意志或選擇可決定如何供應自己或家庭。對於生涯諮商師來說，了解在不景氣的時期，為數眾多的男性在我們社會中仍被視為是養家餬口者，但此時的他們卻發現自己沒辦法找到工作，因而失去了他們身為男性很大部分之認同，這是特別重要的（Heppner & Heppner, 2014; O'Neil, 2008）。

當前職場已有所改變，對傳統男性來說更加困難。先前的個性特徵，像是必須在掌控中、要他人聽自己的命令、要有競爭力、以階層分級方式來工作，這些特徵對於在許多組織內獲致成功是重要的（Srivastava & Nair, 2011）。這些是許多非傳統男性熟悉而易於因應的角色。今日，有很多組織以較無階層分級方式進行工作，以團隊合作來完成目標，在這些組織中，合作、人際技巧、社會智能、能和不同背景的人工作（包括越來越多女性）以

及寫作素養技能，這些已成為更被看重之職場特質，而這些特質傾向很大程度上女性的發展多過於男性。基本上，就像 Whitmire（2010）所指，這個世界變得越來越口語化，而男孩和男人並沒有變得更會表達。

對於很多男性而言，缺乏角色楷模為他們示範男性如何在當前工作環境中自處。對男同性戀來說，增加他們職業可能性的覺察，以及表達與討論特別是和性取向有關的工作議題，在這些方面可見到的角色楷模特別有限。雖然，所有弱勢群體皆普遍缺乏角色楷模，但男同性戀者之相對隱性使得在某些狀況下和其他問題交錯而生。所以，「男同性戀可能需要做出生涯決定，而且是在不知道其他從事某職業的男同性戀如何決定和實踐個人選擇的狀況之下」（Hetherington, Hillerbrand, & Etringer, 1989, p. 453）。此外，對於同性戀、雙性戀及跨性別工作者的歧視是非常普遍的，在 Croteau（1996）回顧的三篇研究，其中有 25% 到 66% 受試者指出因為他們的性取向而經驗到職場歧視。所以，男同性戀或雙性戀工作者因而在工作生活中比其他人更有壓力，可能大大地影響了他們要不要在職場中出櫃，表達關於自己性取向之決定（Chung, 2001, 2003）。

雖然，過去有些教育程度和技能有限的男性可選擇的工作，而這些工作多數在工業領域，然而，由於這些工作多數已移至海外設廠或自動化生產，導致留給這些男性之選擇更加有限。有經濟學家指出，工人階級男性失業現象對於我們這個時代帶來最有害之社會力量（Greenstone & Looney, 2010），在這一波的經濟不景氣，四分之三失業者是男性（Kochhar, 2012），這是因為在不景氣中，建築和製造業的工作往往首當其衝。這個男性失業趨勢看來不太可能會改變，如同美國勞工統計局（Bureau of Labor Statistics, 2013）的預測，在下一個十年成長最快速的 15 個職業，其中有 12 個目前是由女性所主導。

男性失業導致之影響對於生涯諮商師來講特別重要，必須要知道這個現象和沮喪、焦慮以及很多身體問題有高度相關（Paul & Moser, 2009）。一旦失業，對這些人來說，就無法回到他們先前的生活滿意水準，即便他們之

後再度就業（Lucas, Clark, Georgellis, & Diener, 2004）。此外，男性失業也可能和離婚議題有關，相較於在關係中的不快樂，它更具預測力（Sayer, England, Allison, & Kangas, 2011）。

在非傳統生涯領域中的男性

雖然第二波女性主義告訴我們，不管男性和女性都能成為他們想要成為的樣子，然而，從當時到現在之實際現實是目前有很多領域存在高度性別隔離的職業結構。如同我們在第 4 章指出的，關於女性如何在非傳統生涯領域中發展之研究文獻，特別是科學、工程、科技和數學領域，在過去二十年以來已快速擴增（Fassinger & Asay, 2006）；雖然增加速度不快，但也開始有些研究探討非傳統領域中的男性（Heppner & Heppner, 2009）。對於生涯諮商師而言，想要跟這些進入非傳統領域的男性有效工作，知道有關這方面之關鍵結果是重要的。目前，我們對於進入非傳統生涯領域男性的了解有哪些呢？一方面，我們知道這些男性比較傾向於自由主義社會態度、較高的抱負，以及較高之社會經濟地位（Lease, 2003）；此外，我們知道他們傾向於擁護較低之反女性氣質及堅韌規範（toughness norm，可呈現出陰柔特質或不必然呈現出堅毅的樣子），較少關注要抑制自己的情緒或者對其他男性表達情感，他們較少恐同症（Jome & Tokar, 1998）。在一個後續研究中，Tokar 與 Jome（1998）檢視了職業興趣在其間扮演的中介角色，他們檢視同樣和男性氣概有關之變項可能如何因興趣之中介作用，影響預測非傳統生涯的選擇。他們發現，男性的男性氣概性別角色可預測其職業興趣，而這些興趣進而可預測傳統生涯的選擇，這得到部分支持；另外，他們發現男性的職業興趣在男性氣概和傳統生涯選擇之間的中介角色得到支持。所以，我們似乎看到性別角色建構和傳統或非傳統選擇之間的關係可能遠比我們原先所想的還要複雜，可能影響了興趣形成，進而能預測他們的選擇。

一、有色種族男性之非傳統生涯選擇

以上所討論的研究主要在探討白人、異性戀男性。由於生涯發展領域才開始探討有色種族人們之生涯發展型態，所以對於有色種族男性非傳統生涯選擇此研究領域幾乎並不存在，這點我們或許也並不意外。一個例外是由 Flores、Navarro、Smith 與 Ploszaj（2006）所進行的一項研究，他們擴展 Lent、Brown 與 Hackett（1994）之生涯選擇模式用以檢視墨西哥裔美國青少年男孩的生涯選擇目標，該研究指出墨西哥裔美國青少年男孩的非傳統生涯自我效能可被父母支持和男孩本身文化涵化程度所預測，他們同時也發現非傳統生涯自我效能可預測非傳統生涯興趣及其父親生涯之非傳統性。從事這類有理論基礎的研究來探討有色種族男性之非傳統選擇是重要的，我們因而能具體陳述並將研究發現應用在我們社會中更多男性身上。

二、奶爸族的非傳統生涯路徑

非傳統生涯路徑中最具代表的似乎是奶爸族（stay-at-home dad），他們待在家，是小孩的主要照顧者。雖研究者強調奶爸族數量逐漸增加，但最近可看到的美國統計呈現，妻子在外工作而待在家陪伴孩子至少一年的奶爸族仍僅有 16 萬 1 千人左右（U.S. Census Bureau, 2012）。所以，儘管數字看來可能是增加的，我們似乎可看到來自心理的、社會的和經濟財務上的阻礙，仍讓絕大多數身為父親者不願選擇此生命路徑。有些已進行的研究則探討了奶爸族經驗，在這個領域早期研究的樣本數非常少，對於很多研究參與者而言，留在家中的狀態不是自願的而是失業或身心障礙之故；而經常可以看到的是，即使男性留在家而女性外出工作，女性仍付出更多時間於照顧家務責任（參見 Robertson & Verschelden, 1993）。

有兩個研究積極找到那些自願留在家裡陪伴小孩而讓妻子外出工作的男性，這些研究對於了解選擇置換傳統角色之夫妻經驗特別有幫助。Robertson 與 Verschelden（1993）進行了一項混合研究探討奶爸族，研究者

兼採量化評估和質性訪問檢視了這些夫妻經驗，他們發現這些男性相當樂於
扮演其選擇角色。他們下了這樣的結論：

> 基於之前的持家研究，我們預期家庭主夫看待自己的經驗可能
> 會有點負面，（留在家裡的）這個角色可能帶給他們一些負面影
> 響。雖然，這些男性確實認知到某些角色交換帶來的缺點，但他們
> 的個人態度及其陳述的（生活）品質，比起預期更正向許多。（p.
> 398）

在生活滿足感測量上，這個研究中的男女雙方評估分數都顯著高於一般
人。研究者從他們研究資料中指出一些其他研究發現：(1) 他們發現這些男
人是心理健康的，他們不是因為某些心理缺陷不足而進入這個角色，而心理
問題也並非此角色帶來的結果；(2) 他們發現在許多以離開家庭從事非傳統
生涯男性為對象的研究中看到之性別角色認同不一致現象，在這些奶爸族身
上很少看到。雖然此研究中的男性的確經驗到困惑或者某些主要來自其他男
性的負向反應，但整體而言，他們經驗到的是正向且在其角色中感受到被增
強。此類安排呈現出最一致的好處，是男性慶幸自己有機會和孩子發展關係
以及看到孩子成長與發展。

到目前為止，此領域規模最大且最有代表性的研究是由 Rochlen、
McKelley、Suizzo 與 Scaringi（2008）所進行，他們研究了 213 位奶爸族父
親，發現到高度之關係和生活滿足。透過網路蒐集資料，Rochlen 和同事們
指出這些父親似乎適應得很好而且滿足於生活。此研究支持了強大的社會支
持、高親職教養自我效能以及低遵從傳統男性規範之重要性，那些比較不會
固著在僵化的男性性別規範之男性似乎比較能夠滿足他們的認同，比較能夠
去面對那些對其選擇仍抱持負面觀點的人。具體而言，親職教養上的自我效
能是心理幸福感和生活滿意之重要預測指標；基本上，越能夠對親職教養有
信心的男人，呈現出較高生活滿足和較低心理壓力感。

和男性個案工作時的諮商師角色

　　由於生涯對多數男性生活之重要性，因此，他們或許會前來尋求生涯諮商。過去同性戀男性研究特別指出，相對於女同性戀或異性戀男性和女性，他們對於生涯有較多不確定性和困惑（Hetherington et al., 1989）。很遺憾的，傳統男性特徵之組合，包括：情緒上的拒絕、強烈想要控制的需求，這些特徵可能讓男性比較不會去尋求心理健康或職業服務。我們可以看到，和女性相較，男性很少使用各項社會服務，包括生涯規劃協助。雖然這現象令人遺憾，但基於男性社會化過程，此現象是可以理解的（Addis & Mahalik, 2003; Scher, 2001）。幸而最近有些研究者試圖重新思考傳統諮商形式，讓諮商對於男性更加友善（Kiselica, 2001），雖然他們主要目標是學齡男孩，但是 Kiselica（2001）提出的許多建議似乎也適合應用到所有年齡的男性，這些建議包括：(1) 重新檢視傳統諮商所需的 50 分鐘；(2) 重新檢視正式諮商室情境安排；(3) 使用幽默、自我揭露；(4) 使用以男性優勢為基礎的建立投契關係策略（Kiselica, 2001）。這些建議試圖縮短許多男性性格和多數諮商情境特性之間的距離，更敏感的去感受到如何創造對男孩和男人更自然而舒適的諮商環境對諮商師來說是個重要課題；實際上，已有很多研究廣泛的探討諮商師面對選擇非傳統就業選項的女性時，如何維持原始最基本狀態。

　　對應於此，男性的非傳統選擇如何影響諮商歷程和結果這方面探討是不常見的。在一個有趣的類似研究，Robertson 與 Fitzgerald（1990）發現和非傳統男性個案有關的是，諮商師 (1) 認為他們有比較嚴重的病理現象；(2) 會對他們表現出不一樣行為；(3) 比較可能把他們的沮喪，歸因於他們的非傳統選擇；(4) 比較可能聚焦在他們的非傳統行為而作為諮商介入焦點。Robertson 與 Fitzgerald 下結論說：「也還是有些令人怵目驚心的發現，是一群有經驗的心理衛生專業工作者，基於個案選擇不極力成為一位養家的男人角色，而可能診斷其有嚴重病理問題。」（p. 8）所以，在剛開始的這些

初探研究中似乎可看到，對於非傳統女性諮商時的性別角色偏見也可能同樣的存在於對待非傳統男性。對於這些試圖要擺脫文化規範而為自己尋求嶄新而更健康路徑的男性而言，存在於諮商專業中的性別角色偏見令人憂慮。

此外，諮商師在實務上從事 LGBT 肯定取向之諮商是很重要的。LGBT 肯定取向（Worthington, Savoy, & Vernaglia, 2001）的概念化意義為「能表達並肯定對性認同的正向價值之態度、信念、情緒以及行為的廣度，以及能理解 LGBT 族群身處於壓迫的社會裡所面臨到的現實情形」（Worthington et al., 2001, p. 2）。這樣的個體，不只熟稔 LGBT 議題，也理解自身的性認同，更能對性取向的多元情形處之泰然。接觸並認識 LGBT 族群是成為 LGBT 肯定取向的生涯諮商師過程中重要的一環。與 LGBT 族群接觸不該只在身為諮商師這樣專業的場域中，還有在包括個人、社交和家庭場合的脈絡下。LGBT 肯定取向闡述了五種狀態：消極順從、尋找啟示與探索、暫時性的承諾、綜合和統整、積極承諾。LGBT 肯定的形成是一種發展歷程，從一個未經檢驗、毫無意識的異性戀者或是恐同現象的世界建構下，透過理智性的理解 LGBT 肯定的意義；最終在覺察與表達上達到一個完整的統合，在這樣全面性的理解與表達下，稍早階段獲取的知識則融入個人的自我、專業和政治層面。LGBT 肯定取向的諮商師使用他們的自我覺察、知識、技能，並與 LGBT 族群接觸，將他們使用的諮商方法讓所有個案了解，包括女同性戀者、男同性戀者、雙性戀者和異性戀者的個案。美國心理學會的公眾利益委員會（Public Interest Directorate）也出版了《女同性戀、男同性戀及雙性戀個案之心理實務工作守則》（https://apa.org/pubs/databases），提供肯定取向生涯諮商的許多實用訊息。

與性別議題相關之結果

前幾節針對男同性戀者、雙性戀和異性戀男性，回顧了一些性別環境之生涯相關面向，包含早期發展階段、青少年期以及成人職場。學習更多有關

這些性別環境面向，乃提升為所有男性提供諮商效能之重要階段。唯有當我們成為一位對性別脈絡獲有充分訊息的諮商師時，我們才能對個案從事有效介入。在本節中，我們討論最普遍存在之性別特定面向的影響結果，這些是性別環境產生的結果，而可能對生涯諮商歷程帶來很大影響。

一、和性別有關的行為與死亡和發病率之間的關係

性別脈絡對男性生活最明顯的結果之一，就是以平均而言，女性比男性長壽七歲（Courtenay, 2001）。雖然很多生理因素決定了長壽與否，Harrison、Chin 與 Ficarrotto（1989）研究生命不同階段的死亡率後做出結論：生理因素無法單獨解釋這些在長壽上明顯且一致性的差異。其他研究者也主張，男女壽命間的差異大約有 75% 可歸因於和男性的性別角色行為有關（Waldron, 1976）。有越來越多研究文獻開始檢視傳統男性氣概、男性對「何謂男性」所抱持的信念，與健康高風險之間的關係（Courtenay, 2001）。

二、性別角色意識型態和壓力與因應的關係

Eisler 與 Blalock（1991）曾探究性別角色意識型態和壓力與因應之間的關係。這些研究者採用 Lazarus 與 Folkman（1984）的研究焦點——對事件的認知評估在預測壓力與因應反應之角色，從這個觀點探究男性性別角色壓力議題。具體而言，Eisler 與 Blalock 預測較強的傳統性別角色意識型態會導致男性身處壓力情境狀況下認為可供運用之因應策略類型較少。舉例而言，在職場中遇到壓力事件時，像是聽到公司即將瘦身縮編之傳聞，男性可能需要更多社會和情緒支持，但他們會覺得從他人得到這些支持是不恰當的。類似看法像是 Kiselica（2001）強調對男性友善之諮商，以及 Courtenay（2001）指出的「將求助人性化」（humanizing help-seeking），這類關鍵性的改變可能很有助於強化男性尋求所需之支持與服務的能力。為了檢驗有關對男性角色的固著、男人因應壓力生活事件之間的關係等假設，

Eisler 與 Skidmore（1987）發展出「男性氣概角色壓力量表」（在後文「賦能男性選擇的評量工具」一節中會提到），他們認為過度承諾男性性別角色可能嚴重限制了男人在壓力情境之下的彈性因應。Eisler 與 Blalock 列出男性會使用之四大類型和性別有關的因應機制，但卻可能因此而助長無效之因應。這些機制將分別討論如下：(1) 恪守男性氣概；(2) 仰賴攻擊、權力與控制；(3) 表現、成就與成功之重要性；(4) 無情緒表露。有興趣的讀者可參考 Eisler 與 Blalock 論文中關於這些因應策略之更多細節描述，我們在這裡的討論則放在每種策略應用於生涯及工作相關議題，這些議題和生涯諮商師有關。

（一）恪守男性氣概

Eisler 與 Blalock（1991）主張嚴格遵守性別類型之男性氣概（masculinity）意識型態的其中一個面向即是對女性氣質之恐懼，及隨而導致被認為看起來像女性化的所有事物。此面向可能以很多方式反映在生涯諮商過程，它初始可能反映在男性避免尋求協助，以及展現在他們的理性與邏輯表達風格，尋求協助時又要表現出男性氣概和一切在掌握中，很難平衡。由於對男性而言，表達憤怒遠比表達抑鬱難受或脆弱感受還可接受，諮商師可能會看到其憤怒之表達，無論是對諮商師本身，或者對身處環境中其他人之憤怒。Eisler 與 Blalock 發現憤怒很常與男性氣概角色壓力有所關聯，他們推測這可能是導致職場中 A 型行為普遍常見之原因。「A 型行為」（type A behavior）是形容包含「攻擊性、時間緊迫、競爭導向，和帶有敵對、不耐煩之人際風格」等特質（Eisler & Blalock, 1991, p. 54）。Eisler 與 Blalock 假定 A 型行為典型的敵意光環特徵可能是「試圖維繫不切實際的男性氣概之成就和成功定義，遇到挫折所造成」（p. 52）。A 型行為被發現比較普遍出現在男性身上，而 A 型人格之性別連結面貌可追溯到早年幼兒園時期（Matthews & Angulu, 1980; Waldron, 1976）。在職場上也是如此，這種對男性氣概之承諾可能反映在男性與女性同事或主管一起工作時感受到之衝突

與壓力，因為男性傾向於掌控組織中多數管理職務，恪守男性氣概可能影響了整個組織文化，對工作於這些環境中的女性及非傳統男性產生很大負面影響。因此，生涯諮商師很可能會遇到某些個案正承受痛苦，其痛苦來自於在帶有過度承諾男性氣概意識型態之男性所經營之僵化工作環境，該環境增強了男性特徵而責難女性氣質。這些工作環境對於男同性戀者和雙性戀男性來說也可能都備感艱辛，無論是否在這個環境中工作，對於來自正式和非正式騷擾之恐懼是很大的；如果職場是由嚴守性別類型男性氣概意識型態之男性所主導，這個環境對於男同性戀者及雙性戀男性可能是更有壓力和困難的。

(二) 仰賴攻擊、權力與控制

性別角色社會化歷程之結果，導致了攻擊、權力與控制在男性生活所有面向都很明顯，包括在職場之中。男性學習到他們必須表現出這些特徵，才能被尊重和有價值。顯而易見，具備某程度這些特徵是有功能的；然而，「緊緊依賴於競爭與攻擊的因應行為來解決問題，就和嚴守男性氣概基模一樣，可能帶來壓力」（Eisler & Blalock, 1991, pp. 52-53）。生涯諮商師可從歷程和內容觀點兩者來處理這類因應機制。如果男性覺得有必要使用權力與控制機制來讓自己在諮商脈絡下舒適自在些，生涯諮商歷程可能會因而受到影響。要求諮商師資格、對諮商師有不切實際期待，或者試圖控制諮商進程，這些都可能是這類因應策略在歷程中所帶來的結果。生涯諮商內容本身，可能也會受到男性使用攻擊、權力及控制所形塑。當前，職場正從一個由有優勢地位而果敢的領導者、順從的工作者所構成之階層分明狀態，轉變成強調更多合作和團體共識等更加平等性的工作文化，這種改變可能帶給習慣於舊有職場結構並從中感受到能力之傳統男性很大壓力與生涯衝突。

(三) 表現、成就與成功之重要性

由於男性自我認同和工作者角色分不開，因此男性生涯生活中的表現及成就顯得格外重要。這種付出其他生活角色的代價以換取工作角色之重

要性，可被理解為是一種執念（Eisler & Blalock, 1991）。影響所及，當表現、成就與成功此思維派典其中某個面向發生問題時，諮商師就會看到男性前來諮商。仔細檢視職場環境變遷，我們看到造成這些問題發生的許多可能機會，如同在第 7 章所討論之變遷中的職場，公司正縮編瘦身而變得「比較精簡而無情」，不同種類技能被需要和重視，水平式生涯移動變得比垂直式移動更頻繁，所有這些改變都會影響男性在職場上感受成功和獲得認同之能力。

(四) 無情緒表露

Eisler 與 Blalock（1991）主張，對於男性而言，無情緒表露（emotional inexpressiveness）的建構「造成他們經常將特定人際情境評估為是有壓力的、限制他們可用之因應行為，也妨礙了他們人際關係上的成功」（p. 55）。雖然 Eisler 與 Blalock 幾乎完全聚焦在無情緒表露對親密關係和友誼之影響，但是，我們可清楚地看到此建構在職場及生涯諮商情境中之角色。和比較能在工作中表達情緒反應來解決差異的女性相較，由於無法表達情緒，男性可能將很多工作中的人際互動評估為更有壓力的。比起以前的職場，現代的工作者頻繁地和別人合作、聽取他人觀點和解決問題以達到共識，這些都需要個人有能力及意願表達感受。Eisler 與 Blalock 的理論及實徵研究，對於我們了解男性在壓力情境下的因應機制很有相關，運用這些在工作相關議題的建構幫助生涯諮商師了解和解釋行為，並提供更有效的生涯諮商。

三、意義追尋

對花很多時間及生命在工作世界中努力想要有所成就之成年男性而言，經常會出現一個時期讓他的思維觀點從「我能做到嗎？」轉變為「這對我而言的意義是什麼？」成人發展理論把此現象稱為從能力追尋（search for competence）到意義追尋（search for meaning）之改變。男性可能會了解到

他們能做很多事情；然後，他們會問自己正在做的是否在他的生命較大圖像之中是重要的。他可能開始質疑他的努力工作對他的健康、友誼和家庭連結之影響。有些男性會做出決定，認為他們現有工作再也不能提供他們所需要的，因而朝向生涯轉換。由於工作角色在男性生活中極具重要性，因此，身處這個模糊的轉換期會特別有壓力。如果他們也同時對自己的性別角色屬性開始有所質疑，那將提高更多衝突感受。

四、男性生涯轉換中的主題

O'Neil 與 Fishman（1986）指出四個在職業轉換過程中出現之核心性別特定面向的結果：(1) 矛盾和不一致；(2) 價值感低落；(3) 受限；(4) 受侵害。

(一) 矛盾和不一致

當男性了解到他們的真實和理想自我概念之間有所差異，矛盾（discrepancy）和不一致（incongruity）就會發生。特別是在生涯轉換時刻，男性可能會感受到他們沒有達到一個男人應該表現出的樣子。在不同轉換情境下，男性可能會感受到沒有能力、沮喪消沉、憤怒，甚至厭恨自己。雖然 O'Neil 與 Fishman（1986）主要描述那些將傳統男性角色視為理想的男人，但矛盾也可能發生在當男性被喚醒而意識到一種新的、較不傳統之生活方式，卻同時也感受到他們沒辦法達到那樣的理想。

(二) 價值感低落

價值感低落（devaluation），可能是自我責備或源自受到像是配偶、伴侶或家庭成員等他人責備而產生之結果。自我責備通常發生在當男性無法感受到他們正朝向男性氣概之理想，他們可能因為失去工作而處於生涯轉換，可能感覺自己無法成為稱職之養家餬口者以供應家人生活。這樣的自我責備可能導致恐懼和憤怒，對他們自己失去信心，覺得沮喪。

(三) 受限

受限（restriction）發生在傳統男性氣概角色限制了男性在他們工作和家庭角色所具有的彈性。當受限的男性在家中或在工作中呈現僵化角色時，自我成長空間便很有限，而且帶來更多人際衝突和壓力。

(四) 受侵害

受侵害（violation）發生在當男性失去權力，以及他們被迫遵從職場中的男性成就和成功之僵固型態。如果男性質疑或拒絕男性氣概的成功標準，他們在工作環境中可能會被疏遠或被排斥。

賦能男性選擇的評量工具

現在，我們把焦點放在檢視能提升男性覺察和了解性別如何影響男性生涯發展之多樣化評量工具和技巧。幸運的是，過去這十年以來，已發展出多個用以檢視男性性別角色不同面向之評量工具。

Thompson 與 Pleck（1995）回顧了可用於男性和男性氣概相關建構之測量工具。對於諮商師來說，意識到自己擁有的性別相關偏見、他們可能對於自身性別角色感受之衝突，以及這些偏見和衝突可能如何影響他們與個案工作，這些是不可或缺的；就像我們已經看到的，迄今有少數實徵研究已發現諮商師在治療非傳統男性個案之性別偏見。因此，我們要討論五個評量工具，我們發現這些應用在生涯諮商歷程中的男性性別角色概念特別有用，這些工具對諮商師用於評估自己有所幫助，對於幫助男性個案做出真實而忠於自我的生命規劃決定也同樣有助益。

一、性別角色衝突量表

「性別角色衝突量表」（Gender Role Conflict Scale; O'Neil, Helms, Gable, David, & Wrightsman, 1986; 亦參見 O'Neil, 2008, for a review）測量性別角色衝突之建構。性別角色衝突建構被界定為「由男性氣概各項標準內和橫跨其間的固有矛盾和不切實際訊息所引發之一種心理狀態。當男性氣概各項標準造成了個人受限和價值感低落時，性別角色衝突就會存在」（Thompson & Pleck, 1995, p. 150）。這 37 個題目測量四個建構：(1) 男性在成功、權力和競爭上的關注（例題：「在生涯階梯往上發展對我來說很重要」）；(2) 情緒抑制（例題：「我很難向我的伴侶表達我的情緒性需求」）；(3) 男性間受限的親愛行為（例題：「展現我的情緒給其他男性是冒險的」）；(4) 工作和家庭關係之衝突（例題：「我必須工作或學習，這使我難以兼顧我的家庭或休閒」）。

二、男性氣概規範量表

「男性氣概規範量表」（Conformity to Masculine Norms Inventory; Mahalik et al., 2003）是用以測量性別角色規範的遵從性，94 道題目係由 11 個因素所構成：(1) 爭贏；(2) 情緒控制；(3) 冒險；(4) 暴力；(5) 對女性施展權力；(6) 支配；(7) 花花公子；(8) 自力更生；(9) 工作為首；(10) 蔑視同性戀者；(11) 追求地位。這份量表對於檢視「遵從男性氣概規範在生涯發展型態（包括男人的生涯選擇和適應）所扮演之角色」特別有用。

三、男性氣概角色壓力量表

「男性氣概角色壓力量表」（Masculine Gender Role Stress Scale; Eisler & Skidmore, 1987）用來測量受到性別角色社會化影響，相對於女性來說男性更容易出現壓力的生活情境。此評量工具測量五個和性別連結的壓力區域：(1) 呈現出身體能力不足之情境（例題：「在一個運動競賽中輸

了」）；(2) 表現出柔弱情緒（例題：「告訴別人你因為某個人所說的事而感到受傷」）；(3) 把男性置於從屬於女性的地位（例題：「讓女性掌控大局」）；(4) 威脅到男性的智能控制（例題：「和比你自己更聰明的人工作」）；(5) 揭露出工作和性方面之失敗表現（例題：「你發現你缺乏讓自己成功的職業技能」）。

四、男性角色規範量表

「男性角色規範量表」（Male Role Norms Scale; Brannon & Juni, 1984; Thompson & Pleck, 1986）一開始之開發、發展和心理計量工作乃由 Brannon 與 Juni（1984）主導進行，他們測量男性對於和男性角色有關規範及價值之贊許程度，原始版本稱為「Brannon 男性氣概量表」（Brannon Masculinity Scale）。後來，Thompson 與 Pleck（1986）對這個量表進行了因素分析，並發展出更簡短（26 題）的三因素量表，即為「男性角色規範量表」；構成此量表的三個因素分別是：(1) 地位狀態規範；(2) 堅韌規範；以及 (3) 反女性氣質的規範。

五、性別角色之旅評量

「性別角色之旅評量」（Gender Role Journey Measure; O'Neil, Egan, Owens, & McBride, 1993）的發展，目的在協助男性及女性探索他們在性別角色改變與轉換所處階段。此量表乃基於以下想法而發展：個人在性別角色意識型態上會有所成長和改變，從傳統和僵化之性別隔離式社會世界，邁向具備更為彈性及較少限制觀點之階段。將原來理論上的五個階段重整為現在量表之三個因素，這三個階段包括：(1) 接受傳統性別角色（例題：「男人在工作中必須居主導地位」）；(2) 對性別角色之猶豫矛盾、憤怒、混淆及恐懼（例題：「有時我會對自己的性別角色感到困惑」）；(3) 促進社會改變之個人—專業化行動主義（例題：「我在個人生活中已採取某些行動以減少性別歧視」）。

探索性別角色和生涯議題之策略

前一節描述的這五項工具在性質上是評量工具，它們提供了用於討論性別和生涯規劃複雜議題之脈絡及語言。藉由使用這些評量工具，諮商師可和男性個案開展對話，在對話中，性別角色建構成為生涯諮商歷程中進行分析的一種歸類方式（Heppner & Heppner, 2001）。除了在生涯諮商歷程使用評量工具以外，一些其他介入的方式也可能是有用的，我們在這裡要討論三種策略，對於男性個案在他們探索性別角色和生涯時可能特別有用：(1) 表露訓練；(2)《男人在世：男性議題入門》（*Man Alive: A Primer of Men's Issues*）之使用（Rabinowitz & Cochran, 1994）；以及 (3) 使用以性別為焦點之日誌，它特別設計給男性用於檢視生涯相關議題。

一、表露訓練

因為情緒抑制是男性成長在性別脈絡中最普遍可見之影響，所以，許多聚焦在幫助男性變得更有表達性的介入已被倡導（Dosser, 1982; Kahn & Greenberg, 1980; Zunker, 1994）。Zunker 描述了表露訓練的兩個目標，個案需要學會：(1) 在職場中哪些情境是可以表達情緒；(2) 如何表達各種情緒之細節。許多諮商技巧可以創意地運用在表露訓練，包括角色扮演。在角色扮演中，團體成員扮演工作情境裡的主要角色，個案可從中練習向這些人表露他們自己的適當方法。完形之空椅技術，也是一個在表露訓練中很有效力的工具（Kahn & Greenberg, 1980）。舉例而言，有一位個案回憶起過去一個情境，他希望他當時能表達適當情緒。他的祕書因先生癌症過世而極度心煩意亂，個案當時打算告訴祕書無論需要休息多久都沒關係，但他無法表達對於她失落的同理。而透過運用空椅技術，這位個案可以練習對祕書的說話方式，然後轉換角色到可以感受她可能從他的無表露性、表露性兩者作法中的感受。有技巧的諮商師能幫助男性去探索他們的情緒範圍，因此給了他們

較廣泛的反應選項讓他們從中選擇。

二、《男人在世：男性議題入門》

　　《男人在世：男性議題入門》（Rabinowitz & Cochran, 1994）這本書不僅可當作自助指南，也可在進行個別或團體工作中運用，幫助男性個案了解和處理男性角色關鍵面向對他們身心靈健康可能帶來的傷害性。這本書的章節主題包括：早年社會化訊息、男性健康議題，以及工作、金錢和男性認同。每章都有一個檢視男性角色特定面向之故事，隨後有些設計來幫助男性反思和探索這些生活面向之練習；其中，有些增進自我意識感練習，而有些則和個人發展有關。還有其他可供男性充分探討每個主題之閱讀書籍，《男人深度治療》（*Deepening Psychotherapy With Men*; Rabinowitz & Cochran, 2002）一書提供非常有用的資訊，整合了有關幫助諮商師深化和男性個案關係之理論、研究及實務。Rabinowitz 與 Cochran（2002）在書中也提供了深度個案研究，呈現幫助男人了解生活重要議題的方法，而且更有深度的連結到他們是誰，以及他們想從生活中得到什麼。

三、以性別為焦點之日誌

　　在諮商與心理治療中使用日誌書寫，對很多個案來說非常有幫助（Progoff, 1975）。透過反思和寫作，男性個案可能喚起他們對自己和工作的新認識。雖然書寫日誌技巧最常被用於女性個案（Kahn & Greenberg, 1980），它用於因應許多男性內在的和內斂的特徵也很適當。書寫日誌時給予之自主和獨立性，對男性可能特別有吸引力；寫出一個人的想法和感受，可能也為他們進入每次諮商討論之前做好準備。諮商師可以在日誌中給予個案引發思考的問題、引述或一些想法以用於探索。舉例而言，男性可依時間追溯他們心目中英雄和角色楷模，從最早的記憶到目前的日子，從中分析他們角色楷模之間的一致性特徵，以及伴隨時間而有哪些改變。Kahn 與 Greenberg（1980）建議用圖像呈現方式，讓男性展現他們如何運用他們的

時間，或者要他們畫出生命曲線來標示他們生命經驗中的高峰和低谷。對諮商師來說，規劃和發展活動來幫助男性個案探索其性別角色是如何在他們的生涯發展中被建立及受阻，這是個創意的歷程。提供用於日誌之刺激性議題，必須很小心地規劃以符合個案的特定需求。

生涯諮商之結構：將性別議題放進諮商歷程中

在第 1 章，我們簡要描述了生涯諮商之結構，包含兩個階段和一些次階段。在本節中，我們要討論將那些對男性性別脈絡相關議題統整至這個（生涯）結構及歷程之方法。本節也指出在每個階段中對於男同性戀、雙性戀和跨性別個案之應用。

一、階段一：個案目標或問題辨認、澄清、具體化

(一) 辨認──開始和形成工作同盟

生涯諮商之開始階段，有其核心目標：(1) 確認個案目標或問題，還有涉及的內在想法和感受；(2) 開始形成工作同盟；(3) 定義並澄清諮商師與個案之間的關係及責任。在規劃這個階段時，要充分考慮到性別脈絡的議題。身為諮商師，你應該考慮到以下議題：

- 必須要幫助個案透過性別濾鏡檢視他的目標。有哪些目標是出於社會化之動機？哪些現有的問題可能來自於環境壓力和需要證明某些傳統男性角色之結果？個案能真誠地表達情緒嗎，即使它們包含了脆弱感受？個案是否真的基於相關訊息之充分了解，而設定了符合真實的目標？

- 開始發展工作同盟時，必須特別意識到個案的性別角色認同階段，以及性認同取向，還有這些可能對於關係建立的影響。特別重要的是，

在建立工作同盟和要找出男性個案的處境時，不要用異性戀主義立場進行假定，而是要使用包容性用語。一些小訊息，像在初談表格中是否有地方可填寫「有伴侶」而不是「已婚」，或者是辦公室裡面有一個「安全空間」（Safe Space）標示海報，都可能傳遞了有助於建立穩固同盟關係之肯定訊息。

• 對於多數男性而言，要承認自己需要幫助是非常困難的。男性的訓練強化了自力更生，因此，如果一個男性真的前來諮商，可能重要的是要辨識出他正在經歷相當大混亂和痛苦之可能性。建立一個穩固工作同盟是最重要的，但如何最能和傳統男性建立穩固工作同盟這方面卻很少有人著墨。認識典型男性社會化歷程，告訴我們要和男性個案建立坦誠及合作關係往往是困難的；如果諮商師是男性，通常男性個案會對和另一位男性建立不常見的親密感而感到困惑，可能有恐同反應（Scher, 2001）。

• 建立工作同盟，包括建立合作連結以及希望。個案需要知道諮商師是一位了解他們處境的人，而且會將這處境和他們的生命經驗連結在一起。欣賞這位男性的自豪、同理他的不安和能力不足之處，對於形成工作同盟關係來說是關鍵重要的。從諮商師個人生命中自我揭露相關而適當的訊息，可能有助於示範情緒的適當表達，對於建立連結有所幫助。當建立了工作同盟，個案優勢必須被增強，因為如果個案已經到達需要幫助的時機點，他可能感覺自己沒有優勢，此時強調傳統男性角色部分中的優勢是特別重要的。舉例而言，幫助個案了解他的發展已經培養出諸如正直、堅定不移、忠誠、堅忍力等正向特質（Levant, 1996），能夠幫助建立自尊以及增加諮商師與個案之間的連結。

• 要認知到諮商情境對於男性而言可能不是一個很舒適的地方。直接的談論感覺、必須坐 50 分鐘、處在弱勢狀態，這些都不是多數男性想要的行為，可能重要的是要改變傳統諮商談話以較能契合男性個案需

要。在澄清個案和諮商師之關係與責任時，重要的是要討論你的諮商哲學，特別是關於和男性個案諮商方面的面向。如果你同意第 4 章中女性主義或性別意識諮商之立場，也就是個案和諮商師的關係是一種平等、共同合作關係，那麼就會需要一些溝通。因為許多男性個案來見諮商師是想要尋求一位提供他們生活建議之專家，因此，共同合作關係此特徵可能是不適合的。男性時常視諮商師是一位像飲水機開了就有的答案提供者，他們期待進來就被「修好」，而非與你在重視自我覺察的合作關係中工作。同時，環境在形塑個體中所扮演的角色可能也是一個需要討論之重要哲學議題。如果你相信挑戰以性別為基礎的假定是你的責任，那你應該讓個案知道這點，個案有權利被充分告知生涯諮商師的選擇。知道你的立場以及你的哲學基礎是影響此選擇之重要訊息。如同在第 4 章討論的，意識到和充分了解與男性性認同發展以及這可能如何影響男性的職業發展，對於諮商師來說也是重要的。建議讀者參考第 4 章，獲得關於性認同模式更多有用的訊息與資源。

(二) 澄清──蒐集個案資訊

在生涯諮商歷程中，澄清和蒐集訊息這個次階段有其核心目標：對於個案獲得更多認識。

在這裡，本章先前所討論的任何或所有評量工具，可用於補足其他標準化或非標準化和生涯有關之評估測量工具。使用「性別角色衝突量表」、「男性氣概角色壓力量表」、「男性角色規範量表」，或者「性別角色之旅評量」，所有這些都是蒐集可能影響他生涯規劃歷程的個案經驗相關訊息之適切方法。重要的是和個案討論選擇特定測量工具的思考脈絡，諮商師可能會說些諸如以下的話：「男性的生涯發展經常和他們身為男性如何看待自己相互交織在一起，這個量表可以幫助你去評估你自己的性別角色，以及此角色各面向可能如何影響你的生涯規劃。」

這些測量工具也已被有效地使用於讓個案將測驗結果帶回家，反思這些結果，並寫下這些結果與他們知覺自我的看法之符合程度。舉例來說，以下是一位個案在完成「男性角色規範量表」之後的描述：

> 我過去沒有真的意識到我是多麼熱衷於追求地位和物質生活。生在 60 年代，我總為自己能過一個簡單生活而感到驕傲。但是，現在我發現我做了三份工作，竟是為了讓我得以負擔起過去我嘲笑高慾望人們所渴求的那種生活。

當性別角色建構的評量工具所得結果和比較傳統的生涯評量相互整合時，這樣的評量工具也會非常有用，就像這個個案範例之說明：

> 萊斯特在「生涯自我探索量表」上得到一個非常低且平坦的側面圖，只有在實用型的得分較高。他在「性別角色之旅評量」的分數指出，他目前在第二個階段，這個階段特徵是性別角色的猶豫矛盾、混淆、憤怒及恐懼。透過討論其猶豫矛盾感受之影響因素，而能清楚發現他想要讓自己對更寬廣的角色有開放性，但他從來不覺得自己的社會技能好到能從事其他類型職業，所以，生涯諮商路徑就要稍微調整，而朝向檢視增進人際技巧之方法來讓他感覺到他有更好的生涯選項。

(三) 具體化——了解個案行為並提出假設

在生涯諮商歷程之具體化這個次階段，它的中心目標在更充分地了解個案，以及對於他們獨特心理動力和在他們行動背後之心理性和環境性原因提出假設。

在這個階段中，重要的是我們要進行更深的探問，了解更多有關於個案

如何為他自己和他的職業世界找出意義來。當我們透過性別濾鏡來傾聽，我們是從個體和環境觀點兩者來試圖了解生活選擇。我們試著幫助個案探索他曾做過以性別為決定因素的性別生涯選擇，並試著評估這些經驗如何影響他此刻的生活。

身為一位諮商師，你也可以在這個階段用較非正式方式，運用你在性別角色建構上的覺察來評估這些建構對於男性生活之影響。在與男性個案談話的時候，測量工具可提供你語言和建構來作為濾鏡，它們可以幫助你建立關於個案行為之假設，如以下個案範例：

> 麥克談論了很多關於他對同事的憤怒，認為他們是多麼不夠格。而我想確認這是否是出自於他自己需要感覺優越於別人的需求，還是他對於自己每晚留在辦公室工作而感到憤怒，或者是有其他解釋為什麼他被他們的行為弄得感覺如此心煩意亂。

另外一個假設可能是：他用對別人的憤怒來偽裝他對於自己能力不夠的感受，而這種能力不夠的感受來自他感覺自己不如其他同事。

然後，這些假設可藉由很多方法進行檢驗，讓諮商師和個案得以更能意識到隱藏在可能出現特定行為和態度之下的性別相關動力。

在這個階段提供知識給個案，幫助他了解更多關於性別對於人們生活之影響，會是很適切的。依據個案狀況而定，這可能意味著談論像：學習用自己的語言來定義成功之重要性；表達情緒而非抑制它們；如何用其他更為平衡的生活選項來取代成就在定義個人認同之重要性；以及我們知道的有關傳統性別角色信念對於心理與生理幸福感所帶來的代價與報酬。

這可能是幫助男同性戀個案了解他們性取向之不同面向如何影響生涯規劃歷程的一個重要階段，諮商師也必須了解恐同內化的現象，幫助個案確認他們是否內化了異性戀主義訊息與信念。有些雙性戀和同性戀男性需要花很多心力在工作中「走出」異性戀。知道更多關於個案目前在「出櫃」過程中

的什麼位置，乃幫助了解和協商各樣生涯相關議題和轉換之重要面向。

最後，此階段或許也可使用像家族圖（參見第 11 章）等技術，從家庭系統觀點更具體的了解有關個案受性別影響之生活選擇。在此時，個案或許可以建構出一條生命線，幫助他了解諸如他的成就取向如何隨著時間而出現等議題。他可以做「生涯轉換量表」（參見第 13 章），然後把結果帶回家作為日誌書寫之靈感，想想他把哪些心理資源和阻礙帶入了他的生涯轉換。對個案而言，反思 O'Neil 與 Fishman（1986）討論的那些男性在轉換期間經驗到的性別相關主題，看看它們是否符合個案之自身經驗，或許也會有些幫助。

二、階段二：個案目標或問題解決

生涯諮商歷程的第二個階段是採取行動。在這個階段中，我們把焦點從蒐集和評估性別環境面向、性別特定面向的結果，轉移到根據此訊息確實採取行動步驟。來到這個階段，意味著諮商師已經處理掉圍繞在個案情境的所有主要議題，而他現在處在要根據關於他自己和工作世界盡可能完整的訊息，來做出真實、能忠於自我的人生決定之位置。

(一) 採取行動

相較於女性，對男性來說，採取行動經常是在諮商歷程中較容易的階段，因為採取行動在他們的性別角色訓練中根深蒂固，而多過於談論他們自己。對於男性個案而言，採取行動可能是一個平息焦慮最快的方法，所以，重要的是確認男性進入此歷程之前有所需的自我知識及職業知識來做生涯決定。接下來有個記憶猶新的個人經驗，或許有助於說明這個觀點：

我來到我工作的生涯中心，我看到一位將近 60 歲的男人坐在長凳上等我。那裡有一位年輕女子，大概二十出頭，跟在他身邊。這位男士穿著得像是一名大學生，仔細梳理了他頭頂大禿斑上僅剩

不多的頭髮。當他開始和我談話的時候，他說他失業了，他的太太
離開了他，他想盡可能趕快進入另一個生涯領域。即使他在財務上
有儲蓄金，但他的焦慮顯然讓他想要盡快跳到另外一種生活。跟著
他的那位年輕女子是他的新戀愛伴侶，在他太太離開他一個禮拜
後，他就開始跟她約會。

如同此情境中呈現的，很重要的是要試著幫助個案慢下來，學習和生涯
轉換中的模糊性一起相處，以提高做出更佳選擇之勝算。

(二) 發展生涯目標及行動計畫

個別化的生涯計畫對幫助男性個案把他們性別角色意識型態其中部分融
入生涯規劃歷程是特別重要的。用眼睛仔細檢視這個歷程中的每個階段，看
到個案如何因為他的性別角色養成而可能採取特定的行動步驟，對他來說是
很珍貴的。基於每位男性身處情境之獨特性，所以也會有不同的面向。舉例
來說，當諮商一位傳統男性，他在和女性晤談時可能看起來傲慢自大，建立
他有關不同人際風格可能帶來結果方面的覺察，或許是有幫助的。而在幫助
一位同性戀男性在潛在歧視的就業職場中找到職位時，討論他在工作申請與
面試過程中所有每個選擇點，可能是非常重要的。這也強調了，除了在職場
中的愛滋病毒篩檢相關議題以外，諮商師需要知道在職場中與保護和歧視男
同性戀者相關的法律（Hedgepeth, 1979/1980）。

(三) 評估結果並結束諮商關係

結束階段是用於評估目標是否已達到之時刻，以及此歷程對於諮商師和
個案而言的意義為何。當用性別濾鏡來檢視結束談話的時候，以下幾個議題
很重要：

- 反思生涯諮商歷程這整個過程。對於很多男性而言，這可能是他們第

一次確認需要求助而尋求諮商，反思並增強這種行動之勇氣是很重要的。對於個案來說，看到求助經驗是代表優勢而非弱勢的訊息，或許會很有幫助。

- 討論諮商師與個案之間伴隨時間而來的關係，這個工作同盟是如何發展的？而在這個同盟中撕裂不足之處是如何修補的？雙方對於結束諮商的感受如何？對於所有個案而言，要發展出發生在諮商師和個案之間的密切關係是困難的，尤其是對男性來說。談論有關這個諮商歷程是如何發展而來、溝通是如何變得更真誠、信任如何發展出來，以及從個案觀點來感受這些歷程將有所助益。你可以指出個案有某些優勢因而幫助滋養了這個關係，這些優勢可以轉換到這男性個案生活中的其他關係。

- 讓個案知道，如果他隨時想要回來尋求更多諮商或只是要讓你知道事情進展如何，你隨時都會在。若諮商結束之後他有問題，男性個案必須知道你在諮商中提供的支持系統仍會存在，因為這可能是他真正擁有的少數支持系統之一。

- 在諮商歷程中每個階段，有很多重要的性別相關議題必須被融入。如果你規劃每次晤談去了解每位男性個體的生命經驗以及其許多的性別社會化面向，那麼，生涯諮商歷程越有可能是有賦能和增強性之歷程。

結語

本章目的在指出性別脈絡之關鍵現象，指出他們對男性個案造成的影響，討論將性別環境知識融入諮商晤談之策略及評量工具，以及具體指出在生涯規劃歷程中每階段具關鍵性的相關議題，我們也試著整合在男同性戀及雙性戀男性獨特生涯相關議題上非常有限之研究文獻。透過這些，我們希望讓諮商師有所準備，對於藉由生涯諮商賦能所有男性的選擇感到有較高的自我效能。

Addis, M. E., & Mahalik, J. R. (2003). Men, masculinity, and the context of help seeking. *American Psychologist, 58*, 5–14.

Armstrong, P. I., & Crombie, G. (2000). Compromises in adolescents' occupational aspirations and expectations from grades 8 to 10. *Journal of Vocational Behavior, 56*, 82–98.

Bank, B. (2007). Peer cultures and friendships in school. In B. Bank (Ed.), *Gender and education: An encyclopedia* (pp. 605–611). Westport, CT: Praeger.

Bieschke, K. J., Perez, R. M., & DeBord, K. A. (Eds.). (2006). *Handbook of counseling and psychotherapy with lesbian, gay, bisexual, and transgender clients* (2nd ed.). Washington, DC: American Psychological Association.

Blustein, D. L. (2006). *The psychology of working: A new perspective for career development, counseling, and public policy*. Mahwah, NJ: Erlbaum.

Blustein, D. L. (2011). A relational theory of working. *Journal of Vocational Behavior, 79*, 1–17.

Boteach, S. (2008). *The broken American male: And how to fix him*. New York, NY: St. Martin's Press.

Brannon, R., & Juni, S. (1984). A scale for measuring attitudes toward masculinity. *JSAS Catalog of Selected Documents in Psychology, 14*, 6 (Ms 2012).

Brooks, G. R., & Good, G. E. (Eds.). (2001). *The new handbook of psychotherapy and counseling with men*. San Francisco, CA: Jossey-Bass.

Bureau of Labor Statistics. (2013). *Databases, tables, & calculators by subject*. Retrieved from http://data.bls.gov/timeseries/LNS14000000

Carroll, L., Gilroy, P. J., & Ryan, J. (2002). Counseling transgendered, transsexual and gender-variant clients. *Journal of Counseling & Development, 80*, 131–139.

Chung, Y. B. (2001). Career counseling with lesbian, gay, bisexual and transgendered persons: The next decade. *The Career Development Quarterly, 50*, 33–44.

Chung, Y. B. (2003). Work discrimination and coping strategies: Conceptual frameworks for counseling lesbian, gay and bisexual clients. *The Career Development Quarterly, 52*, 78–86.

Courtenay, W. H. (2001). Counseling men in medical settings: The six-point health plan. In G. R. Brooks & G. E. Good (Eds.), *The new handbook of psychotherapy and counseling with men* (pp. 59–91). San Francisco, CA: Jossey-Bass.

Croteau, J. M. (1996). Research on the work experiences of lesbian, gay, and bisexual people: An integrative review of methodology and findings. *Journal of Vocational Behavior, 48*, 195–209.

Croteau, J. M., Anderson, M. Z., Distefano, T. M., & Kampa-Kokesch, S. (1999). Lesbian, gay, and bisexual vocational psychology: Reviewing foundations and planning construction. In R. M. Perez, K. A. DeBord, & K. J. Bieschke (Eds.), *Handbook of counseling and psychotherapy with lesbian, gay, and bisexual clients* (1st ed., pp. 383–408). Washington, DC: American Psychological Association.

Dosser, D. A. (1982). Male inexpressiveness: Behavioral interventions. In K. Solomon & N. B. Levy (Eds.), *Men in transition* (pp. 343–432). New York, NY: Plenum.

Eisler, R. M., & Blalock, J. A. (1991). Masculine gender role stress: Implications for the assessment of men. *Clinical Psychology Review, 11*, 45–60.

Eisler, R. M., & Skidmore, J. R. (1987). Masculine gender role stress: Scale development and component factors in the appraisal of stressful situations. *Behavior Modification, 11*, 123–136.

Englar-Carlson, M., Evans, M., & Duffey, T. (Eds.). (2014). *A counselor's guide to working with men*. Alexandria, VA: American Counseling Association.

Fassinger, R. E., & Asay, P. A. (2006). Career counseling for women in science, technology, engineering, and mathematics (STEM) fields. In W. B. Walsh & M. J. Heppner (Eds.), *Handbook of career counseling for women* (2nd ed., pp. 427–452). Mahwah, NJ: Erlbaum.

Flores, L. Y., Navarro, R. L., Smith, J., & Ploszaj, A. (2006). Testing a model of career choice with Mexican American adolescent boys. *Journal of Career Assessment, 14*, 214–234.

Garcia, G. (2009). *The decline of men*. New York, NY: Harper Perennial.

Gilligan, C. (1982). *In a different voice*. Cambridge, MA: Harvard University Press.

Greenstone, M., & Looney, A. (2010). *An economic strategy to renew the American community*. Washington, DC: The Hamilton Project, Brookings Institution.

Harrison, J., Chin, J., & Ficarrotto, T. (1989). Warning: Masculinity may be dangerous to your health. In M. S. Kimmel & M. A. Messner (Eds.), *Men's lives* (pp. 296–309). New York, NY: Macmillan.

Hedgepeth, J. M. (1979/1980). Employment discrimination law and the rights of gay persons. *Journal of Homosexuality, 5*(12), 67–78.

Heppner, M. J. (2013). Women, men and work: The long road to gender equity. In S. D. Brown & R. W. Lent (Eds.), *Career development and counseling: Putting theory and research to work* (2nd ed., pp. 187–214). Hoboken, NJ: Wiley.

Heppner, M. J., & Heppner, P. P. (2001). Addressing the implications of male socialization for career counseling. In G. R. Brooks & G. E. Good (Eds.), *The new handbook of psychotherapy and counseling with men* (pp. 369–386). San Francisco, CA: Jossey-Bass.

Heppner, M. J., & Heppner, P. P. (2009). On men and work: Taking the road less traveled. *Journal of Career Development, 36*, 49-67.

Heppner, M. J., & Heppner, P. P. (2014). The changing nature of work in men's lives: Implications for counseling. In M. Englar-Carlson, M. Evans, & T. Duffey (Eds.), *A counselor's guide to working with men* (pp. 71–86). Alexandria, VA: American Counseling Association.

Heppner, M. J., & Jung, A. K. (2013a). Gender and social class: Powerful predictors of a life journey. In W. B. Walsh, M. L. Savickas, & P. J. Hartung (Eds.), *Handbook of vocational psychology* (4th ed., pp. 81–102). New York, NY: Routledge.

Heppner, M. J., & Jung, A. K. (2013b). Women, men and change: The role of career interventions. In P. Hartung, M. Savickas, & B. Walsh (Eds.), *APA handbook of career interventions*. Washington, DC: American Psychological Association.

Hershberger, S. L., & D'Augelli, A. R. (1999). Issues in counseling lesbian, gay, and bisexual adolescents. In R. M. Perez, K. A. DeBord, & K. J. Bieschke (Eds.), *Handbook of counseling and psychotherapy with lesbian, gay, and bisexual clients* (1st ed., pp. 225–248). Washington, DC: American Psychological Association.

Hetherington, C., Hillerbrand, E., & Etringer, B. D. (1989). Career counseling with gay men: Issues and recommendations for research. *Journal of Counseling & Development, 67*, 452–454.

Jome, L. M., & Tokar, D. M. (1998). Dimensions of masculinity and major choice tradi-tionality. *Journal of Vocational Behavior, 52,* 120–134.

Kahn, S. E., & Greenberg, L. S. (1980). Expanding sex role definitions by self-discovery. *Personnel and Guidance Journal, 49,* 220–225.

Keen, S. (1991). *Fire in the belly: On being a man.* New York, NY: Bantam Books.

Kiselica, M. S. (2001). A male-friendly therapeutic process with school age boys. In G. R. Brooks & G. E. Good (Eds.), *The new handbook of psychotherapy and counseling with men* (pp. 43–58). San Francisco, CA: Jossey-Bass.

Kite, M. E., Deaux, K., & Haines, E. L. (2008). Gender stereotypes. In F. Denmark & M. Paludi (Eds.), *Psychology of women: A handbook of issues and theories* (2nd ed., pp. 205–236). Westport, CT: Praeger.

Kochhar, R. (2012). *In two years of economic recovery women, women lost jobs, men found them.* Pew Research Center Publications. Retrieved from http://pewresearch.org/pubs/2049/unemployment-jobs-gender-recession-economic-recovery

Lazarus, R. S., & Folkman, S. (1984). *Stress, appraisal and coping.* New York, NY: Springer.

Lease, S. H. (2003). Testing a model of men's nontraditional occupational choices. *The Career Development Quarterly, 51,* 244–258.

Lent, R. W., Brown, S. D., & Hackett, G. (1994). Toward a unifying social cognitive theory of career and academic interest, choice, and performance. *Journal of Vocational Behavior, 45,* 79–122.

Levant, R. F. (1996). Masculinity reconstructed. *The Independent Practitioner, 16,* 36–39.

Levant, R. F. (2001). The crisis of boyhood. In G. R. Brooks & G. E. Good (Eds.), *The new handbook of psychotherapy and counseling with men* (pp. 355–368). San Francisco, CA: Jossey-Bass.

Lucas, R., Clark, A., Georgellis, Y., & Diener, E. (2004). Unemployment alters the set point for life satisfaction. *Psychological Science, 15,* 8–15.

Mahalik, J. R., Locke, B. D., Ludlow, L. H., Gottfried, M., Scott, R. P. J., & Freitas, G. (2003). Development of the Conformity to Masculine Norms Inventory. *Psychology of Men and Masculinity, 4,* 3–25.

Mandel, L., & Vitelli, R. (2007). Heterosexism and homophobia in the peer group. In B. Bank (Ed.), *Gender and education: An encyclopedia* (pp. 597–603). Westport, CT: Praeger.

Matlin, M. (2012). *The psychology of women.* Belmont, CA: Wadsworth.

Matthews, K. A., & Angulu, J. (1980). Measurement of the Type A behavior pattern in children: Assessment of children's competitiveness, impatience, anger, and aggres-sion. *Child Development, 51,* 466–475.

O'Neil, J. M. (2008). Summarizing twenty-five years of research on men's gender-role conflict using the Gender Role Conflict Scale: New research paradigms and clinical implications. *The Counseling Psychologist, 36,* 358–445.

O'Neil, J. M., Egan, J., Owens, S. V., & McBride, V. (1993). The Gender Role Journey Mea-sure: Scale development and psychometric evaluation. *Sex Roles, 28,* 167–185.

O'Neil, J. M., & Fishman, D. M. (1986). Adult men's career transitions and gender-role themes. In Z. Leibowitz & D. Lea (Eds.), *Adult career development: Concepts, issues and practices* (pp. 132–162). Alexandria, VA: National Career Development Association.

O'Neil, J. M., Helms, B. J., Gable, R. K., David, L., & Wrightsman, L. S. (1986). Gender-Role Conflict Scale: College men's fears of femininity. *Sex Roles, 14,* 335–350.

Parker, K. (2008). *Save the males*. New York, NY: Random House.

Paul, K. I., & Moser, K. (2009). Unemployment impairs mental health: Meta-analysis. *Journal of Vocational Behavior, 74*, 264–282.

Perez, R. M., DeBord, K. A., & Bieschke, K. J. (Eds.). (1999). *Handbook of counseling and psychotherapy with lesbian, gay, and bisexual clients* (1st ed.). Washington, DC: American Psychological Association.

Pope, M., Barret, B., Szymanski, D. M., Chung, Y. B., Singaravelu, H., McLean, R., & Sanabria, S. (2004). Culturally appropriate career counseling with gay and lesbian clients. *The Career Development Quarterly, 53*, 158–177.

Prince, J. (2013). Career development of lesbian, gay, bisexual, and transgender individuals. In S. D. Brown & R. W. Lent (Eds.), *Career development and counseling: Putting theory and research to work* (2nd ed., pp. 275–299). Hoboken, NJ: Wiley.

Progoff, I. (1975). *At a journal workshop: The basic text and guide for using the intensive journal*. New York, NY: Dialogue House Library.

Rabinowitz, F. E., & Cochran, S. V. (1994). *Man alive: A primer of men's issues*. Pacific Grove, CA: Brooks/Cole.

Rabinowitz, F. E., & Cochran, S. V. (2002). *Deepening psychotherapy with men*. Washington, DC: American Psychological Association.

Robertson, J., & Fitzgerald, L. F. (1990). The (mis)treatment of men: Effects of client gender roles and life-style on diagnosis and attribution of pathology. *Journal of Counseling Psychology, 37*, 3–9.

Robertson, J. M., & Verschelden, C. (1993). Voluntary male homemakers and female providers: Reported experiences and perceived social reactions. *Journal of Men's Studies, 1*(4), 383–402.

Rochlen, A. B., McKelley, R. A., Suizzo, M.-A. P., & Scaringi, V. (2008). Predictors of relationship satisfaction, psychological well-being and life satisfaction among stay-at-home fathers. *Psychology of Men and Masculinity, 9*, 17–28.

Rosin, H. (2012). *The end of men and the rise of women*. New York, NY: Riverhead Books.

Sax, L. (2007). *Boys adrift*. New York, NY: Basic Books.

Sayer, L., England, P., Allison, P., & Kangas, N. (2011). She left, he left: How employment and satisfaction affect women's and men's decisions to leave marriages. *American Journal of Sociology, 116*, 1982–2018.

Scher, M. (2001). Male therapist, male client: Reflections on critical dynamics. In G. R. Brooks & G. E. Good (Eds.), *The new handbook of psychotherapy and counseling with men* (pp. 719–734). San Francisco, CA: Jossey-Bass.

Sheldon, R. G. (2007). Gangs and school. In B. Bank (Ed.), *Gender and education: An encyclopedia* (pp. 591–596). Westport, CT: Praeger.

Shields, S. A. (2008). Gender: An intersectionality perspective. *Sex Roles, 59*, 301–311.

Skovholt, T. M. (1990). Career themes in counseling and psychotherapy with men. In D. Moore & F. Leafgren (Eds.), *Men in conflict* (pp. 39–53). Alexandria, VA: American Association for Counseling and Development.

Skovholt, T. M., & Morgan, J. I. (1981). Career development: An outline of issues for men. *Personnel and Guidance Journal, 60*, 231–236.

Srivastava, N., & Nair, S. K. (2011). Androgyny and rational emotive behavior as antecedents of managerial effectiveness. *Vision: The Journal of Business Perspective, 4*, 303–314.

Stockard, J. (2007). Sex role socialization. In B. Bank (Ed.), *Gender and education: An encyclopedia* (pp. 79–85). Westport, CT: Praeger.

Thompson, E. H., & Pleck, J. H. (1986). The structure of male role norms. *American Behavioral Scientist, 29*, 531–543.

Thompson, E. H., & Pleck, J. H. (1995). Masculinity ideology: A review of research instrumentation on men and masculinity. In R. F. Levant & W. S. Pollack (Eds.), *A new psychology of men* (pp. 129–163). New York, NY: Basic Books.

Tokar, D. M., & Jome, L. M. (1998). Masculinity, vocational interests, and career choice traditionality: Evidence for a fully mediated model. *Journal of Counseling Psychology, 45*, 424–435.

Tomlinson, M. J., & Fassinger, R. E. (2003). Career development, lesbian identity development, and campus climate among lesbian college students. *Journal of College Student Development, 44*, 845–860.

Tyler, L. E. (1977). *Individuality*. San Francisco, CA: Jossey-Bass.

U.S. Census Bureau. (2012). *Facts for features: June 2006*. Washington, DC: U.S. Government Printing Office.

Waldron, I. (1976). Why do women live longer than men? *Journal of Human Stress, 2*, 1–13.

White, M. J., & White, G. B. (2006). Implicit and explicit occupational gender stereotypes. *Sex Roles, 55*, 259–266.

Whitmire, R. (2010). *Why boys fail: Saving our sons from an educational system that's leaving them behind*. New York, NY: AMACOM.

Worthington, R. L., Savoy, H. B., & Vernaglia, E. R. (2001). *Beyond tolerance: An integrative model of LGB affirmativeness*. Unpublished manuscript.

Zunker, V. G. (1994). *Career counseling: Applied concepts of life planning*. Pacific Grove, CA: Brooks/Cole.

藉由賦能式生涯諮商促進身心障礙者之生涯發展

CHAPTER 6

作者：John F. Kosciulek

　　由於經濟環境的顯著和持續性改變，身心障礙者正面對重大生涯發展及就業挑戰。工作世界正在快步調變遷，而變遷在 21 世紀期間可能還會加速。根據 Krepcio 與 Martin（2012）所說，這些經濟變遷其中某些特性為：(1) 工作功能改變；(2) 對證照和技術性技能的要求提高；(3) 科技之快速改變；(4) 頻繁和較長期失業，特別是對身心障礙者。進一步而言，諸如臨時性就業、短期僱用、契約性職務、租賃工、隨傳隨到和部分工時工作者等就業安排，已經受到影響，而且將持續影響所有工作者之生涯發展（Institute on Rehabilitation Issues, 1999）。這些改變對身心障礙者的生活角色、這些人所居住和工作的環境，以及發生在他們生活中的事件，正產生了實質影響（National Council on Disability, 2008）。因此，生涯諮商師必須藉由回答以下這個問題而對這些改變有所回應：在此新經濟體中，我可以在哪些地方，如何為身心障礙者追求有意義生涯目標與獨立方面增加實質而有標的性的價值？

　　本章目的在幫助諮商師擴大與拓展本身的生涯諮商視野，同時也促進個人的諮商技巧能力，以含括為身心障礙者有效服務所需要的技能與技術，讓諮商師能幫助身心障礙者賦能，以追求他們的生涯目標，解決其生涯問題。為了達到此目的，本章呈現以下主題：(1) 當前身心障礙者就業和生涯狀態

之現況；(2) 一套生涯諮商賦能架構；以及 (3) 應用在身心障礙者之生涯諮商結構。

當前身心障礙者就業和生涯狀態之現況

工作是一個和個人心理幸福感密切連結之複雜活動；再者，工作在本質上是有社會性、文化性和經濟性的（Rothman, 1987）。由於工作是人們生活之核心力量，相當高比例失業及低就業對於身心障礙者不僅在經濟狀態和社會地位上有不利影響，同時也不利於他們的自我形象。所以，當提供生涯規劃、準備和諮商服務給身心障礙者時，「身心障礙」（disability）是諮商師必須審慎考量之危險因子和個別差異（Szymanski & Hanley-Maxwell, 1996）。

工作千變萬化，為身心障礙者如何找到及維持適當就業帶來挑戰，同時也帶給和身心障礙者一起工作的生涯諮商專業人士挑戰。像是美國經濟、科技和人口變化之全球化等主要趨勢，正改變著工作面貌及工作者技能要求（Friedman, 2005; Ryan, 1995）。當前，大多數介於 16 至 64 歲之間的身心障礙美國人是沒有就業的，即便許多身處工作年齡而無業的身心障礙者事實上想要工作（Fogg, Harrington, & McMahon, 2010; National Council on Disability, 2008; National Organization on Disability, 2000; Taylor, 1994）。

身心障礙者面對之特定困難

提供生涯發展服務給身心障礙者，為生涯諮商師帶來了挑戰。一般來說，身心障礙者之職業適應已被描述為具有以下特徵：有用的工作技能受限、收入偏低、高能力但低就業以及失業（Curnow, 1989; Stapleton & Burkhauser, 2003）。此外，關於身心障礙青少年中學畢業之後的出路，研究者已發現以下長期存在的議題和問題：(1) 較差的高中畢業率；(2) 高中後就業率低；(3) 高等教育參與偏低（Brolin & Loyd, 2004; Harrington,

1997）。

有關身心障礙者之職業準備及就業影響結果方面，有一些令人沮喪的報告（如 Roessler, 1987; Wolfe, 1997），凸顯了為此群體改善生涯諮商服務之需要。許多身心障礙者所遭遇明顯而不同的挑戰，可作為從事實務工作的生涯諮商師之參考點，包括：(1) 早年生命經驗之限制，(2) 做決定困難，(3) 在服務傳遞系統中的區分歷程導致形成負面的工作者自我概念。

(一) 早年生命經驗之限制

身心障礙者到成年期，常常只有很少的生涯選項（Chubon, 1995）。他們所遇到的早年職業和社會經驗為數有限，限制了他們知覺到的生涯選項、阻礙生涯決定能力，並削弱未來職業發展（Brolin & Loyd, 2004; Kosciulek & Perkins, 2005）。Holland（1985）認為早年職業發展經驗受限所造成的影響是生涯相關問題發展的開端。來自於有限職業經驗之特定生涯發展問題，可能包括了無法發展一致且有區分性的人格型態或者清楚的職業認定，進而讓生涯建立在不適配的職業中（Holland, 1985）。很遺憾的，這樣的發展型態在身心障礙者身上是很常見的。

(二) 做決定困難

在參與決定、形成身為工作者的知覺和檢驗自我能力等方面缺乏機會，均可能是有限的早年經驗之影響結果，並阻礙了生涯發展。身心障礙者在自陳量表中呈現出不清楚的自我概念、模糊的求職態度，以及有限的工作世界資訊，反映出扭曲失真，可能導致不切實際的職業期待或決定（Kosciulek, 2007）。Harrington（1997）恰當地描述了，有多少身心障礙者在做決定上少有成功經驗之機會，因此而缺乏做決定的能力。

(三) 區分歷程所造成之負面的工作者自我概念

缺乏經驗和在做決定上的困難，不僅為身心障礙之結果，而且也是受社

會態度和刻板印象影響的結果。對於身心障礙之社會態度，可能就像身心障礙本身一樣重要，他人的負面態度對於形塑身心障礙者生活角色有所影響（Kosciulek, 2007）。長期暴露在帶有偏見的態度之下，影響所及可能就是負向自我評估以及負面的工作者自我形象。

一般而言，社會對於身心障礙者較少有期待（Schroeder, 1995），這些態度是無所不在的，它們對我們所有人都有某種程度影響。身心障礙者是受歧視的群體（Fine & Asch, 1988），就像在種族和族群上的弱勢群體（Trueba, 1993），面對了被汙名化、邊緣化和歧視等共同社會問題。此外，有鑑於在種族和族群弱勢群體成員中的身心障礙比例，高於在全體人口之中的比例（Rehabilitation Services Administration, 1993），因此，許多身心障礙者面對了雙重風險。

Szymanski 與 Trueba（1994）主張，某些身心障礙者面對的困難並非身心障礙有關功能性損傷所導致的結果，而是鑲嵌在社會機構為復健和教育所做區分歷程而導致之結果，並且被善意專業人士所強化。這些區分歷程根基在一種決定論觀點，不一樣的人們不知何故就被視為比較沒有「人性」或比較沒有能力（Trueba, Cheng, & Ima, 1993）。區分（castification）所帶來的問題導致身心障礙者服務傳送受到危害，因為損傷和功能限制的類別（這些類別多數由無身心障礙的人們所建構）被用在決定使用服務資格、開介入處方，以及必要時會被用於解釋為何失敗。這些建構以及使用它們的人，成了區分的代言人（Szymanski & Trueba, 1994）。

這些分類系統的「去能」（disempowering）本質往往都太過明顯，以至於無法讓申請復健服務的身心障礙者可努力強化自給自足和個人獨立（Scotch, 2000; United Cerebral Palsy Association, 2007）。不被視為是自由或具同等地位的成人，他們可能面臨到身心健全人們主張有權決定他們需要哪種服務。所以，對於生涯諮商師非常重要的是，拒絕權威家長式之區分歷程，而主動積極地為他們的身心障礙個案培育賦能。以下，將呈現一套對於提供身心障礙者生涯諮商有用之賦能架構，來幫助生涯諮商師完成此任務。

賦能式生涯諮商

　　美國當前身心障礙政策和復健服務供給，聚焦在讓身心障礙者融入、獨立自主以及賦能（Kosciulek, 2000; United Cerebral Palsy Association, 2007）。因此，和身心障礙者進行之生涯諮商，必須是一個動態、有創意與高度個人化過程。有效生涯諮商可作為賦能身心障礙者生活選擇、融入和獨立自主的有用手段，而後，賦能、融入和獨立將為身心障礙者帶來高品質就業以及實現個人抱負的生涯（O'Day, 1999）。

　　雖然有些身心障礙者可能接受州立聯邦職業復健系統之生涯服務，但對於所有生涯諮商師而言，重要的是要意識到和身心障礙賦能運動有關的哲學信條，以及從賦能觀點發展用於提供生涯諮商服務之架構。賦能身心障礙者的目標在於獨立生活、享受自我決定、做選擇、貢獻社會以及追求有意義的生涯，這是所有為身心障礙者提供服務之專業人士共同追求的（National Council on Disability, 2008）。

賦能哲學

　　對身心障礙者的賦能，或許可被視為是確認他們對自己的生活及影響生活的條件，和沒有身心障礙的一般人一樣能具有等同的控制權（Harp, 1994）。它是在諸如生涯諮商這類人類服務的價值、決定、選擇和服務方向上權力與控制之轉移，從外部實體轉換到個體自身（Bolton & Brookings, 1996）。所以，如同 Kosciulek 與 Merz（2001）的假設與檢驗，對於賦能取向之服務傳遞有所承諾的生涯諮商師，必須促進與最大化身心障礙者的機會，讓他們對於自己的生活擁有控制以及管理權。

　　Emener（1991）描述賦能取向復健必備之哲學信條。把這些信條加以擴增，可提供身心障礙者生涯諮商服務有用之哲學架構。簡述這四個信條如下：

1. 每個人都有高度價值與尊嚴。

2. 每個人必須有公平機會來最大化他（她）的潛能，而且應得到社會幫助來努力做到如此。

3. 一般而論，人們會朝正向方向努力成長及改變。

4. 有關他們的生活安排，個人必須能自由地做出他們自己的決定。

　　在以這些哲學信條為基礎的賦能觀點下，生涯諮商並非「提供給個案」，或者「為個案做」。精確地說，它是一個過程，個案在其中必須成為積極主動、被充分告知的參與者，學習及控制一套用於短期和長期生涯發展之規劃歷程（Szymanski, Hershenson, Enright, & Ettinger, 1996; Wehmeyer, 2004）。此外，歷程之終身和發展性本質意味著「除非我們打算和逐漸依賴的個案在幾十年來一次又一次的工作，否則，我們的專業責任應該是要確保（〔sic〕原文照錄）每個人學會這個（生涯規劃）歷程」（Mastie, 1994, p. 37）。

　　個案的積極主動參與，乃生涯諮商介入成功的關鍵要素（Ettinger, Conyers, Merz, & Koch, 1995）。在賦能取向的生涯諮商，個案積極投入在(1) 蒐集資訊，包括自我評估和對於職業及勞動力市場有所學習；(2) 產生數個可供選擇的行動方針，並給予權重；(3) 形成行動計畫。在本章最後一節，應用了生涯諮商結構在身心障礙者身上，文中給予的資訊以及結構，讓諮商師得以從賦能觀點，發展為身心障礙者提供有效服務之必備技巧。

應用生涯諮商結構於身心障礙者

　　可惜的是，關於身心障礙者近期的就業及生涯狀態之報告令人沮喪（Fogg et al., 2010; National Council on Disability, 2008; Stapleton & Burkhauser, 2003; United Cerebral Palsy Association, 2007）。許多身心障礙者要不是失業就是低就業，身心障礙者遇到的生涯挑戰經常是綜合來自生命

經驗的限制和做決定困難而導致之結果。此外，身心障礙者由於長期暴露於
服務系統區分歷程之中存在的偏見態度，而可能導致失能的感受。為身心障
礙者改善生涯諮商之需求，亟需受到重視。

賦能取向生涯諮商，對於幫助身心障礙者達到他們的目標以及解決他們
生涯問題是必需的。在這一節中，應用於身心障礙者之生涯諮商結構，幫助
諮商師發展必要的技巧來有效服務這個群體；應用此結構在身心障礙脈絡，
諮商師可以在賦能身心障礙者生活選擇、融入和獨立自主上獲得方法。

一、階段一：個案目標或問題辨認、澄清、具體化

第一階段的生涯諮商涉及個案的目標或問題辨認、澄清以及具體化。在
這個階段，諮商師和個案共同進入工作同盟的形成，到蒐集個案資訊，了解
個案資訊及行為，並提出假設。

(一) 辨認——開始和形成工作同盟

有一點很重要而必須指出的是，在這個時刻，至少就理論而言，為身心
障礙者提供生涯諮商不該和提供給其他任何個案的生涯諮商有所不同。然
而，在實務上，理論所言不見得完全真實，根本原因就在於每種身心障礙之
個體所呈現的獨特議題，在非身心障礙者群體身上不會出現，但生涯諮商取
向卻是從非身心障礙者群體發展而來（Hershenson, 1996）。舉例而言，和
身心障礙個案形成工作同盟時，對於諮商師而言，區分出哪些個案的身心
障礙發生在職業生涯前（例如：先天性或發生在幼年期），而哪些個案的
障礙發生在他們進入職業生涯之後，這點是很重要的。如同 Brolin 與 Loyd
（2004）以及 Goldberg（1992）摘述所言，過去研究已指出後天的身心障
礙者傾向於選擇和他們身心障礙前的計畫有所一致之職業；而職業生涯前即
為身心障礙者，則傾向於選擇和他們父母期待與社會階級一致的職業。重要
的是，能從發病開始便意識到身心障礙可能從很多途徑潛在影響一個人的生
涯發展；不斷覺察到這些和身心障礙有關的因素，為建立一個有效工作同盟

之關鍵要素（Kosciulek, Chan, Lustig, Pichette, & Strauser, 2001）。

在生涯諮商第一階段之開始次階段，諮商師和個案辨識一開始的目標或問題、內在想法與感受，以及可能涉及之潛在動力。多位作者（如 Ettinger et al., 1995; Hershenson, 1996; Wolfe, 1997）已強調在對身心障礙者進行諮商時，透過清楚辨識問題以及定義個案與諮商師之間的關係和責任以形成有效工作同盟的重要性。要發展有效且有用的生涯諮商歷程，個案必須被鼓勵成為諮商歷程中之積極主動參與者（Kosciulek et al., 2001）。

在生涯諮商中以賦能取向形成工作同盟，包括了從個案和諮商師雙方帶進關係之要素。主要的個案要素，包括的事實有：個案 (1) 必須為他們的行動以及行動的後果負責；(2) 必須負責他們自己的決定。工作同盟中的諮商師要素，包括以下特性：(1) 諮商師知道而且承認他們的限制所在（例如：對特定身心障礙知識的缺乏）；(2) 諮商師對於他們服務的個案展現無條件之正向積極關注〔National Institute on Disability and Rehabilitation Research（NIDRR），1994〕。有助於賦能個案及發展有效工作同盟之具體諮商技術，包括：將所有個案視為成人，不管他們身心障礙條件之嚴重性；使用符合其年齡的語言和技術；強調個案優勢；以及尊重個案的價值和信念。

(二) 澄清——蒐集個案資訊

在有效工作同盟發展和賦能取向生涯諮商的建立之後，應該繼續蒐集關於個案特定情境之資訊。提出一系列的問題，可能對於資訊蒐集過程有所幫助。探詢個案的整體世界觀或許會有幫助；舉例而言，問問個案如何看待他們自己、別人與世界，這可能為生涯探索歷程提供了一個有用的出發點。

另一個直接應用在和身心障礙者工作時的問題，則是關於個案處理之個人和環境阻礙或限制；從這個問題的反應中蒐集的資料，也許提供了生涯諮商師有關個案所遭遇的主要困難之線索，包括：生命經驗的限制，以及因先前教育和職業追求過程中的區分歷程導致的失能感受。另一個必須和身心障礙個案討論的問題和他們做決定的風格有關。光是詢問個案有關他做決定的

歷程，以及他在攸關生命重要事情上的決定，也可能引出關於個案在生涯規劃方面做決定的自在程度有用資訊。

(三) 具體化——了解個案行為並提出假設

在生涯諮商第一階段的最後次階段，包括了解和提出有關個案資訊與行為的假設。伴隨賦能的工作同盟發展，以及蒐集個案世界觀、個人和環境阻礙、做決定型態方面的資訊，諮商師和個案已經準備好提出假設，了解這些訊息與生涯發展歷程有何關係。在這個次階段中，應用來自生涯發展、諮商、人格理論之語言及理論建構，和有關身心障礙者的文獻及研究，來了解並解釋個案資訊與行為，可能有所助益。辨識可能影響生涯相關問題或抑制最佳生涯成長之特定身心障礙有關的變項（包括和個案的家庭、社會與勞動力市場方面之互動），或許對個案和諮商師聚焦於潛在可能之行動及介入特別有幫助。

二、階段二：個案目標或問題解決

生涯諮商的第二個階段包括採取行動、發展生涯目標，以及評估和結束諮商關係。在這個階段，諮商師和個案採取行動，這些行動將會開始促進正向生涯進展、辨識特定生涯目標、依照需要狀況而結束諮商關係、規劃適當服務來監控進步及達到目標。

(一) 採取行動

對身心障礙者進行生涯諮商，就像對所有個體一樣，藉由使用以理論為基礎之諮商和評量步驟，可能最能進展至行動階段。賦能式諮商幫助個案在有效工作同盟所創造出之正向氣氛中，努力追求他們的目標或解決他們關心的議題。重要的是要記得：提供給身心障礙者之賦能式生涯諮商，包括將所有個案視為成人，使用符合其年齡的語言和技術，以及尊重個案的價值和信念。

舉個例子，一位尋求工作安置協助的 20 歲個案，可能因為智能障礙而呈現出認知上的限制。在這個案例中，對個案說話必須就像對待其他 20 歲個案一樣，尊重他的目標，並且為其個別需求而進行必須的調整。此外，評量過程必須是全面性且個別化的，這樣才能夠了解個案需求、想望、技能及弱勢所在。同時，特別重要的是，要記得個案優勢在他們的賦能中扮演了主要角色；在目標發展過程，評量歷程必須聚焦在辨識與利用這些優勢。協議草案也必須適當調整以符合個別需求與偏好，避免區分歷程和去能的服務過程。舉例來說，在發展和常態化過程中未能涵蓋身心障礙者的標準化評量量表，可能讓身心障礙限制更為加重，而非辨識出個別優勢。

最後，個案的身心障礙影響了他們的家人、配偶、朋友與其他人，這些人可以成為諮商與其成效之資產；在過去，很多專業人士未充分利用這些有用資源。諮商師可能會想要在生涯諮商歷程中的某些面向（例如：初談、個案家庭作業）納入一位家庭成員或朋友，來助長諮商談話以外的資訊與目標導向行為之整合。在諮商中納入重要他人（先徵得個案同意）是創造賦能關係之關鍵要素（NIDRR, 1994），並有助於個案生涯發展。

(二) 發展生涯目標及行動計畫

生涯諮商是一個主動積極歷程，必須在賦能脈絡下實踐。成功的目標發展及介入，需要有主動積極的個案參與在歷程中的所有階段。在發展生涯目標時，我們要鼓勵身心障礙個案負起責任，包括：(1) 蒐集與整合和自己、職業及勞動力市場有關的資訊；(2) 產生和評估可供選擇的選項；(3) 做決定和形成行動計畫；(4) 執行生涯計畫；(5) 評估它們的結果（Szymanski & Hershenson, 1997）。

有各式各樣的生涯介入可供使用，伴隨有效的目標規劃，幫助諮商師及其身心障礙個案。一般性介入包括生涯規劃系統、評量工具、生涯課程和工作坊（包括那些特別為身心障礙者設計），以及生涯檔案；可能因為學職轉換、成人訓練與直接的工作安置方案而出現的生涯介入，包括了學徒見習、

建教合作、校本企業／創業、全職實習和實習課，以及社區本位之志願服務。就像 Wolfe（1997）討論的，將個人和團體為基礎的生涯諮商、找工作這兩種介入結合使用，對於身心障礙者之就業狀態有正向影響效果。

有兩種主要復健取向，非常適用於身心障礙者之生涯諮商目標辨識及發展。其中之一是**支持性就業**（supported employment），它提供了持續性、和工作有關的支持服務，讓有嚴重身心障礙者可投入在競爭性之就業。第二種取向是**職務再設計**（job accommodation），讓工作任務和工作環境調整為可讓身心障礙者參與（Hershenson, 1996）。藉由把探索和注意某些可能不利於生涯成長之身心障礙有關因素考慮在內，在支持性就業與職務再設計過程中辨識符合現實而令人滿足的生涯選項，這或許大大幫助了個案和生涯諮商師。由於身心障礙者是個異質性群體，沒有單一的諮商、評量或介入取向可適用在所有個案，因此，就像和所有生涯諮商個案一樣，在以下這些的焦點必須是折衷、不拘於某個特定形式，包括：辨識和滿足個體需求、移除特定阻礙、拓展個人的選項範圍，以及透過他的轉換至工作來支持個案（Szymanski & Hershenson, 1997）。

(三) 評估結果並結束諮商關係

如同之前所說，主動積極的個案是多數成功的生涯諮商必備之關鍵條件。在結束和身心障礙者的生涯諮商關係時，一個關鍵問題便是：個案是否投入在 (1) 蒐集資訊；(2) 產生數個可供選擇的行動方針，並給予權重；(3) 形成行動計畫。工作同盟之品質、產生的賦能程度、介入的有用性以及生涯目標辨識之適當性，可能和這個問題的答案密切有關。

對於身心障礙者來說，成功生涯發展的關鍵要素是有效之後續和追蹤服務。所以，當結束諮商關係，諮商師和個案可能會想要建立一個監控歷程來確認建立的生涯目標之達成（例如：教育或職業訓練方案的完成，或者成功保住工作）。非打擾式但持續地提供賦能之後續服務，對於達成期待的長期效果來說是重要的。諮商師必須知道個案可能會在任何時間選擇不再繼續此

持續性的支持。諮商師不應助長個案對其依賴，因為個案可能會把太多的被追蹤視為是缺乏信心。一個被賦能的個案，當需求出現時，將會很自在地重新開啟諮商接觸（NIDRR, 1994）。

　　一旦個案離開了諮商，他們的成功可能取決於他們使用社區資源之能力。諮商師可藉由教導個案如何取得資訊以及進入有支持性的職場和社區網絡，來增強個案的自力更生。能發現和使用以社區為基礎資源之個案，將更有獨立性，而且將他們個人的賦能超脫出諮商場所而轉換至生命所有場域。

結語

　　由於工作世界日新月異，服務系統區分歷程也不斷更新，因此，協助身心障礙個案達到正向、具挑戰性，且刺激其生涯發展，也逐漸成為十分困難之任務。有效的生涯諮商可以賦能身心障礙個案，對他們的生活選擇與生涯成功有所幫助。本章所提供內容，應該有助於生涯諮商師拓展諮商技術能力，獲得為身心障礙者有效服務所需的技能與技術。在賦能架構中應用生涯諮商結構，將使得身心障礙個案成為一位積極主動、被充分告知的參與者，而且學習及控制一套可同時用在短期和長期生涯發展之規劃歷程。如此一來，將能使身心障礙個案有更多機會控制與管理自己的生活。

參考文獻

Bolton, B., & Brookings, J. (1996). Development of a multifaceted definition of empowerment. *Rehabilitation Counseling Bulletin, 39*(4), 256–264.

Brolin, D. E., & Loyd, R. J. (2004). *Career development and transition services: A functional life skills approach.* Upper Saddle River, NJ: Pearson.

Chubon, R. A. (1995). Career-related needs of school children with severe physical disabilities. *Journal of Counseling & Development, 64,* 47–51.

Curnow, T. C. (1989). Vocational development of persons with disability. *The Career Development Quarterly, 37,* 269–278.

Emener, W. (1991). Empowerment in rehabilitation: An empowerment philosophy for rehabilitation in the 20th century. *Journal of Rehabilitation, 57*(4), 7–12.

Ettinger, J., Conyers, L., Merz, M. A., & Koch, L. (1995). *Strategies and tools for counselors, educators, and consumers* (Working Paper No. 3). Madison: University of Wisconsin–Madison, Rehabilitation Research and Training Center.

Fine, M., & Asch, A. (1988). Disability beyond stigma: Social interaction, discrimination, and activism. *Journal of Social Issues, 44*, 3–21.

Fogg, N. P., Harrington, P. E., & McMahon, B. T. (2010). The impact of the Great Recession upon the unemployment of Americans with disabilities. *Journal of Vocational Rehabilitation, 33*, 193–202.

Friedman, T. L. (2005). *The world is flat*. New York, NY: Farrar, Straus & Giroux.

Goldberg, R. T. (1992). Toward a model of vocational development of people with disabilities. *Rehabilitation Counseling Bulletin, 35*, 161–173.

Harp, H. T. (1994). Empowerment of mental health consumers in vocational rehabilitation. *Psychosocial Rehabilitation Journal, 17*, 83–90.

Harrington, T. F. (1997). *Handbook of career planning for students with special needs*. Austin, TX: PRO-ED.

Hershenson, D. B. (1996). Career counseling. In A. E. Dell Orto & R. P. Marinelli (Eds.), *Encyclopedia of disability and rehabilitation* (pp. 140–146). New York, NY: Simon & Schuster Macmillan.

Holland, J. L. (1985). *Making vocational choices: A theory of vocational personalities and work environments* (2nd ed.). Englewood Cliffs, NJ: Prentice Hall.

Institute on Rehabilitation Issues. (1999). *Meeting future workforce needs*. Menomonie: University of Wisconsin–Stout, Stout Vocational Rehabilitation Institute.

Kosciulek, J. F. (2000). Implications of consumer direction for disability policy development and rehabilitation service delivery. *Journal of Disability Policy Studies, 11*(2), 82–89.

Kosciulek, J. F. (2007). The social context of coping. In E. Martz & H. Livneh (Eds.), *Coping with chronic illness and disability* (pp. 73–88). New York, NY: Springer.

Kosciulek, J. F., Chan, F., Lustig, D., Pichette, E., & Strauser, D. (2001, October). *The working alliance: A critical element in the rehabilitation counseling process*. Paper presented at the Alliance for Rehabilitation Counseling Symposium, St. Louis, MO.

Kosciulek, J. F., & Merz, M. A. (2001). Structural analysis of the consumer-directed theory of empowerment. *Rehabilitation Counseling Bulletin, 44*, 209–216.

Kosciulek, J. F., & Perkins, A. (2005). Transition to work and adult life of youth with disabilities. In F. Chan, M. J. Leahy, & J. L. Saunders (Eds.), *Case management for rehabilitation health professionals* (pp. 293–308). Osage Beach, MO: Aspen Professional Services.

Krepcio, K., & Martin, M. M. (2012). *The state of the U.S. workforce system: A time for incremental realignment or serious reform?* (Research Report). New Brunswick: John J. Heldrich Center for Workforce Development, Rutgers, the State University of New Jersey.

Mastie, M. M. (1994). Using assessment instruments in career counseling: Career assessment as compass, credential, process and empowerment. In J. T. Kapes, M. M. Mastie, & E. A. Whitfield (Eds.), *A counselor's guide to career assessment instruments* (3rd ed., pp. 31–40). Alexandria, VA: National Career Development Association.

National Council on Disability. (2008). *National disability policy: A progress report*. Washington, DC: Author.

National Institute on Disability and Rehabilitation Research. (1994). Empowerment counseling: Consumer–counselor partnerships in the rehabilitation process. *Rehab Brief, 16*(6), 1–4.

National Organization on Disability. (2000). *Survey of the status of people with disabilities in the United States: Employment*. Washington, DC: Author.

O'Day, B. (1999). Policy barriers for people with disabilities who want to work. *American Rehabilitation, 25*(1), 8–15.

Rehabilitation Services Administration. (1993). *The Rehabilitation Act of 1973 as amended by the Rehabilitation Act Amendments of 1992*. Washington, DC: Author.

Roessler, R. T. (1987). Work, disability, and the future: Promoting employment for people with disabilities. *Journal of Counseling & Development, 66,* 188–190.

Rothman, R. A. (1987). *Working: Sociological perspectives*. Englewood Cliffs, NJ: Prentice Hall.

Ryan, C. P. (1995). Work isn't what it used to be: Implications, recommendations, and strategies for vocational rehabilitation. *Journal of Rehabilitation, 61*(1), 8–15.

Schroeder, F. K. (1995, November). *Philosophical underpinnings of effective rehabilitation*. Sixteenth Mary E. Switzer Lecture, Assumption College, Worcester, MA.

Scotch, R. K. (2000). Disability policy: An eclectic overview. *Journal of Disability Policy Studies, 11*(1), 6–11.

Stapleton, D. C., & Burkhauser, R. V. (Eds.). (2003). *The decline in employment of people with disabilities: A policy puzzle*. Kalamazoo, MI: Upjohn Institute.

Szymanski, E. M., & Hanley-Maxwell, C. (1996). Career development of people with developmental disabilities: An ecological model. *Journal of Rehabilitation, 62*(2), 48–55.

Szymanski, E. M., & Hershenson, D. B. (1997). Career development of people with disabilities: An ecological model. In R. M. Parker & E. M. Szymanski (Eds.), *Rehabilitation counseling: Basics and beyond* (3rd ed., pp. 273–304). Austin, TX: PRO-ED.

Szymanski, E. M., Hershenson, D. B., Enright, M. S., & Ettinger, J. M. (1996). Career development theories, constructs, and research: Implications for people with disabilities. In E. M. Szymanski & R. M. Parker (Eds.), *Work and disability: Issues and strategies in career development and job placement* (pp. 79–126). Austin, TX: PRO-ED.

Szymanski, E. M., & Trueba, H. T. (1994). Castification of people with disabilities: Potential disempowering aspects of classification in disability services. *Journal of Rehabilitation, 60*(3), 12–20.

Taylor, H. (1994, October 24). National Organization on Disability survey of Americans with disabilities [Special advertising section]. *Business Week*.

Trueba, H. T. (1993). Castification in multicultural America. In H. T. Trueba, C. Rodriguez, Y. Zou, & J. Contron (Eds.), *Healing multicultural America: Mexican immigrants rise to power in rural California* (pp. 29–51). Philadelphia, PA: Falmer Press.

Trueba, H., Cheng, L., & Ima, K. (1993). *Myth or reality: Adaptive strategies of Asian Americans in California*. London, England: Falmer Press.

United Cerebral Palsy Association. (2007). *The state of disability in America*. Washington, DC: Author.

Wehmeyer, M. L. (2004). Self-determination and the empowerment of people with disabilities. *American Rehabilitation, 28*(1), 22–29.

Wolfe, K. E. (1997). *Career counseling for people with disabilities*. Austin, TX: PRO-ED.

CHAPTER 7
協助個案理解及回應職場和家庭生活變遷

工作和家庭正以快步調變化著,而這些改變在 21 世紀可能更為加速。

　　全球化、製造業衰退、服務產業就業機會增加、非固定工時職
缺的成長,以及科技進步(例如行動電話、無線網路和筆記型電
腦),這些改變使得工作更容易介入家庭和家庭生活。……因此,
「工作」可能和家庭與個人生活有關的「非工作」領域之間變得越
來越模糊。(Ammons, 2013, p. 49)

變遷中的職場、持續增加的社會和職場多樣性、預期壽命延長、終身學
習,以及帶給個人與社會感到挑戰、緊張、壓力和焦慮之變動性家庭結構,
這些都不是抽象的,它們真實地發生。這些變遷帶來挑戰,並改變過去規範
職場及家庭生活之傳統規則,因而在實質上影響了個人的生活角色、居住
和工作環境,以及發生在生活中的事件。在生涯諮商中個案所帶來的許多問
題,很明顯地呈現在他們的生活角色、場景和事件,這些問題直接或間接
地受到前述某個或某些變遷之影響(Bianchi & Milkie, 2010),同時,這些
變遷也顯現在個案試圖在生活中維持工作和家庭之間的平衡。Hernandez 與
Mahoney(2012)針對工作和家庭間平衡的議題,提出以下陳述:

對於很多家庭而言，努力在生涯和家庭之間維繫平衡是常見現象，男人常要面對身為先生和父親的議題，就如同女人必須經常同時扮演妻子和母親。（p. 152）

本章聚焦在如何藉由生涯諮商幫助個案回應這些挑戰，還有前述變化帶來之結果。首先，我們把焦點放在職場和家庭生活正在發生的變遷，隨後探討由於這些挑戰與變遷帶來的影響而讓個案面對的問題。接著，我們把注意力放在透過生涯諮商幫助個案回應職場和家庭生活問題，將呈現五大主要必備知識領域，幫助生涯諮商師準備好和那些正面臨這些問題的個案一起工作。最後，本章以提供一份角色檢核清單作結。這些角色是當我們協助個案理解以及回應職場和家庭生活變遷時，決定生涯諮商成功之關鍵所在。

職場和家庭生活之變遷

關於職場和家庭生活出現的變遷，已經發生了一段時間，有些評論家使用「革命創新」（revolutionary）來描述這些變遷現象，另有人使用「進化開展」（evolutionary）這個詞。不管你偏好使用哪個詞語，這些正在職場和家庭世界的變化將會延續到可預見的未來。這些變遷有哪些現象呢？

一、職場

今日職場持續經歷著重大重組過程，這些重組及更新讓職場能在國內和國際間成功地競爭。就像全球化、人事精簡（裁員）、擴增規模、人力外包、鬆綁自由化和科技化等，這些詞語描述了在工作中促成這股持續重組之各種力量（Shapiro, Ingols, & Blake-Beard, 2008）。Lent（2013）指出，職場中的不斷重組正快節奏地增加中：

受到科技化、全球化經濟環境以及人口變項和移民型態等方面

帶來變遷之影響，工作世界對越來越多工作者而言已變得節奏更
快、更多樣性，以及越來越不可預期。（p. 2）

除了這些重塑職場的力量以外，另一股強大力量來自於職場，這股力量
是發生在構築我們社會之人口變項上的急劇改變，所造成逐漸多樣性的勞動
力。換言之，不僅來自工作中的力量改變了當今職場性質及結構，從事工
作者的特性也出現改變，反映出我們社會日趨多樣化之人口型態。Sommers
與 Franklin（2012, pp. 3-4）舉了以下這些例子：

- 隨著嬰兒潮這代完全邁入 55 歲及更高年齡組，其勞動力參與率顯著
  降低，勞動力成長將會趨緩並更為老化。

- 勞動力將會持續變得更多樣化，在 2020 年之前，西班牙裔美國
  人（從拉丁美洲移居到美國的講西班牙語者）將占全部勞動力的
  18.6%。

- 和緩慢勞動力的成長以及 2020 年全面就業經濟的假定一致，美國國
  內生產總值（GDP）預估將出現 3% 年增率，生產力增長之年增率預
  估為 2%，與其長期趨勢相似。

- 非農業就業人數預期將每年增加 1.4%，從 2007 至 2009 年期間不景
  氣及持續帶來的失業中回復，而在 2020 年前達到 1 億 4,950 萬人。
  包括農業、自雇而無酬的家庭工作者之總就業人數，預期每十年將增
  加 2,050 萬人。

- 衛生保健和社會救助業有望成為雇用增長最迅速的行業，其次是營造
  業。儘管營造業成長快速，但預計仍無法恢復到衰退前之最高就業水
  平。

- 和衛生保健、個人照護服務、社會服務以及和營造有關的職業群體，
  預期會最快速成長；然而，辦公室和行政支援類職業，預期將增加為
  數最多的新工作。

- 營造開採、生產、交通和運輸物流等職業群體之就業,在 2006 年到 2010 年期間跌落 10%,甚至更多。雖然這三類群體在 2010 年至 2020 年這段期間預期有成長空間,但其中沒有任何職業將回復到 2006 年時的就業水平。

- 通常需要有碩士學位才能進入的職業,預期將成長 21.7%,成長速度快於其他教育類別。在要求中學學歷或同等學歷才能進入的典型職業中,採學徒制作為在職培訓之職業將成長最快速,也擁有較高收入。這兩個預測結果,係基於 2010 年至 2020 年期間預期引進之新教育和訓練體系。

二、家庭生活

當變遷持續發生在工作世界,變遷也持續呈現在家庭生活之中。工作生活和家庭生活是交織在一起的,而家庭也變得逐漸不穩定與更多樣化（Appelbaum, 2012）。

> 現今家庭已經變得較為不穩定（例如:較高離婚和非婚生育比率）,同時更加多樣化（例如:越來越多「非傳統型」之家庭結構、雙收入）。許多家庭也在適應通貨膨脹之後,同時經歷工作安全感降低和較低收入。除此以外,夫妻在靈性宗教方面也更為多樣化（例如:更多不同宗教信仰者的婚姻、較不那麼傳統的宗教性）。（Hernandez & Mahoney, 2012, p. 135）

無論我們同不同意家庭多樣性正逐漸增加,多數評論家確實認為美國家庭結構正在改變。由雙親組成之傳統家庭結構,有兩個或更多小孩,只由父親工作,此類型家庭不再是多數。這樣的家庭結構已經被種類繁多的家庭組合所取代,包括:雙生涯家庭、雙收入者,還有單親家庭。

在 2000 年至 2010 年期間的一個明確趨勢是家庭和職場所增加之多樣性。在家庭方面，從雙親、兩個小孩的家庭，而且是男主外、女主內的型態，逐漸變得更為多元，其他家庭型態增多（例如：男同性戀家庭、女同性戀家庭、離婚父母共同監護）。在這十年間，單親家庭、再婚家庭仍在有孩子的家庭中占大部分，許多學者檢視了這些家庭的工作和生活條件及其影響。（Bianchi & Milkie, 2010, p. 706）

另外一個在家庭生活中出現的趨勢，即是一些研究者已提出的「三明治世代」。三明治世代被定義為：「同時必須提供給小孩以及父母或姻親照護之家庭」（Chassin, Macy, Seo, Presson, & Sherman, 2010, p. 38）。這個名詞指出這些家庭必須負擔子女的教育費用，同時必須照顧年邁父母而負擔養老院照護費用。

變遷中的職場和家庭生活帶來的挑戰及影響

職場和家庭生活出現的變遷帶給人們哪些挑戰以及影響呢？這些變遷對於人們扮演的工作者和家庭角色又會產生怎麼樣的影響？本節將聚焦在這些議題。

一、工作者角色的失去

職場所經歷的變遷現象對有些人來說，導致的主要結果即為失業。舉例而言，當工作者由於裁員而導致失業，他們失去的是生活中的主要重心、失去自身認同的某部分。他們自覺貶值，而這種感受時常影響生活各方面以及所有生活角色。

失業具有經濟上的意義，也有社會和心理意義：失去穩定收入、每天的社會接觸、友誼和社會支持，還有伴隨失業之認同和自我價值。壓力相應而

生，時常帶給人們及其家庭生活和家庭關係之壓力感受（憤怒、挫敗、焦慮）。

我們對於失業所引發的悲傷之複雜情緒動力的考量並不夠多，當個案面臨重大生活改變，從失業和生活型態調適脈絡中了解他的悲傷，是特別重要的。通常壓倒性的失落感會分散或阻礙一個人尋找下一份工作的準備，也無法有效地邁向積極正向的生涯生活改變。（Simmelink, 2006, p. 1）

一些作者（Bridges, 2004; Simmelink, 2006）修正了 Elizabeth Kubler-Ross（1969）的五個悲傷階段，用以描述發生在那些失業者身上的經歷。首先是「否認」（denial）：「他們犯了一個錯誤」、「他們指的應該是別人」；然後出現「憤怒」（anger）：「都是自由貿易協定造成的」、「這都是華盛頓（政府）的錯」；接下來出現的是「交涉」（bargaining，討價還價）：「事情不一定要這樣決定」、「讓我們聚在一起也許可稍微修補一下這種狀況」；然後接著是「絕望」（despair）：「所有的希望破滅」、「對我來說什麼都沒有了」。最後，經歷過這些逐步深化階段之悲傷，到達了 Kubler-Ross 所說最後的「接受」（acceptance）階段：「我準備好接受這樣的生活了」、「我失去了所擁有的，但我不會坐在這裡繼續等下去而不做點什麼」。並非所有經歷失業的工作者都會經歷這些階段，但假若他們真的失業了，這些有關各階段的文字描述仍不見得能觸及他們的思想、情緒和感受。

幫助個案處理失業帶來的悲傷經驗必須從傾聽開始，藉由請個案講述他們的故事開始。重要的是要傾聽感受、任何與工作有關的議題，以及可能與家庭有關的關心議題。提供個案講述他們失業故事之機會，這是生涯諮商過程中的關鍵第一步（Simmelink, 2006）。

二、職場中的憤怒

雖然所有悲傷階段都是相互關聯而且重要的，但因為某些出現在職場或家中的行為所可能產生的後果，使得憤怒階段值得特別關注。憤怒階段需要被特別注意，因為憤怒可能發洩在職場或家中，進而導致失業以外的其他意外事件。同時，憤怒值得關注，是因為「職場攻擊耗費掉公司每年數百萬美元的損失」（Novick, 2007）。

面質和對話通常是一般工作環境的一部分，工作者和管理者每天都要面對個人和工作相關的問題，他們必須面對同事的焦慮和挫折、組織方面的困難、個性衝突，來自外部的侵略性妨礙者，以及與客戶和公眾的問題關係。儘管如此，對話通常優於對抗，人們設法在工作場所組織有效而有生產性的活動。然而，有些情況下，當對話未能朝向正向途徑發展時，也就是當工作者、管理者、客戶或公眾之間關係惡化之際，影響了有效工作和達成生產性目標，當這種情況發生時，可能就會出現職場暴力。職場暴力「可能以各種形式呈現，從粗言穢語、威脅、霸凌，到身體攻擊和殺人」（Wassell, 2009, p. 1049）。

有的時候，工作者會把憤怒帶進工作，在其他時候，則是因為工作而生氣，然後把這種憤怒帶回家。儘管失業可能是一個突發事件，但可能還有一些其他原因，其中某些原因植根於個人的過去，有些則存在於現在。

到底是怎麼樣的想法和感受可能導致個案生氣並採取憤怒行動？假設你正在與表達憤怒的個案進行諮商，他們因為沒有晉升到更高職務而憤怒，在這樣的狀況下，你預期他們會出現什麼樣的想法和感受？Allcorn（1994, pp. 29-30）引用 Hauck 的研究，建議你可以這樣預期：首先，個案可能會表達沮喪的感覺，因為他們希望得到升遷，但結果卻沒有。接下來可能出現某些想法，認為沒有被升遷是相當糟糕的事，他們應該得到更公平的對待。現在，隨著憤怒出現，這些個案可能開始認為他們不應該被人這樣對待。最後，他們可能會認為那些不讓他們晉升的老闆應該被嚴懲，因為這些位居管

理職位者應該受到嚴厲的懲罰。

在這個例子中，應該如何回應？Allcorn（1994, p. 56）建議如此回應：傾聽並正視他的憤怒；試著確定憤怒來源；試著確定所表達的憤怒是否掩蓋了某些東西，像是無助感和無力感。在傾聽時，請開始將焦點放在問題解決上，幫助個案轉換和解決，將事實和幻想區分開來。

三、職場中的霸凌

正如 Wassell（2009）所指出的，職場暴力也會以霸凌形式呈現。什麼是職場霸凌？它是「由一個或多個加害者採取以下其中某種或多種方式，重複虐待一個或多個人（目標），以致傷害其健康：言論攻擊，威脅、羞辱或恐嚇等冒犯行為（包括非口語行為），使人工作受干擾、破壞而無法完成工作。」（Workplace Bullying Institute, 2013）

Ramsay、Troth 與 Brauch（2011）認為霸凌對職場有嚴重影響。它可能導致缺勤、疾病、對工作失去承諾以及工作滿足感降低。他們還指出職場霸凌可能不僅一個人涉入其中，而可能涉及群體。

雖然學校通常不被認為是職場，但學校也是工作場所且霸凌相當嚴重。「光是今年，美國有 1,300 萬學童被霸凌，每月會有 300 萬人在某些時間沒去上學，因為他們覺得那裡不安全」（Shallcross, 2013, p. 31）。學校中的霸凌有多種形式，包括身體霸凌、言語霸凌、網路霸凌、社會型攻擊和關係攻擊。在網路霸凌中，被霸凌者可能知道也可能不知道誰在霸凌他們。

四、工作與家庭關係

有鑑於前述工作生活和家庭生活帶來的改變，我們要如何理解人們在家庭生活角色所面臨的挑戰及其影響呢？Zedeck 與 Mosier（1990）在回顧廣泛文獻之後，指出五個理論取向用以理解和解釋工作與家庭關係之複雜性和動力，更著重在家庭中的個人，而非以家庭為單位。

第一個用於解釋工作與家庭關係的複雜性和動力之理論取向，稱為**外溢**

理論（spillover theory）。根據外溢理論，工作和家庭之間失去了界線；發生在工作中的事情會蔓延到家庭領域，反之亦然（發生在家中的事情，也會影響工作狀況）。當代科技使得職場員工和家庭成員間能自由溝通，同時，彈性的工作安排允許員工在家完成工作，使得工作和家庭之間的外溢現象更有可能出現（Ilies et al., 2009）。

第二個理論取向是**補償理論**（compensation theory），它假定工作和家庭角色有反向的關聯性。由於每個人在工作角色和家庭角色方面的投入不同，因此他們可能會在一方中彌補另一方的缺失。Zedeck 與 Mosier（1990）以 Crosby 的研究為基礎，指出「家裡的事件為職場中的失意提供了『減震器』，反之亦然」（p. 241）。

第三個理論取向是**區隔理論**（segmentation theory），此理論認為工作和家庭角色可以同時並存而不影響彼此；也就是說，人們可以劃分他們的生活。Zedeck 與 Mosier（1990）指出「家庭被視為講究有效、親密和重要歸屬關係之領域，而工作世界則被認為是沒有人情味、具競爭性、工具性而非表達性的場所。」（p. 241）

第四個理論取向是**工具性理論**（instrumental theory），也就是工作或家庭其中某個角色被用來獲得對於另一個角色來說是重要的必需品和奢侈品。人們為了獲得家庭生活所需而工作，工作也是為了有資金可購買休閒活動之商品及服務，比如說：船、運動器材或家庭劇院。

最後一個理論，Zedeck 與 Mosier（1990）稱之為**衝突理論**（conflict theory）。該理論假定，在一個角色中取得成功可能意味著在另一個角色中做出犧牲；或者，更直接地說，就是人們為了盡家庭義務而可能缺勤、有時遲到，或無法有效率地工作。Kossek、Pichler、Bodner 與 Hammer（2011）把這種工作和家庭的衝突界定為：「這種形式之角色內衝突，發生在投入一個角色而使得從事另一個角色變得更加困難」（p. 290）。值得注意的是，根據 Williams 與 Bousbey（2010）的觀點，工作與家庭間的衝突在美國是比較高的，因為美國人比大多數其他已開發國家的工作時間更長。顯然，工

時較長就越有可能發生此類衝突。

Voydanoff（2007）提出另一種了解並解釋工作與家庭之間關係複雜性和動力的方式。她指出兩種類型的關係：以時間為基礎、以應變為基礎。「以時間為主的家庭需要……包括解決家庭責任之時間」（p. 55）；相對而言，「以應變為主的家庭需要……與家庭結構和社會組織有關，包括：來自配偶（例如婚姻衝突）、小孩（例如小孩的問題）、親戚（例如照顧者的壓力）、家務勞動（例如知覺到的不公平）之心理需要」（p. 55）。這兩種關係，都會對於工作與家庭之間的關係產生重大影響。

藉由生涯諮商回應職場和家庭生活議題

一、生活生涯發展觀

正如我們之前所說，個案帶進生涯諮商的許多議題，都是由職場和家庭生活中發生一項或多項變遷直接或間接所引起。它們通常是與個人、情緒、家庭和工作議題交織在一起的複雜議題。因為它們很複雜，所以，從整體面來了解個案是有幫助的，這樣就可以從集體面或個別層面來看待這些議題。這種具全面性的整體觀點即為我們提倡之生活生涯發展概念，如同第 1 章所描述。

生活生涯發展概念，為諮商師和個案提供生活角色、生活情境和生活事件的語言。它成為一種共同語言，因為諮商師可以和個案一起使用這樣的語言來識別、分析和理解他們的工作和家庭議題，個案也可以自己這樣做。雖然這些建構是由諮商師提供給個案，但是它們易於被個案理解且結合在個人化的經驗，因為個案可以將它們與現實生活中的工作和家庭情境聯繫起來。

在回應個案的工作和家庭問題時，使用生活角色、情境和事件這些共同語言，提供我們把工作和家庭問題放在脈絡中及從中理解的方法。使用共同語言開啟了一道共同參與（諮商師和個案一起）學習以及理解個案問題之

門，以便可以選擇隨後介入方式而用於幫助個案解決他們所面對的問題。因此，這樣的生涯諮商是一種共享經驗，由個案與諮商師一起工作所形成的共有經驗。

二、主要必備知識領域

幫助個案回應職場與家庭生活問題時，需要選擇和採用適當之介入。雖然所選擇的具體介入取決於諮商師對他們的假設以及個案正在處理的議題，但此處提供了主要知識領域以提醒在與個案一起處理職場和家庭議題時，經常需要注意的重要問題。Hotchkiss 與 Borow（1996）列出了數個行動領域，包括：了解勞動力市場、破除性別刻板印象，以及降低種族和族群之間的障礙。除了他們列出的清單以外，我們增加了：幫助身心障礙者克服所面對障礙，還有處理工作和家庭問題。

（一）了解勞動力市場

因為工作世界是動態且經常變化的，我們很難理解。對於許多前來接受生涯諮商的個案來說，工作世界的界限很少、很難掌握，帶來很大壓力。對於那些首次求職以及曾在職場工作但卻失去工作的個案來說，情況確實是如此。當在生涯諮商中加入其他可能有關的問題時，包括種族、文化、宗教、性別、年齡與家庭，那麼生涯諮商所涉議題之複雜性和相互關聯性便會大大增加。

生涯諮商中有待解決的許多個案問題都源於工作世界，然後，蔓延到其他生活領域。舉例而言，一些個案可能會呈現出第一次找工作的議題，或者，在某個產業縮減後必須要尋找並獲得其他工作，這個問題通常和他們的工作者角色直接有關，但是也可能會和生活中其他角色有所關聯，包括身為配偶、家人、父母和學習者，同時還可能涉及個案的性別、族群和種族認同、性取向、年齡、宗教和社會階級。如果個案先前在職場或其他情況下曾經歷過任何形式的歧視，這些經歷可能會影響他們的求職；即使個案沒有經

歷直接歧視,基於個案對自己所認同群體的過去經驗,擔心可能會被歧視,也可能會影響他們的求職。

鑑於個案尋找和獲得工作時的問題,涉及了所有這些可能的動力和連結,我們需要一個起點來面對這樣的現象。因為這些問題與工作世界有關,所以由此(工作世界)開始是有道理的,幫助個案學習如何與工作世界協商可能是第一步。透過為個案提供勞動力市場(labor market)的概念,給了他們一個描述、標記和協商工作世界之方法。他們將有一個起點把自己直接與職場連接起來,就像種下一個希望的種子,知道有方法可以開始解決他們的問題。

所以,什麼是勞動力市場?**勞動力市場**是地理區域,在這區域中,工作者爭奪工作並為尋找支薪的工作而競爭,而雇主爭奪工作者,還有為尋找有意願投入的工作者而競爭。勞動力市場可能是當地的、州/地區性的、全國或國際性的。

當地的勞動力市場包括一個地區,工作者願意在不改變住所的情況下換工作。它包含組成當地勞動力市場之**勞動力**(labor force)的工作者,或 16 歲或以上(不包括現役軍人或監獄囚犯等特定機構人員)正在工作或尋找工作的人數。當地勞動力市場還包含一系列**職業**(occupation),這些職業被定義為受僱者因付費而從事的一系列活動或任務,執行基本相同任務的受僱者屬於同一職業。最後,當地勞動力市場包含僱用工作者的**產業**(industry,雇主),產業大致分為兩類:商品生產和服務。

有些個案可能不會在當地尋找工作,他們可能有興趣在更廣泛的地理區域探索就業機會,例如其他州或地區(如美國西南部),或者全國性的或國際性的就業機會。無論地理區域的規模如何,所有勞動力市場都包含和當地勞動力市場相同要素:工作者(勞動力)、職業(工作者從事的活動或任務)和雇主(產業)。

個案可以獲得之工作機會結構,有部分取決於他們居住的地方,他們願意或能夠前往上班的距離,以及他們是否願意搬到新的地點。一個例外是內

部勞動力市場,內部勞動力市場存在於僱用公司內部,而不以地理術語來描述。內部勞動力市場的特點是組織規則,由此規則定義受僱者如何被僱用和晉升,以及工作崗位如何被結構出來。在內部勞動力市場,「工作者從被僱用從事初級工作崗位,到更高層次的工作,都是在這個公司內部」(Lazear & Oyer, 2004, p. 527)。

個案對內部勞動力市場的了解很重要,因為這涉及到影響就業機會之規則。新員工只受僱於某些較低級別的工作,一旦員工進入了,移動大多是垂直的,並且有特定的在職培訓。在內部勞動力市場運作的組織之中,個案需要意識到即使他們可能擁有更高級別職位的技能,他們也必須從初級職位開始,從最基本的階層進入組織開始工作,然後,這裡提出的規則(垂直升遷和必須接受在職訓練)便適用在讓個案了解內部勞動力市場之就業機會。

(二) 破除性別刻板印象

「根深蒂固的社會化過程使得僵化的性別角色知覺延續,限制了生涯選項選擇」(Hotchkiss & Borow, 1996, p. 318)。由於這種社會化,因此我們必須幫助深受影響的女性和男性個案克服性別刻板印象的限制,包括一開始的職業選擇、收入、職業等級和工作職責之限制。第 4 章和第 5 章詳細介紹過這一主題,因此我們在這裡僅提供一個提醒,以強調此主題的重要性。

(三) 降低種族和族群障礙

由於美國人口日益多樣化且這樣的多樣化反映在勞動力,因此,關注種族和族群障礙至關重要。我們必須理解並回應個案帶入生涯諮商的各種種族和族群背景,以及他們的歧視經歷,了解他們的個人和群體歷史、他們的世界觀、他們的認同狀態以及他們的文化涵化程度,這些將為工作同盟和有效選擇適當行動介入策略奠下基礎。第 3 章已提供了廣泛的背景和實際行動介入策略,我們只是想在此提醒關於這個議題的重要性。

(四)幫助身心障礙者克服所面對障礙

由於社會大眾以及聯邦法令更加意識到身心障礙者需求，因此，越來越多身心障礙者正在尋求就業。諮商師必須了解身心障礙者面臨之獨特問題，並致力於讓他們融入社會、獨立、獲得賦能。諮商師可以成為幫助促進身心障礙個案獲得更好技能發展和探索之關鍵環節。諮商師還可以作為促成雇主變革之力量來源，幫助在更廣泛職業中開啟更多就業選擇。第 6 章提供了有關身心障礙者當前就業狀態之具體訊息，描述賦能架構，並討論與身心障礙個案群體工作時和生涯諮商歷程有關之特定議題。

(五)處理工作和家庭問題

隨著個體逐漸成為成人，許多人必須處理工作和家庭問題：

工作中發生的事情往往影響他們生活的其他方面，就像在其他生活面向的承諾經常影響就業態度和行為一樣。其中經常一再出現的議題，是希望更成功地平衡對工作和對其他方面的承諾。此類挑戰最熟悉的例子發生在那些幼兒的父母身上，然而，當父母進入中年時，這些挑戰並未停止。事實上，家庭參與往往變得更加複雜，婚姻、父母教養、祖父母教養和為人子女的孝道角色都和工作一樣在競相爭取有限的能量。（Sterns & Huyck, 2001, p. 469）

在第 1 章所呈現以及本章前面討論過之生活生涯發展觀點，其生活角色、生活情境、生活事件等概念都在生活廣度中相互作用，此觀點是理解和處理工作和家庭問題之有效方法。如前所述，生活角色、生活情境、生活事件等概念為諮商師和個案提供了一種共同語言，可以分解、識別和標記那些圍繞在工作和家庭問題之議題及脈絡背景。隨著這個做法實現，源自 Zedeck 與 Mosier（1990）及 Voydanoff（2007）提出的概念就可以用來幫

助我們解釋工作和家庭關係之間的動力，以及家庭和工作間的問題可能導致的後果。

在這個過程的起始點，是試著把個案的工作和家庭問題轉換成生活角色、生活情境、生活事件這類術語。工作者角色、家庭角色（父母、配偶、伴侶）、職場、家庭、工作相關事件，以及家庭相關的事件，成為用於分析、具體化和理解個案工作與家庭問題之詞彙。個案提出的問題和可能的潛在問題，一開始是籠統模糊和失真的，現在則可以被具體化。生活角色、生活情境、生活事件等詞彙，可用於釐清議題並點出我們的關心。

這種具體化和標記流程，可幫助諮商師和個案開始解決、解釋及理解工作與家庭關係之複雜性和動力。傾聽個案描述他們的問題，並在生涯諮商的蒐集資訊階段中聆聽潛在動力，在工作中（工作環境、工作者角色）所發生的（事件）是否會波及家庭生活（家庭環境、父母角色、配偶角色）？在工作中（工作環境、工作者角色）所發生的（事件）是否因家庭生活衝突（家庭環境、父母角色、配偶角色）而受到波及？個案試圖將這兩個世界（工作、家庭）分開，是否出現了劃分現象（Zedeck & Mosier, 1990）？

諮商師角色檢核清單

生涯諮商之開始階段及其工作同盟的開始發展，至關重要。雖然諮商師將注意力集中在個案呈現的目標或問題上，但隨著生涯諮商過程之持續進行，會意識到這些一開始呈現的目標或問題可能會擴展到其他目標或問題。然後，隨著生涯諮商歷程的界線被建立了之後，蒐集資訊階段開始進行。藉由量化和質性程序與工具來了解更多個案及其問題，以便形成假設。根據假設進行介入，幫助個案達到他們的目標或解決伴隨而來的問題。隨後，當個案的目標已經達到或他們的問題得到解決時，生涯諮商歷程及關係就此結束。

隨著生涯諮商過程中各階段的展開，與個案之間的工作同盟正進一步發

展並強化。共同語言的使用有助於讓目標陳述清楚，具體化實現這些目標而必須執行的任務，這反過來又創造了和個案之間的共同參與，為發展相互信任和尊重之連結奠定了基礎。

有鑑於你和個案將共同經歷生涯諮商過程各階段，以及建立工作同盟的重要性，在幫助個案理解及回應職場和家庭生活變化時，需要考慮到哪些重要角色？這裡提供了一份可以作為開始的清單：

1. 協助個案全面了解自己及其處境和問題，以便他們能夠看到生活、家庭與工作之間的聯繫和關係。
2. 協助個案理解和處理心理健康、工作和生涯發展相互交織之議題（Blustein, 2008）。
3. 協助個案欣賞各式各樣的多樣性，包括職場中的種族、族群、性別和性取向。
4. 協助個案欣賞職場中正在改變的性別角色。
5. 賦能身心障礙個案。
6. 協助個案理解並完成生命轉換之各個階段。
7. 協助個案將他們在工作和家中的成功和失敗，與身為人的價值分開。
8. 協助個案發展支持系統以緩衝職場和家庭壓力以及壓力感受（Kinnunen & Mauno, 2008）。
9. 協助個案認識到悲傷和失落是面對改變之自然反應。
10. 協助個案處理面對變遷之抗拒。
11. 協助個案將職場與家庭的沮喪和憤怒能量轉為朝向積極之解決方案。

結語

透過生涯諮商幫助個案理解及回應職場和家庭生活中的變遷，需要知識、了解和技能。本章旨在提供職場和家庭生活變遷之概述，並強調理解及

回應由於這些變化而導致的個案問題所需之基礎知識。為了理解和適當地回應，我們建議從人類發展的整體角度，亦即「生活生涯發展」，來看待個案問題。

　　第 1 章描述了生活生涯發展觀點，以及我們對於生涯諮商過程之了解。第 3 章、第 4 章、第 5 章和第 6 章則重點介紹了諮商師在處理性別、種族、族群和身心障礙議題時所需的基礎知識及應用技能。本書其餘部分著重生涯諮商過程，呈現所有這些議題和關注點如何從開始階段延續到結束階段而交織在一起。在整本書中，可以看到在工作中積極和投入的諮商師概念，我們堅信諮商師積極參與生涯諮商過程之必要性。「諮商師應該……被鼓勵在當障礙迫使當事人無法獨立克服時考慮採行建設性之介入。」（Hotchkiss & Borow, 1996, p. 318）

Allcorn, S. (1994). *Anger in the workplace.* Westport, CT: Quorum Books.

Ammons, S. K. (2013). Work–family boundary strategies: Stability and alignment between preferred and enacted boundaries. *Journal of Vocational Behavior, 82*, 49–58.

Appelbaum, L. D. (2012). Introduction. In L. D. Appelbaum (Ed.), *Reconnecting to work* (pp. 1–16). Kalamazoo, MI: W. E. Upjohn Institute for Employment Research.

Bianchi, S. M., & Milkie, M. A. (2010). Work and family research in the first decade of the 21st century. *Journal of Marriage and Family, 72*, 705–725.

Blustein, D. L. (2008). The role of work in psychological health and well-being. *American Psychologist, 63*, 228–240.

Bridges, W. (2004). *Transitions: Making sense of life's changes* (2nd ed.). Cambridge, MA: Da Capo Press.

Chassin, L., Macy, J. T., Seo, D. C., Presson, C. C., & Sherman, S. J. (2010). The association between membership in the sandwich generation and health behaviors: A longitudinal study. *Journal of Applied Developmental Psychology, 31*, 38–46.

Hernandez, K. M., & Mahoney, A. (2012). Balancing sacred callings in career and family life. In P. C. Hill & B. J. Dik (Eds.), *Psychology of religions and workplace spirituality* (pp. 135–155). Charlotte, NC: Information Age.

Hotchkiss, L., & Borow, H. (1996). Sociological perspective on work and career development. In D. Brown, L. Brooks, & Associates (Eds.), *Career choice and development* (3rd ed., pp. 262–367). San Francisco, CA: Jossey-Bass.

Ilies, R., Fulmer, I. S., Spitzmuller, M., Johnson, M. D. (2009). Personality and citizenship behavior: The mediating role of job satisfaction. *Journal of Applied Psychology, 94*(4), 945–959. doi: 10.1037/a0013329

Kinnunen, U., & Mauno, S. (2008). Work-family conflict in individuals' lives: Prevalence, antecedents, and outcomes. In K. Näswall, J. Hellgren, & M. Sverke (Eds.), *The individual in the changing working life* (pp. 126–146). Cambridge, England: Cambridge University Press.

Kossek, E. E., Pichler, S., Bodner, T., & Hammer, L. B. (2011). Workplace social support and work–family conflict: A meta-analysis clarifying the influence of general and work–family-specific supervisor and organizational support. *Personnel Psychology, 64*, 289–313.

Kubler-Ross, E. (1969). *On death and dying.* New York, NY: Macmillan.

Lazear, E. P., & Oyer, P. (2004). Internal and external labor markets: A personnel economics approach. *Labor Economics, 11*, 527–554.

Lent, R. W. (2013). Career-life preparedness: Revisiting career planning and adjustment in the new workplace. *The Career Development Quarterly, 61*, 2–14.

Novick, A. (2007). Workplace stress and anger—Resolving it could save millions. *AJ Novick Group's Anger Management Weblog.* Retrieved from http://angermanagementonline.wordpress.com/2007/11/29/workplace-stress-and-anger-resolving-it-could-save-millions/

Ramsay, S., Troth, A., & Brauch, S. (2011). Workplace bullying: A group processes framework. *Journal of Occupational and Organizational Psychology, 84*, 789–816.

Shallcross, L. (2013). Bully pulpit. *Counseling Today, 55*, 30–39.

Shapiro, M., Ingols, C., & Blake-Beard, S. (2008). Confronting double binds: Implications for women, organizations, and career practitioners. *Journal of Career Development, 34*, 309–333.

Simmelink, M. N. (2006, September 1). *Understanding grief in the context of job loss & lifestyle adjustment.* Retrieved from http://209.235.208.145/cgi-bin/WebSuite/tcsAssnWebSuite.pl?Action=DisplayNewsDetails&RecordID=856&Sections=&IncludeDropped=1&AssnID=NCDA&DBCode=130285

Sommers, D., & Franklin, J. C. (2012). Employment outlook: 2010–2020. *Monthly Labor Review, 135*, 3–20.

Sterns, H. L., & Huyck, M. H. (2001). The role of work in midlife. In M. E. Lachman (Ed.), *Handbook of midlife development* (pp. 447–486). New York: Wiley.

Voydanoff, P. (2007). *Work, family, and community: Exploring interconnections.* Mahwah, NJ: Erlbaum.

Wassell, J. T. (2009). Workplace violence intervention effectiveness: A systematic literature review. *Safety Science, 47*, 1049–1055.

Williams, J. C., & Bousbey, H. (2010). *The three faces of work-family conflict.* Washington, DC: Center for American Progress.

Workplace Bullying Institute. (2013). *The WBI definition of workplace bullying.* Retrieved from http://www.workplacebullying.org/individuals/problem/definition/

Zedeck, S., & Mosier, K. L. (1990). Work in the family and employing organization. *American Psychologist, 45*, 240–251.

Part **II**

個案目標或問題辨認、
澄清、具體化

生涯諮商歷程之開始階段：形成工作同盟

CHAPTER 8

在我們開始生涯諮商過程時，需要考慮很多事情，但沒有什麼比強調與個案建立強而有力之工作同盟更重要。在本章，我們定義工作同盟，釐清工作同盟對於在生涯諮商中獲得成功結果之重要性，並包括如何建立同盟的想法。個案所做的陳述可以說明同盟的重要性，因為這是從他們的觀點來看工作同盟。

工作同盟

第 1 章介紹了建立穩固之工作同盟，這是在生涯諮商中實現目標必要的第一步。Skovholt、Ronnestad 與 Jennings（1997）總結了諮商研究，強調：「如果我們必須選擇一個最重要而有研究基礎之諮商／心理治療向度，那就是與個案建立一個非常正向工作同盟的能力。」（p. 362）工作同盟之經典陳述係由 Edward Bordin（1979）所提出，他認為關係中的三個部分是基本的，需要我們不斷的關注：

1. 個案與諮商師就諮商要達到的**目標**達成協議。
2. 就所涉及之**任務**達成協議。

3. 建立個案和諮商師之間必要的**連結**，確定對雙方的重要性（例如治療目標和實現目標所需之任務）。

　　更多的研究證據（Castonguay, Constantino, & Holtforth, 2006; Gelso & Carter, 1985）支持了這種概念化關係之方式，並進一步強調在諮商早期建立此關係的重要。實際上，Wei 與 Heppner（2005）提供一些證據，指出亞洲個案較早對工作同盟有所評估（在第一次晤談即判斷），這個發現將進一步影響我們如何開啟諮商。（生涯）諮商的結果可能多半取決於不僅在早期建立同盟，也和我們與個案一起工作整個過程中維持同盟有關。Krupnick 及其同事的觀點在 Skovholt 等人（1997）對於治療同盟研究之詳盡回顧中被引述，發現「同盟評估之平均數，對於結果有很大影響」（p. 363），其他因素似乎沒有這樣的影響。

　　同時，儘管有一些研究證據讓我們開始考量將工作同盟視為兩個獨立因素：一個和關係有關（就像某些連結），另外一個因素則是任務和目標（Andrusyna, Tang, DeRubeis, & Luborsky, 2001）——但，這只意味著我們可能需要重新考量我們如何評估同盟，例如，在建立關係方面之成功，可能在某種程度上與任務和目標無關。無論哪種方式，我們都不能過分誇大工作同盟的重要性。

　　然而，完全由諮商師來建立這種同盟，他們可能很容易採取行動以建立這種同盟，但很明顯的，我們描述的是一種動態關係，而它很大程度上係由諮商師所說和所做的，以及個案所說和所做的，實由雙方來決定。Meara 與 Patton（1994）將同盟描述為諮商的一部分，可被具體化地描述為包括合作、相互性，以及兩個人共同合作。Gelso 與 Hayes（1998）確認了同盟的兩個基本組成要素：合作，以及依附或連結。正是這種相互依賴，使得它既複雜又迷人；就像任何良好的關係一樣，需要雙方共同努力。

一、建立目標相互性

　　首先，我們必須建立生涯諮商目標的相互性。我們不遵循任何特定形式或一系列明確的預定目標，取而代之，我們要從成為一位好的傾聽者開始。我們必須留意，首先讓我們的個案表達他們認為他們想要從諮商得到什麼，好好地傾聽為建立一系列目標提供了早期基礎，並能有時間和機會了解個案前來諮商時是否已建立清楚目標。如果是這樣，我們必須確定目標是否合理而能在生涯諮商中得到妥善解決。如果個案一開始並不清楚前來諮商的目標，而往往個案確實並不清楚，那麼，我們就無法達成目標之協議。我們可能在早期建立這些目標時遇到問題，但良好同盟取決於諮商師和個案透過持續努力，努力建立和修正而成為適切目標。這是建立工作同盟的一個重要要素，在我們繼續建立工作同盟其他兩個組成要素：任務和連結之前，應該不斷地評估。讓我們接著看看何謂「任務」（task）。

二、尋找支持工作同盟之任務

　　諮商中的許多任務可以有助於帶出成功的結果。我們鼓勵談話、反思、開放、誠實、承諾於嘗試各種有創意的刺激活動（興趣量表、測驗、職業組合卡、幻遊之旅、家族圖、日誌書寫、社交往來、創造個人敘事、閱讀書籍或文章）──所有類型的活動，可能均為朝向商定目標（agreed-upon goals）前進之想法或行動。儘管有時可能有充分理由不參與這些任務，但我們始終必須就哪些是有用的以及為什麼有用達成共識。應該事先商討同意有哪些導致成功結果之任務，以便能夠形成生涯諮商中共同承擔而即將進行的主要事項；正如我們建立共同商定的目標一樣，我們也同意透過一系列任務來實現這些目標。以我們的經驗，加上個案來談時我們對他們的了解，可以確認花了很長一段時間後，這些一起晤談的時間是真的很有效的。

三、同盟的一部分──建立連結

　　最後，工作同盟取決於和我們的個案建立連結。理論學者給了我們很多方法來概念化、理解甚至測量這樣的連結（Barrett-Lennard, 1986; Gelso & Carter, 1985; Orlinsky & Howard, 1986; Rogers, 1961; Tichenor & Hill, 1989），但在思考有關什麼是必要的、需要的或充分的，他們的意見是分歧的。他們似乎都同意諮商師和個案之間必定存在某種連結──包含關懷和信任之依附──研究證據指出如果沒有這樣的連結，那麼朝向完成目標的努力（任務）將被打折。若我們不在意研究結果所呈現的微小差異，我們可以說，若雙方沒有提供和感受到信任及支持，那就很難建立建設性的關係。

　　我們知道諮商師需要善於建立良好的工作關係，但並不清楚要如何做到。是否如 Carl Rogers（1961）所建議的那樣存在著必要條件，或者，連結可否採用其他方式達到？還有其他同等有效之關係，能夠帶來我們期待的改變嗎？我們究竟應該更多或較少關注目標和任務之重要性？最新近的證據是，所有這三者都必須被注意到，以便諮商師建立我們所謂的良好工作同盟。我們將**良好的工作同盟**定義為在關係中建立彼此明確定義的目標，找到共同商定任務以促進這些目標之追求，而同樣重要的是在關係中建立有效連結，讓在一起工作的治療時間用得更有建設性。如果在生涯諮商早期階段完成這項工作，我們便可為個案提供適切方向，而最終，我們可以期待從我們的努力中得到更好的結果。

四、建立成功之工作同盟

　　為了建立成功的工作同盟，我們應該傾聽個案在諮商方面的良好經驗。我們聽出他們喜歡在諮商中發生的事情，有時，他們會對自己想要什麼或應該發生什麼帶有先入為主的想法，但這些先入為主的想法必須融入歷程而發展成為雙方皆同意的目標。傾聽，就像我們在個案陳述之後做出摘要，仔細傾聽每個人所說的話，然後，我們就可以確定這些陳述是否有助於提供基礎

以便得知什麼是構成良好工作同盟的想法。

個　　案：我不知道在生涯諮商中可以期待什麼，諮商師從一開始就明確表示
　　　　　我們將共同努力澄清我的擔憂，這樣對我來說似乎很好。她還說我
　　　　　們會在下一次會談中發展出行動計畫，雖然起初這看起來似乎是雄
　　　　　心萬丈，但，我開始意識到它的重要性，並且實際上開始認為自己
　　　　　能夠接受這樣的挑戰。這不是我本來的預期，但我喜歡這個想法。
　　　　　我可以說，從她回答我的問題來看，她對生涯了解很多，但更重要
　　　　　的是，她似乎對我這個人真的很感興趣。我尊重她，我知道她會聽
　　　　　我說話，協助我規劃下一步，我感到興奮且樂觀。

　　這位個案首先告訴我們，她並不知道從生涯諮商中期待什麼，這是很典
型的，因為許多個案只是輾轉聽說生涯諮商在做什麼。我們將針對議題進行
合作，這並不是她所期望的，但她可以接受。當諮商師提出下次會談在最後
要制定行動計畫這項任務時，這被視為是一項意外任務，而在反思之後，這
被當作一項挑戰。我們可以看到個案與諮商師正以協商及令人滿意的方式來
達成這些目標和任務。最後，個案讓我們知道她尊重諮商師身為專家和良好
傾聽者的能力，因此，她對晤談感到興奮並抱持樂觀，這表明了個案認為健
康的連結正發展中。我們認為從她所說的話中，可以看出個案與諮商師之間
有良好的連結。

個　　案：我完全沒有方向，所以前來尋求生涯諮商。那時，所有的建議我都
　　　　　照做，我只想繼續我的生活──離開我的工作和我的婚姻。起初，
　　　　　我不認為我得到很多建議，但是，我確實發現我可以告訴她在我生
　　　　　命中發生的一切，她一直聽著，直到我似乎對自己的情況越來越清
　　　　　楚。我每隔幾週規律性地回來，因為我喜歡她，而我們似乎在我剛
　　　　　來求助時沒想過的某些事情上有所進展，我發現自己變得更專注於
　　　　　我需要做的事情。我們雙方似乎都在尋找某些可取代的選項，而我

現在有了一些方向，只是還沒準備好要付諸行動實踐它。

再一次，我們聽到了這種關係的重要性。諮商師並沒有接管或針對個案所表達的議題而採取行動，而這可能是個案一開始的期待。個案走向一個調整之後的目標，然後談論她與諮商師之間關係所帶來的力量。她表示，幾週後，焦點轉移到了她的生涯議題。看起來，她的婚姻破裂和離職想法交織在一起，在尋找新工作這樣更具體的目標之前，她必須處理這個問題。很顯然，以雙方商討而同意之方式，可將議題帶入晤談、修改而強化。然而，為了讓個案和諮商師有效地朝向相互商定的目標，需要先有強大連結，否則，彼此都聽不到對方的想法。

個　案：那是很有意思的一次晤談，我已經做了很多測驗，閱讀各種關於生涯的書籍，我對我想做的事情有一些粗略想法，但我知道我沒有足夠訊息，或有任何人可以讓我與他談我的想法。我很欣喜地找到一位願意傾聽並同時為我的夢想提供幫助的人。諮商師不認為找到答案是容易的，但她很鼓勵我，我覺得她知道的比她告訴我的還要多。我們在晤談中決定，這對我來說是一個孤注一擲的真正機會。我們同意在接下來六個月裡要為我選擇出一個新生涯而努力，她讓我對成功達成目標所需做的事情更清楚明確。我喜歡她讓我說明我目標的方式，然後，她幫助我去定義我需要做些什麼來實現它。

顯然，個案正在描述與諮商師建立良好工作同盟的歷程。他們投入發展目標和任務，似乎已經在關係中保持連結。你可以聽到她有動力去工作，喜歡諮商師，對雙方商定的任務印象深刻，可能會朝向一些經過他們商討同意而深思熟慮之生活變化。

我們並不認為在生涯諮商中建立工作同盟是容易的，但它是重要的。Heppner 與 Hendricks（1995）在生涯諮商的質性研究中，仔細記載說明了這個事實，Horvath 與 Greenberg（1994）彙編了大量文章而進一步支持其

重要性。太多時候，身為諮商師的我們發現自己被不情願的個案或諮商提早結束所困惑，我們尋求解釋。我們想知道個案是否還沒準備好接受諮商、沒有適當動機、發現很難投入時間，或者有一些類似這樣的解釋。但首先，我們應該檢視一下，我們在初次晤談時建立良好工作同盟上是否做得夠好。Kokotovic 與 Tracey（1990）可能會主張在初次晤談結束後測量工作同盟，因為它有助於避免提前終止諮商。這或許並不容易，但如果我們要提供有效的服務，建立良好工作同盟顯然必須是我們的目標。關於工作同盟之進一步思考——這可能只會讓我們的想法更加困惑，但最近研究（Mackrill, 2011）指出，我們有時要將生活目標和治療目標分開來看待。如果是這樣，那麼，可能需要分開評估這兩者的有效性。我們現在不去追求這種可能性，但我們確實認為這是一個值得考慮改進之處，特別是當我們可能難以理解某些同盟未如我們所預期那般成熟發展的時候。

諮商師建立工作同盟之清單

諮商師在一開始晤談中為建立工作同盟所做的大部分工作取決於個人，但我們可以提供一份諮商師在初次晤談之前、之後以及後續晤談應該考慮的問題清單。這些沒有依照重要性排列，而這也並非一份一應俱全的清單，但這些基本問題應能激盪你的想法，思考如何注意發展工作同盟各部分並讓工作同盟更好：

- 我是否對於關係的三個部分（目標、任務和連結）給予充分時間？
- 我是否已明確建立了工作的一系列目標？
- 我們是否就這些目標達成共識？
- 我確定個案認為這些是合理的目標嗎？
- 我是否已建立工作任務讓我們朝向目標前進？
- 在涉及完成任務達成一致的意見上，我是否感到滿意？我們是否已經

討論過完成這些任務有多容易或者多困難？

- 我是否感覺到我們之間有個強大的工作關係開啟了？這個有沒有被討論過？它是否是一個夠強的連結而讓我們得以完成前面描述的任務？
- 我是否與個案建立了平等關係？（Al-Darmaki & Kivlighan, 1993）
- 在用於生涯諮商歷程的時間和承諾本質方面，是否明確？
- 我是否確定有個明確計畫，為下一次及後續更多晤談有適切安排？
- 我能否樂觀地說出關於同盟三部分（目標、任務和連結）之初步進展？
- 如果我對於這三部分其中任何一者有所保留，我是否有在下次晤談中討論它們的計畫？

回答上述問題可以幫助你評估你在建立工作同盟中的表現。你或許可要求個案完成一系列問題，如同我們在表 8-1「生涯諮商進度報告」（Career Counseling Progress Report, CCPR）中所提供的，這是密蘇里大學生涯中心經常使用的表格。

或者，你可以使用更正式而符合心理測量的取向來做，例如「工作同盟量表——T 表」（Working Alliance Inventory-Form T; Horvath & Greenberg, 1989），或有相同效度和信度之短版工具（Busseri & Tyler, 2003）。還有一個表單，你可以請個案完成：「工作同盟量表——C 表」（Working Alliance Inventory-Form C; Horvath & Greenberg, 1989），這些量表幫助我們聚焦在生涯諮商中非常重要之發展關係。使用這些工具，但也不要忽視呈現或評估關係本質更明顯可採用的方法——定期詢問個案：「我們進行得如何？」當他們被問到時，個案往往會直率而提供有用的幫助。

表 8-1 生涯諮商進度報告（CCPR）

生涯諮商進度報告（CCPR）

這份量表有助於我們（尤其是你）為下次晤談做準備。請圈選你在這次晤談後的情況。感謝你在對這次晤談仍記憶猶新之時完成填寫。

1. 你對我們在晤談中決定的目標有多清楚？

1	2	3	4	5
不清楚		有點清楚		很清楚

2. 這些目標有多合理？

1	2	3	4	5
不合理		有點合理		很合理

3. 你對這些任務感到滿意嗎？

1	2	3	4	5
不滿意		有點滿意		很滿意

4. 你對下次晤談的時間、承諾和方向有多清楚？

1	2	3	4	5
不清楚		有點清楚		很清楚

5. 你對於共同努力完成上述目標和任務有多樂觀？

1	2	3	4	5
不樂觀		有點樂觀		很樂觀

你是否希望在下次晤談中釐清或討論其他事項？

將此表格留在前面櫃台，並放入上面寫有我的名字且加密的信封中。
我會在下次晤談之前看過，謝謝。

你的生涯諮商師：＿＿＿＿＿＿＿＿　　你的姓名：＿＿＿＿＿＿＿＿

結語

雖然，關於生涯諮商之最佳結果還有討論空間，但生涯諮商所需關係的重要性是毋庸置疑的。我們必須盡早開始並建立強而有力的工作同盟，這些涉及了目標、任務，以及諮商師和個案間連結的發展。我們必須在初次晤談中開始投入發展工作同盟，然後，規律性地評估實踐此目標之進展情況。本章提供了測量工作同盟的一些方法，我們建議諮商師在磨練發展工作同盟的技巧時，盡早使用這些測量。建立有效的同盟，無疑地將會影響諮商工作之結果。

 參考文獻

Al-Darmaki, F., & Kivlighan, D. M., Jr. (1993). Congruence in client–counselor expectations for relationships and the working alliance. *Journal of Counseling Psychology, 40*, 379–384.

Andrusyna, B. A., Tang, T. Z., DeRubeis, R. J., & Luborsky, L. (2001). The factor structure of the Working Alliance Inventory in cognitive-behavioral therapy. *Journal of Psychotherapy Practice and Research, 10*, 173–178.

Barrett-Lennard, G. T. (1986). The relationship inventory now: Issues and advances in theory, method, and uses. In L. Greenberg & W. Pensoff (Eds.), *The psychotherapeutic process* (pp. 439–476). New York, NY: Guilford Press.

Bordin, E. S. (1979). The generalizability of the working alliance. *Psychotherapy: Theory, Research and Practice, 16*, 252–260.

Busseri, M. A., & Tyler, J. D. (2003). Interchangeability of the Working Alliance Inventory and Working Alliance Inventory, Short Form. *Psychological Assessment, 15*(2), 193–197.

Castonguay, L. G., Constantino, M. J., & Holtforth, M. G. (2006). The working alliance: Where are we and where should we go? *Psychotherapy: Theory, Research, Practice, Training, 43*(3), 271–279.

Gelso, C. J., & Carter, J. A. (1985). The relationship in counseling and psychotherapy: Components, consequences, and theoretical antecedents. *The Counseling Psychologist, 13*, 155–243.

Gelso, C. J., & Hayes, J. A. (1998). *The psychotherapy relationship: Theory, research, and practice*. New York, NY: Wiley.

Heppner, M. J., & Hendricks, F. (1995). A process and outcome study examining career indecision and indecisiveness. *Journal of Counseling & Development, 73*, 426–437.

Horvath, A. O., & Greenberg, L. (1989). The development of the Working Alliance Inventory. *Journal of Counseling Psychology, 36,* 223–233.

Horvath, A. O., & Greenberg, L. S. (1994). *The working alliance: Theory, research and practice.* New York, NY: Wiley.

Kokotovic, A. M., & Tracey, T. J. (1990). Working alliance in the early phase of counseling. *Journal of Counseling Psychology, 37,* 16–21.

Mackrill, T. (2011). Differentiating life goals and therapeutic goals: Expanding our understanding of the working alliance. *British Journal of Guidance and Counseling, 39*(1), 25–39.

Meara, N. M., & Patton, M. J. (1994). Contributions of the working alliance in the practice of career counseling. *The Career Development Quarterly, 43,* 161–177.

Orlinsky, D. E., & Howard, K. I. (1986). Process and outcome in psychotherapy. In S. L. Garfield & A. E. Bergin (Eds.), *Handbook of psychotherapy and behavior change* (3rd ed., pp. 311–381). New York, NY: Wiley.

Rogers, C. R. (1961). *On becoming a person.* Boston, MA: Houghton Mifflin.

Skovholt, T. M., Ronnestad, M. H., & Jennings, L. (1997). Searching for expertise in counseling, psychotherapy, and professional psychology. *Educational Psychology Review, 9*(4), 361–369.

Tichenor, V., & Hill, C. E. (1989). A comparison of six measures of working alliance. *Psychotherapy, 26,* 195–199.

Wei, M., & Heppner, P. P. (2005). Counselor and client predictors of the initial working alliance: A replication and extension to Taiwanese client–counselor dyads. *The Counseling Psychologist, 33,* 51–71.

CHAPTER 9

辨認與分析生活生涯主題

諮商強調生活主題的辨認，因為生活主題賦予了生活目的、意義、方向和一致性。

——Hartung, 2011, p. 111

後現代的生涯行為和發展理論強調主體性，讓個人用自己的話說出自己的故事。用於幫助個案講述故事的心理評估工具「本質上具有個別化，在辨識相關經驗和解釋這些經驗的意義時，都是以個人為參照點的」（Whiston & Rahardja, 2005, p. 372）。目標是幫助個案敘說他們的生活，並隨著敘事（故事）的展開，發展出對其自身行為的洞察了解（Gold, 2008）。

為什麼幫助個案講述他們的故事如此重要呢？因為我們相信個案談論關於自己、他人和其生活的世界、對環境阻礙的看法、對種族認同地位和文化涵化程度的觀點，以及他們所選擇用來表達其說詞的語言，都是他們生活中至關重要的調節過程。了解這些陳述用語，可能會為諮商師和個案提供對個案內在想法和感受的理解，尤其當生涯諮商歷程開展，個案呈現出更多有關其所遭遇到的難題、希望、夢想和其他可能的問題時。我們相信 Meier（2012）的主張：

個案的故事是具有表面效度的，也就是說，這些故事具備既有的價值，敘事治療師認為個案的故事反映了個案某些層面的意義。（p. 4）

很多年前，Kelly（1955）將這種現象描述為：個人透過自我創造的透明型態或模板來省視他們的世界，以便從中理解其意義。他使用**個人建構**（personal construct）這個術語來描述這些型態，並指出個人建構就是個人建構理解其世界的方式。後來，Gerber（1983）也提出人們使用的語言代表了個人基本的概念基模，而這些概念基模繼之決定了他們的行為。

了解個案資訊和行為的方法之一，是將注意力集中在這些個人建構或**生活生涯主題**（life career themes）上，這些建構及主題也是個案用來了解自己、他人和其世界的方式。他們使用什麼語言？他們的詞彙的性質和範圍是什麼？他們的詞彙是否完全發展？詞彙有限嗎？是基於刻板印象嗎？是否包含扭曲？他們使用什麼語言來描述可能的環境障礙、種族認同狀態以及他們的文化涵化程度？

個案的自我描述、反覆出現的主題、不完整的生活故事、扭曲的（從他人角度來看的）信念、極端性和感知語境等，都是重要的治療內容和個案的認知實例。（Meier, 2012, p. 6）

生活生涯主題在一個人的生活中究竟有多麼重要呢？Savickas（2006）指出，因為主題為個案提供了「意義和目的」，所以主題至關重要。Del Corso 和 Rehfuss（2011）認為它們非常重要，因為主題形塑了一個人的自我或身分認同。

在人的一生中，主題或型態構成了一個人的自我或身分認同的整體。因此，當有人問：「你是誰？」人們通常會分享他們對自己

特質的真實認知。他們可能會說他們是聰明的、有趣的或善良的。
當進一步探詢他們如何知道這些特質是真實的，他們會說有關自己
的故事。他們分享了足以驗證其覺察和世界觀的經驗：「我知道我
擅長解決複雜的問題，因為我的數學課都得到了 A 的成績，通常
其他同學都會來向我尋求幫助。」因此，此時的焦點已無關於客觀
真實，而是關於一個人感知他自己的方式。（p. 335）

　　為了幫助你增進依據生活生涯主題來聆聽、觀看、解釋和形成關於個案
資訊和行為之假設的技能，本章首先描述生活生涯主題的概念。接下來簡要
討論在辨認和分析生活生涯主題時可用來解釋和形成假設的諮商技巧。最後
則探討可用於構建生活生涯主題的詞彙來源。

何謂生活生涯主題？

　　生活生涯主題是人們用來表達自己的想法、價值觀、態度，以及對於自
己的信念（「我是」的陳述）、對於他人的信念（「他們是」的陳述），
以及他們的世界觀（「生活是」的陳述）的詞語。了解生活生涯主題至
關重要，因為這些主題為我們提供了理解個案思維過程的方法（Savickas,
2013）。它們幫助我們描繪個案的表徵系統，並幫助我們深入了解個案的資
訊和行為，就像世界觀一樣。生活生涯主題：

　　　　直接引導個人如何解決問題，邁向自我完成，並在他們建構
　　自己的生涯時致力於獲得安全、權力或愛；間接而言，則是指出
　　個人，身為故事主角，想要克服的痛苦或問題。（Del Corso &
　　Rehfuss, 2011, p. 338）

一、辨認與分析主題的步驟

辨認和分析生活生涯主題的第一步是從第一次諮商晤談開始，並在蒐集個案的自我和環境資訊時，延續至其他晤談。可以運用質性的程序，例如生活生涯評估、生涯家族圖和職業組合卡。還可以使用量化工具，例如「自我引導量表」（Holland, 1994）、「洞察量表」（INSIGHT Inventory; Handley, 2006）、「克利夫頓優勢識別量表」（Clifton Strengths Finder; Roth, 2007）和「生涯轉換量表」（Heppner, 1991）。隨著蒐集到的這些資訊和類似來源，逐漸形成關於個案的圖像。

下一步是將諮商師和個案形成的圖像，轉換為所運用的工具可能使用的語言。實際上，你和個案會一起檢視這些圖像，並一起以該工具的語言來解釋你們所看到的內容。例如，如果你使用 Holland（1997）分類系統作為工具，可以使用其中一種或多種人格類型作為和個案討論其圖像的可能描述。

主題辨認和分析的最後一步，是從心中已逐漸浮現出的圖像發展出一幅生活生涯主題剖面圖。方法之一是將個案生活生涯主題視覺化，就像是報章雜誌上的頭條新聞，標示著提綱挈領的吸睛標題。想像你和個案以其生活生涯主題作為粗體新聞標題，一起撰寫這則新聞文章。這是一個很好的練習，可以讓諮商師和個案共同確認，糾正任何誤解，並在需要時添加詳細資訊。這是一種將生活生涯主題引入焦點的方式。

二、辨認和分析主題時的注意事項

某些生涯諮商方法強調在嘗試解釋或假設個案行為之前，必須蒐集有關個案的所有資料。我們認為這些方法不是非常有效率，因為在與個案工作時，諮商師要處理他們獨特的行為流和他們的私人邏輯（Nikelly, 1971）。我們建議不要等到所有個案資訊都蒐集完後才嘗試以生活生涯主題來解釋個案的行為，而是在第一次諮商晤談時就要嘗試運用生活生涯主題來理解你的個案。在此之後，你和個案會根據他們獨特的生命主題及後續行為對個案形

成暫時性的假設。隨著諮商歷程的開展，你和個案可能會持續部分或完全接受假設，當然也可能拒絕。不要試圖在得到所有資訊後就要求一定要有心理上的確定（psychological certainty），而是使用解釋和形成假設，邀請你和你的個案繼續完成任務，理解其正在使用的生活生涯主題，與個案一同測試對它們的理解，並從錯誤或多元角度的觀點中獲益。

有時候在生涯諮商過程中你會注意到個案生活生涯主題的不一致。這些通常很難理解。解決不一致和矛盾主題的一種可能方法，是使用一種稱為「**一線兩端**」（two points of a line）技術（Dreikurs, 1966）。這種技術指出主題中的不一致和矛盾，只是我們無法找到將矛盾連結成一致和諧的整體之合理邏輯。如果能夠連結兩個不同的主題，就可以了解個案在各種情況下的行為。與幾何一樣，線的位置可以由兩個點確定。解決明顯不一致和矛盾的關鍵是找到將點連接在一起的字符串。有些知道自己弱點的個案會透過補償來抵消這些弱點。因此，諮商師可以在某些時候觀察他們更原始的行為，並在其他時候觀察他們的補償行為。例如，個案可能在壓力情況下表現出原始行為。個案使用補償這一事實本身就是一條有用的資訊，可以幫助諮商師更能理解他們。

重要的是要記住，諮商師必須避免根據所辨識的生活生涯主題對個案進行過早和絕對的分類。生活生涯主題分析不是用來幫助諮商師蒐集對個案的看法後就以此為標籤來標記個案，以為他們所有時間都是如此。相反的，生活生涯主題分析是用以作為諮商師和個案共同探索、形成假設和計畫的出發點。當找到生活生涯主題後，它們可以作為討論重點，讓諮商師和個案更了解他們、他們所關注的議題，以及他們可能會往哪裡發展。

最後，當使用生活生涯主題辨認和分析作為生涯諮商中資訊蒐集階段的一環時，請記住，你需要運用多種方式檢視有關個案的每一項資訊：這部分意謂著什麼？這是常見的還是不常發生的呢？這些資訊與什麼相關？它經常在某些事件之後或之前發生嗎？這是潛在條件的訊號嗎？它象徵著什麼？

三、解釋：主題分析的必備技巧

如果想要有效地進行生活生涯主題分析，那麼解釋（interpretation）是相當必要的諮商技巧。儘管在諮商中有許多對解釋的定義，但 Clark（1995）觀察到所有定義中的共同點是「個案被引介入新的參考框架」（p. 483）。值得注意的是，這一新的參考架構超出了個案已知的範圍，向他們展示了一些新的東西。

隨著生涯諮商中資訊蒐集的不斷展開，即使這些主題對他們而言尚不具意義，但解釋技術的使用仍有助於讓個案反應中所呈現的生活生涯主題變得更為明顯。生涯諮商的一個主要目標是「從個案身上引導出內在資訊，這些資訊可由諮商師教給個案，或讓個案直接學習」（Field, 1966, p. 24）。隨著生涯諮商的進展，這樣的架構使諮商師和個案能夠在這些生活生涯主題和個案問題解決方案或目標達成之間建立聯繫。Carlsen（1988）描述其稱之為「**發展性意義建構**」（developmental meaning-making）的治療法時提到了這一點：

> 那些可能從來沒有探索過自己的個案——因而從來沒有真正了解過自己——開始了解到形塑其生活的型態和方案。在組織和綜合這些新資訊的同時，他們開始看見新的可能性，並能夠退後一步以嶄新的視角來重新省視自己。與這認知理解相似的，是他們對情感經驗的影響和意義也產生了新的覺察與認識——在生命發展中以相互辯證的方式彼此緊密連結交織。（p. 4）

Kottler 與 Brown（1992）將解釋定義為「通過引入新的概念和參考架構，嘗試為個案賦予意義」（p. 62）。與特定生活角色相關的人類行為模型將在本章後面討論，提供新的概念和參考框架，亦為個案的生活生涯主題提供了可能的新語言。

　　解釋通常以類似這樣的陳述開始，例如「它可能是……」，「你相信……」，「聽起來……就像……」，你如何解釋個案資訊和行為的方式與時機，以及你專注的特定內容所在，將取決於你的諮商取向。你的經驗也可能影響你如何解釋個案資訊（Clark, 1995）。要記住，這是你和個案之間的共同經驗。

四、形成暫時性假設：主題分析的另一項必備技巧

　　生活生涯主題分析中另一項必備技巧，是能夠針對個案資訊和行為的涵義形成暫時性的假設。什麼是假設？Walborn（1996）認為，「在諮商和心理治療中，假設是一種基於理論的預感」（p. 224）。假設在諮商歷程中有什麼作用？Walborn 認為假設有助於讓晤談聚焦，它們有助於「使諮商師的預期符合現實」（p. 227），它們可以挑戰個案對其問題的解釋，而且可以促進合作關係——工作同盟的發展。Walborn 這樣說：「假設所呈現出來的，是諮商師的理解取代了個案的痛苦。即使是不正確的假設也是一個禮物。」（p. 229）

　　正如我們之前所指出的，蒐集有關個案的資訊始於第一次諮商晤談期間提出的問題或議題。當諮商師使用質性和量化程序來蒐集資訊時，同時也在進行解釋、主題分析和暫時性的假設，而且是一個接著一個進行。這些互動過程的動態和複雜性促使你必須積極投入，並具備關於人類行為的各種理論模式。動態和複雜的性質，也需要你願意在解釋和暫時性假設中冒點風險。你知道，隨著生涯生活主題分析的共享過程持續開展，一旦個案不同意你的假設，他們也會因為和你已共同形成了強大工作同盟，而感到能自在地向你傾訴他們的想法。

　　蒐集有關個案資訊的目的，是為了解釋他們提出的問題和議題，提供不受限於個案所提出問題的機會，並開始關注問題的解決方案。這是透過解釋來實現的，藉由形成關於生活生涯主題的暫時性假設，為個案提供詞彙來描述問題和議題，達到選擇介入措施以幫助他們實現目標和解決問題的目

標。我們如何知道我們是否在形成假設的正確道路上？「重點不在於假設的內容，而在假設對治療關係〔工作同盟〕的影響，以及最終的正向改變。」（Walborn, 1996, p. 242）

生活生涯主題的詞彙來源

生活生涯主題的辨認和分析，有賴於個案擁有描述自己（「我是」的陳述）、他人（「他們是」的陳述），以及其世界觀（「生活是」的陳述）的必要詞彙。可惜的是，許多個案缺乏此類詞彙。Meier（2012）指出，「許多個案缺乏表達正向或負向感覺所需的情感詞彙」（p. 21）。因此，Savickas（2011）認為，生涯諮商的任務之一就是幫助「個案擴大自我詞彙量（vocabulary of self）」（p. 38），這樣他們就能更好地理解和表達自己。除了表達自我的詞彙，我們添加了表達他人和世界觀的詞彙。

有許多自我、他人和世界觀的詞彙來源，可以用做生涯諮商中的生活生涯主題。某些來源是生涯理論（Anderson & Vandehey, 2012），其他像是可轉移技能的單詞列表（Bolles, 2012）；還有一些是量化評估，例如「生涯自我探索量表」（Holland, 1994）、「洞察量表」（Handley, 2006）、「克利夫頓優勢識別量表」（Roth, 2007）和「生涯轉換量表」（Heppner, 1991），這些都著重在個人的特質和風格，以及 Jones-Smith（2014）所提出的優勢等。

在本節中，我們首先介紹美國大學測驗中心（American College Testing, ACT）在其工作世界地圖中使用的資料（data）、意念（ideas）、事物（things）和人群（people）的概念，以展示如何將這些概念用做生活生涯主題的來源。然後，我們也運用 Holland（1997）職業人格和工作環境理論作為生活生涯主題詞彙的來源。接下來，我們使用 Bolles（2012）的可轉移技能概念作為來源。最後，我們將這兩個來源結合起來，為生活生涯主題提供更豐富的詞彙量。

一、資料、意念、事物、人群

在 O*NET 職業資訊網站創立之前，最廣泛使用並最具影響力的職業分類系統是由印第安那州 JIST Works 公司所出版的《職業名稱詞典》（*Dictionary of Occupational Titles*; U.S. Department of Labor, 1991）。Prediger（1976）將《職業名稱詞典》中所描述的資料、人群和工作者功能的評定之外，擴展出意念。Prediger 原始公式的修正版，可以在幾篇發表中找到：Prediger、Swaney 和 Mau（1993）、Prediger 和 Swaney（1995），以及 Swaney（1995）。在《ACT 興趣量表技術手冊》（*ACT Interest Inventory Technical Manual*; American College Testing, 2009, p. 5）中，也有對資料、意念、事物和人群的最新定義：

資料（事實、紀錄、文件檔案、數字，以及促進人們消費商品／服務的系統性程序）

「資料活動」（data activities）涉及非個人歷程（impersonal processes），例如記錄、驗證、傳輸和組織得以表徵商品和服務的事實或資料。採購人員、會計師和空中交通管制員主要負責處理資料。

意念（抽象符號、理論、知識、洞察和一種表達某種東西的新方式——例如用文字、程式或音樂等）

「意念活動」（ideas activities）涉及個人內在歷程（intrapersonal processes），例如創建、發現、解釋和綜合抽象符號，或應用這些抽象符號。科學家、音樂家和哲學家主要從事意念工作。

事物（機器、機制、材料、工具、體能和生物性過程）

「事物活動」（things activities）涉及無關個人歷程（non-personal processes），例如生產、運輸、服務和維修。建築工人、農民和工程師主要是事物性的工作。

人群（沒有其他替代字詞）

「人群活動」（people activities）涉及人際歷程（interpersonal processes），例如幫助、通知、服務、說服、娛樂、激勵或指導——一般而言，會產生人類行為的變化。教師、銷售人員和護理師主要是與人群接觸的工作。

我們提出這個來源的目的是關注其在生活生涯主題分析過程中的應用。特別有興趣的是它可以提供有用的語言，以幫助你描述在生涯諮商歷程中與個案一起形成的圖像。表 9-1 呈現了使用資料、意念、事物和人群的語言進行主題分析的一些實例應用程序。

二、職業人格和工作環境

Holland（1997）的職業人格及工作環境理論對人格和環境的分類已於本書第 2 章說明。Holland 用來描述人格類型和環境的語言，對於推衍出生活生涯主題非常有用，可幫助個案學習一種描述自己、他人和其世界觀的語言。以下是 Holland 六種人格類型和環境的描述。[1]

(一) 實用型人格和環境

實用型人格者更傾向關注於現在，處理具體事物而非抽象概念。他們認為自己具有運動或機械能力，喜歡在戶外工作，運用雙手、工具、機器、植物或動物工作，而不是與人群一起工作。他們偏好直截了當的、可測量的、真實的，而不是未知和不可預測的。他們通常表現出直接坦率的堅持和成熟度。

實用型環境是鼓勵一個人運用其雙手和操縱事物來獲取成功和酬賞的環境。這是一個具體可見且可預測的世界，重視金錢、財產和權力等的酬賞。

1　取自 *Making Vocational Choices: A Theory of Vocational Personalities and Work Environments*, third edition, by J. L. Holland。Copyright 1973, 1985, 1992, 1997 by Psychological Assessment Resources, Inc.

表 9-1　以資料、意念、事物和人群進行主題分析之應用範例

典型的個案對話	內涵描述	主題陳述
「我喜歡創作原創的藝術作品。」 「剪裁服裝非常有趣。」	**資料**：創作——設計、再製、手工藝、組裝、應用美術	• 能複製原創品 • 注重細節 • 信實可靠，能完成任務
「讓所有東西都組織得井然有序是很重要的。」 「他們都說我很擅長數字。」	**資料**：抽象——數字技能、符號和意念、資訊／資料蒐集、資料處理技術	• 喜歡操作財務資料 • 喜歡運用電腦科技 • 擅長組織資訊來編定預算
「我喜歡寫作。」 「當我把想法化為文字時，會廢寢忘食。」	**意念**：藝術——娛樂與趣、表演性藝術（音樂、演戲等）、文學創作設計	• 是位敏銳的表演者和藝術家 • 擅長以書寫來表達情感 • 做事方法具有獨創性
「我畢生致力於研究腎上腺。」 「每一個答案都會衍生另一個問題。」	**意念**：研究——社會科學、醫學科學、自然科學、應用科技	• 喜歡建構理論來解釋現象 • 經常將想法做比較和對照 • 擅長研究和出版論文
「活動後汗流浹背讓我覺得很舒服。」 「在戶外活動會讓我心情愉悅。」	**事物**：體能——休閒技能、農業／戶外活動、有耐力、有工作體力、表現傾向	• 能展示如何處理事物 • 具有體能技能，做粗重工作 • 喜歡接觸大自然的活動
「人們總是會來向我求助或請我給建議。」 「我喜歡與年輕人一起工作……他們很振奮人心。」	**人群**：教導——說服、協助、溝通技巧、服務他人	• 喜歡向他人推銷 • 想去教導他人 • 喜歡諮商和關懷他人
「作為經理人是件很具挑戰性的工作。」 「我認為我有些專業知識對別人很有價值。」	**人群**：管理——督導、諮詢、指導者、管理者	• 想要成為諮詢顧問 • 希望其他人可以服從其領導 • 從指導他人完成任務中獲得酬賞

(二) 研究型人格和環境

研究型人格者更傾向於關注抽象事理和解決問題。他們喜歡解決需要思考的問題，特別是涉及科學、技術和數學方面的問題。他們往往不是特別關注社會面向，更喜歡學術和科學領域。他們重視智慧，並相信它是應對世界的工具。

研究型環境鼓勵運用智慧和操弄抽象符號以獲致成功。這是一個觀察、探究和理論化的世界，重視地位和聲望認可。

(三) 藝術型人格和環境

藝術型人格者更傾向於富有想像力和創造力，以感情作為判斷某事正確與否的指引。他們擁有藝術、創新或直覺能力，並且避免結構式工作場域和規範。他們重視美學，喜歡透過其作品，如繪畫、戲劇和音樂等與世界聯繫。

藝術型環境鼓勵個人展現出上述價值。這是一個抽象的、美學的和原創的世界。認可、地位和能以自己獨特的方式來創作的自由度，是這類環境所能提供的酬賞。

(四) 社會型人格和環境

社會型人格者更傾向於關注人群的問題和成長，以及人際關係。他們喜歡直接與人群一起工作，並且善於言語。他們喜歡告知、教導、幫助和培訓他人。他們往往具有學術導向。然而，他們傾向於信賴自己的衝動和直覺，而不是有系統的方法和科學程序。

社會型環境鼓勵和酬賞前述價值觀並促進社會活動。這是一個圍繞著人群與人際關係的世界，由於經常發生變化，因此重視社交技能和促進他人改變的能力。工作上的酬賞通常來自於同儕、和那些受到教導和幫助者所賦予的聲望認可和讚許。

(五) 企業型人格和環境

企業型人格者更傾向於克服政治和經濟上的挑戰。他們（自認為）善於說話和使用文字來說服、影響和管理組織機構或經濟上的目標。他們往往比其他類型的人們更加果斷和具支配性。他們經常重視並尋求新的挑戰，至少是表面上顯得充滿自信和善於社交。

企業型環境鼓勵上述這些努力得以獲致成功。這是一個要不斷克服嶄新挑戰的世界。重視權力、地位和金錢，且以之為報酬。

(六) 事務型人格和環境

事務型人格者更傾向於遵循傳統和恪守成規，偏好結構化和可預測性。他們喜歡處理資料，並擁有文書或數字能力。他們願意遵循他人的指示，鉅細靡遺的執行活動。他們重視整潔和秩序，不喜歡處理無法掌控或不可預知的事物。

事務型環境鼓勵嚴格管理資料和細節。這是一個實際且組織嚴謹的真實世界，重視可靠性和對細節的關注。經濟上的成就，以及來自上司和同儕的認可，是重要的報酬。

三、辨識可轉移技能

Bolles（2012）在《這樣求職才能成功！》（*What Color Is Your Parachute?*）一書中，將「可轉移技能」（transferable skills）描述為「你所選擇生涯之最基本原子」（p. 232）。他指出，可轉移技能可以分為三個系列：資料／資訊、人群或事物。在這些系列中，每一個都涵蓋了許多特定技能，並提供使用這些技能的示例。用於描述技能的語言和提供的示例，可供諮商師及個案用於幫助辨識和描述技能（Coutinho, Dam, & Blustein, 2008）。這些語言提供了核心功能，讓生活生涯主題得以分類。

結合兩種生活生涯主題詞彙來源

Holland（1997）的理論詞彙和可轉移技能的詞彙可以單獨使用或組合使用，以獲得更具體且豐富的生活生涯主題（見專欄 9-1 至 9-6）。

專欄 9-1　實用型

實用型人格者使用體能技能來工作或製作產品。這種興趣可以從例行常規到複雜工作的各種工作型態中得到滿足，它也可能涉及直接處理事物。通常，工具、機器或測量設備等會被用於製造或改變產品，或是建造、維修、改觀或恢復產品。亦會涉及複雜的任務，例如調整和控制事物或運用知識和推理技能來做出判斷和決定。實例可能包括修理自行車、修剪草坪、打字、高技能工藝、印刷等。

• 可轉移技能

技能	特定操作
1. 使用雙手	組裝、建構、建造；操作工具、機械或設備；顯示手指靈巧性，精確處理和修理
2. 使用身體	體育活動、肌肉協調、戶外活動

• 可能的生活生涯主題

喜歡細節；喜歡完成任務；系統化結構；有效率的；自信的；處理具體物件；運用工具；運用機械；循規蹈矩；精確工作；務實的；重視方法；重視物質；坦白直率；誠實；謙遜；崇尚自然；堅持；謙虛；害羞；穩定；節儉

專欄 9-2　研究型

研究型人格有興趣研究和蒐集有關自然界的資料，並將其應用於處理醫學、生命科學或物理科學中的問題。藉由使用科學知識和過程，可以滿足研究興趣。在工作中會進行研究和分析、評估、解釋和記錄科學資訊，以及使用科學或技術方法、儀器和設備等。還涉及規劃、調度、處理、控制、指導和評估資料及事物。可能會與人群接觸，但與人群打交道並非工作的重要部分。實例可能包

括電腦工作、操作複雜的機器、協助實驗室工作、在不熟悉的街道找路、追蹤電線的短路、發現特殊配方的成分、進行比價購物、檢查切口或瘀傷等。

- **可轉移技能**

技能	特定操作
1. 運用分析思維或邏輯	研究、資訊蒐集、分析；組織、診斷、整理、比較、測試、評估
2. 運用感官	觀察、檢查、檢測；診斷、注重細節

- **可能的生活生涯主題**

分析的；有效率的；謹慎的；喜歡研究；有好奇心；重視方法；尋求理解；思考解決問題；精確工作；獨立自主；謙虛；組織規劃；有節制的

專欄 9-3 **藝術型**

藝術型人格者對感情或想法的創造性表達甚感興趣。複雜的心理技能被用於創造新知識或應用已知知識的新方法。這包括解決不同的問題或設計專題和方法，使用新的方式來表達想法、感受和情緒；或運用想像力創造想法和情緒。實例可能包括手工藝品、攝影、藝術、繪畫、裝飾、樂隊演奏或唱詩班唱歌。

- **可轉移技能**

技能	特定操作
1. 運用原創性和創意	想像、發明、設計；即興創作、調適、實驗
2. 運用藝術能力	創作、演奏音樂、唱歌；塑造材料、創造形狀或外表、使用顏色；透過身體、臉部表情和聲音來顯示感受和想法；使用文字表達
3. 運用直覺	表現出先見之明、根據直覺反應、迅速調整情況

- **可能的生活生涯主題**

不喜歡例行常規；不喜歡受監督；表達情感；直覺；原創；冒險，喜歡新奇、變化、多樣性；能吸引注意力；衝動，獨立，不墨守成規；自發性強；抽象思考

專欄 9-4　社會型

社會型人格有興趣幫助個人解決他們的心理、精神、社會、身體或生涯問題。透過維持或改善他人的身體、心理、情感或精神福祉等工作，可以滿足這種興趣。具備良好的口語和聆聽能力，能溝通簡單的想法，與被幫助的人直接接觸也很重要。實例可能包括擔任 DJ、公開演講、寫論文，以及組織籃球比賽等。

• **可轉移技能**

技能	特定操作
1. 運用文字	閱讀、複製、編輯、寫作、教學、培訓、記憶
2. 樂於助人	鼓舞、激勵、諮商；欣賞、分享經驗、提升他人的自我肯定

• **可能的生活生涯主題**

社會互動；具調適力；對人有興趣；與人合作；友善；喜歡朋友；具有洞察力；慷慨大方；擅於社交；具指導性；善解人意；受人歡迎；理想主義；具說服力；表達力強；熱忱投入

專欄 9-5　企業型

企業型人格有興趣影響他人，享受領導的挑戰和責任。涉及的活動可能包括建立商業合同、購買、銷售、談話、傾聽，促銷和討價還價；蒐集、交換或提出有關產品或服務的想法和事實；領導、規劃、控制或管理其他人因而獲得其他人的信譽、認可或讚賞。實例可能包括管理送報路線、銷售糖果或門票；加入青年成就組織（Junior Achievement）；擔任保母，或自行創業。

• **可轉移技能**

技能	特定操作
1. 運用領導力	開始新的任務、想法、率先採取行動；組織、領導、決策；承擔風險、表演、銷售、推廣、說服

• **可能的生活生涯主題**

不喜歡例行常規；具調適力；富冒險性；不喜歡受監督；追求名利雙收；企圖心強；充滿活力；獨立自主；擅於社交；具說服力；操縱性強；積極進取；喜好競爭；果決；樂觀；自信心強

專欄 9-6 　**事務型**

事務型人格者可以被組織起來以在最短的時間內完成大部分工作。可能涉及提前設置分配和方法，並多次重複相同的任務。這些任務通常可以在短時間內完成。這些活動都要求具備高度正確性，且能關注細節。實例可能包括做紀錄；編預算、存錢等。

• **可轉移技能**

技能	特定操作
1. 運用數字	編列清單、計算、統計；做財務記錄、管理資金；數字記憶
2. 追蹤跟進	跟進計畫、指示、注重細節；分類、記錄、文件歸檔整理

• **可能的生活生涯主題**

喜歡細節；喜歡完成任務；小心謹慎；堅持；系統化結構；有效率的；循規蹈矩；務實的；保守的；秩序井然；自我抑制；有良心

　　所有示例都使用相同的格式。首先描述人格類型，然後列出與該類型相關的可轉移技能的示例。最後，呈現出一些可能的生活生涯主題，這些主題可能來自於在生涯諮商的蒐集資訊階段中與個案的互動。可能的生活生涯主題會以暫時性假設的形式呈現，例如：「我聽到你描述你在工作中的一些經歷，聽起來好像是你並不喜歡處理例行常規，也不喜歡受到密切的監督。」

辨認生活生涯主題的實務面

　　因為生活生涯主題的概念可以是抽象的，所以解釋比透過實例證明更難。雖然本章已經提供了一些例子，接下來將提出更多的例子。如前所述，生活生涯主題是人們對自己、他人和整個世界所持有的想法、信念、態度和價值觀等。這些「我是……」、「他人是……」和「生活是……」的陳述，與人們的行為有很大關係。透過觀察行為——言語和行為——可以推斷或直接觀察生活生涯主題。詳見表 9-2 的實例。

表 9-2　個案陳述和主題實例

個案陳述	可能的主題／身分認同
• 有一份能提供許多額外福利的工作。 • 獲得年薪或工作獎金大幅增加的機會。 • 擁有一份能提供舒適和良好工作環境的工作。 • 擁有充足的休息時間或休假。 • 能夠管理資金或資源。	直接獲益
• 做我自己的老闆。 • 可以自由地做出自己的決定。 • 工作中不必為其他人負責任。 • 可以在受到少量監督下工作。 • 可以自由改變或調整工作時間。	獨立自主
• 能夠挑戰習慣性的做事方式。 • 能夠探索工作的各個面向。 • 能討論更能解釋情況的替代方案。 • 相信我所做的工作對其他人很重要或者有意義。 • 能夠認為自己是一個有創造力的人。	臻於理想
• 能夠明確知道主管對於工作成果的期待。 • 能夠在每天結束時看到我的工作成果。 • 能夠具體衡量我做了多少工作。 • 確定我正在處理的問題有一個正確的解決方案。 • 要知道當我完成任務時，它真的全部做完了。	負責盡職
• 為決策分派人員或調配情況。 • 負責做出可能影響其他人工作的決策。 • 負責招聘和解僱人員。 • 協調他人的工作。 • 能夠以口語影響一群人。	領導統御
• 能夠認識與我一起工作的大量人員。 • 工作周遭圍繞著同僚和興趣相投的人們。 • 能夠獲得主管的肯定讚許。 • 能夠認識並與同事交流。 • 能讓其他同事來向我尋求建議。	社會互動

表 9-2　個案陳述和主題實例（續）

個案陳述	可能的主題／身分認同
• 與某人達成交易。 • 找到解決爭論的方法。 • 採取適切的直覺反應。 • 與人們討論解決問題的方法。 • 聆聽和理解雙方對於爭論的觀點。	溝通協商
• 做紀錄、製作清單或圖表，約定和規劃時間。 • 蒐集資訊；蒐集材料或樣品。 • 計算、操作電算機或操弄數字。 • 對資訊進行分類，或將其組織成類別。	組織整理
• 將某些東西移動；就定位，或維修。 • 精確地檢查、檢視和處理。 • 精確地修飾、化妝或工作。 • 運用材料和產品使表面平滑、研磨、加壓。	精確處理
• 為了做好工作，不能有任何會分心的事物。 • 按照已建立的例行常規行事。 • 按時完成分內的工作任務。 • 安排時間，以便每天能在同一時間完成每項任務。 • 允許我一次處理一項任務。	建立常規
• 體能活躍。 • 參加戶外運動。 • 有興趣並參與能鍛鍊肌肉的運動。 • 主動積極去做某些事。	主動積極

　　為了進行主題辨認和分析，諮商師的任務是從生涯諮商蒐集資訊階段所獲得的資訊和行為樣本中，獲取關於個案的圖像，並用可用以描述生活生涯主題的詞彙來源轉譯這些圖像。

　　請記住，這個過程是一個由你和個案共享的過程，需要你們一起共同思考生活生涯主題。這是一個教學和學習過程，諮商師和個案就是彼此的教師

和學習者。作為諮商師的任務是提供詞彙；個案的任務是分享經驗和資訊。當你們一起工作，生活生涯主題分析的過程也就隨之展開，一開始可能是暫時性的，但隨著雙方的交流會逐漸辨認出並討論這些生活生涯主題，「生涯發展理論主張，透過對生活故事及早期經驗型態及目的的探索，有助於學生找到生活生涯主題，並說明他們生涯的可能性。」（Sacino, 2011, p. 136）

結語

本章描述了生活生涯主題辨認和分析的目的，以及從特定的詞彙資源中引導出生活生涯主題的過程。現在讀者已經了解了該過程的工作原理及生活生涯主題的重要性，可以在下一章中練習這個過程。在第 10 章，會學到「生活生涯評估」此一質性評估技術如何提供充分的機會來檢視生活生涯主題辨認和分析的實際過程。請記住，你的目標是為個案提供詞彙來描述生活生涯主題，然後將這些主題安排到有助於探索未來教育和生涯選擇機會的各種行為型態中。

行為型態有多重要？Law（2007）指出：「作為物種之一，我們需要形塑思考的框架——我們尋求型態（pattern）。型態非常有用，因為它們可以組織資料，指導我們的思考，辨識歧異，並促使我們注意任何不尋常之處。」（pp. 4-5）

參考文獻

American College Testing. (2009). *ACT Interest Inventory technical manual*. Iowa City, IA: Author.

Anderson, P., & Vandehey, M. (2012). *Career counseling and development in a global economy* (2nd ed.). Belmont, CA: Brooks/Cole.

Bolles, R. N. (2012). *What color is your parachute?* Berkeley, CA: Ten Speed Press.

Carlsen, M. B. (1988). *Meaning-making: Therapeutic processes in adult development*. New York, NY: Norton.

Clark, A. J. (1995). An examination of the technique of interpretation in counseling. *Journal of Counseling & Development, 73*, 483–490.

Coutinho, M. T., Dam, V. C., & Blustein, D. L. (2008). The psychology of working and globalisation: A new perspective for a new era. *International Journal for Educational and Vocational Guidance, 8*, 5–18.

Del Corso, J., & Rehfuss, M. C. (2011). The role of narrative in career construction theory. *Journal of Vocational Behavior, 79*, 334–339.

Dreikurs, R. (1966). The holistic approach: Two points of a line. In *Education, guidance, psychodynamics. Proceedings of the Conference of the Individual Psychology Association of Chicago*. Chicago, IL: Alfred Adler Institute.

Field, F. L. (1966). *A taxonomy of educational processes, the nature of vocational guidance, and some implications for professional preparation*. Unpublished manuscript, National Vocational Guidance Association (now National Career Development Association), Alexandria, VA.

Gerber, A. (1983). Finding the car in career. *Journal of Career Education, 9*, 181–183.

Gold, J. M. (2008). Rethinking client resistance: A narrative approach to integrating resistance into the relationship-building stage of counseling. *Journal of Humanistic Counseling, Education and Development, 47*, 56–70.

Handley, P. (2006). *INSIGHT Inventory*. Kansas City, MO: Insight Institute.

Hartung, P. J. (2011). Career construction: Principles and practice. In K. Maree (Ed.), *Shaping the story* (pp. 103–120). Rotterdam, The Netherlands: Sense.

Heppner, M. (1991). *The Career Transitions Inventory*. Columbia: University of Missouri.

Holland, J. L. (1994). *Self-Directed Search, Form R* (4th ed.). Lutz, FL: Psychological Assessment Resources.

Holland, J. L. (1997). *Making vocational choices: A theory of vocational personalities and work environments* (3rd ed.). Odessa, FL: Psychological Assessment Resources.

Jones-Smith, E. (2014). *Strengths-based therapy: Connecting theory, practice, and skills*. Los Angeles, CA: Sage.

Kelly, G. A. (1955). *The psychology of personal constructs: Vol. 1. A theory of personality*. New York, NY: Norton.

Kottler, J. A., & Brown, R. W. (1992). *Introduction to therapeutic counseling* (2nd ed.). Monterey, CA: Brooks/Cole.

Law, B. (2007). *Career-learning narratives: Telling, showing and mapping*. Retrieved from the Career-Learning Café Web site: www.hihohiho.com

Meier, S. T. (2012). *Language and narratives in counseling and psychotherapy*. New York, NY: Springer.

Nikelly, A. G. (Ed.). (1971). *Techniques for behavior change*. Springfield, IL: Charles C Thomas.

Prediger, D. J. (1976). A world-of-work map for career exploration. *Vocational Guidance Quarterly, 24*, 198–208.

Prediger, D. J., & Swaney, K. B. (1995). Using UNIACT in a comprehensive approach to assessment for career planning. *Journal of Career Assessment, 3*, 429–451.

Prediger, D. J., Swaney, K. B., & Mau, W. (1993). Extending Holland's hexagon: Procedure, counseling applications, and research. *Journal of Counseling & Development, 71*, 422–428.

Roth, T. (2007). *StrengthsFinder 2.0*. New York, NY: Gallup Press.

Sacino, M. (2011). "Listen to my story": Identifying patterns and purpose in career counseling. In K. Maree (Ed.), *Shaping the story: A guide to facilitating narrative career counseling* (pp. 134–137). Rotterdam, The Netherlands: Sense.

Savickas, M. L. (2006). Career construction theory. In J. H. Greenhaus & G. A. Callanan (Eds.), *Encyclopedia of career development* (pp. 84–88). Thousand Oaks, CA: Sage.

Savickas, M. L. (2011). *Career counseling*. Washington, DC: American Psychological Association.

Savickas, M. L. (2013). Career construction theory and practice. In S. D. Brown & R. W. Lent (Eds.), *Career development and counseling* (pp. 147–183). Hoboken, NJ: Wiley.

Swaney, K. B. (1995). *Technical manual: Revised unisex edition of the ACT Interest Inventory (UNIACT)*. Iowa City, IA: American College Testing.

U.S. Department of Labor. (1991). *Dictionary of occupational titles* (4th ed., rev. ed.). Indianapolis, IN: JIST Works.

Walborn, F. S. (1996). *Process variables: Four common elements of counseling and psychotherapy*. Pacific Grove, CA: Brooks/Cole.

Whiston, S. C., & Rahardja, D. (2005). Qualitative career assessment: An overview and analysis. *Journal of Career Assessment, 13*, 371–380.

CHAPTER 10

生活生涯評估：
協助個案說故事的
訪談架構

> 敘事治療師協助個案理解到他們的世界是透過語言和文化實務
> 建構而成，個案得以隨後解構和重構其假定和知覺。
>
> ——Meier, 2012, p. 2

諸如生活生涯評估（Life Career Assessment, LCA）等質性評估是基於建構主義和社會建構主義等後現代取向的敘事介入策略。LCA 的目標是為個案提供一個真實生活的框架，讓他們能夠用自己的語言述說自己的故事。重點在於個案對其性別、文化、種族、社會經濟、性取向、心靈和身心障礙環境中，對自己、他人及其世界的看法。

> 敘事生涯諮商〔使用 LCA〕的一般目的，是為了描繪一個人自己的生活故事。這樣的焦點特別適合探索個人意義，並幫助解決涉及意義的各類問題。在試圖促進個人生涯發展時，敘事方法致力於影響個人之主體，透過將學習者視為個人發展中的積極主動者，陶冶出對情緒和熱情的更多重視。（Maree & Molepo, 2007, p. 63）

LCA 在處理所有年齡和不同文化與族群背景的個案、處理女性和男性議題，以及處理身心障礙問題時特別有用，因為個案的世界觀、環境障礙、種族認同狀態和文化涵化程度等，可以直接且自然地解決。LCA 在時間上非常彈性。整體結構化框架可以在 15 到 30 分鐘內完成，或者，如果需要的話，可以透過與個案的多次晤談進行更深度訪談。此外，LCA 的各個部分都可以單獨使用。

LCA 旨在關注個案在其生活生涯發展中的功能水準，以及可能涉及的內部和外部動態。LCA 有助於與個案建立工作同盟，透過 LCA 流程的非評判性、無威脅性、對話性的語氣創造關注和關懷的氛圍。一些可能會使個案對學校、訓練和評估產生負面聯想的工具，諸如制式表單、手冊和紙筆工具等，都不會使用。LCA 是一個人對人的互動歷程，允許個案運用自己的語言、關注於自身的經驗，來探索和敘說有關自己的故事。

LCA 有助於提高個案的生涯規劃能力，過程中會討論個案的優勢、他們可能面臨的環境阻礙，以及他們在各種生活角色的功能水準，然後提供有關目標的建議，最後是實現這些目標的行動方案。這些討論可能會顯示出對於其他生涯評估工具的需求（例如那些關注環境障礙和身心障礙問題的工具），並且還可能發現需要進一步評估的技巧和能力。

本章首先討論 LCA 的理論基礎，然後詳細介紹 LCA 的結構。最後則介紹使用 LCA 的一些要點，包括如何適應各類人群和議題，闡述 LCA 如何適用於與年輕個案的訪談工作。

理論基礎

LCA 部分奠基於阿德勒的個人心理學（individual psychology）。他將個人和世界的關係區分為三個社會生活領域：工作（或學校）、愛（社會關係）、友誼（Rule & Bishop, 2006）。根據阿德勒的說法，三者緊密交織而無法單獨存在；一方的變化都會涉及到其他。生活中某一部分的困難，意味

著其他方面可能也會出現相當程度的困難。「阿德勒心理治療，主張人類不可能脫離其社會背景和社會關係之外而被理解。」（Watts, 2003, p. 139）

　　個人傾向以類似的方式在上述三個領域中解決問題並試圖獲得滿足。我們使用「生活生涯主題」（life career themes）來描述這些個案用於與世界協商時的一致方式。在第 9 章中，我們將生活生涯主題定義為「人們表達自己、他人和世界的想法、信念、態度和價值觀」，一般來說，也就是他們的世界觀。個人所採用的生活生涯主題，可以被視為是一種生活方式。個人並不總是意識到他們的生活方式或他們運作的主題，他們可能不會認識到潛在的一致性（Mosak, 1971）。相反的，他們可能會選擇耽溺於特定的表面情感，進而阻礙其發展。

　　在下面的對話中，個案正在談論她過去的工作經歷。這次訪談中的個案是一名 25 歲的女性。請特別注意，從這簡短的討論，我們可以找到可能的主題。

諮商對話	可能主題
諮商師：讓我們來了解一下你的工作經歷。你能告訴我關於你的上一份工作嗎？	
個　案：那是一家小型保險公司。我在索賠部門。主要工作是發出表格信件和付款支票。	
諮商師：你喜歡這份工作的哪些部分？	
個　案：那裡的人真的很好，即使他們年紀大了。我喜歡和不同的人通電話。這是為什麼我會進入索賠部門，這樣我可以與很多人交談，而不是自己一個人。我喜歡在市中心工作，那裡有很多地方可去，我也喜歡保險業務。	喜歡社會互動。
諮商師：真的？	
個　案：是的，我認為我不會喜歡汽車保險，但我喜歡人壽和健康保險。這很有意思。那裡有許多不同的項目計畫，它們都很有趣。	喜歡社會多樣性。
諮商師：那麼，這份工作有什麼地方是你不喜歡的？	

（續下頁）

諮商對話	可能主題
個　　案：我每天都做同樣一件事，要檢查郵件，我討厭這樣，也不喜歡寫固定格式的信件，我覺得每天只能打這些制式信件。要將別人手寫的文字打入固定的表格，我很不習慣這樣的形式。這令人厭煩。	不喜歡例行常規。
諮商師：那你以前還做過什麼工作呢？	
個　　案：我在一家花卉公司工作過。我很喜歡。我真的很喜歡那兒的人，他們很有趣。我喜歡鮮花。當我去送貨時，我得出去跑來跑去，我很喜歡。那是個非常有趣的工作。	和人互動是重要的。
諮商師：你在成衣廠的工作，如何呢？	
個　　案：喔，我討厭這工作，那真的很糟糕，我必須在晚上工作。在整天上學之後，還要一直工作到凌晨一點。我不喜歡做那些例行公事，這會讓人瘋掉。我常常要站上一整天，然後只有 10 分鐘休息時間和一個半小時午餐時間。這工作量太重了。	不喜歡被關在室內。

　　這段對話中反覆出現的主題，說明這位個案喜歡與人們合作以滿足她的一些社交需求。她可能不喜歡常規的任務，但如果她能獲得其他滿足感，她就可以適應。了解她所從事的工作，也要了解哪種工作環境最適合她。LCA在資訊蒐集方面的目的，是幫助個案識別和澄清其生活生涯主題，以及這些主題如何引導其行為方式的歷程。

　　評估個案對於工作（或學校）、愛（社會關係）、友誼的因應方法，提供了一種分析和綜合個案生活生涯發展的具體方式。這項評估是一項合作行動，不僅可以幫助諮商師了解個案，還可以幫助個案更加了解他們自己的生活生涯主題，從而揭示他們對生活意義的獨特感受。

LCA 框架

　　LCA 框架以大綱形式呈現，包含四個主要部分：生涯評估、典型的一

天、優勢和阻礙，以及總結。本章接下來將詳細介紹每個部分，但現在需要注意的是，透過上述格式可以蒐集個案的幾種類型資訊。一種是相對客觀和事實性的資訊，例如個案的工作經驗和教育成就；一種是個案對其擁有技能和能力的自我評估；還有一種則是由諮商師對個案的技能和能力做出的推斷。這些推論都奠基於生活生涯主題，並源自於對個案參與工作、家庭、學校或訓練或休閒活動等各類活動的理解。還有另一種資訊涉及個案對其作為人的價值和自我意識的看法。

　　雖然我們建議你遵循此處描述的 LCA 格式，但沒有規定一定要如何運用。你需要發現自己使用 LCA 的個人風格。事實上，最好將 LCA 結構整合到你自己的風格以及個案的風格中，以防止流程變得機械化，並使生涯諮商的蒐集資訊階段盡可能有意義。

(一) 生涯評估

1. 工作經驗（全職 / 兼職，有薪 / 無薪）
   - 上一份工作
   - 最喜歡的
   - 最不喜歡
   - 以相同程序詢問另一份工作
2. 教育或訓練的進展和關注
   - 一般評估
   - 最喜歡的
   - 最不喜歡
   - 重複詢問其他階段或類型
3. 關係 / 友誼
   - 休閒時間的活動
   - 社交生活（在休閒環境中）
   - 朋友（在休閒環境中）

(二) 典型的一天

1. 依賴—獨立
   - 依賴他人
   - 堅持其他人做出決定
2. 系統性—自發性
   - 穩定和常規
   - 堅持和專注

(三) 優勢和阻礙

1. 三個主要優勢
   - 自己所擁有的資源
   - 資源為個案做了什麼
2. 三個主要阻礙
   - 與優勢相關
   - 與主題相關

(四) 總結

1. 同意生活主題
2. 使用個案自己的話
3. 與目標設定或問題解決連結

一、生涯評估

　　LCA 的生涯評估分為三個部分：工作經驗、教育或訓練，以及關係 /
友誼。生涯評估的各部分說明如下：

(一) 工作經驗

要評估個案的工作經驗，請讓他們描述上一份工作或當前的工作。這些工作可以是兼職或全職，有薪或無薪。讓個案描述所執行的任務，然後將他們最喜歡和最不喜歡的工作聯繫起來。聆聽並討論個案的世界觀、環境障礙和文化涵化程度，因為這些主題可能會出現在其中。在討論好惡之後，應該重複澄清和反思明顯的生活生涯主題，以便個案了解貫穿其中的一致性。若個案很少或根本沒有工作經驗時，可以檢視個案的家庭責任，例如修剪草坪、照顧年幼的兄弟姊妹或做家務等，尤其有用。我們藉由以下對 30 歲個案工作經驗的訪談來說明這一過程：

諮商對話	可能主題
諮商師：縣立醫院是你最後的工作嗎？你在廚房工作。你在那裡工作了一段時間？ 個　案：對，兩年。 諮商師：具體來說，你都做些什麼事？ 個　案：我的工作在一條托盤線，一條患者的托盤線。我將患者的托盤收走清理乾淨，然後有很多瑣碎的事要做，像是上去各樓層送病人要吃的冰淇淋、牛奶、麵包或水果等。我們也會將水果秤重，確定下一餐要提供多少水果。一旦你知道自己在做什麼，就可以完成這些瑣碎的事情。他們有一個時間表，但是我不需要，我可以掌握，所以我只是將一件事情做完再做另一件事情。我通常會在下午三點或兩點半左右完成，有時兩點就做完了。然後我會去幫忙其他人，大家再一起休息到四點半，開始準備下一餐。	關注細節，以便能與他人接觸。
諮商師：你真的很喜歡忙碌喔！似乎希望在工作中可以讓你有所表現。 個　案：是的，不然我會覺得很無聊。	完成任務是重要的。

個案的工作重點和生活生涯主題,在這個簡短的對話摘錄中開始浮現出來,儘管還有很多需要再了解。請注意,他對變化的需求可能會干擾他在日常工作中的表現。稍晚與他談到職業選項時,可能會需要再與他深入討論。

(二) 教育或訓練

這部分的訪談,可從詢問個案對其教育或訓練經歷的一般評估開始。你可以詢問個案最喜歡或最不喜歡的經驗內容,以提供進一步的結構。通常生活生涯主題一開始都會表現為喜歡和不喜歡。可以重複澄清和反映這些主題,以便個案了解貫穿其中的一致性或不一致性。

在個案提供你關於他們的教育背景或訓練經歷後,你可以開始詢問有關他們所喜歡的學科、教師和學習條件等更具體問題。這種聚焦會產生幾種類型的資訊。一種是事實、表面性資訊,例如「我喜歡科學和數學,不喜歡美術和英文」,或是「我喜歡喬老師和林老師,但與史老師處得不好。」另一種焦點是先前在個案工作經歷中討論到的主題,某些會在整個 LCA 中反覆出現。可以從這部分的訪談獲得有關個案學習風格的線索,以及性別、種族與族群議題和身心障礙狀況可能對個案在教育和訓練經歷上產生的影響。

以下是訪談的摘錄,其中討論了個案的學校經驗:

諮商對話	可能主題
諮商師:談一下你的學校經驗吧。 個　案:在八年級之前我很喜歡學校。但後來我就對學校失去了興趣。就在八年級左右。 諮商師:那時發生了什麼事嗎?讓你對學校失去興趣? 個　案:我不知道。我想我只是覺得我什麼都知道了,並開始四處閒晃。 諮商師:當你回想起小學時,你說你很喜歡上學。有哪些事情是你還記得很喜歡的?哪些是很好的?	

（續下頁）

諮商對話	可能主題
個　　案：嗯，我一直記得三年級和四年級那時……國字拼寫等等。你知道，我們總是有特別的遊戲讓它變得更有趣，像是拼字比賽。我記得老師總是會給我機會拿到星星作為獎勵。我想是因為我可以得到獎勵讓活動變得更有趣。	尋求獎賞和認可獲得大人的肯定是重要的。
諮商師：你覺得她可以看到你做得很好？	
個　　案：她會讓我去幫助其他同學。	尋求接納。
諮商師：你一定覺得非常值得。現在告訴我學校讓你不喜歡的部分是什麼呢？	
個　　案：嗯，我表現最差的是五年級。	
諮商師：那時發生了什麼事？	
個　　案：老師很苛刻。我不是在開玩笑！你能夠想像五年級學生就要閱讀《飄》嗎？那本小說超級厚的，然後她還要我寫一份報告。	大型作業令他無法負荷。
諮商師：她讓你這樣做是一種懲罰嗎？	
個　　案：我們有一個糟糕的開始，而當她這樣做時，事情變得更糟。我只好去圖書館，和一些女孩們拼命做筆記，所以要求我們閱讀這麼大一本書，就是一種懲罰。所以，我在她的椅子下面貼了一個大頭釘，有人偷偷告訴他，所以，她把回家進度報告發給我爸爸，然後，整整一個月時間，我每天回家都要被罰寫 500 次「我很抱歉」。不過，六年級就很有趣了。我六年級的老師喜歡帶我們到戶外，她總是帶我們去公園實地考察整整一個下午。週末時，她也會帶我們出城去玩。如果我們需要幫忙，也都會去找她。	獲得大人的注意是重要的。 會採取報復行動。 需要參與感。
諮商師：看起來她似乎真的很關心你們。	
個　　案：是的，她真的很好。我記得她隔年就離開了。	
諮商師：你說當你升上國中後，你就對學校失去興趣了。	
個　　案：好像上國中後，就沒有人對我所做的事感興趣。這可能是原因之一。我習慣於一切，變得非常俗氣。	缺乏自我肯定技巧。

（續下頁）

諮商對話	可能主題
	不被大人關注令他感到孤獨。
諮商師：你感覺你好像自己一個人，沒有人可以去尋求幫助。	
個　案：常是這樣，因為我和所有學生在那個時期都需要很多幫助。即使我離開了學校，我仍然有許多疑問。我不知道第二天該怎麼辦，所以我越來越落後了。我常常等到為時已晚了，才會說出心裡的話來。我記得我和我的諮商師談過這點。	缺乏自信和獨立性。
諮商師：你的諮商師建議你怎麼做呢？	
個　案：他要我堅持下去。只要我有問題時就走去找他們，告訴他們「嘿，我需要一些幫助。」有段時間當我神經緊繃我都這麼做，然後會說：「嘿，我需要幫助。」有一陣子這樣做很 OK。	尋求幫助有其難處。

當這個個案進入新的教育經驗時，有人可以討論進展並專注於積極正向的經驗是相當重要的。這可能需要自我肯定訓練或相關諮商，以便個案可以開始學習如何承擔更多責任。

(三) 關係／友誼

探索關係／友誼，首先要詢問個案如何度過休閒時光。重要的是要注意關係／友誼中的主題，是否與 LCA 的工作和教育部分中討論的生活生涯主題一致，或與之形成對比。這也是探索友誼關係的好時機。在敘說如何度過休閒時間的背景下探索個案的社交生活，是討論這個有時敏感區域的一種相對無威脅的方式。目標在於發現社會關係主題，與工作和教育場域中所呈現的主題有何關聯。個案有很多朋友嗎？還是很少？或是沒有朋友？個案如何做出有關休閒活動的決定？或者個案是否遵循其他人的建議？

諮商師在下面的對話中，與個案探討休閒和社交活動：

諮商對話	可能主題
諮商師：現在，你高中畢業了，閒暇時間都做些什麼？ 個　案：嗯，我們有養馬，大部分時間我會去騎馬。我有兩匹馬，我每天各騎兩個小時。真的，我沒有太多時間做其他事情。	深度興趣和投入。
諮商師：一天騎馬四小時？ 個　案：嗯，我早上六點起床，一直騎到八點。現在我回到家後，我也必須兩匹都騎騎。我想我可以各減一個小時。但是我必須在週間一直騎馬，因為如果我不在週間騎馬，那麼週末就難有好的演出。	
諮商師：所以你在週末會表演馬戲。 個　案：我們全力投入於馬戲的表演。	
諮商師：所以那占用了你大部分的時間？ 個　案：是的，相當多的時間。我還有一隻正在努力訓練的杜賓犬，牠會讓我瘋掉。我把大部分時間都花在動物身上。過去我們飼養杜賓犬。兩年前，我們養了十三隻，然後全部賣掉了。現在我們只有這一隻小寶貝。	
諮商師：所以你的大部分時間都花在你的馬和動物身上。朋友呢？ 個　案：我大多數朋友住在市區裡，他們經常會來看我。因此，無論是誰來，通常都會有人來，我晚上就和朋友一起出去。我們的馬戲表演在七點半左右結束，然後我就去參加舞會或派對。	朋友來找她。
諮商師：那麼週末呢？ 個　案：嗯，我們的馬戲表演都在週日，所以週六一整天我經常會和媽媽在一起。週間我不太常去看她，只有偶爾晚上會去看她，但是週六我們都會一起去購物。我們先吃完早餐，然後去購物。有時我們也會一起吃午餐。我和媽媽真的很親近。	媽媽對她相當重要。
諮商師：你覺得對媽媽負有責任。 個　案：是的，因為她要養育我們這麼多孩子，而且她是個好媽媽。她很有趣，我和她在一起時，比和大多數朋友一起還玩得更開心。	

（續下頁）

諮商對話	可能主題
諮商師：她是母親同時也是個朋友？ 個　案：是的，我們真的很親近，但問題是我想要離開家去找工作。如果我搬到加州去，我姊姊可能會要我和她住在一起。如果我留在這裡，我可能也會搬到離媽媽近一些的地方，所以我可以常去看媽媽。	媽媽是她的牽掛。與媽媽的關係可能阻礙她找外地工作。
諮商師：目前讓你躊躇不前的也是你的媽媽。 個　案：對！她再婚了，但我的繼父工作非常多，我討厭看她一直都是獨自一人。我很高興見到她。我想，我已經習慣了。	她真的能夠離家嗎？

　　從休閒活動轉向關係和友誼相對簡單。在上面的例子中，個案依賴她的動物和她的母親獲得情感支持，但可能會干擾生涯探索。這種衝突可能必須在以後的生涯諮商中做處理。

二、典型的一天

　　在 LCA 訪談期間出現的許多主題具有自然的對立面，例如主動—被動、外向—退縮。這些相對組中的每一組都可以被認為是性格維度。在 LCA 的典型一天裡，至少有兩個人格維度必須加以檢視，分別是依賴—獨立，和系統性—自發性。

(一) 依賴—獨立

* 依賴他人
* 堅持其他人做出決定

(二) 系統性—自發性

* 穩定和常規
* 堅持和專注

　　探索典型的一天目的是發現個案如何組織其日常生活。可以藉由要求個案逐步描述典型的一天來進行此一評估。你可以詢問「你早上是自己起床？或是依賴別人叫醒你呢？」或是「你都是獨自做事，還是堅持要有人和你在一起？」來探索依賴—獨立的維度。此外，你也需要確定你的個案是否有系統地組織生活，或者在生活上能自發性地回應。例如，系統性的人傾向於以相當穩定的常規日復一日做同樣的事情（例如，每天早晨吃葡萄乾麥片牛奶）；而自發性的人可能很少重複做同樣的事情。

　　了解典型的一天評估中出現的生活生涯主題，對個案非常有幫助，因為這些主題有時會使得他們在學校、訓練或工作中出現問題。例如，如果個案承認他早上無法起床，那麼你將能預見他在工作也遇到能否準時和出勤的問題；這應該在之後的生涯諮商晤談中進行探討。在確定生活生涯主題時，必須重複澄清和反映這些主題，以便個案更清楚地了解它們如何影響其行為。

　　下列對話中，討論了個案典型的一天。請注意，個案和諮商師會探索一般人共同的活動，例如吃飯和睡覺，以及這位女性個案獨特的活動。

諮商對話	可能主題
諮商師：我希望你能回想一下你的日常生活。到了起床的時候了，是鬧鐘會吵你起床，或是有人叫醒你，還是你自己醒來？ 個　案：我自己醒來，起床，然後下樓。我會在前一天晚上洗完澡，所以我只是洗臉、化妝、穿上衣服，然後找點東西吃，喝一大杯牛奶，因為我起床時通常肚子會不舒服。我有胃潰瘍。 諮商師：你自己做早餐嗎？ 個　案：是的。雞蛋或烤吐司……然後電話通常會響起，我會接聽。 諮商師：誰打電話給你？ 個　案：我的一位閨蜜。 諮商師：假設你起床後沒有什麼事做，可以做任何你想做的事情。	負責的、有系統的。

（續下頁）

諮商對話	可能主題
個　案：你想知道我會做什麼？我會抓一條毯子，下樓，找東西吃，打開電視；我會坐在那裡看電視。	被動、在當時環境中尋找樂趣。
諮商師：你喜歡看電視嗎？	
個　案：嗯。	
諮商師：白天的電視節目？或是晚上的節目？	
個　案：這不一定。我喜歡三部肥皂劇。晚上我沒有很喜歡看電視，除非真的有很好看的節目或是電影。我通常不會看太多，除非是我真正喜歡的節目。	
諮商師：你喜歡肥皂劇的什麼呢？	
個　案：就是故事本身，呃，接下來會發生什麼懸疑事件、誰會發現這件事？誰結婚了？誰的女兒懷孕了？〔笑聲〕	社會興趣。
諮商師：你會把自己放在那樣的處境嗎？你曾經想過這些事會發生在你身上嗎？	
個　案：我會很生氣，氣得跺腳，說：「夠了！夠了！」甚至，我會大哭。我會非常入迷。當你看到有人帶著槍躲在窗簾後面，你會大叫：「不要去那邊，不要去那邊！趕快報警。」這真的是太刺激了。有時候你會生氣，有時候你會開心，或是跟著流淚。	容易認同並與他人產生連結。

個案表示她喜歡日常生活中的系統性常規。然而，聽起來又好像她會依賴別人，這可能會陷入社交關係問題。她似乎有些被動，電視可以成為她的慰藉。

三、優勢與阻礙

LCA 的優勢和阻礙部分，包括向個案詢問他們認為的三個主要優勢和三個主要阻礙。

(一) 三個主要優勢

- 自己所擁有的資源

- 資源為個案做了什麼

(二) 三個主要阻礙

- 與優勢相關
- 與主題相關

　　LCA 提供了有關個案所面臨問題、可能存在的環境阻礙以及可能擁有的資源等直接資訊。你可以藉由要求個案檢視他們所扮演的角色（例如：母親、父親、學習者或工作者），以及他們扮演這些角色的技能來蒐集資訊。在個案說出三個優勢後，詢問這些優勢對他們的作用，有助於深入探究。例如，如果個案將堅持不懈列為優勢，進一步探問後可能會發現這項優勢促使他繼續不斷地嘗試。

　　對於阻礙也應該進行同樣的探索和澄清。某些個案更容易想出阻礙，可能是因為過去的失敗或自尊心低落。對於這樣的個案，應該將他們的阻礙和優勢一起檢視，並與其討論如何利用優勢來克服阻礙。這可以幫助個案開始思考他們已經擁有的能力、知能和技能。

　　以下對話來自 LCA 與優勢和阻礙有關的訪談：

諮商對話	可能主題
諮商師：我們來談談你有哪些主要的優勢？ 個　案：哦，我是一個非常好的打字員，特別是經過練習之後。我可以操作辦公室裡的機器，任何機器都難不倒我。我很會應對來電。我可以將事情處理得有條不紊。我會將所有事情安排好，這樣當有人進來工作時，就會知道該怎麼做。我總是列出每天要做的事情清單。 諮商師：這是一個很好的優勢清單。現在請你說說看有哪些是你可能需要克服的阻礙，以便更能找到工作。	對技能有信心。 運用社會技巧講電話。 很有組織條理。

（續下頁）

諮商對話	可能主題
個　案：嗯，我可能說得太多了。如果我開始說一件事，我很難擺脫這個主題，我可能太多嘴了。另一件事是我沒有適切掌握時間。要麼太快了，要麼就不夠快。我永遠無法在我想要的時間內完成所有工作。我向來都會提前一小時開始做事情，否則我可能就完成不了。如果我能把事情做得更有條理就好了。 諮商師：所以，有很好的組織對你來說很重要嗎？ 個　案：嗯，我喜歡有條有理，如此我就不會遇到任何其他麻煩。	必須控制社會需求。 將更有條理視為優勢。

　　在 LCA 的優勢和阻礙部分，個案可能無法回應列出三個優勢或三個阻礙的請求。在這種情況下，可以將任務分解成更小的部分，要求個案只列出一個優勢或阻礙。在討論之後，再詢問更多的優勢和阻礙。這種方法可以減輕個案的壓力，並有時間提供更多細節。

　　你也可能會遇到在優勢和阻礙部分提供簡短答案或沒有答案的個案。例如，個案回應可能的優勢是：「我是一個好工人。」這種反應並沒有透露太多資訊。為了獲得更多資訊，你可以探問：「作為一名好工人對你的意義是什麼？」或是「你認為在你的工作方式中，最棒的部分是什麼？」LCA 的其他部分也可能會遇到模稜兩可的答案。在描述典型的一天時，個案可能會說：「我早上起床，去工作，回家，吃飯，然後上床睡覺。」從這樣的陳述中可以蒐集到的資訊確實有限。可以詢問他們：「你是怎麼起床的？鬧鐘吵醒你，還是其他人叫你起床？你早餐是怎麼吃的？」以類似的問句來檢視個案一天中的細節。

　　有時候，你可能也會遇到一個無法想到任何優勢的個案。一個簡單的策略是先談阻礙部分，然後仔細地注意並敏感任何可能隱藏的優勢。例如，一位將「我動作太慢了」列為阻礙的個案，可能會在進一步的探問中透露出「我很注意細節，希望確保一切都是正確的」。另一個策略是回顧和思考 LCA 其他部分所表達的一些主題。你可能會對個案說：「在談論典型的一

天時，你解釋說你的行程每天都不同，取決於你家裡其他人的行程安排。然而，你似乎都能夠完成每天所必須完成的工作。在我看來，你非常靈活，調適力很強。」這些陳述幫助個案發現他們的優勢，將優勢帶入工作，提升他們的自尊，並激發他思考其他優勢。

最後一個策略，是當你發現個案似乎不願意自由暢談時，這時就應該檢視自身的生涯諮商風格。即使是最熟練的助人者也會遇到無法向他們敞開心扉的個案，當他們與個案的互動看似無效時，所有諮商師都必須檢視其對人際關係技巧的使用。你是否具備了良好的專注與傾聽技巧？良好的知覺能力？是否展現出樂於助人的風格？

四、總結

LCA 的總結是最後一部分。進行總結有兩個主要目的，第一個目的是強調在訪談期間所獲得的資訊。諮商師在總結期間，沒有必要回顧所獲得的每一點資訊，但應重複突出的生活生涯主題、優勢和阻礙。首先要求你的個案總結他們從會談中所學到的是很有幫助的。讓他們先行表達從訪談歷程中所學到的，會增加資訊的影響，從而提高自我意識。並且還可以讓你了解個案獲得了什麼，或是錯過了什麼。當個案說完後，你可以添加任何可能被忽略的點。你和個案在其生活生涯主題上達成共識是很重要的，尤其是當這主題是透過個案的語言和意義達成時，這樣的共識會特別有效。

總結的第二個目的是將獲得的資訊與個案可能努力解決問題的目標相連結。已經揭示的生活生涯主題，可能表明了需要進一步探索的內部動態和需要克服的環境障礙。從所發現的優勢和阻礙，可以進一步開發個案的積極面向。接著，需要克服的障礙顯現出來後，你和個案就可以一起建立目標，並形成行動計畫來達成這些目標。

下面的例子是擷取自 LCA 訪談的總結。請注意，諮商師試圖凸顯重要的生活生涯主題、技能、能力和阻礙；允許個案運用自己的語言，表達他學到了什麼，試圖與個案就其生活生涯主題和技能達成共識；將這些資訊連結

目標及可能的行動方案。

諮商對話
諮商師：芳梅，我們已經討論過一些議題，現在我需要把這些議題歸納一下，看看我們已經談了哪些內容。你覺得自己從今天的談話中學到什麼呢？有哪些你所學到的是你以前不知道的？
個　　案：嗯，我不確定。
諮商師：回想一下我們談到你的日常生活時，每天做著同樣的事情，井然有序。你認為這些意味著你具有什麼能力呢？
個　　案：嗯，我想我很有條理。我想我是個負責任的人。
諮商師：以什麼方式負責任呢？
個　　案：我真的很關心我的女兒。我確實想要好好撫養她。我媽媽總是讓我很難確定我的撫養方式是否正確。我認為我應該對她負責。
諮商師：當我們談到你的優勢時，我們提出了一些像是你是非常可靠的人。我們談到你在工作中沒有缺席過幾天，你總是很自覺的按時上班，而不缺席。從典型的一天開始，聽起來你有條不紊，掌握著你要做的事情，我也覺得你很有責任感。你如何看待你已經報名接受訓練的方案呢？
個　　案：嗯，我認為這對我有用，特別是在這個律師事務所的工作經歷中，你知道的。我認為我必須要能夠處理他們交付給我處理的一些事情。
諮商師：這是一個應用你某些技能的機會。
個　　案：我真的很喜歡他們給我這個打字員的工作機會，但是我仍然有點害怕我是否能夠通過 GED 測驗（普通教育發展證書）。
諮商師：我能理解你對此的擔憂。這是一大步。聽起來這個文憑對你真的很重要。
個　　案：是的，是的。如果我要繼續成為一名法律秘書，我想我需要通過 GED。
諮商師：好的，我想我們今天在這裡有一個好的開始。我們下次見面時可以繼續探討你對於通過 GED 的擔憂。

重點摘要

一、運用轉換性陳述

　　如果能使用會話式語調來進行 LCA，那最有效。若要能維持對話氛圍，另一種方法是使用轉換性陳述（transitional statements）。這些是向你的個案發出的信號，表明 LCA 的重點或主題將會發生變化。藉由使用轉換性陳述，可以讓個案知道主題發生變化以及新主題會是什麼。

　　從 LCA 的某個階段到另一個階段，要能平順轉換的方式，是要注意措辭。你所做陳述的第一部分，要簡單回應個案之前所說的內容。而第二部分則是對下一個主題的介紹：「好吧，看來工作經驗對你來說很愉快，你也覺得很有價值。你是否對學校也有同樣的感受呢？或者你對學校有些不同的看法？」

　　當你介紹一個新主題時，另一個有用的策略是避免長時間的介紹，這可能打破會話的基調。在下面的例子中，諮商師簡要描述了所涉及的領域，向個案發出了關注焦點變化的信號，讓個案知道新主題是什麼，整個過程使用很少的單詞：「好的，我們談到了工作和學校，以及你如何度過閒暇時間。我現在想轉移一個話題，請你描述你的典型的一天。」

　　在進行 LCA 時，什麼時候需要用到轉換性陳述呢？通常在不同的 LCA 部分之間會需要用到轉換性陳述，例如從典型的一天轉換到優勢與阻礙時。在同一個 LCA 主要階段當中，也可能從某個部分轉換到另一個部分，像是在工作經驗、教育或訓練，以及關係 / 友誼之間。

二、將 LCA 進行調整並應用於年輕個案

　　正如我們之前提到的，LCA 對於與處於所有環境及所有年齡層的個案都非常有用。它之所以如此有用，是因為四個部分十分廣泛，讓你與個案可

以組織要討論的內容，選擇要討論的話題，並有所互動。例如，生涯評估訪談中，藉由邀請個案分享他們對工作或教育的喜歡和不喜歡之處，開啟或繼續探索可能導致個案在工作職場上遭遇阻礙的性別、種族、族群、文化、年齡或身心障礙狀況等。典型的一天也為個案提供額外的機會，以討論他們日常生活中可能存在的性別、種族、族群、文化、年齡和身心障礙議題，且將範圍從工作擴展到家庭和社區生活。LCA 最後兩部分的重點，可以採用類似的方式，為有不同需求的個案進行調整。

為了說明 LCA 的適用性，我們闡述了它如何運用於與年輕個案一起工作。LCA 使用於年輕個案的目標，可能與使用於年長或成熟個案進行評估的目標有所不同。例如，年長的個案可能擁有更高的生涯成熟度，可能需要幫助適應特定的工作環境，糾正過去不適當的工作習慣，或擴大他們的生涯選擇。由於年輕個案的經驗通常較為有限，目標可能包括介紹工作世界、說明適當的工作習慣，並開始探索各種職業作為生涯選擇的先決條件。對此，LCA 可以很容易地做適當的調整，以適合年輕人，這些調整說明如下。

(一) 生涯評估

1. 工作經驗：年輕個案很可能尚無支薪的工作經驗。然而，許多年輕人在家裡執行任務，這些可以視之如成人的工作。例如：修剪草坪、照顧弟妹、煮飯做菜等家庭責任，就是這些任務的例子。

2. 教育或訓練：這是對年輕個案很重要的部分，與年長個案的基本操作原理相同。不過，應特別強調年輕個案喜歡或不喜歡的教師、諮商師和行政人員，以及原因。這提供了有關他們會尊重、模仿或難以合作的族群類型的資訊。主修學科的偏好也是重要考慮因素，有助於探索未來可能的工作崗位及生涯興趣，並確定未來學校科目的選擇與其最終生涯選擇的關聯性。

3. 關係／友誼：諮商師可以根據家庭休閒活動來檢視關係／友誼部分。談談家庭中的活動，可以了解家庭關係和連結。另一個值得探索的部分是嗜好。年輕個案是否喜歡蒐集郵票或從事冒險性的活動，如滑板或探險？邀請

他們談一談最好的朋友或朋友們，可以幫助確定同儕影響的程度和類型。

(二) 典型的一天

典型的一天探索方式與年長個案的方式大致相同。同樣要尋找依賴—獨立，系統性—自發性的傾向。年輕個案早上是怎麼起床的？他們有固定的時間表嗎？他們每天做家務嗎？如果是，誰具有監督的責任？履行責任者有何特權？他們的家庭環境如何？

(三) 優勢和阻礙

此部分也與年長個案端完全相同。焦點在找出優勢，並用來克服阻礙。藉由強化自身優勢，個案可能會更清楚自己擁有的技能。

(四) 總結

諮商師可以藉由向年輕個案詢問他們從會晤中學到了什麼來進行總結。重要的是要透過對於喜歡和不喜歡的覺察，來組織其優勢和阻礙，以呈現其是如何形成一個整體的生活風格。例如，年輕個案喜歡老師，是因為老師給予鼓勵嗎？這也可能是因為年輕人需要增強，以便能有效地執行任務。這些重要的啟示，可能對個人未來的生涯發展和成功產生影響。

結語

LCA 是一個晤談框架，可用來協助你和個案在相對較短的時間內系統地蒐集資訊。要特別注意晤談框架這個字，也因為如此，LCA 是生涯諮商下一步的出發點，因為它有益於與個案建立正向的工作同盟，進而可以開展未來的生涯諮商活動。

LCA 的結構提供刺激物，喚起個案的反應。透過幫助個案找出並描述他們對生活生涯主題形式的回應，諮商師承認並尊重個案的反應。你可以將

這些知識應用於後續步驟,例如測驗、諮商、教育和生涯資訊蒐集,以及生涯規劃和決策。

　　LCA 的使用可以安排測驗施測和解釋階段,因為 LCA 中使用的過程教導個案透過生活生涯主題識別發展出對自己的觀察、推斷和假設的技能。這些初步技巧可以引導之後的完成,因為我們在找出並描述個案生活生涯主題時所使用的語言,與測驗解釋時所使用的語言是相同的。

　　當你使用 LCA 時,你會發現它為隨後的生涯諮商階段奠定了基礎。它提供了一種舒適、無威脅的方式,面對各種各樣的問題,包括性別、種族、年齡和身心障礙議題等。LCA 還將呈現個案蒐集和處理有關他們自己及其所居住世界的資訊的方式。個案的風格可能會影響你使用的生涯諮商介入措施。

　　LCA 支持並強化了生涯諮商的整體策略。它有助於開始討論工作、學校、休閒、家庭及其關係的生活角色。這一點在生涯諮商中很重要,多年前 Berman 與 Munson(1981)指出的原因,我們認為今天仍然如此:

　　　　有意義的生涯投入都不是孤立存在的,也不可能脫離生活全貌而被理解。我們可以協助人們找出有意義的個人與環境對話,並檢視他們的工作生活經驗,以及與家庭、社區、學校和其他重要角色之間的連結經驗。(p. 96)

 參考文獻

Berman, J. J., & Munson, H. L. (1981). Challenges in a dialectical conception of career evolution. *Personnel and Guidance Journal, 60,* 92–96.

Maree, J. G., & Molepo, J. M. (2007). Changing the approach to career counselling in a disadvantaged context: A case study. *Australian Journal of Career Development, 16*(1), 62–70.

Meier, S. T. (2012). *Language and narratives in counseling and psychotherapy.* New York, NY: Springer.

Mosak, H. H. (1971). Lifestyle. In A. G. Nikelly (Ed.), *Techniques for behavior change* (pp. 77–81). Springfield, IL: Charles C Thomas.

Rule, W. R., & Bishop, M. (2006). *Adlerian lifestyle counseling: Practice and research.* New York, NY: Routledge.

Watts, R. E. (2003). Adlerian therapy as a relational constructivist approach. *The Family Journal, 11,* 139–147.

CHAPTER 11
生涯、多元文化、婚姻、軍人家庭家族圖：協助個案敘說生涯與家庭之關聯

家族圖經常能幫助個案更深入地洞悉、覺察與理解自己的人際關係模式，以及與他人之間的溝通模式。此外，個案若能進一步覺察家庭帶給自身的影響，將有助於他們面對環境的挑戰與變動，並探索自己的行為模式。

——Duba, Graham, Britzman, & Minatrea, 2009, p. 17

家族圖屬於質性評量，可以幫助個案了解家庭的脈絡（Erkan, Turan, Oguzhan, Rasit, & Ismail, 2012）。DeMaria、Weeks 與 Hof（1999）將家族圖分為兩類：第一種稱為**基本家族圖**（basic genogram），包含完整的家庭系統工作資訊；第二種類型稱為**焦點家族圖**（focused genogram），使用基本家族圖的架構，但只強調特定主題，例如：

依附關係（attachment）：連結、氣質和依附關係。

情緒（emotions）：難過、失落和悲傷；恐懼；快樂。

憤怒（anger）：憤怒、家庭暴力和體罰。

性別與性（gender and sexuality）：性別、性和愛情。

文化（culture）：種族、族群和移民；宗教傾向；社經地位（DeMaria et al., 1999, p. 10）。

Weiss、Coll、Gerbauer、Smiley 與 Carillo（2010）指出還有其他類型的焦點家族圖，像是精神面向、學業面向和創傷面向，以及軍人家庭文化面向。

本章會先介紹一種名為**生涯家族圖**（career genogram）的焦點家族圖，它運用基本家族圖的架構，但著重在生涯的議題。接著會介紹另外三種焦點家族圖，包含多元文化家族圖、婚姻家族圖和軍人家庭家族圖。

生涯家族圖

生涯家族圖是一種質性評量，可以幫助個案述說他們的故事，它提供一個格式和歷程讓個案繪製跨越三代的家族圖。生涯家族圖「幫助諮商師探索個案生涯認同的發展，同時運用圖形隔離個案生涯決策路徑的一些根源和影響」（Chope, 2005, p. 406）。如你所見，完成生涯家族圖的歷程是相當重要的一部分。

生涯家族圖是改編自 Bowen（1980）在家庭諮商中的運用。在家庭諮商中，「生涯」（career）這個詞不會與「**家族圖**」（genogram）這個詞並用，因為家庭諮商會著重在特定的家庭問題和觀點。當添加「**生涯**」這個詞時，我們會發現在個案講述了他們的社交故事時，諮商師能有更多的探索途徑（Brown, 2007; Chope, 2005）。生涯家族圖尤其有效的地方，是因為它提供一個直接且相關的架構供個案使用，可以幫助個案闡明許多議題，包括他們的世界觀、可能的環境障礙、個人—工作—家庭角色衝突、種族認同和議題，以及文化涵化程度。「透過家庭溯源，個案能更了解他們當前的信念或價值觀。」（McMahon, Patton, & Watson, 2003, p. 195）對於個案來說，它也具有充分的表面效度，因為它提供個案在生涯諮商情境中述說生涯故事的機會。個案有機會從他們熟悉的角度談論自己以及他們的成長歷程。生涯家族圖鼓勵信任和好奇心，並在工作同盟的關係中建立必要的情感連結。

本節會先說明生涯家族圖的基本理念，再呈現生涯家族圖的實施流程。

生涯家族圖的實施流程包含以下三個步驟：說明目的、個案實際構圖，以及個案在完成後對問題的回應。最後將討論如何分析及使用從生涯家族圖獲得的資訊和認識，並如何透過生涯家族圖有多元的運用。

一、基本理念

Dagley（1984）統整出生涯家族圖的基本理念，認為個案在社會學、心理學、文化和經濟背景的脈絡——家庭下，最能被了解。Kakiuchi 與 Weeks（2009）指出，生涯家族圖讓諮商師能夠獲得個案對工作和生涯態度的訊息。生涯家族圖提供個案連結過去與現在的歷程，幫助個案對當前的動態有更多的理解。生涯家族圖對於在工作—家庭—社會化—身分認同議題、擔憂和壓力三者中掙扎的個案特別有幫助。Chope（2005）提出以下說明：

> 不同的家庭形式可以被點出，不同家庭標準產生的壓力也可以被討論。生涯家族圖可以幫助生涯諮商師為個案開發新的實務觀點，同時諮商師也可以自由地提出更能反映家庭動態的問題。（p. 406）

由於生涯家族圖的歷程的開展很自然，使用此技術對於諮商師和個案來說是自在舒適的。當諮商師對個案的生活經歷和過去事件表現出興趣並做出回應時，能夠強化工作同盟的情感連結，這不僅可以增加諮商師對個案的認識和理解，同時也幫助個案更認識自己。個案往往是第一次對自己、他人及世界的內在想法和感受有更深的洞察。生涯家族圖提供一種能夠幫助個案整合關於他們自己和他們成長經歷的架構，這個方法是他們以前從未想過的方式。

二、實施流程

生涯家族圖的使用有三個步驟：步驟一，與個案分享使用生涯家族圖的

目的;步驟二,與個案說明如何繪製生涯家族圖;步驟三,透過諮商師與個案的一系列問答,分析和理解個案生涯家族圖的意義。

(一) 步驟一:目的

生涯家族圖實施流程的第一步是與個案分享生涯家族圖的目的。諮商師可以說明此方法能夠提供個案對其原生家庭(包括祖父母)進一步的洞察,也可說明生涯家族圖將提供有關他們在成長過程中所經歷不同議題的見解,像是生涯、工作、性別及文化社會化;或像是環境阻礙,若個案有的話;以及他們如何整合和處理各種生活角色。隨著生涯家族圖的分析,可以依據個案可能有的顧慮,對其他相關的議題(包括個案的世界觀和種族認同議題)能夠有更多的探索與覺察。個案當前的世界觀和種族認同是「如何」以及「為何」透過其家族和社區的社會化過程而形成,這部分可以透過生涯家族圖的繪製和分析而聚焦探討。

(二) 步驟二:構圖

第二步是向個案解釋如何繪製自己的生涯家族圖。以下的說明可以修改成適合不同的個案或不同的情況:

諮商師:生涯家族圖可以幫助我們了解你和你的原生家庭,包括你的祖父母。請從你的母親和父親開始畫出你的家族圖。你可以畫在你眼前桌子上的白報紙(也可以使用黑板或其他類似的書寫材質)。在紙張三分之二左右的位置畫出你母親和父親的符號,請用以下的符號代表你的母親和父親(McGoldrick & Gerson, 1985)。在符號下方寫下他們的名字(參見圖 11-1)。

圖 11-1　父母

諮商師：然後，在符號的上方寫下你的母親和父親的生日。如果你父母中的
　　　　任何一位已經過世，在他們的符號內畫一個 ×，並將死亡的日期
　　　　寫在他們的出生日期旁邊。接下來，添加你自己和所有兄弟姊妹的
　　　　符號。確保你將他們的名字寫在適當的符號下。為了說明這個生涯
　　　　家族圖，假設你有一個弟弟和一個姊姊。你的名字是亞宏，你姊姊
　　　　的名字是秀珊，你弟弟的名字是杉名。然後，寫上你和你兄弟姊妹
　　　　的生日。現在家族圖如圖 11-2 所示。

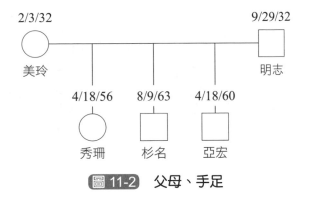

圖 11-2　父母、手足

諮商師：接下來的任務是為你父母雙方加上祖父母和所有阿姨或叔叔的符
　　　　號。根據你對他們的了解，請幫他們寫上姓名、出生日期和死亡日
　　　　期，並且為他們寫上他們的職業身分。現在你的生涯家族圖可能看
　　　　起來像圖 11-3。

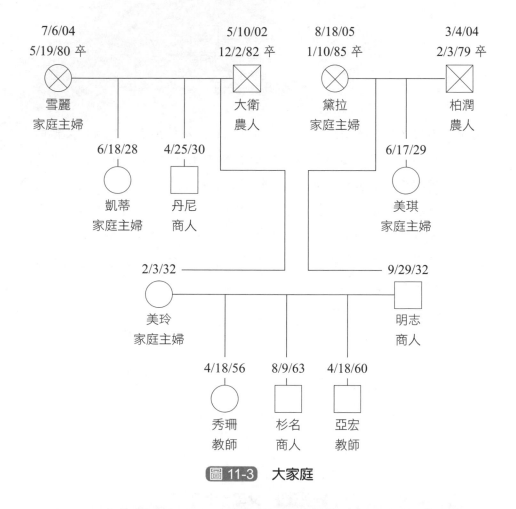

圖 11-3　大家庭

　　在建構個案生涯家族圖的這個階段，很重要的是要留意當今社會多元類型的家庭形式，像是單親家庭、重組家庭、繼親家庭和雙親家庭。離婚、死亡、疾病、再婚和無婚姻構成這些多元家庭形式的變動。隨著這些變動因素，請留意這些變動並透過註記的方式記錄下這些變化。如圖 11-3 所示，個案已經為每位家庭成員註記出生和死亡日期以及相關的職業資訊。其他像是離婚、疾病和其他相關狀態，也可以透過符號或是註記來補充說明。在繼親家庭的家族圖中，可以透過添加圓圈和方塊，以及補充註記的方式做紀錄。

(三) 步驟三：分析

當個案的生涯家族圖已經繪製出來，並且記錄出家庭成員（兄弟姊妹、父母和祖父母）的個人資訊（出生日期、死亡、離婚和職業等）。下一步就是使用生涯家族圖一同與你的個案探索他們的成長歷程。探索過程中提出的問題取決於個案呈現的議題以及他們的內在想法和感受。Rita 與 Adejanju（1993）提出以下建議：

在晤談中，諮商師可以運用「發生了什麼事？」（識別事實／事件）「對你和家庭有什麼影響？」（分析），以及「可以從這個歸納出什麼發現？」（特定的學習）等問句來幫助個案進行探索。從「當時當地」（個案的生活史）到「此時此刻」的議題討論，是生涯家族圖探索的核心。

諮商師致力於幫助學生〔個案〕填補差距，在重要事件之間建立情感連結，覺察外顯和內隱的行為模式，並看見個案在特殊家庭中與其他家人建立連結的潛藏正向形象。仔細觀察個案語言和非語言的線索，並在適當的情況下進行探索找出關聯。在過程中的所有感受、想法和夢想，都值得逐一進行檢視。（p. 21）

由於生涯家族圖不是一個標準化的程序，所以諮商師提出哪些問題以及個案決定哪些議題對他而言是值得探索與討論的，都有彈性，可以自行調整。以下提供一些可能會用到的一般問題：

- 你會如何描述你成長的家庭？
- 如果你在一個雙親家庭長大，你父親的職業是什麼？你母親的職業是什麼？（同時詢問個案父母的其他工作經驗、教育或訓練、生涯滿意度和未完成的夢想。）

- 你會怎麼形容你的母親和父親？你會用什麼形容詞描述他們？他們婚姻關係的本質是什麼（責任感）？

- 兄弟姊妹分別是做什麼職業？弟弟妹妹想成為怎樣的人？你的兄弟姊妹在哪裡生活？請描述他們各自的生活方式（他們是否住在附近、表兄弟姊妹的關係如何？像是對祖父母的爭寵等）。

- 祖母的職業是什麼？祖父的職業是什麼？

- 阿姨和叔叔是做什麼職業的？

- 你在家庭中的角色（現在和以前成長的時候）是什麼？

- 你會如何描述自己與母親及父親的關係？（詢問他們對個案生涯的期望）

- 你最喜歡哪一位家人？（詢問是誰照顧誰、聯盟關係。）

- 你的配偶與你家人的關係如何？

Dagley（1984）提出了另一套用於發展生涯家族圖的問題：

- 原生家族的主流價值（dominant values）是什麼？

- 在生涯方面，有哪些特定的「使命」對你來說是特別重視的？

- 有沒有哪些「鬼神或傳說」是家中重要的參考依據或「正義角色」？

- 有沒有哪些神話或迷思跨越世代傳遞下來？

- 有沒有哪些家庭中的「未竟事宜」帶來一些期望和心理壓力？

- 家中成員對經濟價值觀和偏好是如何與家族的背景相呼應？

- 家人如何經營三種生活方式（學習、工作和休閒）？有沒有失衡的情況？

- 有沒有哪些家庭互動規則和關係界線跨越世代傳遞下來？

- 個案對家庭的記憶有沒有留白的部分？這些空白有沒有任何意義？

- 個案是否有「擁有」家庭傳統的感覺？

- 家庭是如何處理愛情、工作和友誼等主要生活任務？

- 就選擇而言，包含選擇本身和發展過程，是否有出現什麼職業型態？

如果你和個案關注在教育或訓練議題，Rita 與 Adejanju（1993）提出以下建議的問題：

1. 這個家庭中有哪些關於教育及學業成就的外顯／內隱訊息？
2. 是誰說或做了什麼？誰在學業努力、學術成就方面明顯的沉默／缺席？
3. 在學業努力方面，誰是最鼓舞人心的／令人沮喪的？是以什麼方式表現？
4. 在同一輩，或是幾代之間，學術成就是如何被鼓勵的？如何不被鼓勵？如何被控制？
5. 有沒有哪些關於學術成就的問題是你不願意被問及的？誰可能會有答案？你可以如何找到這些答案？
6. 你的家庭中有沒有關於成就的哪些「規則」、「秘密」或是「迷思」（例如：做危險的事、與家人斷絕關係）？
7. 其他「家中成員」（players on the stage）會怎麼回答這些問題？這些議題、事件和經歷是如何影響你的？是這一代？還是幾代之間？你會和誰討論這個議題？你會喜歡和誰談談這個議題？你會怎麼跟他討論？
8. 你會如何改變這個生涯家族圖（包括改變誰和改變什麼）來滿足你在學業努力和學術成就的期待？（p. 22）

三、生涯家族圖討論

如前所述，生涯家族圖提供貼近實際生活的架構，個案可以將個人、工作、家庭觀點、任務和壓力透過運用有意義的符號在視覺上組織和建構出整個家庭的生活與歷史背景。生涯家族圖是一種促發的方法，幫助個案用自然、直接和舒適的方式分享他們的背景和他們的生命經驗。「由於個體會不斷地受到過去經驗的影響，因此在了解個案心理發展狀態時，探索個案對經驗的主觀解釋，比獲得客觀資訊更為重要。」（DeVries, Birren, & Deutchman, 1990, p. 4）

雖然實施流程中,分析的部分是安排在建構與討論生涯家族圖之後,但實際上分析的步驟是從個案開始建構其生涯家族圖時就開始的。對個案議題的暫時性假設以及可能涉及的潛在動力是相當早形成的,形成的過程是從生涯家族圖的互動歷程以及對於調整、移除,或是添加的資訊等理解逐步發展出來。隨著這個過程的展開,其他的議題或是問題也可能隨之出現。正如以下 Borgen（1995）所提出的:

> 理想上,評估在諮商情境下進行時,會成為一種動態的歷程。它可以刺激諮商師與個案之間的對話,透過這些對話融合各自的專業視角。他們共同建構出對話,但通常是一個歷程性、暫時性和並不完整的對話。（p. 438）

當你與個案互動,聆聽他透過生涯家族圖結構敘說故事時,除了留意個案的用字遣詞以外,個案夾帶在語言中的情感也是非常重要的。有些用詞和片語可能具有特殊的含義,例如:個案可能會用很平靜的語調談論他的童年是在酒精成癮父母的家庭中長大。有些個案可能會提到他的心靈導師,從他們使用的語言和語氣可以聽到這些導師對他們有多重要。除此之外,留心傾聽任何可能「洩漏無意識渴望的情感聲調,藉由〔諮商師的〕協助,能夠幫助個案建立新的目標和方向。」（Wachtel, 1982, p. 340）

在個案建構其生涯家族圖時,諮商師可以從旁進行觀察。可以特別留意個案對生涯家族圖所注意的細節程度、他們所花費的時間長短,以及他們在每一個符號間預留的間隔大小。個案記錄下來的個人資訊和家庭背景資訊,可以提供諮商師一些貼近個案內在想法和感受的線索,這些線索可以引領諮商師進一步澄清個案的觀點與議題。

運用生涯家族圖探索最重要的目標是為了蒐集個案成長經驗中的質性資料——個案的社會化歷程以及這如何影響他看待自己、他人以及世界。隨著生涯家族圖的完整呈現,諮商師能得知更多重要他人並與個案進行討論,進

而看見「家庭腳本或代間傳遞的影響」（Rita & Adejanju, 1993, p. 23）。在個案講述的故事中，諮商師可以嘗試尋找重複出現的主題，陪伴個案覺察並進行進一步的探索（Peterson & Cortéz González, 2000）。

　　諮商師可以透過生涯家族圖的討論讓家庭—社會化的議題變得清晰，從紙筆呈現的方式，提供個案公開討論探索的機會。一旦透過生涯家族圖蒐集足夠的訊息，諮商的任務就是透過建立暫時性假設幫助個案發展達成目標和解決問題的介入性方法。有些人會提出抗拒性個案運用生涯家族圖的質疑，像是那些非自願、抗拒的個案會願意回應這些大量蒐集資訊的生涯家族圖方法嗎？Wachtel（1982）表示，生涯家族圖對這些抗拒個案確實是有幫助的。事實上，根據 Wachtel 的說法，生涯家族圖其實是能夠幫助這些個案放鬆的：

　　　　對於不易覺察和表露情感、防衛心較重的個案，使用生涯家族圖通常是非常有用的。藉由有架構的探問引導，個案會認為自己僅是在述說「事實」，這可以幫助那些防衛的個案逐漸放鬆界線。〔諮商師〕對這些「事實」展現興趣和同理的態度可以幫助個案進一步表露情感。個案會認為他們在處理「過去的歷史」和「與己無關」的家人，他們通常不會像談論自己的事情時那樣需要不斷為自己辯護。（p. 336）

家族圖的其他應用

　　除了前面介紹的生涯家族圖以外，家族圖還有其他多元的應用，可以用於蒐集各種議題的資訊。接下來會介紹另外三種運用：第一種可用於幫助個案探索種族／族群／文化背景（Sueyoshi, Rivera, & Ponterotto, 2001）。第二種可幫助面臨婚姻困難，並影響其工作、家庭生活角色的個案，而第三種

可用於軍人家庭。

一、多元文化家族圖

DeMaria 等人（1999）認為多元文化家族圖的目的是「為了評估種族、移民、族群、宗教傾向和階級對個人的影響」（p. 177）。多元文化家族圖可以幫助個案探索他們的種族／族群背景，以及這些背景是如何影響他們的生活。諮商師與個案可以使用多元文化家族圖來記錄和反思個案家庭的種族／族群所傳遞下來的影響。多元文化家族圖的實施流程和架構與前面介紹的生涯家族圖相同。不同之處在於分析的內容，以及諮商師所提出用於幫助個案分析其多元文化家族圖的問題有所差異（Rigazio-DiGilio, Ivey, Kunkler-Peck, & Grady, 2005）。

以下問題可以幫助個案探索他們的根源（roots）以及這些根源對他們現在和未來生活的意義：

1. 你的種族和族群的根源是什麼？
2. 你現今最認同此家庭文化的哪些部分？
3. 有沒有哪些生涯行動或職業是來自於你的種族或族群文化？
4. 有沒有哪些個人特質是受到你的種族或族群文化所影響的？
5. 你曾經因為自己的種族／族群背景而經歷過哪些刻板印象／偏見／種族主義嗎？
6. 你曾經看過家中成員對其他種族／族群表現出哪些刻板印象／偏見／種族主義嗎？
7. 你發現自己有哪些刻板印象／偏見／種族主義，是來自於原生家庭的學習經驗嗎？
8. 你的文化背景如何成為你工作的助力以及阻礙呢？

二、婚姻家族圖

除了以上的用途，家族圖也可以經過修飾，調整為婚姻家族圖，幫助婚姻困難的個案，探索婚姻困難與工作和生活之間的關聯。透過婚姻家族圖，諮商師可以和個案探索從交往階段到孩子出生之間的婚姻關係。諮商師可以從介紹婚姻家族圖的目的，以及說明實施流程開始，這個過程可用以下的方式展開：

諮商師：請你在這張大張的白紙上，畫一個圓圈和一個正方形（如圖 11-4 所示）。然後在適當的符號下面寫下你的名字和你配偶的名字。

哈莉特　　　　　羅伯特

圖 11-4　妻子與丈夫

諮商師：當我們完成這個步驟時，我會問你一些問題好幫助我們蒐集一些關於你經歷的婚姻困難資訊，並幫助我們找到這個困難與你的工作和家庭角色之間的關係。那我們就先從你們交往階段開始吧。

- 你們交往的時間有多長呢？
- 你們彼此吸引的原因是什麼？
- 你們會花多少時間與對方相處？這是如何決定的？（可以詢問誰會要求更多在一起的時間或是要求多一點各自獨立的時間。）
- 當你們一對一固定交往時，你是如何處理你的個人友誼關係？
- 你的父母如何看待你們的關係？
- 你們是否曾有各自的婚姻？過去的婚姻有沒有孩子？

諮商師：現在讓我們來到你結婚，但是孩子還沒出生之前的階段。

- 是什麼原因促使你結婚的？
- 在這段時間，你會如何描述你們的關係？
- 請試著描述你的獨處時間和與朋友在一起的時間多寡與性質。
- 在你的生活風格方面，你通常會花多少社交、金錢和學習時間在你配偶的家人身上呢？

諮商師：現在讓我們把孩子加入到婚姻家族圖中（參見圖 11-5）。讓我們來談談這個階段的家庭情況。

- 是什麼原因讓你決定要有孩子的？
- 孩子的出生對你的婚姻關係有沒有產生什麼變化？
- 你的個人角色有沒有什麼轉變？
- 請試著描述你的每個孩子，從最大到最小的孩子。
- 哪個孩子會照顧誰，誰會與誰一起玩，誰會最常打架或爭辯，誰是最不同的，誰和誰最相似？

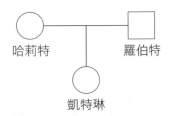

哈莉特　　　　羅伯特

凱特琳

圖 11-5　妻子、丈夫和子女

　　當你透過婚姻家族圖的歷程來揭開婚姻的發展歷史，你可以看到孩子的出生，所影響丈夫和妻子的行為以及可能出現的壓力和因應的方式都一一呈現。這或許可以幫助諮商師和個案找到特定議題的可能假設，或至少，這些問題可以被公開地討論。與工作世界和家庭生活行為的可能連結也可以被看見、理解和解決。

　　請留意在這些婚姻家族圖的情況中，諮商師都只聽到一方講述這些事件

的故事。若可以從配偶的觀點看待同一個事件，會對諮商非常有幫助。事實上，婚姻家族圖可以用於伴侶諮商，而在這種情況下可以共同來完成家族圖進行。

三、軍人家庭家族圖

Weiss 等人（2010）指出，軍人家庭與一般家庭的文化有所不同。軍人家庭生活在軍事規範、信念和傳統之中。Weiss 等人提到：「軍人文化帶來許多對環境、職業、心理和家庭的壓力。針對這些情況和挑戰，軍人家庭家族圖可以作為與軍人及其家庭進行實務工作的有效工具，幫助建立融洽的諮商關係，以及作為文化敏感的評估和介入性服務。」（p. 405）Brelsford 與 Friedberg（2011）提到，在軍人家庭家族圖中增加心靈層面的討論可以「提供支持並開啟討論……宗教和心靈信仰、價值觀，和情感依附是如何影響他們的家庭，特別是在像軍事部署那樣的緊張時期」（p. 259）。最後，Papaj、Blumer 與 Robinson（2011）認為，軍人家庭家族圖不只對軍人家庭有效用，對女性軍人也非常有用。

以下問題可以幫助軍人個案，探索與軍隊服務或部署的家庭議題：

- 直系親屬是如何看待軍隊的？
- 大家庭是如何看待軍隊的？
- 家人曾在戰爭期間進行服役嗎？如果有，是什麼時候？是什麼戰爭？
- 服役的那位家人有沒有經歷過戰時創傷？如果有，是什麼情況？它會造成哪些影響嗎？如果有，是如何的影響呢？
- 在軍隊部署之前，服役的這位家人的角色是什麼？在部署之後，有沒有哪些改變？
- 服役的這位家人在自我揭露中，會對軍隊中的經驗透露到什麼程度呢？
- 對心理諮商和情緒疾患抱持著什麼態度呢？（Papaj et al., 2011）

如果諮商師正在與服役中的女性進行晤談，Papaj 等人（2011）提出了以下問題作為參考：

- 對你來說，做一名女性軍人有著什麼意義呢？這對你的配偶／伴侶有著什麼意義？對你的家人、你的社區呢？
- 性別刻板印象、角色期待和假設如何影響你作為一位軍人？你的伴侶？你的家人？
- 性別刻板印象、角色期望和假設如何影響你作為一位軍人配偶？你的伴侶？你的家人？
- 作為家庭中的服役女性，誰曾是你的楷模？你的社區呢？你和這些女性的關係有多接近？（p. 278）

結語

焦點家族圖可能對部分個案而言，並非適合作為質性資訊蒐集的技術。「家族圖的建構或資訊可能看起來繁瑣且多餘，甚至對一些諮商師和個案來說會有些反感」（Okiishi, 1987, p. 142）。對於一些個案，由於他們的文化、種族、族群或宗教背景，可能會將生涯、多元文化、婚姻和軍人家庭的家族圖視為一種侵犯隱私的行為。對他們來說，家庭議題和家庭歷史是不能被公開討論的私人問題。對於一些諮商師來說，他們可能會擔心使用焦點家族圖來蒐集資訊會花費大量時間，並質疑實施歷程是否值得。個案也可能會擔心花費的時間是否值得，他們會認為設計行動計畫比花時間蒐集大量資訊更可能產生有意義的成果。

我們認為，若能妥善地運用焦點家族圖，這會是一個有效的資訊蒐集技術。諮商師有責任展示家族圖，並與個案分享其目的和效用，再一同決定是否在晤談中運用此技術。大部分的個案在聽完諮商師的說明後，皆會給予正向的回應，並會對後續的生涯諮商階段產生有意義的幫助。

Borgen, F. H. (1995). Leading edges of vocational psychology: Diversity and vitality. In W. B. Walsh & S. H. Osipow (Eds.), *Handbook of vocational psychology* (2nd ed., pp. 427–441). Hillsdale, NJ: Erlbaum.

Bowen, M. (1980). *Key to the genogram.* Washington, DC: Georgetown University Hospital.

Brelsford, G. M., & Friedberg, R. D. (2011). Religious and spiritual issues: Family therapy approaches with military families coping with deployment. *Journal of Contemporary Psychotherapy, 41*, 255–262.

Brown, D. (2007). *Career information, career counseling, and career development* (9th ed.). Boston, MA: Pearson Education.

Chope, R. C. (2005). Qualitatively assessing family influence in career decision making. *Journal of Career Assessment, 13*, 395–414.

Dagley, J. (1984). *A vocational genogram* [Mimeograph]. Athens: University of Georgia.

DeMaria, R., Weeks, G., & Hof, L. (1999). *Focused genograms: Intergenerational assessment of individuals, couples, and families.* Philadelphia, PA: Taylor & Francis.

DeVries, B., Birren, J. E., & Deutchman, D. E. (1990). Adult development through guided autobiography: The family context. *Family Relations, 39*, 3–7.

Duba, J. D., Graham, M. A., Britzman, M., & Minatrea, N. (2009). Introducing the "basic needs genogram" in reality therapy-based marriage and family counseling. *International Journal of Reality Therapy, 28*, 15–19.

Erkan, I., Turan, A., Oguzhan, K., Rasit, A., & Ismail, C. (2012). Use of the genogram technique in counseling with Turkish families. *Journal of Family Psychotherapy, 23*, 131–137.

Kakiuchi, K. K. S., & Weeks, G. R. (2009). The occupational transmission genogram: Exploring family scripts affecting roles of work and career in couple and family dynamics. *Journal of Family Psychotherapy, 20*, 1–12.

McGoldrick, M., & Gerson, R. (1985). *Genograms in family assessment.* New York, NY: Norton.

McMahon, M., Patton, W., & Watson, M. (2003). Developing qualitative career assessment processes. *The Career Development Quarterly, 51*, 194–202.

Okiishi, R. W. (1987). The genogram as a tool in career counseling. *Journal of Counseling & Development, 66*, 139–143.

Papaj, A. K., Blumer, M. L. C., & Robinson, L. D. (2011). The clinical deployment of therapeutic frameworks and genogram questions to serve the service woman. *Journal of Feminist Family Therapy, 23*, 263–284.

Peterson, N., & Cortéz González, R. (Eds.). (2000). *Career counseling models for diverse populations.* Belmont, CA: Wadsworth/Thomson Learning.

Rigazio-DiGilio, S. A., Ivey, A. E., Kunkler-Peck, K. P., & Grady, L. T. (2005). *Community genograms: Using individual, family, and cultural narratives with clients.* New York, NY: Teachers College Press.

Rita, E. S., & Adejanju, M. G. (1993). The genogram: Plotting the roots of academic success. *Family Therapy, 30*(1), 17–28.

Sueyoshi, L. A., Rivera, L., & Ponterotto, J. G. (2001). The family genogram as a tool in multicultural career counseling. In J. G. Ponterotto, J. M. Casas, L. A. Suzuki, & C. M.

Alexander (Eds.), *Handbook of multicultural counseling* (2nd ed., pp. 655–671). Thousand Oaks, CA: Sage.

Wachtel, E. F. (1982). The family psyche over three generations: The genogram revisited. *Journal of Marital and Family Therapy, 8*(3), 335–343.

Weiss, E. L., Coll, J. E., Gerbauer, J., Smiley, K., & Carillo, E. (2010). The military genogram: A solution-focused approach for resiliency building in service members and their families. *The Family Journal, 18,* 395–406.

CHAPTER 12

運用職業組合卡蒐集個案資訊：以職業名稱作為刺激

　　從前兩章可以知道，我們已經有多種運用生涯量表評估的方法。生活生涯評量和生涯家族圖可以協助蒐集資訊，對諮商師和個案都有所幫助。然而，每位個案的需求會有所不同，我們不能只依賴某一種生涯評估方法。Goldman（1983）提出一個令人信服的案例，說明職業組合卡可以對某一些個案產生最有效的幫助。在閱讀前面的章節時我們可以明顯的注意到，蒐集生涯資訊的方式有非常多種。有些方法相當客觀，可提供一些從其他管道無法獲得的資訊和規範。另外，也有其他相對更加客觀的評估（例如：生涯家族圖），此方法相對於諮商師提供的解釋，更加依賴於個案提供的生涯資訊。還有其他像是職業組合卡的評量，它更具主觀性，此方法的有效性取決於諮商師幫助個案從諮商中獲得見解和想法的能力。

　　本章會介紹並說明在生涯諮商中運用職業組合卡的方法，並說明對於有抗拒傾向、聲稱自己不需要或已經探索過的個案，如何幫助他們認識更多自己的主觀訊息。我們會提供使用此方法的優點以及一個案例探討。最後，我們歸納出職業組合卡如何幫助諮商師擴展個案對自己的理解方式。

職業組合卡

一般來說，職業組合卡是將任何想法進行分類的非標準化工具。針對生涯諮商的目的，我們先從職業組合卡介紹起，這種組合卡會邀請個案將印有職業名稱的牌卡進行分類，分類的方式可以依照各種腦中浮現的主題、想法、議題、價值觀或感覺進行分類。與其他標準化測驗不同的地方是，職業組合卡通常沒有計分規則和常模。每一張牌卡上印有職業的名稱，並請個案將牌卡分成三堆：「喜歡」、「不知道」以及「不喜歡」。接下來再請個案針對其中一堆牌卡，依據影響他們分類的原因將牌卡再細分類。舉例來說，個案可能看著其中一堆牌卡，發現職業聲望、社經地位和潛在收入是這群牌卡中某些職業的共同特徵；另一個主題可能是發現某些職業會用到數學或數字。主題的可能性有無限多個，通常是個案主動找出來的，這也是職業組合卡屬於非標準化評估的原因之一，因為每個人都有自己獨特的思考方式來將職業進行分類。

職業組合卡通常依賴個案將想法與思維口語化的能力，並且設法將他們的思考模式合理化。這部分會仰賴諮商師的鋪陳與引導技巧，而非個案的口語能力傾向。職業組合卡可以讓個案談論關於自己的事情以及未來想做的生涯規劃，幫助個案更了解自己的生活模式。

一、職業組合卡概覽

以宏觀的視野來說，每位個體都要為自己的行為負責。諮商師可以提供資訊、建議和評估來幫助個案探索和拓展思維，但是最終還是由個案對自己的決定負責。職業組合卡假設每個人都知道自己想做的是什麼，只是需要透過討論來幫助他們釐清。透過諮商的過程，個案能獲得洞察，或是更知道如何為自己解決問題。

職業組合卡是一種半結構性的方法，將個案的興趣、技能、需求、

價值觀或是任何既有的想法進行分類或排列優先順序。你可以自行抓取和創造分類的議題，也可以運用已經出版的主要議題。目前已經有職業（Holland, 1992; Jones, 1979; Krieshok, Hansen, Johnston, & Wong, 2002）、技能（Knowdell, 1995a）、大學主修科目（Garson & Johnston, 2001）、優勢（Clifton, Anderson, & Schreiner, 2005）和價值觀（Knowdell, 1995b）。

　　每種的牌卡數量有所不同，卡片上提供的訊息量也可能有所不同。但是任何種類的牌卡都會讓個案依照自己的思維將牌卡進行分堆，個案通常會依照他們的認同、條件、需求、重要性將牌卡分類。因此舉例來說，每張牌卡上面可能都有一些關於此項職業的說明，而個案可能需要將這整副牌卡分成喜歡、不喜歡、不知道這三堆。這個分堆的歷程會顯露出個案對於文字、想法和概念的傾向，或是對任務的處理模式，或者是對複雜任務的接納程度和風格，抑或是決策風格等等，幫助諮商師在後期了解與評估個案的狀態。如果在諮商的前期完成職業組合卡活動，有助於了解個案對於客觀資訊的態度，以預測個案對接下來標準化測驗的接受程度。

　　我們很難完整說明一個良好的職業組合卡以及其實施流程的所有細節，因為沒有任何兩者是相同的，而且也沒有必要相同。適當地使用職業組合卡取決於個案的需求以及諮商師的個人風格和使用目的。職業組合卡可以作為熟悉彼此的工具，它是一種簡單而且有結構的方法可以用來討論自我和生涯觀點，也可以將它視為能夠幫助諮商師理解個案生涯決策中的優先順序以及彼此的關聯。職業組合卡可以用開放式或是結構化的方式進行，它可以當成是晤談架構，也可以當作是標準化測驗所提供的職業、興趣、價值觀、主題等列表。

　　我們透過完整章節的內容介紹職業組合卡，因為它可以開啟多元的可能性。再加上實務進行，更可以開啟無窮的可能性，而我們也有更多機會協助個案探索運用自己既有的資源。

二、職業組合卡的常見優點

　　職業組合卡的種類有非常多種，每種組合卡在特定的時間使用都有其優點。接下來將介紹一些普遍的優點，並提供一個運用於生涯規畫的實例。

(一) 提供架構

　　在處理一個較困難或複雜的任務時，職業組合卡可以提供一個舒適自在的架構。大部分的人都會認為分類組合卡是一個簡單而且有趣味的活動，這部分可能跟童年時期玩牌卡遊戲有關聯。透過架構通常可以幫助個案更容易處理困難或不熟悉的任務。就如同拼圖一樣，當你開始看到一部分一部分的東西能夠組合在一起時，困難的任務不只變得簡單也能帶給個案成就感。然而，要看到任何困難任務的模式和成果，需要思考和持續性的堅持。職業組合卡可以為在特定狀態感到困惑的個案提供一些方法，幫助他們逐步探索，進而解決困難的問題。

(二) 促進連結

　　職業組合卡的過程有別於其他諮商早期歷程選擇的任務，它可以快速地進入討論和幫助建立起連結，這對建立穩固的工作同盟關係有很大的幫助。相對的，像是電腦化生涯系統、紙筆量表、閱讀生涯媒材，較不需要人際互動和建立起關係的連結。在第 8 章中，我們強調及早與個案建立連結的重要性。你會發現，職業組合卡不僅有助於達到想要建立連結的目標，它也讓諮商師能夠了解個案的需求、動機、行為模式、探索風格等等。如果個案沒有認真投入諮商歷程，像是在一開始步驟時使用標準化測驗，那你馬上就會知道，並且可以做一些因應和調整。

(三) 辯證選擇

　　在進行職業組合卡的過程，當諮商師鼓勵個案表達他們分堆的依據和原

因時，也同時接收到個案進行抉擇或分堆的邏輯和能力的線索。舉例來說，個案可能因為薄弱或不合邏輯的理由而排除一些職業，你會聽到他們這一部分的想法，這是你在直接邀請個案完成一般興趣測驗時不會得到的資訊。簡而言之，職業組合卡可以幫助諮商師開始辯證選擇的過程。

(四) 促進回饋

回饋可以是立即的而且持續進行的，諮商師可以將新產生和舊有的資訊做交互討論。如果有足夠的時間，使用職業組合卡可以確保後續的解釋及客觀資料的使用與個案的想法是相互吻合的。

(五) 提升溝通的理解

職業組合卡可以不斷地確認諮商師和個案之間說了些什麼又理解到什麼。我們都知道在生涯諮商中，諮商師說出的言語代表個案聽到了哪些內容。諮商師會對個案腦中的思想方式建立一套理解的模型，而諮商師需要持續地透過晤談確認此模型是否是合理的。適當的使用職業組合卡時，諮商師可持續地用言語確認個案想表達的內容。若能在一個安全、無威脅的環境下進行，諮商師可以精確地反映個案的狀態與思維。

(六) 降低依賴

職業組合卡可以減少個案過度依賴諮商師的風險，藉由強化個案表達的內容，諮商師可以從中找出一些重要的觀點。同時，諮商師也可以加入自己的觀點，並且是建立在個案自己分享的內容之上。

(七) 增進包容性

職業組合卡對少數族群或是不同族裔的群體特別有幫助，在現今多元文化的社會中，標準化測驗工具的規準與社會現況似乎有些脫節，而我們對於個案對特殊族群的認同感也越來越關注，職業組合卡在這方面提供了另一種

顯著的優勢。在解釋的部分,我們不依賴制式的常模,不去和常模進行比較能讓我們更認真傾聽個案對事物的想法。我們無法體會在別人的文化中長大是什麼樣的感覺、對某些職業不熟悉、對一些職業有不同的印象、身心障礙人士的感受,或是刻板印象帶來的角色框架。面對這些議題,我們必須持續增長新知,學習欣賞他人的觀點,從過去決策經驗中反思。職業組合卡讓諮商師和個案都能有探索與再學習的空間。

(八) 易於依據個案需求做調整

職業組合卡最後一個好處是可以輕鬆地為個案的需求做適性的調整,對於抗拒或是多疑的個案,可以教導他們做進一步的探索;對於願意分享的個案,可以帶領他們更聚焦的看待議題。對於需要較多結構性的個案,可以邀請他們寫下或是用列點的方式記錄下他們的觀察和所有生涯的可能性;對於不需要結構性的個案,可以讓個案盡情地述說分享,減少解釋的部分。

很少人會反對使用任何職業組合卡,質疑的人大多是因為偏好標準化測驗。我們傾向將職業組合卡作為另一種評估的形式,透過實務的練習,諮商師和個案都可以增進他們有效使用資訊的能力。

案例探討——譚雅

你或許會問:什麼時候適合用職業組合卡呢?我們可以透過一個案例探討來說明職業組合卡的價值,尤其是在已經使用過標準化測驗,或是個案對標準化測驗的結果相當失望的時候。

譚雅在大學二年級的時候曾經前來生涯諮商。她是家中第一個上大學的人,每個人對她都有很高的期望。她是一位聰明、善於言詞的非裔美國女性,她記得小時候母親告訴她,她應該上大學,成為一名醫生,並回家鄉照顧那些需要醫療協助的人。她的母親說這

裡需要一個好醫生，她相信那將是她的女兒。譚雅在大學二年級之前一直堅持這個想法，她選修理科課程，在當地醫院擔任志工，加入醫學院預科（pre-med）社團，並與其他醫學院預科的學生交流。但是她逐漸感到困擾，因為她覺得他們看起來和她有點不同。他們喜歡他們的科學課，而她雖然表現良好，但仍舊不喜歡。當他們談論他們的課程時，她發現他們很有競爭力，而她不覺得自己有這樣的表現。而且，她覺得他們比起醫學的實務工作，更關注薪水的多寡。

她開始懷疑她的選擇，她開始思考也許她錯過了一些能夠澄清她生涯方向的經驗。她的室友在生涯諮商中心完成一些測驗，證實她沒有像系上的其他人對她的主修有一樣的興趣，所以她的室友開始探索別的興趣。譚雅認為也許生涯測驗也會對她有所幫助，她滿懷期望以為她會為自己找到新的職業，但卻感到失望。事實上，諮商師說明測驗結果看不出她對任何一個專業領域展現出突出的興趣。她對這個結果感到非常失望，甚至不願再接受後續的晤談。一年後，她仍然不知道該怎麼做，她在課堂上依舊表現良好，但她深知自己並不快樂。她選擇再次嘗試生涯諮商，也許這回另一個測驗對她會有幫助……

這個故事是一個非常典型的案例，顯然譚雅正在努力實現家庭夢想。她沒有其他強烈的興趣，所以她只是順從家人的期待。她從家人和朋友那裡得到持續的增強，並且因為她全心全意的投入學習，而完全沒有發覺這對她的影響。她在科學和其他課堂上都表現非常突出，甚至被選為未來會最有成就的人。她將醫學院預科列為她的目標，對譚雅來說，不進入醫學院的想法是很有挑戰的，因為這會讓許多身旁的人失望。她很享受他們的支持和鼓勵，但是到了讀書的時候，她卻無法為自己找到支持，她知道這是不對的。

她不太可能找到另一個對她有用的興趣測驗，她表示她會願意嘗試但

對此並不積極。初談的狀況顯示結果可能與之前的結果相去不遠，這不正是進行職業組合卡的好時機嗎？她對更多測驗的意義抱持懷疑的態度，而她似乎很想談論她的情況。我們選擇了職業組合卡，我們使用的是較特殊的版本——「密蘇里職業組合卡」（Missouri Occupational Card Sort, 4th edition; Krieshok, Hansen, Johnston, Wong, & Shevde, 2008），你可以從本章末參考文獻中，根據自己的喜好與目的選擇任何一種。

密蘇里職業組合卡

「密蘇里職業組合卡」對一般年齡的大學生特別有幫助，但它也可以藉由簡單的調整適用於較年輕或年長者（Heim & Johnston, 1991）。從職業組合卡的發展歷程可以看出我們能夠如何針對不同的個案做適性化的調整。

「密蘇里職業組合卡」的設計起源於贈地大學（land-grant university），該校有許多不分系的學生以及多元的主修選擇。此職業組合卡也結合 Holland 的架構，在個案分類牌卡的過程中以六項特質及其環境幫助個案認識自己。牌卡上有列出大學中最熱門的幾個學門，並將他們依據 Holland 六大特質做分類。舉例來說，消防隊員被分為實用型、人類學家為研究型、音樂家為藝術型、生涯諮商師為社會型、業務／採購人員為企業型、會計師為事務型。我們在這六個種類中各自挑選相等數量的職業做對應，就整體來看，總共選擇了 90 個職業，大約可以在 30 分鐘內輕鬆分類完的職業數量。我們希望職業名稱是夠受歡迎或容易識別的，因此有特別為每一種人格類型挑選出 15 種職業。

因為我們還假定個案會在他們分類的過程中對職業有更多的認識，所以在每張卡片的正面有寫上職業名稱，並在卡片的背面提供三個字母的何倫碼，以及主要工作內容和責任。所有卡片在組合卡附的手冊上都有說明（Krieshok et al., 2008）。卡片背面除了何倫碼以外，還有職業資訊網 O*NET 資料、教育程度需求、相關職業、工作場域和技能需求。

在與像譚雅這樣的個案晤談時，可以使用以下的方式做開場：

諮商師：在你面前是一副牌卡，每張卡片上都有一個職業名稱。這些職業從
不需要技能的到專業的都有，有些是你有興趣的，有些是沒有興趣
的。請瀏覽這些卡片，並將它們分成三堆：你會喜歡／想要做的、
你不喜歡／不想要做的、你不太確定／沒有特別感覺的。在你分類
的同時，可以試著說說你將它們分類的原因。我會記錄一些資訊，
可以成為之後我們討論的基礎。這不是一個計時的活動，但你的第
一印象會是很重要的參考，所以不要在任何一張卡片上花太長的時
間。

如果你想要更結構性的架構或是想為個案提供一份書面成果，可以參考
本章附錄的六步驟學習單。

對某些個案而言，他們在分類的時候我們一直關注，可能會讓他們感到
不自在，這時我們可以試著讓他們自己操作，然後一段時間後再檢視他們的
狀況。這通常不會影響結果的表現，也可以讓諮商師有時間做其他準備。

但是，大多數情況下，我們會建議諮商師能陪伴在個案身邊，陪他們進
行牌卡的分類。在陪伴的同時，可以記錄下一些個案的決策歷程與速度，有
時你可能需要給個案一些提點，或是讓個案緩和下來。有時候，你會發現個
案很清楚哪些是不想做的，或者太執著於想做一件事而導致忽略了許多其他
的選項。這種情況下，需要在個案做更深入的決策時，諮商師先與個案針對
很不想要或很想要的某些職業做一些初步的釐清與討論。諮商師也可以針對
個案對各種職業的了解程度做討論，可以觀察個案翻閱卡片的次數，或是個
案詢問的問題做觀察。透過實務練習，諮商師對觀察個案的行為模式與細節
會越來越敏銳，並且對探索意識之下或是尚未說出的想法更能有效的覺察與
引導。值得記住的是，過往可能沒有任何人花如此多的時間與個案客觀的討
論這個議題，也沒有人可以像諮商師不受其他事情的干擾而能夠如此深入的
進行討論。

　　當分類完成時，諮商師請譚雅把喜歡和中性的兩堆先移到旁邊，將「不喜歡」的那堆依照不喜歡的原因做更細部的分類，這個步驟是主題開始出現的地方。譚雅可能會說：「我做不了這樣的工作，這太需要體力了」，或者「這工作意味著我必須與團隊中的其他人一起工作，這不適合我。」諮商師會試著探索原因背後想傳達的想法，因為她可能沒辦法直接具體的表達出來。儘管我們會期待個案可以自行覺察出他們的議題，但是有時還是需要諮商師幫忙整理出來，或是幫忙點出個案的不一致之處。這是一個微妙的過程：你會希望能先強化個案腦中浮現的想法，然後幫助他們看見與之前說過內容的相關之處。這與諮商晤談並無不同，你可以幫助個案了解他們言語中出現的行為模式，這些模式對個案來說可能並不明顯。你可以讓譚雅先將所有不喜歡職業做分類後，再試著歸納她不願意進入這些職業的主題。當譚雅分享這些主題時，可以記錄下來作為後續討論的參考。若個案對特定職業並不確定，諮商師可協助他放入適切的分類，不善於表達或是感到困擾的個案可能在這個步驟會需要較多的幫助。諮商師的挑戰在於為每一位個案做一些適性的調整，起初可以按照附錄列出的六個步驟進行，經過一些實務練習後，諮商師可以根據每位個案的需求調整自己的風格。

　　接著，諮商師對「喜歡」的那一堆牌卡重複同樣流程，讀者可能會質疑為什麼要先從不喜歡的那堆開始，但是通常以最終可能的選擇作為結尾會比較好。從觀察三堆牌的多寡也可以作為從何開始的評估，有時候喜歡的那堆比不知道和不喜歡的少許多，此情況可以從不知道的那堆開始討論，試圖將一些牌卡從不知道的那堆轉移到喜歡那堆。雖然這裡我們提供了一些建議，但是還是要再次強調：這些流程沒有絕對的好壞。透過試驗並決定對諮商師和個案哪一個才是最合適的，我們建議你可依照個案的狀況調整成適合他的流程。

　　通常職業組合卡的分類歷程會花費一個小時的時間，如果時間較短，諮商師可能無法獲得完整的資訊；時間太長的話，你可能會想要分段進行，像是喜歡那堆一次，不喜歡的那堆一次，另一次時段再將兩者進行統整。你要

確信這個過程能產出有幫助的資訊，並將這個信念傳遞給個案。對於其他的標準化測驗，通常人們會抱持著懷疑的態度來看待，雖然他們最終也會相信這是他們所想要的內容。這種非標準化的測驗人們會傾向抱持著懷疑的態度，尤其是個案們通常期待諮商師會知道解答，但其實諮商師在嘗試說服個案相信自己最清楚自己想要什麼。

你可能可以說服也可能說服不了個案這個歷程的價值，不管何者，你應該要能相信自己。對於試圖在個案對自己已知的認識上工作，諮商師應該感到自在與安心，而且視之為正在透過一個對他們有所幫助的歷程，融合新舊的職業資訊來達成。有證據顯示，這種整理職業的過程，與個案分類其他事物的過程相同，像是工作、朋友、伴侶、生活地點、購買商品等。所有的決定都可能涉及類似的決策過程，個案能透過練習某一領域的決策增進其他領域的決策技巧。在我們增加機會，讓個案以我們為資源的同時，當然也要降低個案對我們的依賴。依照這個工具的架構，不需要等待評分也沒有年齡、種族、文化偏見。與標準化測驗不同的是，你不需要遵守一套嚴謹的施測流程與規則。

接下來，讓我們提供一些關於為何這個歷程在這個時機點對譚雅能有所幫助的假設。她顯然覺得她未能在過去的標準化測驗得到幫助，她有著最難說明的生涯興趣組型──平坦型（flat profile），她的興趣也不像其他人有鮮明的興趣取向，這對想要找其他興趣類型的人而言並不是很有用。你或許會說進一步的探索可以幫助她改變測驗的結果，但這對此刻的譚雅來說並沒有立即實質的幫助。或者說明譚雅在太多題項得到不知道或不確定的反應，是造成測驗結果單一不鮮明的原因，但是這也沒有太大幫助。又或是提及不確定該工具對少數族群興趣的適用性，而這也不是譚雅想要知道的。這些預想的回應都不適用於職業組合卡。從分類牌卡的歷程中，譚雅可能會開始描述很多她對生涯選擇感到不安的主題，她會發現說出她想要不同的事物是有幫助的：可能是較沒有競爭性的、較強調個人動機而不是團體合作的、能夠以人為本的助人主題，或是不以金錢作為主要目標等。諮商師期待這些主題

和想法能在信任支持的情況下出現，並視為生涯決定的重要轉折點。但是這在一般標準化測驗的諮商情境下，通常並沒有那麼容易就出現。我們認為在此時機點，讓譚雅著重在談論她的擔憂，而非測量她的興趣，是比較恰當的做法。

我們都知道，像譚雅這樣的學生，他們比他們想像的更了解自己。標準化測驗可能不會比直接問個案未來想要做些什麼，來得更有收穫。根據這些證據，我們有充分的理由相信，職業組合卡更有助於個案了解自己已認識、但未能做更好的統整的資訊。搭配標準化測驗的工具，運用職業組合卡可以幫助諮商師增進與個案之間的工作同盟關係，並使其他標準化測驗的資訊變得更易於理解和解釋。

常用的主題與次要議題

你或許會擔心與個案找尋主題會是一件不容易的事，但我們認為這可能與你預想的有所不同。這裡我們提供以下幾個在過去實務中整理出的常用主題與次要主題。

1. **成就**：成就感、達到目標、需要成功、害怕失敗、看見成果、做出貢獻。

2. **發展機會**：晉升機會、沒有發展性的工作、勞動階層（沒有升遷發展性）。

3. **自主性**：做自己的老闆、擁有主導權、選擇並指揮自己的生活方式、自給自足、管理自己的時間、做別人的工作。

4. **福利**：休假、工會、退休計畫。

5. **挑戰性／無趣**：勞動（身體勞力）、心靈上的刺激、滿足別人的需求或需要、很難取得成功、需要競爭、無聊。

6. **創造力**：親手 DIY、表達自我、運用想像力。

7. **多元性／重複**：多樣的任務、不同的人、不同的地方、不同的東西、太多的重複。

8. **早期影響**：幻想、父母、其他人。

9. **需要努力付出**：過多的體力勞動、沒有足夠的體力勞動、工作自然而然的到來。

10. **興奮**：冒險。

11. **良知／不安**：感覺不應該這樣做、違背我的價值觀、讓我做自己、良心的事業、宗教原因。

12. **地域性**：留在家鄉、限縮在單一的地點（城市、國家、郊區）。

13. **市場需求**：市場需求的工作、沒有市場需求的工作。

14. **生活形式**：家庭生活、夜生活、農場、安定感、熟悉感。

15. **有意義／無意義**：實際的、膚淺的、不被需要的。

16. **金錢回報**：工資優渥、工資微薄。

17. **工作步調**：慢、快速、正適合我、穩定、零星的。

18. **過去的經驗**：之前的工作、以前的教育、工作遇到的人。

19. **恐懼／厭惡**：所有的動物、蛇、血液、觀眾、病人、手髒、疼痛、飛行、身體接觸、槍、醫生。

20. **權力**：控制或指導他人、權威的角色、改變社會、影響他人。

21. **準備需求**：太長、要求太高、沒有足夠的投資回報、現實的。

22. **聲望**：做一些重要的事、在乎別人如何看待我、得到他人關注、不喜歡當「傭工」、「專業」的刻板印象、粗重的職業。

23. **責任**：即時、延遲、身體的、心理的、太多或太少的責任。

24. **安全或健康**：造成身體傷害、使我潰瘍、令我抓狂、讓我保持健康。

25. **保障**：金錢、工作、職位。

26. **自我評價**：能力、天賦、人格特質（高、低、好、可疑、耐心、外向、內向、衝動的、控制的、完美主義者）。

27. **刻板印象**：性別、家長、以往的經驗、能力、大眾職業、同性戀者、年

齡角色、職場中輕率的人。

28. **壓力**：讓我緊張、我太情緒化。

29. **結構**：結構的、彈性的、模糊的、有秩序的（小時制、責任制、主管關係、目標、生活方式）。

30. **旅遊**：興奮的、多元的、新文化、離開家、探索、幻想、放鬆。

31. **了解**：自己、他人、世界、存在問題、事情是如何運作、如何互動（獲得回饋、幫助他人、他們的文化）。

32. **美德**：利他主義、自以為高人一等、不喜歡強迫他人、缺少尊重、大多數職業都是為了錢而做的、幫助有需要的人。

33. **工作環境**：戶外、室內、單獨工作、社交性的（太髒了、無法接受的部分、接近大自然、辦公室太局限了）。

34. **認知性的工作**：研究、調查、大腦思考、數學或物理、模糊性、外語、科學。

正如你所看到的，列表幾乎是無止盡的。更重要的是，如果試著將流程標準化，會很驚訝地發現個案能夠輕易地想出諮商師自己尚未想到的主題。正是因為這個原因，我們鼓勵諮商師讓個案自行發想主題，並幫助個案理解那些主題所呈現的意義。在第 13 章和第 15 章中會有更多篇幅詳細說明引導主題的過程。

結語

職業組合卡提供諮商師和個案開啟非正式對話的機會，這個過程可以是自然或是結構化的。它可以幫助個案在不被侵犯的狀態下分享個人訊息，諮商師可以考慮在運用職業組合卡時，搭配其他標準化的評估方法一起使用，幫助諮商師能多方的認識你的個案。

 參 考 文 獻

Clifton, D. O., Anderson, E., & Schreiner, L. A. (2005). *StrengthsQuest: Discover and develop your strengths in academics, career, and beyond.* Washington, DC: Gallup Press.

Garson, R. A., & Johnston, J. A. (2001). *College major card sort.* Columbia: University of Missouri–Columbia, Career Center.

Goldman, L. (1983). The vocational card sort technique: A different view. *Measurement and Evaluation in Guidance, 16*(2), 107–109.

Heim, L. L., & Johnston, J. A. (1991). *Missouri Occupational Card Sort. Community/junior college edition.* Columbia: University of Missouri–Columbia, Career Center.

Holland, J. L. (1992). *The vocational exploration and insight kit.* Palo Alto, CA: Consulting Psychologists Press.

Jones, L. K. (1979). Occu-Sort: Development and evaluation of an occupational card sort system. *Vocational Guidance Quarterly, 28,* 56–62.

Knowdell, R. L. (1995a). *Motivated skills card sort kit.* San Jose, CA: Career Research and Testing.

Knowdell, R. L. (1995b). *Values card sort planning kit.* San Jose, CA: Career Research and Testing.

Krieshok, T. S., Hansen, R. N., Johnston, J. A., & Wong, S. C. (2002). *Missouri Occupational Card Sort.* Columbia: University of Missouri, Career Center.

Krieshok, T. S., Hansen, R. N., Johnston, J. A., Wong, S. C., & Shevde, E. (2008). *Missouri Occupational Card Sort* (4th ed.). Columbia: University of Missouri, Career Center.

附錄：密蘇里職業組合卡

姓名：＿＿＿＿＿＿＿＿　　日期：＿＿＿＿＿＿＿

步驟一

在你面前有一副牌，每張卡片上都有一個職業的名稱，這些職業從技術到專業的職業都有，其中有些會讓你感到有興趣，有些則不會。瀏覽過這些卡片，並將它們分成三堆。

在你的右手邊，放置你可能會想要選擇的職業，這些職業對你而言有些特別的吸引力，或者是可能很適合像你這樣的人──你「喜歡」的一堆。

在你的左手邊，放置你大概不會想要選擇的職業，這些職業對你沒有吸引力，或者對你來說並不適合──你「不喜歡」的一堆。

第三堆放在中間，這些是你沒有感覺、不確定的職業，你可能對這些職業有些疑問，或是不知道自己會不會喜歡──你「未決定／不知道」的一堆。（你不會再使用這堆卡片。）

開始分類成三堆：不喜歡　未決定／不知道　喜歡

步驟二

現在拿出你不喜歡的那堆，並將另外兩堆牌移到旁邊。將你不喜歡的牌攤開在眼前，再依據你不喜歡它們的原因將它們分類。依同一個／相似的原因放在一起，可以根據自己的原因分成很多組別，一個職業也可以被視為是一組。

開始分類你「不喜歡」的卡片，完成後將分類好的職業填在下面的表格。先後順序沒有差別，可以依據你分類的組數填寫，不用受限於下方組別的數量。如果你有五個以上的群組，可以將其他的群組寫在紙的背面。

我們先從記錄下第 1 群組的職業開始：

不喜歡

第 1 組：

_____   _____

_____   _____

_____   _____

這一組有什麼相似之處？

你為什麼不選擇這組職業？

你不喜歡這些職業的哪些地方？越明確越好！

主題：上述內容提出了哪些共通性或主題？

_____

_____

第 2 組：

_____   _____

_____   _____

_____   _____

這一組有什麼相似之處？

你為什麼不選擇這組職業？

你不喜歡這些職業的哪些地方？越明確越好！

主題：上述內容提出了哪些共通性或主題？

_____

_____

第 3 組：

_____ _____

_____ _____

_____ _____

這一組有什麼相似之處？

你為什麼不選擇這組職業？

你不喜歡這些職業的哪些地方？越明確越好！

主題：上述內容提出了哪些共通性或主題？

_____

_____

第 4 組：

_____ _____

_____ _____

_____ _____

這一組有什麼相似之處？

你為什麼不選擇這組職業？

你不喜歡這些職業的哪些地方？越明確越好！

主題：上述內容提出了哪些共通性或主題？

_____

_____

第 5 組：

_____   _____

_____   _____

_____   _____

這一組有什麼相似之處？

你為什麼不選擇這組職業？

你不喜歡這些職業的哪些地方？越明確越好！

主題：上述內容提出了哪些共通性或主題？

_____

_____

現在，你想對你「不喜歡」的組別進行更改嗎？有沒有看到任何不屬於同一組的職業？請在下方寫出你會想要進行的更改以及原因。

_____

_____

_____

步驟三

現在拿出你喜歡的那堆，並將另外兩堆牌移到旁邊。將你喜歡的牌攤開在眼前，再依據你喜歡它們的原因將它們分類。先後順序沒有差別，可以依據你分類的組數填寫，不用受限於下方組別的數量。如果你有五個以上的群組，可以將其他的群組寫在紙的背面。

完成分組後，可以再次檢查並做任何必要的調整，我們先從記錄下第 1 群組的職業開始：

喜歡

第 1 組：

_____   _____

_____   _____

_____

這一組有什麼相似之處？

你為什麼選擇這組職業？

你喜歡這些職業的哪些地方？越明確越好！

主題：上述內容提出了哪些共通性或主題？

_____

_____

第 2 組：

_____   _____

_____   _____

_____

這一組有什麼相似之處？

你為什麼選擇這組職業？

你喜歡這些職業的哪些地方？越明確越好！

主題：上述內容提出了哪些共通性或主題？

_____

_____

第 3 組：

_____　　_____

_____　　_____

_____　　_____

這一組有什麼相似之處？

你為什麼選擇這組職業？

你喜歡這些職業的哪些地方？越明確越好！

主題：上述內容提出了哪些共通性或主題？

_____

_____

第 4 組：

_____　　_____

_____　　_____

_____　　_____

這一組有什麼相似之處？

你為什麼選擇這組職業？

你喜歡這些職業的哪些地方？越明確越好！

主題：上述內容提出了哪些共通性或主題？

_____

_____

第 5 組：

_____   _____

_____   _____

_____   _____

這一組有什麼相似之處？

你為什麼選擇這組職業？

你喜歡這些職業的哪些地方？越明確越好！

主題：上述內容提出了哪些共通性或主題？

_____

_____

現在，你想對你「喜歡」的組別進行更改嗎？有沒有看到任何不屬於同一組的職業？請在下方寫出你會想要進行的更改以及原因。

_____

_____

_____

步驟四

將你喜歡的職業卡片放在你面前，並按照你最喜歡的職業從 1 到 10 排列。將所有相關因素納入這些職業喜好排名的考慮。

你的前十名職業

	職業	重視的原因	何倫碼
1.	_____	_____	_____
2.	_____	_____	_____
3.	_____	_____	_____
4.	_____	_____	_____
5.	_____	_____	_____
6.	_____	_____	_____
7.	_____	_____	_____
8.	_____	_____	_____
9.	_____	_____	_____
10.	_____	_____	_____

請在下面寫出你希望能包含在上述列表中的其他職業。

步驟五

回到你的前十名職業列表，並在每個職業的右側寫上一個短句或單字，說明重視該工作的原因。例如：

醫　　生	賺大錢、運用科學、具有挑戰性
律　　師	聲望、公開演講、重視細節
護理師	助人、使用科學、良好的就業市場
老　　師	工作時間、與青少年一起工作、寒暑假
藝術家	獨立、富有創造力、親手 DIY

步驟六

再次回到你的前十名職業列表,並寫下每個職業的三個何倫碼。這些代碼可以在每張卡的背面找到。

現在透過計算每個字母在列表中出現的次數來統整你的何倫碼。依照下面的方式記錄下數字:

最頻繁的代碼   第二頻繁的代碼   第三頻繁的代碼

(最高數字)   (次高數字)   (第三高數字)

這些何倫碼有沒有建議其他額外的職業?〔要確定相關職業,可以使用《何倫手冊》(*Holland Booklet*)、《職業百科》(*Occupational Finder*)或《何倫職業典》(*Dictionary of Holland Occupational Codes*)。〕

CHAPTER 13

選用標準化測驗和量表蒐集個案資訊：深入的方法

過往的實徵研究資料，顯示測驗工具能夠改善諮商歷程；藉由測驗工具的運用，個案能夠了解自己、認識那些能與自己契合的特定環境（Holland, 1997）。測驗工具不只改善了諮商歷程與生涯諮商的結果，評量工具還提供了一種更具科學的做法，給予我們比揣測更好的方式，來支持並確認一些資料。雖然許多決定被解釋為是放手一搏的做法，但是大多數的個案都想要以強而有力的證據當後盾，好幫助他們順利做出決定。個案期盼我們能使用最佳的工具，適切的幫助他們進行生涯探索。我們也想要使用工具來幫助個案，特別是我們發現，測量工具不但能加強成果，也提供給我們更好的數據來幫助其他個案解決問題，並且達到他們所設定的目標。

使用正確的標準化測量工具

在生涯諮商工作中，估計有上百個測量工具可供我們作為諮商評估。這些測量工具包括興趣、性向和能力測驗；人格和價值觀量表；優勢量表；環境評估；狀態和特質測量；問卷調查；職業組合卡；電腦化評量等等，像這樣的測量工具不勝枚舉。目前大多數評估測量工具的相關情形，都可以從第十八版的《心理測量年鑑》（*Mental Measurement Yearbook*; Spies, Carlson,

& Geisinger, 2010）中查詢；或是第八版的《測驗彙編》（*Tests in Print*;
Murphy, Geisinger, Carlson, & Spies, 2011）查詢。然而我們相信，諮商師在
生涯諮商實務工作中，通常只學會善用幾套評量工具。這些工具通常都是最
能夠支撐或肯定諮商師的諮商觀點，加上之後在實務與經驗上的累積，諮商
師就更善加使用那幾套他們所採用的諮商工具。這類諮商評量工具通常是諮
商師在研究所訓練時所學習的，一旦進入工作崗位，他們往往繼續使用那幾
套他們熟稔的評量工具，而沒有進一步學習新的、更佳的或更實用的評量工
具。

我們對於使用特定幾套的評量工具抱持鼓勵的態度，但對於不願學習使
用新建立的評量工具，我們對這樣的態度或決定則抱持存疑。有許多優質的
測量工具正在陸續發展（或至少在許多諮商師完成研究所訓練後才完成）；
再者，當我們認識更多針對特定族群量身訂做的測量工具，並針對不同性
別、原始族群、種族、宗教、性傾向、社會階級建立一套規範後，我們應該
以專業態度來質疑早期許多評量方法的價值。測量工具的建立與發展這個領
域成長相當迅速，我們無法預料在未來幾年內，測量工具的發展將會有怎樣
巨大的變化。

但是我們能夠相當確定的是，測量工具將會更具適切性，未來將會有更
多元的測量工具來幫助諮商師更能了解一般個案處於生涯諮商和規劃過程的
哪個環節中。而我們需要從一項測量工具的結果來確認另外一項測量工具的
結果是否準確。對許多在過去不隸屬主流諮商族群、但現今頻繁接受諮商服
務的個案來說，我們也需要辨識出哪些在過往傳統中使用的諮商工具可能已
經不具有適切性，這就是為什麼我們需要對新建立的工具抱持開放態度的另
一個原因。我們也許需要繼續大量倚重、甚至依賴少數測量工具，但我們依
舊需要時時警惕自己，對生涯諮商過程來說，會有新的或額外的測量工具能
夠作為更佳的補充工具。

本章一開始先提供一些標準，供你在選擇適切的標準化測驗工具時作為
參考，接著將焦點放在幾套已被證實在諮商實務和情境中相當有效的測驗工

具。我們想要提醒你的是，當你在確定哪些是最有幫助的測量工具時，請同時記住自己的諮商取向和所在的工作場域。舉例來說，如果你採取指導式的諮商方法，想要能夠直接告訴個案該怎麼做，那麼你就需要找到最能夠支持你這樣諮商定位的測量工具。如果你的工作場域，傾向在時間上有所限制，或是期望個案能夠自我導引，那你應該會想要採用那些能夠馬上得到結果的測量工具，或是採用那些能夠讓個案自行施測的測量工具。因為我們都會隨著時間變換我們的諮商定位或是工作環境，所以我們應該對新的測量工具保持彈性、開放的態度。諮商師或許有可能會突然需要找到更佳的新測量工具來符合自身或是個案的需求。

對專業人士來說，在特定諮商工作的場域中，習慣採用幾套最有效用的特定測量工具，是很正常的，主要因為這些測驗工具能夠與特定的諮商取向或諮商工作場域配合。我們在本章會列出我們所認為會影響評量工具挑選的標準或條件，而我們也依據此條件選擇本章所要介紹的評量工具。我們期望你能夠以類似的程序挑選對諮商工作來說最有幫助的評量工具。我們發現若在一開始就設定明確的標準，不但有助於你容易挑選出適切的評量工具，也有助於你轉移到新的工作情境時，評估是否需要新的測量工具。在我們解說此歷程時，考慮一下你自己的定位與工作場域，並思考這套挑選標準所建議的評量工具，對你來說，是套相似或是不同的評量工具。

選擇評量工具的標準

用來選擇特定測量工具的一些標準，包括像是 (1) 效度；(2) 信度；(3) 成本；(4) 施測時所需要的時間；(5) 個案對測量工具的反應情形；(6) 計分所需的訓練；(7) 計分難易度；(8) 常模；(9) 測驗解釋所需進行的訓練，以及也許是最重要的 (10) 對個案來說，該測量工具的實用性。上述這些標準的重要性，端賴工作人員的細心評估觀察、測驗情境，以及接受服務的個案性質。舉例來說，在一些場域中，輔助人員能夠與個案進行初步的接觸或

初談。因此,該輔助人員需要或選擇他們能夠熟稔的工具。現在已有許多非常好的測量工具可供半專業人員使用,像是職業組合卡、「初談量表」〔Intake Scale; 希望量表(Hope Scale)〕、電腦化評量工具〔互動式輔導與資訊(System of Interactive Guidance and Information, SIGI)、DISCOVER系統、CHOICES 系統等〕、「我的職業情境」(MVS; Holland, Daiger, & Power, 1980)、「職業夢想量表」(Johnston, 1999)、「生涯自我探索量表」(SDS; Holland, 1985),以及其他自我引導測量工具。輔助人員能夠說明其他評估工具的可用性,但並不會親自施測這些工具。他們可以將個案轉介到個人評鑑或者生涯諮商當中。那些專業諮商人員將接著使用各種不同且相當熟稔的評量工具。諮商師的背景、訓練、就業場所,以及個人偏好,這些都決定了工具的挑選。此外,還有些看似不起眼但一樣重要的工具選擇標準。也就是說,我們在決定使用哪些測量工具前,必須先做些準備工作。

一、首要考慮要點:效度和信度

不論量表施測的對象是誰,在選擇測量工具時,效度與信度是兩項必須要考量的評量特性。有一些基本的評量工具書籍(Anastasi & Urbina, 1997; Hogan, 2007)能幫助你了解效度與信度這兩個概念的重要性。同時我們也要提醒你,效度與信度是兩個相對的詞彙:你不可能會找到完全具有效度或完全具有信度的測量工具,只有與其他評量工具比起來,效度較高或信度較高的工具。此外,在評估測量工具的效度與信度時,需要審慎與專業的考量。因為許多個案接受諮商服務時,他們期盼諮商師能提供的,總是大於諮商師能夠實際提供的資訊。因此,我們需要確信能夠運用效益發揮最大的量表工具,而且我們要能夠抱持開放的態度,找到可能更好的測量工具。這是我們專業上該盡的義務之一。

(一)效度

也許效度(validity)是評估測驗適切性當中最重要的考量。我們要如

何知道一個工具是否能真正達到測量所欲測量的目的？在生涯領域裡，這通常意味著以下幾點：如果一項測驗工具指出，某個受試者對特定領域有高度興趣，要如何知道這測驗結果的真實程度如何？這時諮商師通常會藉由許多方式來得到有關效度的資訊，像是檢視測驗如何預測受試者的行為和滿意度（預測效度），測驗與看似在理論上有相似構建的連結緊密程度（建構效度），以及測驗與在理論上有差異的評量項目上呈現出無關聯的結果。

同時，檢視該測量工具是以什麼群體建立常模，並檢視這些群體，與欲接受測驗的個案所屬群體的相似情形，這點也非常重要。舉例來說，如果一份量表是依據大學生為受試者發展而成，而你想要使用該量表來測試成人，那麼你就必須確定此量表應用在成人群體是否具有效度。

這一點對那些將測驗運用在弱勢族群、身心障礙者，或其他代表性不足的群體上，更有影響力。常模和心理發展研究時常指出，這些測驗量表還沒有大量施測在這些族群上，因此，在這樣的情況下，有關量表用於這些族群之相關效度資料可說是相當不足。儘管我們也沒有任何理由認為量表分數結果在任何種族上一定會有差異，但我們知道我們應該體認到這群不具代表性的族群背後，有著不同的社會與文化歷史背景，以及不同的經驗。Leong（1995）所著的《少數族群的生涯發展和職業行為》（*Career Development and Vocational Behavior of Racial and Ethnic Minorities*）一書中，對有關美國境內四個主要的種族和少數族群可採用的生涯評估工具效度議題，有相當精闢的評論。Walsh 與 Heppner（2006）所著的《女性生涯諮商手冊》（*Handbook of Career Counseling for Women*），則是另一本相當出色、評論有關現今女性生涯評量工具狀況的手冊。

(二) 信度

另外一個重要的評估測量工具的標準就是信度（reliability）。我們要如何知道，隨著時間推移，評估工具是否具有穩定性？如果我們對個案施測一份量表，間隔三週後又再施測一次，在個案經驗上並無太大變化的情形

下，我們是否可以得到幾乎一樣的計分結果？對生涯評估工具來說，信度非常重要。一份信度不高的興趣測驗工具可能前一週告訴施測者，她的測量結果顯示她的興趣接近心理學家，而後一週結果顯示她的興趣偏向稅收人員一職，則這樣的測量結果對該受測者而言並無多大的效益。更糟糕的是，個案通常不會重複測驗，當他們在某一週得到不可靠的資訊，他們極可能就依據該測驗結果採取行動，不會有機會知道他們所做的是一份沒有信度的評量工具。

測驗的編製者通常最關切他們所建立的評量工具是否真的具有效度與信度，必要時他們也會隨時更新，像是增加量表題目，或是刪除對信度不太有貢獻值的題目，或是以更好的題目來取代之。這完全取決於這份量表所要評估的構念，因此，就某個程度而言，我們需要確認量表的信度與效度是可靠的。當然我們可以藉由適當的方式，讓我們的測驗結果保持一定的品質。但如果我們無法確保個案在興趣、性向、技能以及其他重要特質所做的測驗結果是正確的，我們無法帶有確信和把握的向個案提供成功的測量機率，那我們將失信於個案。

如果所有生涯諮商測量工具與一些自然科學界的測量一樣確實可信又有效，那我們或許可以不用討論效度與信度細微差異所可能產生的影響。自然科學研究可以有把握地預測一些情況的發生，並確信這樣的情況一定會發生，這樣的測量就是既可信又有效，非常完美。但是一旦我們面對的是人，特別是自由答題可能造成的偏差，那麼就沒有一個評量工具之信度與效度能達到完美的境界。最佳的測量工具將永遠保留一些空間，讓人可以質疑其測量的結果。即便所使用的測量工具有效度，施測者依舊會帶著測量結果所得到的資訊，與其他得到的資訊來做比較與處理。這也就是為什麼我們需要花時間解釋，並整合從許多標準化測驗中所得到的結果。

在尋找適合的正式標準化測量工具時，我們應該做到幾點。首先，因為要挑選好的測驗，也因為我們之後會憑藉著測驗結果做出專業的解釋與判斷，我們必須注意測量工具的信效度。然而，除此之外，我們一定也要知

道，我們總會選到一些效度不如我們預期的測量工具。這些測量工具本身，並不會為我們或個案做出判斷，而是用來幫助我們，讓我們做出更好的判斷。一旦我們接受了這個概念，在生涯諮商過程中，我們就可以以相同適當的態度看待這些測量工具，如同我們看待任何其他的資源一樣。若想參閱特定測驗工具進一步的信效度相關資訊，請參閱本章稍早提到的書目，尤其是已出刊多版的《心理測量年鑑》（Spies et al., 2010），以及你所選擇評量工具的指導手冊，都是你可以參閱的書籍。

二、其他需要考慮的重點

讓我們繼續討論選擇標準化測量工具的標準。當我們在尋找測量工具時，請思考施測對象是一人，還是一個群體。當所要施測的對象眾多，則諮商師必須考量到施測的成本、施測所需時間、計分與結果報告的簡易度、解釋測量結果所需訓練，以及測量結果對個案的效用性。因此我們有時候採用的施測工具，主要是考量到以群體為施測對象時的成本效益，也考量到計分的速度，抑或是測量結果不需要專業的解釋。

當量表施測以大宗團體為對象時，所要考量的不只是量表的信效度，還包括施測成本。接著也要考量到施測時間，以及預期個案答題的時間。還有，如果你的量表施測對象為一個學生或是一百個學生時，計分方式的難易度也應該考量進去。甚至更重要的事，在一些情境下，自我計分是否可行？你是否可以即刻得到計分結果，或是你必須將回收量表送去某處進行計分？為量表計分時，計分人員是否需要接受額外訓練？接受施測的團體是否有常模可做參考？量表是否附有測試結果解說指引，讓個案能夠直接自行解讀測量結果，不需要諮商師的解說？在我們的生涯中心，以學生為施測對象選擇測量工具時，這些考量要點都非常重要。表 13-1 條列了我們在所有標準化評量工具中，選擇「我的職業情境」（MVS）的條件為例，你可以發現「我的職業情境」相當符合我們所建議的評量工具挑選標準。

表 13-1　選用「我的職業情境」所使用的條件

條件	意見
效度	見註釋 a 參考書目
信度	見註釋 a 參考書目
成本	很低
施測時間	非常短
個案對施測量表的意見	普遍正向
計分所需訓練	不太需要
計分	自我計分，容易
針對特定族群可用的常模	極優
量表解釋所需的訓練	不怎麼需要
對個案的實用性	相當大

a：Holland, J. L., Daiger, D. C., & Power, P. G. (1980). *My Vocational Situation*. Palo Alto, CA: Consulting Psychologists Press.

　　你可能會想要從幾個施作成本較低的篩選工具開始著手，像是 Holland 等人（1980）編製的「我的職業情境」（MVS）。Holland、Johnston 與 Asama（1993）寫了篇 MVS 實用性評鑑，是篇非常重要的文章。優良、不耗時的評量工具有很多，施測成本不高、施測與計分方式也容易，而且對諮商工作或其他需要立即得到計分結果與結果回饋的場合來說，非常重要。這些評量工具的評鑑都可以在《生涯評估工具的諮商師指南》（*A Counselor's Guide to Career Assessment Instruments*; Whitfield, Feller, & Wood, 2009）或《心理測量年鑑》（Spies et al., 2010）裡找到。這兩本出版品裡，你可以找到許多詳盡的評論文章，內容是關於評量工具信效度相關問題。我們同時鼓勵仔細閱讀所有選用的評量工具使用手冊。量表的編製者通常都非常關心量表使用者是否了解量表相關的支持資料。但是我們應該在此強調一點，通常諮商師可以，也必須要時時評估所使用量表的實用性，並視之為量表的一部分。也就是說，在許多量表或指引中，我們經常只能取得或是只能使用其中一兩個，因此，我們也得思考如何搭配其他評量工具，以便提升施測效果。

基本的生涯諮商評量工具

　　一般來說，我們會找些方法來評估人們的職業狀態（例如，MVS 類型的量表）、他們的興趣、人格、技能、優勢、性向、價值觀和信念。我們需要一份能有效評估這些向度的工具。在選擇這樣的工具時，我們會以某些標準來挑選評估工具，讓這些評量工具可以互相搭配使用，甚至可以互補彼此之間的不足。若是只採用一份量表，那麼你就必須再次確認這份量表的有效性。接下來很重要的，就是在我們上述幾個重要的向度中，找出了符合上述挑選標準的一些測驗。雖然我們在生涯諮商中心運用了量表工具的選擇條件，但諮商師還是得思考清楚每份評量工具是否能適用於所服務的單位。

一、基本的生涯興趣量表：「生涯自我探索量表」

　　John Holland（1985）所編製的「生涯自我探索量表」（SDS），是現今大家廣泛採用評估個案興趣的量表。此量表施測容易，以自我計分、自我闡釋施測結果的方式進行後續步驟。此量表提供的資訊很多，對自我導向類型的個案來說，這套量表非常實用。此量表也提供個案一套可用於未來生涯探索之系統或計畫；藉由量表所提供的指引，幫助個案進一步探索與分數組型相適配的可能工作或職涯。此量表具有高信效度，計分、施測、解說容易。施測成本合理、可以紙本方式進行，也可以線上施測。適用於所有的個案〔僅需中等閱讀能力，而 E 版本（Holland, Powell, & Fritzsche, 1994）可提供給閱讀能力更低的個案使用〕。另外，此量表也可與生涯諮商中心其他例行性使用的評量工具搭配使用。

　　催生我們選用這個工具的最大主因，是 1985 年時決定採用何倫職業六碼（實用型、研究型、藝術型、社會型、企業型、事務型），將之作為密蘇里大學生涯中心的組織特色，資料是以該測驗計分結果的模式來進行儲存。個人可以依據他們的量表分數查詢額外的資料，這就是密蘇里大學生涯中心

組織設計的方式。以這樣的方式進行，同時也讓個案將生涯探索相關的各種因素一起加入考量當中，包括職業夢想、興趣與相關技能，另外，個案很容易就能查明如何計分。

其他幾套興趣量表在一些中心或許也同樣適用。這些量表包括「新修訂史東興趣量表」（New Revised Strong Interest Inventory Assessment; Donnay, Morris, Schaubhut, & Thompson, 2005）與「庫德生涯搜尋」（Kuder Career Search; Zytowski, 2005）。也許有人認為有些個案應該接受更多興趣量表來進行評估，但在密蘇里大學生涯中心每天使用 SDS 的基本實用價值，已相當具有說服力。輔助的專職人員可以幫忙施測量表並解說施測結果，而這樣一來，也加強了我們教導並希望學生在生涯探索過程中學習到的東西。我們希望學生自己進行生涯探索，也希望這樣的探索能將複雜的過程組織化並簡化。此外，SDS 可以對個案提供立即的回饋，這點也相當重要。

二、基本的人格測量工具

在某些機構，人格測量的重要性可能比其他機構更為重要，但平心而論，每個人都需要接受至少一套人格測驗，以便能評估和了解人格的基本面向。至於要評估哪些人格面向，則必須取決於個案是怎麼樣的人，以及他們經常碰到的議題性質。當在學校或是大學進行生涯相關測驗時，你遇到的通常都是較為高功能的學生。你需要的是能夠適合特定主修科目、職涯或是工作環境類型的指標，而你也時常需要與個案分享特定的資訊。這樣的需求，使得一些評量工具較其他工具更加適用。我們選擇施測 Costa 與 McCrae 編製的簡易版「大五人格量表」（NEO Personality Inventory; McCrae, 1992），而我們建議使用此量表的理由與建議使用 SDS 的一些理由一樣。此量表具有良好的心理計量特性（信效度），可自行在短時間內完成。同時此量表附有極佳的結果解釋指引，也可以用所附的討論提綱（talk sheet）協助使用者能夠更理解施測結果。此外，「大五人格量表」施測成本低，對大多數的個案而言也不會太突兀。並不是所有的人格量表都可以符合上述這些

條件。

在多年的人格測驗使用之後，我們對這些工具的基本指標似乎也產生了需要注意的共識。許多研究指出，「大五人格量表」能測量出所有「五大人格特質」：神經質（Neuroticism）、外向（Extroversion）、開放（Openness）、嚴謹（Conscientiousness）以及親和（Agreeableness）。這五大特質都與生涯決定有關聯，而且個案都可以簡單地透過對這五大面向的理解，進一步應用在處理相關生涯議題與問題上。「大五人格量表」與 SDS 上得分之間的關聯性，在在顯示出人格與興趣二者間有緊密的關聯（Gottfredson, Jones, & Holland, 1993）。

三、性向與技能測驗

尋求生涯諮商的個案經常會提出要做能力測驗的要求。他們想要知道自己到底擅長什麼，然而，大學生可能就不太一樣。根據他們在中學的表現加上一些工作經驗，大學生通常已經知道自己擅長什麼。所以大學生比較可能問的問題是：「我的性向是什麼或是我有什麼樣的技能，讓我能做出更好的決定、選擇適當的主修，或最後能幫助我就業？」有時候甚至證據就在眼前，但大學生還是想要找個確認的方法，或是尋找更好的方式讓他們能夠善用自己已經知道自己所擁有的性向或技能。諮商師可能會聽到像是：「我數學很好，但我不知道數學好能做什麼？」或「我很會畫畫，但誰會雇用我？」有時候當學生對主修中所要求的必修科目感到困難，他們就會尋求協助，從而開始重新檢視自己的優勢。如此一來，重點就在於是否認為必須有另一種不同的選擇。學生常常也想要尋求一顆定心丸，而當諮商師協助他們檢視中學的成績、SAT（學術水準測驗）或 ACT（大學入學考試）分數、他們最喜歡的課程或生活經驗，他們就會重新思考是否真的需要再做一次性向或能力測驗。

舉例來說，「生涯自我探索量表」（SDS）其中有一部分是以六大興趣領域為架構來測量個人的能力與性向。大部分的個案並不知道這件事，而諮

商師必須讓他們注意到這件事。因而個案剛開始在完成這份量表時，會有一點猶疑，但當擺在他們眼前的證據證明他們從 SDS 得到的分數，與他們在性向方面更客觀的測驗結果相比，二者間的結果相當一致時，他們就會選擇不再繼續做其他的測驗。

失業的工作者或員工被強迫轉職，從事對他們來說完全不一樣的工作時，他們更有接受性向與能力測驗的需求。在適當的時候，一份好的性向或能力測驗能夠提供他們相當大的幫助。

「坎培爾興趣與技能調查」（Campbell Interest and Skill Survey; Campbell, 1995）是一份相當不錯的量表，達到許多在我們生涯中心針對實務工作所建立的量表標準。這份量表具有高的信效度、施測容易、提供線上電子版本（www.pearsonassessments.com/tests/ciss.htm），而且施測費用相對來說並不高。然而，要採用我們建立的標準來找到好的評量工具，有時可能需要做一些妥協。舉例來說，想要選擇可以為個案提供證據的一些性向測驗，若非現有，可能就需要花些時間尋找。如果個案並沒有足夠的經驗或經驗累積來確定自己的性向或技能，那他們就一定要再花點時間探索自己的性向和技能，而不是只是想要找到定心丸而已。

以中學階段來說，有些東西可能更有意義。許多學區要求諮商師使用特定的性向測驗工具，而這樣，你當然需要盡可能先熟稔那些性向測驗，好好運用這些量表，而不是反過來尋找其他的替代工具。

四、有助生涯轉換的個人內在資源評量工具

雖然生涯發展這個領域已經發展出無數具有高信效度的評量工具來評估個案的生涯興趣、價值觀、技能，但是直到近期才設計出可以評估、了解可能阻礙生涯轉換過程的個人內在心理動力歷程。因為對生涯諮商師而言，這樣的工具是很重要的，可以有效提供整個全貌，整合個人與工作世界，這也是我們生活生涯發展模式的核心。我們選擇了「生涯轉換量表」（CTI）來協助個案了解他們獨特的心理反應，希望能對他們的生涯轉換有所助益。

　　以 CTI 為例，它的設計是為了評估個案運作的重要動力因素，好讓諮商師能以更聚焦、也更具體的方式來介入。CTI（Heppner, 1991）採李克特量尺形式，共 40 題，可用來評估個人內在歷程，這些歷程變項可能是個案在生涯轉換過程中所出現的優勢力量或阻礙。

　　答題選項包括從 1（非常同意）到 6（非常不同意）。因素分析結果得出五個因素，分別為：(1) 生涯動機（準備）、(2) 自我效能（自信）、(3) 內在／外在（控制）、(4) 接收到的支持（支持）、(5) 自我 vs. 關係焦點（決定上的獨立性一相互依賴性）。

　　得分越高，表示個人覺得自己在該領域表現良好；得分低則是指生涯轉換中遭遇阻礙。因此，在「準備」這項因素得分高，意指個案已準備好、興致勃勃地面對生涯轉換（例如：「我覺得這生涯轉換過程讓我覺得充滿挑戰，而這使我充滿鬥志」）。而在「自信」這項因素得分高，意指個案對自己的能力充滿自信，他們相信自己能夠成功進行生涯轉換（例如：「我相信我自己的能力，我能夠在這生涯轉換過程中表現得非常好」）。在「控制」這項因素得高分，意味著個案認為自己能夠掌控整個生涯規劃過程（例如：「這整個生涯轉換過程結果，完全取決於那些控制這個系統的人」，此題為反向計分）。同樣的，在「支持」因素得高分，意指個案在轉換生涯處境時，能感受到較高的社會支持（例如：「我生命中的重要他人在我的生涯轉換中，能積極主動地支持我」）。最後，在「決定上的獨立性」這個因素上得高分，意指個案覺得他們認為自己能以一個獨立自主的個體，做出有關自己的職涯決定（例如：「雖然家庭與關係需求對我來說很重要，但當需要面臨生涯轉換時，我覺得我必須將焦點擺在我自己的需求上」）。

　　Heppner、Multon 與 Johnston（1994）計算 CTI 各因素和總量表分數的 Cronbach's α 相關係數。這些係數分別如下：.87（準備）、.83（自信）、.69（控制）、.66（支持）、.83（決定上的獨立性），總量表的 α 係數則為 .90。研究發現 CTI 與年齡、婚姻狀態、生涯轉換過程的時間長短，以及五項總體因應（例如：在生涯轉換過程中，感知到壓力的程度）等，有

顯著的正相關。除此之外，亦發現持久型的人格特性，像是「大五人格量表」（Costa & McCrae, 1985）評測出來的人格特質，與 CTI 一樣能預測個人的生涯資源。舉例來說，對經驗的開放度可預測 CTI 的全部五個因素。這意指著，有意願去嘗試新的事物是一項非常重要的人格變項，可預測個案如何安排生涯轉換過程（CTI 已有繁體中文、阿拉伯文、韓文、義大利文與日文版）。

五、其他測量工具

「希望量表」是簡短量表很好的一個例子。相關研究提供的證據，顯示「希望量表」對即將面臨失業的工作者團體來說，諮商師覺得相當適用。無論這個團體的參與者是不抱著任何目標（自我效能低），或是他們對如何達到自己的目標感到困惑（目標途徑低），為了建立一個簡單的氛圍，我們通常都使用「希望量表」。這份量表共 16 道題目，由 C. R. Snyder 編製（Snyder et al., 1991），最初的設計是以孩童為對象。我們發現在工作坊中，若是成人的得分顯示目標感或目標途徑較低，他們可能會需要進一步個別關注。因此經過編製者同意後，我們將「希望量表」更名為「初談量表」（The Intake Scale），並在工作坊篩選出一群需要個別注意的人。此量表也相當符合我們所建立的量表篩選條件。

很多像這樣的量表都可以使用，而且當其他篇幅較長、需要花時間答題的量表不具實用性時，這樣簡短的量表就相當實用。「希望量表」跟「我的職業情境」一樣，資深的專業人員只需要經過短時間的訓練就可以進行施測，而且幾乎不用花什麼時間來計分。「職業夢想量表」則是改編自 SDS 的第一部分，可獨立使用。使用這份量表來開啟與個案間的對話，討論未來生涯規劃，可說是容易又不錯的方式〔你可以自己創造適用的「職業夢想量表」版本，或是參考 Johnston（1999）；亦參見圖 13-1〕。

姓名＿＿＿＿＿＿＿　日期＿＿＿＿＿＿＿＿

請列出五項你曾經想過未來要從事的職業。這些職業可以是你曾經夢想要從事的工作，或是你曾經與他人討論過的工作。

　　具有吸引力　　　　　　　　　　　　　職業

＿＿＿＿＿　＿＿＿＿＿　　　＿＿＿＿＿＿＿＿＿＿＿＿＿＿＿

＿＿＿＿＿　＿＿＿＿＿　　　＿＿＿＿＿＿＿＿＿＿＿＿＿＿＿

＿＿＿＿＿　＿＿＿＿＿　　　＿＿＿＿＿＿＿＿＿＿＿＿＿＿＿

＿＿＿＿＿　＿＿＿＿＿　　　＿＿＿＿＿＿＿＿＿＿＿＿＿＿＿

＿＿＿＿＿　＿＿＿＿＿　　　＿＿＿＿＿＿＿＿＿＿＿＿＿＿＿

- 現在請依每個職業目前對你的吸引力進行排序（亦即，在最吸引你的職業前面寫上「1」，在第二吸引你的職業前面寫上「2」，以此類推）。
- 將你身邊的人（像是父母、配偶、好友、親戚、老師）認為你應該從事的職業打個圈。
- 在因職業要求（像是教育程度、經濟因素、個人因素等），你認為不可能從事的職業前面寫上「I」（impossible）。
- 在你覺得是夢幻的工作選擇（也就是好玩但對你來說是不切實際的選項）前面寫上「F」（fantasy）。
- 在任何你認為可以視為嗜好或是副業的工作前面寫上「H」（hobby）。

圖 13-1　**職業夢想量表**

　　我們在本書第 10 章到 12 章已詳細討論過的工具亦可作為輔助工具。第 14 章詳細介紹兩份彼此有關聯的量表：一份是關於個人和工作風格——「洞察量表」；一份是有關個人優勢力量——「克利夫頓優勢識別量表」。「克利夫頓優勢識別量表」以及「行動價值量表」（Values in Action, VIA）在正向心理學新興領域中得到相當大的關注。職業組合卡也算是標準化測驗工具之一，但我們選擇在另外一個章節討論這個工具（參見第 12 章）。

串連所有評估數據

　　我們以測驗所得資料來補充對個案的了解，也讓他們增進對自己的認識。在許多案例中，我們蒐集相關測驗資訊以建立對個案有更清楚的圖像，然後在個別諮商時，就可以將那些訊息傳達給我們的個案。不論是了解個案或是進行個別諮商，這兩件事情都需要蒐集足夠的正確資料，以連貫可信的方式來協助我們了解個案，最終能幫助個案更了解自己。為了方便起見，你可以將所有的評量數據放在一頁的結果報告單上，或是以標準格式建立獨立報告。表 13-2 是我們使用「生涯自我探索量表」為主要評量工具所做的標準化測驗結果紀錄。這個過程幫助我們了解各個分數間的關係。藉由將所有測驗分數記錄在同一頁面上，我們可以促使自己盡可能將所有已施測的測驗資料整合在一起。畢竟，我們是透過多種評估工具或視角所支持的一幅合成圖像來觀察眼前這個單一個案。

　　如同之前所言，我們要確認能適切使用所獲得的資料。這也是我們在解釋任何一份評量工具所得分數時的最佳做法。我們應該要記得，測驗的結果紀錄主要是提供給專業人員使用。一般個案，若沒有透過專業人員的解說，是無法了解測驗結果的。但儘管我們非常擅長解釋這些數據，個案並無法完全聽到所有我們嘗試說明的內容，或是能準確聽到我們希望他們聽到的內容。所以我們可以用結果解釋指引或「討論提綱」輔助我們解說測驗結果。因為這些輔助工具能夠幫助個案更容易理解評量結果，並提供一份書面紀錄，以供日後參考使用。

　　所有標準化測驗工具應該都有這樣的指引或討論提綱。如果沒有，我們鼓勵你設計一套自己的版本。你可以透過密蘇里大學生涯中心的網站（http://career.missouri.edu）索取生涯中心所使用的版本。

生涯自我探索量表分數結果解說指南 ™

個案姓名：　詹姆士　　日期：＿＿＿＿＿

1. **背景資料**：（年齡、職業狀態、性別、種族、教育程度、家族史等。）

　白人、男性、56 歲、持有 GED 學歷，被製鞋工廠解雇的員工

- **現在的職業／主修**：　機器操作員　　代碼：　RIE

工作經歷	代碼	夢想職業	代碼
☐ 割鞋工	RSE	☐ 巡警	SIE
☐ 檢查員	RSE	☐ 會計	CRS
☐ 工廠工人	REC	☐ 稅務籌劃助理	CES
☐ 機器操作員	RIE		
☐			

其他評估工具：〔「我的職業情境」、「初談量表」、「生涯轉換量表」、「邁爾斯—布里格斯性格分類法」（Myers- Briggs Type Indicator）等〕

「我的職業情境」＝ 04；「初談量表」：目標 13，職業路徑 13；「生涯轉換量表」：準備、獨立性分數高，但個人控制得分低。

生涯自我探索量表 ™

活動	5	8	1	7	5	8
	R	I	A	S	E	C

能力	4	1	2	8	5	3
	R	I	A	S	E	C

職業	3	6	0	10	4	10
	R	I	A	S	E	C

自我評估	2	4	2	4	2	4
	R	I	A	S	E	C

	4	5	4	5	4	3
	R	I	A	S	E	C

總分 （範圍 2-50）	18	24	9	34	20	28
	R	I	A	S	E	C

摘要代碼

S	C	I/E
最高	次高	第三高

2. **待探索分數——全面探索**

　（6 至 8 分原則）

　SCI

　SCE

3. **特殊議題**

　（起伏不大的分數曲線 —— 低或高分；對立的興趣；摘要代碼與生涯目標大相逕庭；摘要代碼受工作經驗、社會角色等影響。）

年齡、工作經驗、不常見 SDS 代碼

4. **假設：**

　另外再進修實際可行嗎？

　夢想的職業實際嗎？

諮商師姓名：＿＿＿＿＿

圖 13-2 生涯自我探索量表分數結果解說指南 ™

統整測驗資料

　　要能夠說明如何對評估資料進行統整，最佳的方式就是以單一個案為例，整合他在各種測驗上的結果。在本例中，我們介紹一位參加為期兩天工作坊的個案，在這工作坊裡，他接受測驗以及後續結果的解釋。這意味著我們需要依某些因素仔細考量幾件事情，包括施測量表、計分所需要花的時間，以及計分與結果解說難易度。另外，因為後續追蹤工作不容易，所以我們還要考量在沒有專業人員的協助下，個案自行理解測驗結果的難易度。因為我們諮商的每一位個案，通常都是屬於大團體中的成員之一，而且我們會需要在團體中解釋測驗結果。所以我們需要選擇施測且答題容易的測驗工具；能夠很快計分與解說結果；還有要能不過於突兀，因為個案會需要與其他人一起分享評估結果。最後，因為施測的是一系列的測驗，個案填答這些測驗工具的時間不能太過冗長。

　　我們採用「希望量表」、MVS、SDS、「大五人格量表」，以及CTI。我們使用的評估工具類型廣泛，答題所需時間不長，而且每種量表都以某程度上的意義與價值，對我們與參與者進行諮商時有所助益，而且也是個案想要了解自己的地方。我們先使用「希望量表」和MVS，以快速找出需先了解的工作坊參與者。這些參與者有可能覺得自己沒有任何目標或是不知道目標路徑，或是覺得自己沒有合理清晰的職業認同感，不能自工作坊得到答案。如果工作坊的參與者在初期即顯示出這樣的情形，我們就會提供這樣的參與者個別晤談的時間。我們同時也使用這兩份量表來幫助我們對其他量表的得分情形有更為適當的了解。

　　我們設計了一份「生涯自我探索量表分數結果解說指南」（Interpretive Guide for Understanding Clients' SDS Scores），並為工作坊每位個案建立這份表單（可依需求調整形式）。這個表格可將所有相關聯的觀察、測驗數據等，記錄在單一頁面上。我們先把相關的個人背景資料，像是年齡、職業

狀態（先前和現今的工作）、性別、種族、教育背景、家族史等資料，還有其他並非主要但可能會影響量表理解與解說的事件等，都記錄在上方。有些線索可能來自工作坊介紹時所填寫的初談表，或是報名工作坊時，參與者所提供的資料。也許最重要的是了解個案他們所提到的生涯選擇。有時候，這件事會被輕忽，但這有可能會是個案做出最終生涯選擇當中最關鍵的部分。接下來，我們會記錄個案現今的職業還有以前的工作經歷（當參與者是學生時，以「主修」一詞做記錄，可能比用「職業」一詞更適切）。搭配著《何倫職業典》（Gottfredson & Holland, 1996），我們以三個字母組成的何倫碼做紀錄。接著，我們在個人的表單上，也記錄個案的夢想職業。

我們再次使用《何倫職業典》，將每個夢想職業編碼。之後，我們會將夢想職業的代碼與興趣量表所評估出來的興趣、SDS 興趣測驗第 1 頁上所發現的職業夢想做比較。我們將夢想職業記錄在解說指南的表單上，因為這些夢想也是參與者所表達出的職業選擇，但參與者根據更多客觀測驗數據後，最終討論職業選項時，並沒有給予這些夢想職業應得的注意。雖然這樣看起來我們似乎將太大的比重放在夢想職業上，而且這些夢想職業似乎並不客觀，但證據顯示夢想職業預測的職業選擇和其他類型評估工具所得到的結果幾乎一致。事實上，如果個案已經接受施測 SDS 或其他興趣量表，我們建議你以「職業夢想量表」作為輔助工具。在進行生涯規劃的討論時，職業夢想應該要一起考慮進去。

接下來，我們記錄其他評估工具分數，像是 MVS、「希望量表」，或是其他「初談量表」分數等數據資料。這也包括 CTI 相關高低分的計分結果。將計分粗淺分類為高分、一般和低分，這樣分類讓數據記錄和分數結果解釋工作能容易些。你可以為所使用的量表設計相似的表單。我們也會增加其他不同的量表，而這些量表可能會進一步影響我們最終解釋所有測驗分數的方式。舉例來說，如果我們想要適當地利用與個案一對一面談時間，MVS 低得分或是「希望量表」低得分就要非常注意。這些量表得分低，意味著個人諮商時間對個案來說相當重要、實用。這些量表所有得分結果的運

用，在 SDS 的解釋上非常重要。

SDS 的最後一頁是專做分數記錄使用，以量表的五項客觀指標真正原始分數做記錄：在活動、能力、個案對職業名稱的反應、兩項自我評估（能力與技能）這五項指標的計分。由於我們有五項指標，每項指標有六項計分，所以我們總計記錄了 30 筆分數。當總分自六個領域彙整起來，我們單從興趣量表就會得到 36 筆分數。這全部分數加總後，形成個案的 SDS 摘要代碼。諮商師能夠直觀檢查每筆分數，是否確實是根據各分項的分數形成整體的代碼。諮商師也可以記錄針對個案所做的自我評估或自我效能評比，並標記任何不一致之處，以便日後討論。

在此，我們要列出 Holland 針對在解說 SDS 時所建議的一些規則。第一，我們需要提醒自己在列出個案所有的三碼職業代碼時，我們應該與個案搭配實際加總分數情形一起探索。大家常常提到的「八分原則」，意思是加總分數通常不見得不同，除非總分相差是八分或是更多（對較年長的成人來說，也許總分相差為六分或是更多）。因此，需要盡可能考量到所有應該探討的加總分數模式。如果一位個案得分最高的，舉例來說是代碼 R，第二高的為代碼 E；而這兩代碼分數相差僅僅五分，則你應該研究 RE 類別的職業與 ER 類別的職業。這是因為這兩類別的職業代碼以評量分數來看，幾乎同樣適切。除非諮商師在解說評量結果時特別提醒這個地方，否則這位個案可能會參考依字母順序排出來的職業代碼來探索，而非做更為周全的探索〔針對規定有關職業代碼全面性探討的完整討論，請參考使用手冊（Holland et al., 1994）〕。你同時也需要記錄任何可能需要進一步解釋的特別議題。例如，一份低分且起伏不大的分數曲線也可能需要一些解釋；當評估出來的興趣看起來與個案所表達的內容大相逕庭，摘要代碼看起來似乎過度被前一份工作經驗或社會期待所影響，或是這個職業代碼不常出現，因此無法提供個案太多替代工作選項的建議等等。諮商師需要把這樣的議題挑出來與個案討論，以將測驗數據的相關結果做更好的應用。最後，根據你對個案的觀察和測驗結果，你可以記錄下認為值得探討的假設。這些資訊都可以用像這樣的

方式記錄下來，並與個案分享、琢磨，或反覆討論。SDS 使用手冊中提供了許多如何適當地使用量表分數的例子，我們建議諮商師能閱讀這本手冊，希望能更增進量表解釋的技能。

案例探討——詹姆士

如果我們透過一個真實的案例來解說，可能會比較清楚。圖 13-2 呈現的是詹姆士（工作坊的一位參與者）的分數。詹姆士是一名工人，被密蘇里鄉下的一家工廠解雇。他是 56 歲的白人，男性，持有普通同等學歷證書（GED）在工廠上班。他計畫去社區大學進修，反正現在他有時間了。他在工廠負責操作機器，其何倫碼為 RIE。他之前曾經是割鞋工（RSE）、工廠檢查員（RSE）、一般工廠工人（REC），皆在同一間工廠工作。他的夢想職業是成為一位巡警（SIE）、會計（CRS），或是一名稅務籌劃助理（CES）。其他的評量測驗結果包括 MVS 的分數非常低（04）；「希望量表」在分量表「目標」和「職業路徑」分數都是 13；CTI 在分量表「準備」與「決定上的獨立性」得分高、「支持」與「自信」得分一般、在分量表「控制」得分低。從圖 13-2 可以看到，SDS 上各個得分相當低；雖然最後代碼的記錄顯示代碼 S 為最高分，而代碼 C 次之，但是詹姆士並不認為他在領域 C 有競爭力（分數為 3）或在那些領域的能力與技能上得到高評價（4 分和 3 分）。若遵循全面探索評量結果分數的規則，代碼還包括 SCI 與 SCE。要特別注意的議題，包括詹姆士教育程度較低，已經有些年紀，且興趣量表側面圖看得出各分量表上得分相當低。此外，對一位成人來說，其 SDS 代碼組型並不常見。在眼前我們至少就可以看到兩個假設：再次回學校進修實際可行嗎？夢想職業反映出適當的下一步行動嗎？在與詹姆士會談之前，我們知道至少需要進一步探討這兩個問題。

這討論提綱幫助諮商師聚焦於所有關於個案的可用數據。只要加以練習，這份表單能幫助諮商師建立一些有關個案的假設，而且這表單能夠幫助

諮商師看出哪些面向是一致的，哪些面向議題需要進一步探索和解釋。這個過程不像其他任何專業人士——醫生、律師、會計——可以在與個案面談時就能使用彙整好的資料。你或許不需要這樣的表單就可以在短時間內把事情做好，但一開始，這樣的表單能設立一些規則，幫助我們成為更好的諮商師。

結語

　　透過本章，我們闡述了幾種實用的標準化量表，也說明了這些量表的使用的邏輯，這些都能幫助描繪出有關個案整體的圖像。我們已經強調要將所有的資料整合地放在結果解說指南裡，以及這些資料如何有助於諮商過程和個案。本章增加一些標準化測驗到其他先前討論過像是結構訪談、生涯家族圖這些生涯評估方法中。下一章我們會介紹一些非標準化的生涯評估方法。雖然當我們在與個案進行諮商時，多少會需要倚重一些評估方法，但我們仍得再次強調，為了我們自己和接受我們諮商的個案，我們需要對新型評估工具和方法抱持開放的態度。我們在下一章將介紹兩個稍稍不同的例子，對個案來說，將是既新穎又實用的選擇。

 參考文獻

Anastasi, A., & Urbina, S. (1997). *Psychological testing* (7th ed.). Upper Saddle River, NJ: Prentice Hall.

Campbell, D. P. (1995). The Campbell Interest and Skill Survey (CISS): A product of ninety years of psychometric evolution. *Journal of Career Assessment, 3*, 391–410.

Costa, P. T., & McCrae, R. L. (1985). *The NEO Personality Inventory manual*. Odessa, FL: Psychological Assessment Resources.

Donnay, D. A. C., Morris, M. L., Schaubhut, N. A., & Thompson, R. C. (2005). *Strong Interest Inventory manual: Research, development and strategies for interpretation*. Mountain View, CA: Consulting Psychologists Press.

Gottfredson, G. D., & Holland, J. L. (1996). *Dictionary of Holland occupational codes* (3rd ed.). Odessa, FL: Psychological Assessment Resources.

Gottfredson, G. D., Jones, E. M., & Holland, J. L. (1993). Personality and vocational interests: The relation of Holland's six interest dimensions to the five robust dimensions of personality. *Journal of Counseling Psychology, 40,* 518–524.

Heppner, M. J. (1991). *Career Transitions Inventory.* (Available from Mary J. Heppner, PhD, University of Missouri, 201 Student Success Center, Columbia, MO 65211)

Heppner, M. J., Multon, R. D., & Johnston, J. A. (1994). Assessing psychological resources during career change: Development of the Career Transitions Inventory. *Journal of Vocational Behavior, 44,* 55–74.

Hogan, T. R. (2007). *Psychological testing* (2nd ed.). Hoboken, NJ: Wiley.

Holland, J. L. (1985). *Self-Directed Search.* Odessa, FL: Psychological Assessment Resources.

Holland, J. L. (1997). *Making vocational choices: A theory of vocational personalities and work environments* (3rd ed.). Odessa, FL: Psychological Assessment Resources.

Holland, J. L., Daiger, D. C., & Power, P. G. (1980). *My Vocational Situation.* Palo Alto, CA: Consulting Psychologists Press.

Holland, J. L., Johnston, J. A., & Asama, N. F. (1993). The Vocational Identity Scale: A diagnostic and treatment tool. *Journal of Career Assessment, 1,* 1–12.

Holland, J. L., Powell, A. B., & Fritzsche, B. A. (1994). *Professional user's guide.* Odessa, FL: Psychological Assessment Resources.

Johnston, J. A. (1999). *Occupational Dreams Inventory.* Columbia: University of Missouri.

Leong, F. T. L. (Ed.). (1995). *Career development and vocational behavior of racial and ethnic minorities.* Hillsdale, NJ: Erlbaum.

McCrae, R. R. (Ed.). (1992). The five factor model: Issues and applications [Special issue]. *Journal of Personality, 60*(2).

Murphy, L. L., Geisinger, K. F., Carlson, J. F., & Spies, R. A. (2011). *Tests in print VIII.* Lincoln: University of Nebraska Press.

Rakes, T. D., & Johnston, J. A. (1992/1995). *Interpretive guide for understanding clients.* Columbia: University of Missouri Columbia, Career Center.

Snyder, C. R., Harris, C., Anderson, J. R., Holleran, S. A., Irving, L. M., Sigmon, S. T., . . . Harney, P. (1991). The will and the ways: Development and validation of an individual-difference measure of hope. *Journal of Personality and Social Psychology, 60,* 570–585.

Spies, R. A., Carlson, J. F., & Geisinger, K. F. (Eds.). (2010). *The eighteenth mental measurement yearbook.* Lincoln: University of Nebraska Press.

Walsh, W. B., & Heppner, M. J. (Eds.). (2006). *Handbook of career counseling for women* (2nd ed.). Hillsdale, NJ: Erlbaum.

Whitfield, E. A., Feller, R. W., & Wood, C. (Eds.). (2009). *A counselor's guide to career assessment instruments* (5th ed.). Tulsa, OK: National Career Development Association.

Zytowski, D. G. (2005). *Kuder Career Search with Person Match: Technical manual version 1.1.* Adel, IA: National Career Assessment Services.

聚焦優勢與正向心理學的評量工具：「克利夫頓優勢識別量表」與「洞察量表」

共同作者：Patrick Handley

　　本書有許多章節介紹質性與量化的生涯評估方法，這一章主要介紹兩種量化的評估方法，有助於你提供生涯諮商服務時，運用個案的優勢一起工作。這並不是說我們過去並不重視個案的優勢和風格，而是現今優勢與風格相關議題已成為心理學領域所關注的焦點，因此，這時讓我們一起來看看聚焦於個案優勢和風格的評估方法，正是個適當的時機。有越來越多證據顯示，當我們聚焦並確認個案有什麼正向的優點時，可以對個案產生最大的影響力。這影響到我們生涯教練（career coach）關係的本質，影響了個案繼續向我們諮商服務求助的動力，也可能是我們介入策略成功的關鍵。儘管助人這項專業服務歷史悠久，但是發現和增進個案的優勢與風格，最能夠激勵他們。與個案一起進行優勢探索，可能是我們專業生涯裡最好的投資。

　　在生涯教練相關實務中，「克利夫頓優勢識別量表」（Clifton Strengths Finder）與「洞察量表」（INSIGHT Inventory）幫助我們聚焦於個案的優勢而非缺點。這兩種工具都提供線上和紙本兩種版本，十分簡便。量表所需施測的時間不長，也可以自己計分，有好的信效度。簡而言之，它們符合我們在第 13 章中所談到評量方法的標準。在介紹這些評量方法之前，讓我們

很快思考一下生涯諮商專業有過的一些經歷，並分享我們的觀點，看未來可以往哪兒發展。

上個世紀以來，我們看到了在心理處遇取向上的驚人進步。很多生涯諮商師認為成功的處遇，來自於我們能學到如何處理或解決個案的缺陷或缺點。然而，這樣的聚焦方式卻讓我們疏忽了對個案正向或優勢層面的注意。確實，雖然我們有時也看到個案的優勢，但我們常常必須先把焦點放在改變個案的負向、缺陷行為，因為這是大部分個案前來求助的原因，或者至少是大部分轉介個案前來的理由。我們的成就在於解決這些缺陷問題，那也是其他人據以判斷我們效能如何的地方。但是，如果我們改變想法，並且思考「假如我們從個案的正向或亮點處來著手，會怎麼樣呢？」這個正是 Donald Clifton（Clifton & Nelson, 1996, p. 20）所提出來的問題。近年正向心理學的相關研究發現，聚焦於正向層面，對改變行為可能具有同樣的成效。除此之外，也有許多其他的理由支持採用這樣的觀點。特別像是兩位來自蓋洛普公司（Gallup Organization）的研究員 Buckingham 與 Coffman（1999），他們蒐集了成千上萬的訪談成果後提到：「人們沒有辦法做出太大的改變。不要浪費時間試著彌補那些已經喪失的（也就是缺陷），而是要試試看，努力把留下來的那部分給做好！這並不是一件非常容易的事！」（p. 57）不再把焦點放在缺陷上，而是聚焦於正向優勢力量。這很不容易，但那是我們最能做出改變之處。一些人或許會質疑，在他們的工作場域中，這不可能成為一個實際可行的方法。但是，如果聚焦於優勢，真的能影響一個人如何處理或面對缺陷，那我們就需要以開放的態度來嘗試看看。或許我們已過度執著於強調應該努力嘗試改善自己所有的面向，而不是去擴大已經表現很好的領域，這就是我們要提醒自己的。以下我們介紹這兩種工具，幫助我們聚焦於個案的優勢層面。

克利夫頓優勢識別量表

　　一旦我們決定要個案把焦點放在他們的優勢上，我們就需要一些方法來幫助他們找出這些優勢。這對一般的個案而言，並不是一件容易的事情。個案可能很喜歡訴說他們自己的故事，但對自己擁有的優勢卻是一無所知。Compton 與 Hoffman（2012）針對正向心理學談到，當協助個案找出他們所擁有的特殊優勢時，諮商師需要考量到幾種一般個案可能的影響特徵。他們歸納出五種特徵類型：第一，是「熱切想望」（yearning）的感覺。「熱切想望」是一種拉力，讓個案朝向特定興趣、運用特定技能、追求獨特目標，或者投入於一個特定計畫前進。第二，獨特的優勢會使個案感受到內在真實的滿足。這樣的人不會覺得是被強迫著去做一件事，但是做這件事會讓他們對自己的感覺更好。第三，事情變得更容易。感覺是如此自然，好像不用費太多力氣就可以把事情完成。而這也引導到第四種特性：這個人將事情做得格外好，雖然可能因為謙虛而沒有承認。最後，當個案運用找到的優勢時，以上所有的特性可能都會一起產生共鳴，讓個案擁有深深的滿足感。

一、簡介

　　了解這些想法後，讓我們接著來看看什麼是「克利夫頓優勢識別量表」，以及這個量表如何幫助個案了解確認他們的特有優勢。在訪談一些成功的教育家和商場人士後，Clifton 和同事在蓋洛普公司發展出一套評估工具，以有結構的方式來協助個人從 34 個優勢中找出自身最顯著的前五項優勢（Clifton & Anderson, 2002）。這個工具是從正向心理學的角度來發展的，可以於線上操作，大約 30 分鐘內可以完成，共有 177 道題目。題目都是兩兩成對，並且以第一人稱的方式來描述，答題者只要選擇對他（她）而言最能描述自己的選項，以及相符的程度。答題完成後，這個系統即會將這個人的五項優勢列印出來，這五個優勢（或者說是潛能「主題」），就稱為

招牌優勢主題（Signature Themes）。

二、配套素材

雖然這個量表需要自付費用（www.strengthsfinder.com），但當中也提供了相當廣泛的配套素材可供運用。實際上，儘管任何人都能購書而取得登入碼後進行評估（Clifton & Anderson, 2002; Liesveld & Miller, 2005），線上所得結果及配套素材卻也相當豐富，甚至不需要什麼協助就可以善用這套工具。但很重要的是，我們依舊要很有創意地引導個案知道他們的優勢。舉例來說，建議個案聚焦於結果所提供五項優勢中的一項或兩項，或者就討論個人認為最常使用的特有優勢。一旦他們看見、了解了這一或兩個優勢的應用，你就能帶著個案去擴展對其他優勢的思考。對許多個案而言，這可以說是對自己的一種全新的思考方式，在他們能接納並運用這些結果之前，需要在這過程中，對優勢進行相當的探索以及增強。

三、發展和理論

Donald Clifton 在他的專業生涯中花了極大的部分在研究所謂成功人士。在他的生涯早期，他關注於一個簡單的問題：「如果我們研究的主題，是問一個人對他而言什麼是好的，那會發生什麼事？」他最終的研究結果，就是誕生了我們所熟知的「克利夫頓優勢識別量表」。關於這個量表，已經進行了很多的相關研究，這部分彙整於 Lopez、Hodges 與 Harter（2005）的技術報告當中。Lopez 等人說到：「面對不同參與者族群的相關研究，發現許多分量表（也就是各項主題）的內部一致性都不錯，……而且橫跨 3 週到 17 個月不等的再測結果，穩定性也相當好。」（p. 8）此外，「α 信度係數在 .55 到 .81 之間，而且再測信度係數大多超過 .70」（p. 8）。有趣的是，一旦個案看到他們的結果，他們通常會有被賦能的感覺，並轉而與親朋好友分享這些結果。這對幫助他們將這些優勢應用在生活當中，可說是重要的起步。

這個工具已被譯為 17 個不同語言，適用於閱讀程度在 10 年級或以上的人。而蓋洛普公司也發展出適用於孩童和青少年的版本（www. strengthsexplorer.com）。孩童和青少年的版本，涵蓋的優勢主題雖然較少，但對於協助他們運用招牌優勢來注入他們的活力應該是有幫助的。

「克利夫頓優勢識別量表」與「洞察量表」（將於稍後介紹）的誕生，都與正向心理學運動有直接的關聯。這兩者也可以互補，用一種嶄新的方式，來認識人格與行為。二者可以結合，或者互相輔助，幫助個案更容易將他們對自己的發現應用出來。

在使用這些工具和運用正向心理學相關取向時，值得注意的一點，也許是要尋求一些方法來協助個案超越他們發現自己正向層面時所產生的「第一印象」。儘管個案剛開始發現這些優勢時，通常的反應多數是正向的「啊哈！」，但這樣的感受很快就消退了。你必須要有些方法來幫助他們應用這些發現！你可以從線上找到許多建議來幫助個案增強這些優勢的使用（Clifton, Anderson, & Schreiner, 2006）。然而，在個案能自行提取這樣的優勢來思考自己之前，可能還是有賴於你將這些「優勢與風格」融入到自己的言談和行為當中。

四、運用這些結果

尋找一些方法來降低個案必須記得的優勢數量，這點極為重要。從經驗當中我們知道，個案通常無法回憶起所有五個在他們報告中的優勢。讓他們能聚焦於五個當中的一個或者幾個，這或許是門藝術。我們建議可以讓個案在施測前先看過 34 項優勢列表，這樣他們能意識到將其限縮到五項優勢是有困難的（也可能是容易的）。你也可以在施測前，請他們先從列表中選擇他們希望擁有的優勢（參見表 14-1）。或者將 34 個優勢歸納成三類，在《首先，打破成規：八萬名傑出經理人的共通特質》（*First, Break All the Rules: What the World's Greatest Managers Do Differently*）一書中，建議分為「努力」（striving）潛能、「思考」（thinking）潛能，以及「關係」

表 14-1　蓋洛普優勢經營面向

關係	影響力	思考	努力
溝通	統御	分析	成就者
同理心	競爭	統籌者	行動
和諧	開發者	連貫性	調適
包容	極致化	一致性	信念
個別性	積極	脈絡	紀律
連結	追求	審慎	專注
責任		遠見	修復
		理念	自我肯定
		投入	重要性
		智性思考	
		學習者	
		有策略	

（relating）潛能（Buckingham & Coffman, 1999, pp. 251-252）。你所需要的則是一些方法，可用以強化新的語言，也可能是一種嶄新的方法，讓個案能敘說他們自己。你也可以討論這 34 項優勢如何分屬於 Winseman、Clifton 與 Liesveld（2003）所說的四大類，我們的優勢就是反映了以下這四大類：努力（個人動機）、關係（人際技能）、影響力（自我呈現），或是思考（學習型態）。或許個案也能夠聚焦於某一他們感到最有興趣的優勢類別當中。

　　Buckingham 與 Coffman（1999）運用了相似的方法，將優勢的數量降低，他們建議可以從努力、思考和關係這三類中，找出一項所謂的「最重要的潛能」（one critical talent）（p. 102）。這也是另一種方法，可以幫助個案聚焦在他們最重要的優勢上面。

　　我們容易認為個案會記得所有我們告訴他們的，但事實上並非如此。找尋方法在第一次便強化他們聽到了什麼或者思考些什麼，這是重要的。像是包括：重申他們的優勢有哪些，使用文件檔案或記事本來寫下他們的優勢，

或者，使用其他傳達的方式。不過，我們不能簡單地假定個案會跟以往有不同的思考模式，變得比較會想他們的優勢而非弱點。

我們認為最好的方式是同時使用「克利夫頓優勢識別量表」與「洞察量表」。倘若你有機會進到學生的新生訓練課程、生涯規劃課、領導力發展課程、學習社群、學業建議、同儕督導、住宿生活方案，或其他學校或者校園生活規劃，這些與學生生活息息相關的地方，皆能反映出或形塑出他們的優勢和風格，而那也是優勢中心取向最佳應用的地方。如果能促進優勢力量在這些場域中的應用，那麼就能讓你的努力有更多的影響力。讓個案自己找出屬於自己的風格和優勢是不夠的，你需要持續協助個案，讓個案能自在地改變行為。

現在用一個例子來幫助澄清我們所說的。看到個案逐漸了解他們的獨特風格，以及這些風格如何協助或者干擾他們，或者更重要的，這些如何能夠有所調整以更符合個案的需求，這可說是諮商當中獨特的價值所在。個案能重視自己在使用優勢並調整風格的學習，這個過程凸顯了他們的獨特性。我們只需要針對他們的學習提供支持，讓他們能做得更好，事實上有些地方他們已經做得很好，只是他們還不知道。聚焦於他們的優勢，會讓他們覺得花時間諮商感覺很不錯。畢竟，他們能感覺到自己是做得很不錯的，也很珍惜這些優勢能得到強化。幫助個案在不同情境中更妥善地應用這些優勢，就是幫助他們將他們做得最好的部分再擴大到極致。我們相信，比起關注於弱點或缺陷，聚焦於優勢是改變行為更有效率的取向。

洞察量表

然而，「洞察量表」和「克利夫頓優勢識別量表」兩者對於優勢的評估做法是不一樣但可以互為補充。後者主要是呈現出底層的潛能主題，而前者則是描述，說明帶有這些主題的這個人看起來以及行為表現上是如何的。無論二者分開使用或者一起使用（一起使用的話有更特別的力道），都可以協

助人們發現他們本身的正向層面，並且在他們的生涯和關係當中實踐出來。

「洞察量表」使用優勢中心的語言，並以行為模式來描述四種人格特質：影響力（Influencing）、回應力（Responding）、速度力（Pacing）以及組織力（Organizing），同時也協助使用者確認特定環境（工作和個人）對個人行動的影響情形。最後，此量表也澄清何種行為能反映使用者天生具備的優勢，何種行為則是因壓力而引起。使用者就兩種一般的情境（工作風格和個人風格）評定自身的行為，最後得出在這兩個場域裡的側面圖，分別包括四個人格類型的偏好強度。關於結果的解釋資訊，都是使用正向、建構性的語言，以協助使用者能更好的掌握他們的人格優勢，並能應用這些優勢來探索他們生涯中的各個角色。

輔助素材包括線上的催化員成功中心（Facilitator's Success Center），提供的內容包含：(1) 快速入門指南，(2) 教學／諮商指導手冊，(3) 投影片，以及 (4) 技能建立練習與討論活動，(5) 一份技術手冊。

一、發展和理論

「洞察量表」最初由 Patrick Handley 博士於 1984 年所發展，後來歷經數次的更新。最剛開始時，Handley 在企業商業場域工作，發展了一套正向描述的人格衡鑑工具，幫助使用者確認他們的優勢，並且應用在生涯規劃、團隊建立以及領導力的發展上。隨後，擴展出學生版本，應用於高中和大學學生，涵蓋了人際溝通、建立自尊，及生涯規劃技能等面向。

在發展過程中的相關研究，包含了針對行為描述詞彙列表進行大規模的因素分析。這個過程與 Cattell（1943, 1947）所進行的研究相似，他後來建構了「16 型人格因素問卷」（Sixteen Personality Factor Questionnaire, 16PF）。「洞察量表」所選取的題目僅限於使用形容詞與簡短的描述詞，與 Allport 及 Odbert 兩位研究先驅所使用的題目選取方法相同，兩位先驅在其經典研究中所使用的，就是挑選一般常用的描述詞彙來確認一個人的特質（Allport, 1961, 1966; Allport & Odbert, 1936）。最初一長串的形

容詞彙列表最後縮減到 32 個預測詞彙，用以測量四種人格特質。每一個特質都一一被確認，並且透過 16PF、「邁爾斯—布里格斯性格分類法」（Myers-Briggs Type Indicator），與何倫碼等工具確認其建構效度後加以命名（Cattell, 1947; Cattell, Eber, & Tatsuoka, 1980; Holland, 1973; Myers & McCaulley, 1985）。一旦選取並且命名後，他們便用正向、優勢中心的語言來進行謹慎的描述。「洞察量表」其中一個獨特之處，在於要求個案對自己做兩次排序，第一次是他們如何看待工作中的自己，而第二次則是他們如何看待在家中、比較私領域的自己。這部分有助於個案了解不同的情境（像是內在的條件機會、壓力和緊張）是如何影響他們的行為。

個案所得到的兩個側面圖反映出場地論（field theory）的基礎。場地論是由 Lewin（1935）在 1930 年代發展並逐漸受到歡迎，這理論主張個人行為是人格與其置身環境交互作用的結果。為此，Lewin 發展出一道數學公式 B ＝ ƒ（P×E），或者說，行為（B）是個人人格（P）在其置身環境（E）所發揮出的功能（ƒ）。Lewin（1954）相信，每個人都有核心的人格特質，但是，他們在某一時刻所呈現出的行為，會受到他們在當下環境對自己的觀點所影響。這在生涯規劃中是個相當有用的概念，因為人們發現特定的環境經常會帶出他們的優勢（所以後來他們感覺到與那環境很能適配）；相反地，當其他環境讓他們無法呈現優勢時，在那環境他們就會感到窘困甚至覺得格格不入。

Lewin 以其所發展出的複雜公式聞名，這道公式納入在某個特定情境（環境）中支持以及限制的力道與壓力，並且應用數學的負荷比重來測量這些因素的重要性。這樣的做法也是致力於希望能確認是否我們能夠預測情境對特定人格（或人格特質）的影響。他將這歷程稱之為**力場分析法**（force field analysis），這方法現在也用得十分普遍，像是分析許多情境、工作問題、挑戰、市場取向，以及家庭和團隊動力等。而「洞察量表」就是應用這同樣的理論在人格的評估與生涯諮商當中。

「洞察量表」要使用者針對在工作和個人（學生的話就用學校和個人）這兩個不同的情境來描述自己。描述的用語是精簡的形容詞句或者簡短的一般語句。施測時沒有時間限制，但一般完成這個量表大約需要 10 到 15 分鐘。此量表有紙本和線上電腦計分兩種版本。

二、「洞察量表」所測量的內容

「洞察量表」評估四種行為特質，每一個特質的評定包括兩極，分別是統計常模連續數線上的兩端。這四個特質為：

1. 分量表 A：影響力——人們如何表達他們的想法、呈現理念、確認自我，以及影響他人。兩端的描述是間接（Indirect）和直接（Direct）。
2. 分量表 B：回應力——人們如何接近和回應他人，特別是群體。兩端的描述是內斂（Reserved）和外向（Outgoing）。
3. 分量表 C：速度力——人們採取行動和做決定的速度和節奏。兩端的描述是急切（Urgent）和沉穩（Steady）。
4. 分量表 D：組織力——人們如何安排時間、組織任務，並掌握細節。兩端的描述是缺乏結構（Unstructured）和十分精準（Precise）。

這四種特質都是各自獨立的因素，因而可以產生數種強度的組合。許多人在不同的環境中有不同的行為表現，因此側面圖形就會有各種無止盡的可能樣貌。雖然在一些特定的環境中，人們工作和個人的風格可能會有些大幅的差異性，但主要的核心基礎人格特質會在人們傾向認定的舒適圈中形成。多數人在不同的環境間移動時，這些特質也會隨著有小幅度的搖擺。然而，有些人卻十分穩定，不管環境怎麼變化，他們還是很清楚自己，也能持平穩定地表現某些相同行為。不管組合情境如何，都能導引他們啟發自我發現，並將興趣應用在生涯規劃和人際溝通型態上。

三、信度和效度

《洞察量表技術手冊》（*INSIGHT Technical Manual*; Handley, 1999）提供所有來自因素分析技術的資料、標準化研究，以及信效度的統計數據，摘要的資料亦可至網站 www.insightinventory.com 查閱。其中，每個分量表的再測信度結果都高於 .70（Nunnally, 1978），內部一致性信度係數均介於 .70 至 .80 之間，這些信度統計結果均符合 Nunnally 的建議。若將此量表與相似的量表像是「邁爾斯—布里格斯性格分類法」、16PF，以及何倫碼相比，建構效度係數則皆在 .85 左右。「洞察量表」的相關介紹，可以在 Buros 機構的《心理測量年鑑》（Urgina, 1998）中查閱。

四、結果解釋手冊

「洞察量表」的結果解釋手冊包含在紙本、自我計分版本，並提供說明指引以協助使用者了解並應用他們的結果。線上版本最後會產生一份個人化的報告，針對改善個人之效能提出建議。這兩種版本都有助於使用者確認他們個人的優勢，讓他們更清楚自己對壓力的回應，並且從中學習如何調整行動，讓自己能與他人有更好的溝通。

五、線上版本

線上系統呈現相同的評量題目，這些題目用一種容易跟隨回答的方式編排，最後會得出一個「自我報告」（Self Report），當中描述使用者的個人優勢、回應壓力的方式，以及可以彈性調整的地方，以便能有更好的溝通，並發展自我計畫；如果想要，也可以選擇「觀察者回饋報告」（Observer Feedback Report），用以描述觀察者如何看待使用者。也有學生／青少年版本，其內容更聚焦在自尊、優勢與生涯規劃。

六、了解「洞察量表」中的四個特質

(一) 工作風格與個人風格的差異

使用者在他們工作風格和個人風格側面圖當中，會有四個獨立的特質分數呈現在兩個並排的圖表中。這是為了幫助使用者比較他們這四個特質呈現在這兩個不同環境中的差異情形。

(二) 特質A──影響力（間接和直接）

分量表A提供的是人們如何表達他們的想法、呈現他們的理念以及必要的時候如何堅持自己的主張。兩個相對的選項分別是間接以及直接，當一個人在影響其他人時，這兩個相對的選項都具有效用。偏愛間接這端的人，他們嘗試表達理念和接受的做法是使用策略、機制以及外交手腕。他們傾向用謙遜低調、避免衝突以及謹慎小心的方式來表達他們的立場。他們通常是一位成功的中介者和催化者。

若人們選擇的是直接這端，他們在表達想法和理念時，通常使用的是直白的、獨斷的以及堅決的方式。他們相處起來是有說服力的，且相當有自信，善於管理，特別是在需要控制和清楚方向的情況時。

(三) 特質B──回應力（內斂和外向）

分量表B測量的是一個人給予他人的回應，特別是針對團體中的人們。兩個相對的選項是內斂和外向。內斂的人通常是安靜的、隱退的，而且傾向於在大團體中將他們的參與度減到最小。他們性格內向，喜歡與單獨的個人或者一小群體的人互動。他們隱藏自己的情感、沉默寡言，不大會有手勢和面部表情。內斂的人通常是好的聆聽者，而且自己一個人獨自地長期工作也感到十分自在。

外向偏好的人，通常是性格外向、活潑而且非常富有表現力。這些人

「喜歡與人相處」（people people）；因為他們喜歡與他人相處，在群體當中，他們感覺特別自在。他們以相當開放和自由的態度與人分享情緒，說話的時候會運用大量的手勢和表情。外向的人與他人相遇或與他人打招呼時特別精神奕奕，讓別人與他們相處時感到放心，並且也隨時和別人有所連結。

(四) 特質 C——速度力（急切和沉穩）

分量表 C 測量的是當個人面對抉擇和行動時的步調、速度或節奏。兩個相對的選項分別是急切和沉穩。急切的人會用一種急切、速度快的方式，很快的採取行動。他們在做決定與採取行動上表現都相當好。當他們遭遇到某些已經體驗過的事情，他們擅於辨別優先選項、剔除不要的選項，並且做出決定。假如他們沒有相關經驗的話，他們也可能會因一時衝動而過早採取行動。

偏好沉穩選項的個體，是指當他們在做決定時會花許多時間，只有在小心、謹慎刻意地思考過所有選項後，他們才會做出決定。由於相當有耐心，若面對的是需要一致、持續以及有計畫回應的長時間工作任務，他們通常會表現得很好。

(五) 特質 D——組織力（缺乏結構和十分精準）

分量表 D 提供的是一個人對於架構時間、組織任務以及處理細節上的偏好情形。相對的兩極端特質分別是缺乏結構相對於十分精準。若選擇的是缺乏結構的人，這類人通常非常有彈性、不墨守成規。他們通常會忽略例行性組織細節，對於系統和規則也會較為反感。他們通常善於以創新、非典型的方式來完成任務，與人們的連結上也是如此。

分數結果指向十分精準的人，在面對如何管理時間、組織任務和處理細節上，通常是具有結構性、有秩序。他們最常見的個性是有組織、有效率。他們善於處理工作和家庭生活中的細節部分，而且崇尚維持規則和可預測性。他們善於運用方法來改善系統或程序，使得工作或者個人的事物可以依

循著更均衡、更流暢的方式來運作。

七、工作風格和個人風格二者間的相似與差異

當人們的工作風格和個人風格側面圖存在著差異時，他們很可能正在兩情境中面臨調整，包括一定程度的責任、挑戰、壓力或是其他事務。這會引起他們在某個或某些特質上的行為有些改變。若他們的側面圖呈現是一致的，這表示他們在面對這兩個情境時，行動是一致的。然而，也有可能在面對其他情境時，他們的行為必須要做出調整（舉例來說，當與特定人在一起工作時、在尖峰時刻開車時、得到績效考核時，他們會調整自己的行為）。

在不同的時間以及不同的情境當中，多數人發展出一套可預期的偏好表現，這就是他們的核心人格。這份「洞察量表」鼓勵人們去探索他們的行為在不同的情境中如何產生改變，幫助人們辨識在哪些情境中是他們感到自在的。當使用者對生涯諮商師和生涯發展師討論他們的核心人格特質時，代表他們更能辨認出可以帶出他們優勢的情境。

(一) 壓力的影響

在某些情境下，壓力很大，人們無法使用他們偏好的風格。這時，大部分人傾向於「過度使用」（overuse）他們最強勢的特質。當這樣的情形發生時，他們的優勢就變成了弱勢。舉例來說，直接型的人們，喜歡掌控和管理。當他們疲累或者在沒有權力去改變事物的情境中時，他們就會感到有壓力。因此他們可能變得駑鈍、具有壓迫性，以及變得盛氣凌人以重新獲得掌控。

(二) 調整

當人們擁有的風格特質是相反的，彼此不會是因為對方說了「什麼」，而是因為對方「怎麼說」而產生誤解與衝突。等人們學習到如何調整他們的風格後，他們會練習以最適切的方式讀懂他人的心並練習與他人溝通。

調整（flexing），可以說就是讓行為做暫時性的修正，以便能回復到個人所持有的風格優勢。這也是情緒智商和高人際智能的主要核心成分（Gardner, 2006）。這些模式和理論都強調自我覺察、讀懂別人的能力，以及改變行為的技巧，這麼做，是能增進溝通及彼此關係的。

「洞察量表」提供了一個正向、優勢中心以及實務歷程來協助人們發展情緒智能，並且能夠將此連結到某一方面行為的改變。個案能夠在不同的情境中辨識自己的行為，知道別人如何看待他們，也發展出能讀懂別人的能力，以及學習調整他們的風格，使他們能與各式各樣的人有更好的溝通。「洞察量表」將此過程風格稱為「調整」，調整可說是最重要的產出性目標之一。

將「洞察量表」運用在生涯教練或諮商當中

「洞察量表」是以優勢取向為基礎所建立的人格評量方法，能以一種結構化的形式應用在生涯諮商、教練、團隊發展、領導訓練以及人際溝通當中。它奠基於正向心理學和場地論（前提是人們可以在不同的情境中有著不同的行為反應）。生涯諮商師可以運用「洞察量表」來協助個案形塑正向與建構性的意象，包括他們的人格優勢、角色以及職業路徑，並帶出他們的最佳表現。

一、目標：協助個案確認興趣和人格工作適配的次類群

大部分生涯興趣領域有多種角色和次類群能吸引人們群聚一起。舉例來說，若一個人有興趣成為護理師，她可能剛開始先選定了科學和助人的領域，但進入此領域之後還是會面對大範圍的角色選擇。一位護理師可能選擇需要果敢領導力、在急性重症病房能很快做成決定的生涯路徑；但另一名護理師則可能投入實驗室研究，這些研究技術需要有相當的耐心，並且得有獨自一人工作的能力。

良好的生涯規劃與就業安置包含兩個層面，一是確認最佳的生涯興趣領域，其次是讓個案在此領域中的角色能與其人格偏好適配。通常，生涯諮商將重點放在找出個人興趣與價值觀上。當個人開始從事特定工作後，他們會自己釐清人格和角色的適配這方面問題。但在這歷程中，若能及早對人格面向有更多的關注，從中確認出獨特的優勢，將有助於個案做出更好的生涯選擇。

二、目標：描繪出個案的優勢

有些個案會脫離他理想的人格／工作適配，這是因為他拿長期的滿意度與短期可得到的收穫做交換。這些收穫可能是實質上的收益，像是薪資較高、工作福利較好，或是工作地點很理想。也可能有些收益是心理層面上的，像是聲望、地位或者家人的支持。不論怎麼樣的交換都無法換取到長期的滿意度。

舉例來說，范德（其風格為間接、內斂、沉穩、十分精準）是一位技術純熟、喜歡精細、具有結構性的工作技術人員，為了想要增加他的收入，他決定接受晉升。但他很快就發現自己壓力很大，因為身為領導者而需要管理他人，需要快速成長，且不可預知的領導者角色，應該比較適合個性直接、外向、急切、缺乏結構的人。有效的生涯輔導其實能在范德做決定前，幫助他好好重新評估這樣的角色交換（像是為了加薪而失去自我／失去工作契合度）。

中學生和大學生可能會覺得自己也有同樣的處境。更多典型的年輕人因為心理方面的交換而抽離自己的理想人格特性／工作適配。他們可能為了父母或是同儕的認同而將自己的「夢想工作或職涯路徑」給交易出去。例如，譚瑞是一位個性外向、缺乏結構的年輕音樂家。她可能夢想要在娛樂界工作，這樣一來她隨時可以跟人接觸，而且可以過著彈性且缺乏結構的生活風格。但是，她可能會因為她的父母（譚瑞極重視她父母的意見，也非常需要他們在金錢上的支援）認為她應該主修像是商業類這樣比較務實的科目而放

棄繼續在鋼琴科目上鑽研。為了得到父母的支持，她換掉主修。在這個例子裡，她將自己真正的生涯興趣和人格特質／工作適配交換出去。

在第二個情境裡，譚瑞也許還是可以留在她原本有興趣的學科——音樂領域，但之後成為一位私人的鋼琴音樂教師，而非在娛樂事業中成為藝術家。雖然看起來跟原本的職業夢想似乎是相契合的，因為依舊是音樂相關的工作，但同樣也會導致她心理上對工作不滿。而生涯興趣契合並不保證心理契合，她原先外向、合群、感情外露的個人特質可能會被隱藏起來，進而讓她對成為私人音樂教師這樣的角色感到很少滿意。

生涯諮商師能協助個案評估他們願意進行的角色交換，並澄清是否犧牲自己原本的人格工作適配。「洞察量表」提供洞察，讓諮商師協助個案檢視人格特質及生涯之間的適配，並提供一些指引，供諮商師催化與個案在這方面的討論。

三、目標：協助個案將人格偏好、興趣、知能結合在一起

生涯與學術諮商師需要知道，有些人的人格特質讓他們在特定的工作角色裡自然就能擁有那些特定工作的知能，但是他們可能對傳統上需要那些知能的職涯一點興趣也沒有。舉例來說，大多數的人在分量表 D 上的得分結果評估為十分精準、有結構力的人格特質，這樣的人大概都會非常喜愛能夠給他們機會來縝密的組織細節與仔細計畫東西。但其實並不總是如此！仍舊有些人雖然得分結果顯示他們具有精準的組織力，擁有良好的組織技能，但他們並不想在傳統職業使用這些技能。

生涯諮商師的挑戰在於發現一個人特殊的興趣領域，並採取步驟，在這興趣領域中找出與其人格特質相適配的工作。舉例來說，羅蘭在組織力分量表中的十分精準選項得到很高的分數，對需要注意細節的工作也很有興趣。與她討論有關會計或是企劃管理這樣的職業可能會是第一個步驟。但如果是與其興趣領域有關，像是需要對細節高度注意的古代史工作（例如，仔細記錄博物館文物）做結合，那諮商師與羅蘭的對話可能會變得相當有趣，而羅

蘭的雙眼可能會為之一亮。生涯諮商師必須不斷在興趣領域與人格優勢間做平衡,並協助個案找出可以結合興趣與優勢力量的生涯路徑。

四、目標:增加對家庭偏好的覺察

身為諮商師,你可以協助處於任何生命階段的任何人,但特別是在面對學生時,我們要學習辨認學生的下意識及家庭型態,這些都可能會與「洞察量表」所測量的人格特質有關。舉例來說,A 家庭,父母兩人都具有結構性及十分精準,他們所傳達出的訊息都是認為所謂的「好」就是擁有注意細節、有計畫、有組織並有預測力。但他們的孩子也許是缺乏結構的,不論在家裡或其他需要同樣結構及精準性的環境裡,這個孩子都會覺得很格格不入。就算個案無法適配於成長過程所接收的訊息,生涯教練還是可以協助個案找出屬於他們自己人格偏好的優勢力量,並協助他們得以遵循這些優勢力量。這個方法可以應用在任何特質與特質的組合上。

五、目標:協助個案處理工作壓力

有時候我們會失去自己原有的人格優勢,因為我們讓自己處於過度使用自己特性的位置,導致過度使用而產生負面經歷。舉例來說,任職為醫療技術人員的瑪麗,評量結果顯示她擁有直接、急切的人格特質,分配到的工作崗位是能夠掌管事務、控制混亂並迅速做出決定。而她最後是服務於功能障礙創傷急救單位。雖然瑪麗在醫藥、幫助他人方面的興趣以及她的人格偏好,對這份工作來說條件非常理想,但與她一起共事的團隊成員無法好好合作。一直以來在那個單位裡都有權力鬥爭,同事間也不尊重彼此的決定。對此,瑪麗變得越來越直接,總是強而有力地表達她的想法。這樣一來,她變成一位盛氣凌人、好爭論的人,而且控制慾極強。同事間的關係變得非常緊繃,而她越發對自己的工作感到不滿意,進而來尋求生涯諮商服務。她錯誤地認為自己需要再找一份新的職涯工作。

瑪麗生涯教練的目標並不是幫她找到新的職涯,而是幫她找出如何避免

濫用她風格的方式，還有找出她會過度使用個人風格的原因。如果這樣的情形是不可能的，那也許瑪麗可以再找一份類似型態的工作，只是在不同的公司、與新的團隊共事。或者更可能的，是透過一些生涯教練，瑪麗也可以受益，學習如何調整她的風格，不要過度使用個人風格而導致壓力。

生涯諮商師與教練可以協助個案覺察自己對壓力的反應，在採用沒有任何生產力、濫用個人風格就做出反射性的生涯決定前，先學習調適壓力。

六、目標：幫助個案學習調整自己的特質

我們可以協助個案找出他們能夠調整的特質，增加他們此刻生涯的滿意度，或是協助他們澄清何種位置不需要做太多調整就能和原來的自己維持較自然的適配。

有些人擁有較強的人際交往能力，可以立即調整他們的風格與他人進行更好的溝通。然而，有些人沒有這樣的人際交往能力。生涯諮商師可以幫助個案澄清他們有哪些特質是不能調整的，並辨識出一些特定的行為，讓他們可以學習開始調整。這個過程是需要個案的覺察、了解，及採取行動，而這全部都可以轉化為發現與指導的練習。尤其是當線上觀察者回饋（Observer Feedback）評量納入諮商過程中，發現與指導的練習均是透過生涯諮商師提供及幫助而得到的結果。

七、目標：幫助個案對自己的人格優勢培養更多準確的觀點

諮商師可以使用線上「洞察量表」的自我報告和觀察者回饋評量，幫助個案知道他眼中的自己是否和他人眼中的自己一樣。這相當的重要，因為在工作世界中，個案很快就會發現他們的人際關係和他們的工作技能一樣重要。個案能夠找到自己的夢想職業──完美匹配他們的人格、興趣、價值觀、工作需求──但是最後卻因為與同事間緊張的工作關係而對工作感到不滿意。諮商師能夠在職業生涯教練過程初期就提供這樣的意見反饋，並幫助個案帶著已改善的自我覺察與溝通技巧踏入他們所選擇的職涯領域中。

同時使用「克利夫頓優勢識別量表」與「洞察量表」

「洞察量表」與「克利夫頓優勢識別量表」都聚焦於優勢力量以及對人們來說是很好的事情上，但這兩個量表以不一樣的方式評估與定義這些優勢力量特徵。兩者可以互補，共同使用，因為兩份量表都建立在彼此的優勢上！

「洞察量表」描繪出人們是如何根據他們的個人特質和所處的環境做出行為。「克利夫頓優勢識別量表」則描繪一個人的潛能主題。簡單來說，「克利夫頓優勢識別量表」描繪出一個人比較偏好的潛能，而「洞察量表」描繪出一個人是如何根據自己的特質做事情。

接下來有兩個例子。第一個例子是以傑克與珍妮為例。他們兩個在「克利夫頓優勢識別量表」的評估結果落在同樣的潛能主題，但在「洞察量表」上的結果則不同。第二個例子則是肯德與佩如，他們兩人的「克利夫頓優勢識別量表」落在不同的潛能主題，但是得到相同的「洞察量表」工作風格分析結果。請注意「克利夫頓優勢識別量表」是找出一個人前五項潛能主題，而「洞察量表」會分析出兩份圖表（工作風格與個人風格）。但在以下例子，我們只使用一個潛能主題還有工作風格來說明。

一、例一：傑克與珍妮
兩位「成就者」但擁有不同洞察量表側面圖

傑克與珍妮兩個人一直都有成就上的需求。根據「克利夫頓優勢識別量表」，「成就者」（Achiever）類型表示不論他們兩人實現了多大的目標，很快地榮耀感就消失，而他們會覺得被迫要趕快設下另外一個目標、著手開始做新的工作，向新的目標邁進。成就感給予他們難以置信的力量，並幫助他們完成許多工作，但他們往往無法好好放鬆與享受成功的果實。

「洞察量表」分析上，珍妮的得分顯示她是個非常直接、外向、急切而

且十分精準的人。她奮力達到結果、努力地鞭策自己和他人、隨時表達自己的情緒、動作迅速敏捷，並一再確認所有的系統都已完美的組織好。身為一位「成就者」，她給人留下的印象是有魄力的、善於表達、無法安心休息的完美主義者。

但是傑克的「洞察量表」分析結果顯示，他是個間接、內斂、沉穩、缺乏結構的人。他總是安安靜靜地工作；圓滑的與他人協商議題；避免與他人發生衝突；堅持不懈好幾小時；不墨守成規，能跳出框架思考與採取行動。身為一名「成就者」，他給人留下的印象是一位處事圓滑、內斂、有耐性並富有創意的人。

雖然傑克與珍妮兩人都是「成就者」，但他們以相當不同類型的行為達到目標，而且大家對他們的印象也大相逕庭。生涯教練就需要採取相當不同的方向來協助傑克與珍妮。環境、工作契合度、讓他們覺得有壓力的議題，以及工作契合的決定都會非常的不一樣。

二、例二：肯德與佩如
兩位直接、內斂、急切、缺乏結構的人，但克利夫頓優勢識別量表的潛能主題不同

肯德與佩如兩人留給人家的印象非常相近。根據「洞察量表」分數結果分析，他們都是坦率、發憤圖強、有動力、相當安靜與內斂、迅速做決定，很快就採取行動的人，同時大家也覺得他們充滿創意，思考時通常都跳出傳統的思維。但「克利夫頓優勢識別量表」的分析結果卻非常不一樣。肯德在結果分析主題裡，列名第一的潛能是「理念」（Ideation），但是佩如的潛能是「統籌者」（Arranger）。當肯德全神貫注在理念的世界裡、忙碌地整理思維，將有創意的念頭合併在一起以組成更大更強概念的可能性時，他覺得自己最有能力。負責行銷和廣告的工作讓他成功，在負責行銷和廣告的位置上，他能夠每天都將焦點放在推出產品的點子上。他的同事覺得他粗暴、有時候令人生畏（直接）、有時候難以捉摸（內斂）、快速採取行動，若會

議時間太長會失去耐性（急切），而且對不同的做事方法採取開放的態度（缺乏結構）。

佩如給人家的印象與肯德相似，同事說佩如與肯德像彼此的鏡子。當他們兩人在同樣的議題上各持己見時，同事常常需要為他們善後（兩位個性「直接」的人，發表自己意見的方式——強而有力）。但是與沉浸在自己思想世界裡的肯德不一樣，佩如發揮她「統籌者」的潛能主題讓事情有所不同。她甚至說自己已經很多年沒有想出新的點子了，但她可以採取別人提供的點子並使之成功。佩如總是迅速地開始主導大家做事，如何做、由誰來做，並決定何時開始著手進行，這些都是需要根據理念來衡量結果的能力。除此之外，她可以讓所有不同的區塊同時進行直到目標達成。

如果肯德與佩如需要尋求生涯教練服務，他們可能會從不一樣的意見受益。他們看起來似乎得到一樣的「洞察量表」分析結果，但是「克利夫頓優勢識別量表」的潛能主題顯示他們在不同的潛能裡使用他們的人格優勢力量。生涯諮商師或生涯教練需要將焦點同時放在人格特質和潛能主題上。

組織的潛能管理及生涯發展

雖然生涯諮商師主要都在學術界服務居多，但生涯諮商師的訓練對於從事合作潛能管理以及組織生涯發展的工作也是相當合適的。他們所面臨最大的挑戰，是評量工具的確認與應用是要符合企業文化和語言，而且這樣的評量工具需要借用到生涯諮商師教練和訓練上的技能。

這樣也許可以得到最完美的適配。因為隨著嬰兒潮世代即將退休，企業公司行號越來越重視其主要員工的職業生涯管理並留住公司頂尖人才。這些企業可以從和生涯諮商師的僱用和諮詢關係中獲益。我們建議生涯諮商師或生涯教練可以從使用「洞察量表」和「克利夫頓優勢識別量表」的工具包來開始提供服務。這兩個量表不只對發展和找到潛能有所助益，也有益於建立一個涵容的優勢中心組織氛圍。

　　無論在生涯發展自我探索階段採用「洞察量表」或是「克利夫頓優勢識別量表」，或在招募員工時，將之作為面試輔助工具，請確認人員施測量表過程中採用優點、有才能以及具有可能性等正面性的語言，而非使用弱點、缺點或不足等負面性的語言。肯定公司優秀員工最好的一面、挖掘出他們最佳的潛力和夢想，並建立一條清楚的職涯路徑來發揮他們的潛力並達到夢想，是在僱用或留住優秀員工時最好的方法。

　　若欲訂購這些施測工具或本書所提及的其他量表，請至密蘇里大學生涯中心網站（http://career.missouri.edu）訂購，或逕自向出版商訂購：「克利夫頓優勢識別量表」（http://www.gallupstrengthscenter.com/Purchase）或「洞察量表」（www.insightinventory.com）。

結語

　　在結束前，我們已經呈現「克利夫頓優勢識別量表」和「洞察量表」這兩個工具如何使用，它們共同之處都是可以提升對於優勢的認識。優勢是很重要的，我們如何將其呈現給個案，如何協助個案做最佳的運用，這些都是藝術，也是科學。我們可能可以增加其他的工具，像是「行動價值量表」（Values-In-Action, VIA），聚焦於一個人的價值，可以免費於線上施測（http://www.viacharacter.org）。對某些個案而言，再加入 VIA 的介入可能有更多的影響力。沒有哪一個取向對所有個案而言都是最好或是絕對正確的。然而，在將這些工具放在一起使用時，有兩件事情我們必須記在心上。其一就是在使用工具之前，你必須先自己做過，且熟悉這份測驗；第二，持續地找尋新的工具來運用，以便對你所服務的個案群能產生最好的助益。對於你所有的個案而言，沒有一定非要使用某個或某些工具不可。

Allport, G. W. (1961). *Pattern and growth in personality.* New York, NY: Holt, Rinehart & Winston.

Allport, G. W. (1966). Traits revisited. *American Psychologist, 21,* 1–10.

Allport, G. W., & Odbert, H. S. (1936). *Trait-names: A psycho-lexical study.* Princeton, NJ: Psychological Review.

Buckingham, M., & Coffman, C. (1999). *First, break all the rules: What the world's greatest managers do differently.* New York, NY: Simon & Schuster, Gallup Organization.

Cattell, R. B. (1943). The description of personality: Basic traits resolved into clusters. *Journal of Abnormal and Social Psychology, 38,* 476–506.

Cattell, R. B. (1947). Confirmation and clarification of primary personality factors. *Psychometrika, 12,* 197–220.

Cattell, R. B., Eber, H. W., & Tatsuoka, M. (1980). *Handbook for the Sixteen Personality Factor Questionnaire (16PF).* Champaign, IL: Institute for Personality and Ability Testing.

Clifton, D. O., & Anderson, E. (2002). *StrengthsQuest—Discover and develop your strengths in academics, career, and beyond.* New York, NY: Gallup Press.

Clifton, D. O., Anderson, E., & Schreiner, L. A. (2006). *StrengthsQuest: Discover and develop your strengths in academics, career, and beyond* (2nd ed.). New York, NY: Gallup Press.

Clifton, D. O., & Nelson, P. (1996). *Soar with your strengths.* New York, NY: Delacorte Press.

Compton, W. C., & Hoffman, E. (2012). *Positive psychology: The science of happiness and flourishing.* Belmont, CA: Wadsworth.

Gardner, H. (2006). *Changing minds: The art and science of changing our own and other people's minds.* Boston, MA: Harvard Business School Press.

Handley, P. (1999). *INSIGHT technical manual.* Kansas City, MO: INSIGHT Institute.

Holland, J. L. (1973). *Making vocational choices: A theory of careers.* Englewood Cliffs, NJ: Prentice Hall.

Lewin, K. (1935). *A dynamic theory of personality.* New York, NY: McGraw-Hill.

Lewin, K. (1954). Behavior and development as a function of the total situation. In L. Carmichael (Ed.), *Manual of child psychology* (pp. 918–970). New York, NY: Wiley.

Liesveld, R., & Miller, J. A. (2005). *Teach with your strengths.* New York, NY: Gallup Press.

Lopez, S., Hodges, T., & Harter, J. (2005). *The Clifton StrengthsFinder technical report: Development and validation.* New York, NY: Gallup Organization.

Myers, I. B., & McCaulley, M. M. (1985). *Manual: A guide to the development and use of the Myers-Briggs Type Indicator.* Palo Alto, CA: Consulting Psychologists Press.

Nunnally, J. C. (1978). *Psychometric theory.* New York, NY: McGraw-Hill.

Urgina, S. (1998). Review of the INSIGHT Inventory. In J. C. Impara & B. S. Plake (Eds.), *The thirteenth mental measurement yearbook* (pp. 509–510). Lincoln, NE: Buros Institute of Mental Measurements.

Winseman, A. L., Clifton, D. O., & Liesveld, C. (2003). *Living your strengths: Discover your God-given talents, and inspire your congregation and community.* Washington, DC: Gallup Organization.

了解抗拒型個案並與之工作

CHAPTER 15

在生涯諮商中很少寫到有關抗拒的個案，較多是在有關心理諮詢與治療的文獻（Vogel, Wester, & Larson, 2007）。為什麼會如此？其中一個原因可能是一些諮商師在概念化及進行生涯諮商時較缺乏過程處理和關係討論，生涯諮商對他們來說主要專注在相對較短時間內的方法和結果。他們在生涯諮商中指引個案的觀點及所使用的建構，沒有提供抗拒個案的概念。

然而 Blustein 與 Spengler（1995）指出，不管是明顯或是隱藏的個案抗拒，在任何形式的諮商歷程中隨時都可能發生，不管是被標籤為心理治療或生涯諮商：

> 心理治療中，諮商師花了很多心思幫助人們改變，這些改變是他們想像得到但至今尚未能夠宣稱他們做得到，因為有種種的內在衝突、焦慮、認知扭曲，以及家庭限制等等因素存在。事實上，生涯諮商可能也是這樣。（p. 304）

為什麼個案會抗拒？透過諮商幫助個案在生活中改變，不管是生涯諮商或是個人諮商，我們有時會很明顯地看到個案的抗拒。事實上，Teyber 與 McClure（2011）將抗拒（resistance）定義為對改變的恐懼：「通常，個案

尋求幫助，也真的很想改變，但他們同時也抗拒或是對抗，不願意改變他們真正想要改變的部分。」（p. 95）

Amundson、Harris-Bowlsbey 與 Niles（2009）提出了一些個案不願意投入生涯諮商，並抗拒改變的原因。個案可能會抗拒，至少在諮商初期，因為他們擔心自己進入一個不熟悉的過程。個案可能也會擔心要為自己改變的行為承擔責任，所以抗拒改變。有些個案可能因為他們是被規定要參加生涯諮商，所以也會抗拒。Vogel 等人（2007）認為，社會汙名、對治療的恐懼、對情緒的恐懼、害怕自我表露和自尊，是為什麼有些個案可能會抗拒的原因。Gold（2008）補充說明，認為個案生活中的痛苦也可能是他們抗拒的原因。

很重要的是要記住對某些個案而言，生涯諮商是很直接的。對他們來說，改變是很小的，所以個案很少或沒有抗拒存在。但是，對許多個案而言，無論是有意識的選擇或無意識的動作，在一定程度上抗拒會以某種形式存在於生涯諮商中，因為他們害怕改變（Pryor, 2010）。人格動力、不合理的信念、動機議題、對環境的擔憂，以及扭曲的認知可能會瀰漫在個案對自己、對他人，或是對周遭世界的看法，這些情形都可能阻擋我們善用生涯諮商中的工具及技術。

要有效地與抗拒的個案工作，無論他們是出於何種原因，接受抗拒的存在，並且相信抗拒確實會發生，是很重要的。如果諮商師不接受這一點，那麼就不會去找與個案工作時個案所出現的抗拒；如果不找抗拒，你就看不到它。結果會是，當生涯諮商開展時，你可能會讀錯並誤解了個案的行為。

個案的抗拒可能以什麼方式呈現？在本章，我們呈現生涯諮商中個案所表現出來的幾種不同類型抗拒實例。這些例子包含害怕諮商、害怕承擔責任、防衛機轉、破壞性的溝通、製造藉口、不合理的信念、訊息處理錯誤及外顯的身體行為。然後，我們把重點轉向挑選一些在生涯諮商中應對抗拒個案可以使用的特定技術。所提出的技術包含建立個案—諮商師的工作同盟、融入、使用隱喻、面質、標籤化及重新架構。雖然本章重點關注在個案抗

拒，如果不探索諮商師可能會抗拒的方式及原因，那麼這章就不完整。因此本章以簡單討論諮商師的抗拒作結。

辨認抗拒：實例說明

一、害怕諮商

　　個案抗拒是出於對諮商的害怕，這是由 Meara 與 Patton（1994）描述的抗拒類型，有三種形式：害怕諮商師、害怕諮商歷程，或是害怕在諮商中的發現。對諮商師的害怕，主要是個案擔心諮商師無法達到他們的期待。害怕諮商歷程圍繞著以下問題：個案在諮商過程中缺乏信心、個案覺得他們缺乏投入諮商工作的能力，以及個案害怕與權威工作。最後，害怕在諮商中的發現，說明了個案對自己不想要知道太多的感受。Meier（2012）補充：「個案可能非常不願意分享強烈的情緒，因為他們並不期望在心理治療中有所改進，可能羞於揭露自己的秘密或是承認自己的失敗，所以只想到會被批判性地評斷或害怕失去控制。」（p. 9）

二、害怕承擔責任

　　另一種個案抗拒的方式稱為害怕承擔責任（King, 1992）。承擔做決定的責任，是個案所面臨最困難的事情之一。諮商師能覺察並鑑別個案所需承受的負擔及威脅，是我們以正向態度處理抗拒的先決條件。在處理個案問題時，Low（1966）發現持續自我訓練是件很痛苦的事，相較之下，其他任何事情都比這更有希望、更令人欣慰，「即使是腦腫瘤、心理疾病和遺傳性的『汙點』（taints）也都還比較能被接受。那種被指控為個性上的弱點，需要自我控制的訓練，真的很可怕。」（p. 279）Pryor（2010）強調這一點，並指出個案「在為轉化及超越自我而奮鬥，因為這當中包括了自律及痛苦。」（p. 34）

有些痛苦是暫時的。但是，無法表現自我的恐懼直接打擊了個案的自我價值，也讓個案無法適當決定自己的存在。這種持續不斷讓人痛苦的兆頭，使得個案將隔離和操弄成為生存所必須的防衛機轉。

防衛機轉以及破壞性的溝通可用來保護個人自尊，這能讓我們暫時逃避生命任務，也總能蒐集或多或少明顯的理由，以便我們能逃避面對生活上的挑戰。Engle 與 Arkowitz（2008）支持這一點，他們說：

> 雖然所呈現的行為、想法或感覺的模式可能是不被喜歡並造成嚴重痛苦的，但它仍然存在，因為它對一個人而言提供了重要的功能。舉例來說，藥物和酒精能暫時幫助人們擺脫壓力。人們往往覺得改變就意味著要放棄能提供這些功能的模式，而採用無法提供這些功能的其他模式。（p. 399）

個案通常不會知道他們在做什麼。有些策略是要確保防止失敗、暴露或是其他災難的發生。所使用的策略可能會使個案無法履行繁重的責任——或者至少可以延後「面對真實的時刻」。個案可能會讓自己沒有資格參加這場不想參加的人生競賽，即便需要參加，也會想要將失敗給合理化。

三、防衛機轉

基本的防衛機轉是大家都熟悉的。然而，我們才正開始發現個案使用各種策略來適應威脅狀況，當中很多地方是微妙而複雜的。舉例來說，我們都會用的微妙策略叫做**購買雙保險**（buying double insurance）。無論結果如何，人們都可以承擔部分可能性，因為他們的安全是受到保障的。或許你可能記得一份你一直延遲的報告，在截止日前，你瘋狂地工作，在最後一刻把它完成。通常這樣做時你確保你是有自我價值的。若你的上司不喜歡你的報告，是因為你的時間有限所致；如果你的上司喜歡這份報告，就證明你是特別的優秀。

　　這個策略在學術環境中更複雜，學術環境中將價值放在卓越的表現上。其中的問題通常被描述為不能專注於學校課業，但真正的問題發生在一些學生，他們可能不敢試圖對他們的智力能力進行真正的考驗，他們所使用的策略是購買保險，以防止自己失敗，只具有普通智力。Shulman 與 Mosak（1967）表示：

> 　　這樣的學生有過度的野心，而且要求自己要表現第一。他們無法承擔盡了最大努力卻可能在班上的表現還只是在平均範圍內。起初，他們下定決心學習，想像他們將學習得非常好，也會在這個主題上做很多的延伸閱讀。但必須要做的工作他們卻很少做到。在幾個星期後，他們進度落後，而要能有優良表現的機會也在減少。現在他們對自己感到失望，甚至更不願意學習。有些想要達到頂標的人，卻沒有興趣努力讀書，他們只求表現平均而能夠過關。這表現在他們的拖延以及無法集中精神的情形，但當他們開始讀書時，他們會不停地讀書。在這整個不具生產性的活動中，他們一直維持理性的優越感。無法讀書或成績不好就怪罪於壞習慣、緊張、缺乏自律、老師很糟糕，或是課程很無趣。這樣的學生安慰自己他們是很聰明的只是這個時刻徒勞無功。要是他們能夠好好的讀書，他們會是班上的頂尖。若他們得到好成績，儘管他們沒有讀書，他們也認為一切都很好，他們甚至會自誇：「我都沒有打開過書本」；若是得到很差的成績，不會是因為他們很笨，而是因為他們很懶惰。在我們的社會當中，大部分的人都較願意被視為懶惰而不願被視為笨蛋。（p. 82）

　　最後，這樣的學生會回憶他們早先的智商分數，並告訴自己他們是聰明的。他們會對自己說，若真的有心，自己是可以得到好成績的。高智商分數讓他們得以維持他們的優勢，而不需要承擔學術風險。

四、破壞性的溝通

我們早年被教育不要冒著風險使用可能最終被證明是錯誤或被描述為是愚蠢的陳述。我們學習如何避免「我承認……」的陳述（owning statement）。很多時候在討論當中，會以「你不覺得……？」開頭的句子來表達明顯信念的陳述。我們常常在討論中使用「你」以及「它」來切割跟自己的關係。要承認一件事，會讓人有威脅感。

讓情境變得模糊也有個好處，那就是永遠得以有懷疑的空間，因此也能將被動給合理化。若這個狀況太具威脅性，人們總是可以有正當理由優雅地退出。溝通的不完整性，讓人們得以能自由去做隨心所欲的事。

有些溝通策略能讓個人維持自由，免於承諾，也免於之後會出現的責任（Low, 1966）。

(一) 按照文字意義做表面回應

拒絕一項陳述（而沒有公開反對的這項陳述）是一種手段，藉由錯誤解釋他人所使用的文字，可用以阻擋努力，反對某項觀點，或是拒絕一項建議。以下這情境可說明這種破壞性的方式：

個　　案：我這幾個禮拜都在忙這個行為契約，但我沒有看到任何效果。

諮商師：你不能灰心。

個　　案：我沒有灰心。但當然，如果沒人看得到進展……

(二) 破壞名聲

接受另一人陳述的有效性可能意味著自己的智力和道德缺陷。諮商師的敘述被完全接受，是否也暗示著個案的單純與愚笨。敗壞名聲的策略能保證變化過程不會進行得太快或太遠。透過「但是……」的口語模式（but-knocking），可以維持一種沒有責任義務的立場。一個常用「但是」口語模

式的人承認前提，然後又繼續攻擊或否認適用於他們的情況：

諮商師： 這是一個已在許多公司成功使用的衝突解決程序的大綱。

個　案： 真有趣！我可以看出它對那些西岸大型公司會很有幫助，但我們公司是完全不同的。

(三) 貶低能力或是方法

　　個案必須證明諮商師是夠格還是不夠格、專精的還是沒用的、內行的或外行的，這些都在同時間完成。我們可以透過一個簡單妙方解決這兩難困境：諮商師的能力可以很外顯地得到肯定，但在內隱性的意涵方面，還是會被否定的。如此，可以讓個案保住自己的良心。舉例來說，一位前來求助關於想增進處理壓力能力的個案，可以藉由持續來談次數而顯示出他對諮商師的信任，但使用的措辭會有貶低的暗示，進而否定他獲得幫助的能力：

個　案： 我的叔叔告訴我有關壓力排解的一個新方法。……對他來說似乎有用，……一定有某些不錯的部分……

　　這種策略能讓個案維持合作的錯覺，但同時它是個破壞或反對過程。若諮商過程沒有效果，過去使用的方法或是諮商師的能力就會被指責，不管怎麼樣都不會是個案的責任。

(四) 挑戰責任

　　訴諸遺傳因子，是另一個常見的拒絕（「我們家沒有一個人對數學在行」），因為這樣的藉口，個案可以停止深入探索。在任何情況下，沒有人能為祖先遺傳下來的困難負責。這些責任（accountability）還包括其他來源，例如獨特的氣質和情緒、過去創傷經驗以及超自然或是宗教的經驗。藉由提出「絕望」的情況，個案就不須承擔任何責任。標籤化便是支持這種思維的一種方式，畢竟我們很難對「閱讀障礙」的小孩或「精神層面」的病人

有什麼期待？

五、製造藉口

另一個理解、解釋，並與抗拒個案工作的方式是去思考藉口的概念。
Snyder、Higgins 與 Stucky（1983）定義藉口（excuse）為「以減輕行為者
（個案）負向影響所做的解釋或行動，從而為自己和他人保持正面形象」
（p. 4）。為他們的行動或是不採取行動製造藉口，也許是個案抗拒為行為
負責的方法，也因此他們可以不用回應生涯諮商歷程中對他們的要求及需要
完成的任務。

有哪些個案常使用的藉口呢？ Snyder 等人（1983, pp. 4-7）描述了 11
種不同類型的藉口。我們簡述這 11 種藉口如下：

- 否認——我跟那一點關係都沒有。
- 不在場證明——我不知道這麼一回事。
- 譴責——一定是別人這麼做的。
- 沒那麼糟糕——實際上應該沒有那麼糟糕吧！
- 最小化——這只不過是一件小事。
- 舉證合理化——我這麼做，是有理由的。
- 減損——這人自找的（罪有應得）。
- 對⋯⋯但是——我已經做了，但是⋯⋯
- 我沒辦法——你還期望我能怎麼辦呢？
- 我無意要⋯⋯——我這麼做，是有原因的。
- 我真的不是有意如此——是我的壞脾氣讓我這麼做的。

六、錯誤的信念

根據 Bourne（2010）指出，錯誤的信念是我們對自己、他人和一般生
活所形成的基本假設。它們是隨著我們成長的過程，和家長、老師、同儕及

整個社會互動下而形成的。Bourne 建議我們「把它們視為理所當然，假設它們反映著現實」（p. 216）。我們以為它們是真實的，並且往往表現得事實就是如此，使它們「成為自我實現的預言」（p. 217）。錯誤信念的例子如下：

- 我無能為力。我是外界環境的受害者。
- 生活充滿了掙扎。如果生活看起來太容易、愉快或有趣的話表示有什麼地方一定出了問題。
- 如果我冒險，我會失敗；一旦我失敗，別人一定會拒絕我。
- 我不重要，我的感覺和需要都不重要。
- 不管我的感受如何，我永遠都要看起來端莊且舉止合宜。
- 如果我夠擔心，這個問題應該會好轉或消失。
- 我無法處理困難或是恐怖的狀況。
- 外在的世界是很危險的，只有已知的或是熟悉的才是安全。
  （Bourne, 2010, p. 218）

七、訊息處理錯誤

另一種在生涯諮商中傾聽和了解個案的方式是專注在他們如何思考及他們如何處理訊息。Dowd（1995, pp. 13-14）辨認出七種他稱為**訊息處理錯誤**的例子。我們重述這七種例子如下：

- 隨意推論——沒有證據而做出結論。
- 選擇性摘要——只從少數事實概念化整體。
- 過度類化——得到在某個情境下可能是真實的結論，但推論到此結論可能並非真實的情境。
- 誇大／貶低——高估或低估事件的重要性。
- 個人化——過度假設外部事件與自己有關係。
- 二分法思考——全有或全無的思考。

- 災難化──預期最糟的情況會出現。

八、外顯的身體行為

生涯諮商中個案的抗拒不只是表現在口語表達中，當生涯諮商展開時，也可能在他們外顯的身體行為呈現出來（Meara & Patton, 1994）。有些個案表現得沉默且被動，有些個案會在生涯諮商時遲到，有些甚至根本不出現。還有些個案過早終止生涯諮商，因為他們不能（或不會）處理重要問題或改變。

個案這種外顯的身體行為對諮商師形成了真正的挑戰。我們如何解釋個案的行為？有些諮商師將這種行為個人化，開始指責自己：「我的個案在我們第二次晤談沒有出現，一定是我的錯」，或是「我的個案總是在我們的晤談遲到，一定是我身為一個諮商師做了些什麼讓這樣的事情發生」。

雖然諮商師能力的問題可能涉及導致此類個案的行為，更可能的原因大多數時候則是個案抗拒。沉默或被動、遲到，或根本沒有出現的方式是個案可以逃避改變的痛苦或帶來焦慮的情況。如果個案不在場或者在那裡只有很短的時間，那麼改變的痛苦可以延遲或至少減輕。各種的防衛機制，包含藉口是用來解釋他們為什麼沒有出現或是遲到。要記得 Low（1966）的忠言：「即使是腦腫瘤、心理疾病和遺傳性的『汙點』也都還比較能被接受。那種被指控為性格上的弱點，需要自我控制的訓練，真的很可怕。」（p. 279）個案可以採取極端措施──遲到、不出現──以避免處理可能需要承擔責任的改變。

處理抗拒

個案可能在生涯諮商中的任何階段展現抗拒（防衛／逃避）行為，以保護自己免受改變。他們可能表達害怕諮商，他們可能害怕承擔責任，他們可能找藉口，他們可能持有錯誤信念或是處理訊息錯誤，他們可能身體力行從

生涯諮商中抽離，好讓自己不受到傷害。

為何會如此呢？為什麼這麼多個案都花許多心力在抗拒上？如前所述，抗拒保護了個案，使其不必改變，也不必直接面對生活中的麻煩問題。

> 當人們來到諮商師的辦公室時，他們情感上是受傷的，他們最不想要的是再度受到傷害。難怪個案的主要任務之一是不做改變，以避免要承受更大的焦慮和情緒痛苦的風險。（Walborn, 1996, p. 244）

每個抗拒型的個案都有他們獨特、特有的生存型態（Engle & Arkowitz, 2008）。知道這些抗拒確實會出現在生涯諮商過程中，辨識出個案所使用的抗拒，並知道如何處理這些抗拒，是很重要的。雖然不能保證有什麼策略能完全消除抗拒，但以下這些策略（與個案的工作同盟、融入、隱喻、面質、標籤化及重新架構）也許會很有用。

一、工作同盟

第 8 章我們討論過生涯諮商中的工作同盟角色。在生涯諮商中，不論你多麼能理解並且與抗拒個案工作，很重要的是要記住，穩固的個案—諮商師所建立的工作同盟關係是非常重要的基礎。正如 Walborn（1996）所提出的，「隨著治療關係的成熟，抗拒也隨著時間和理解而融化」（p. 244）。

一個穩固的個案—諮商師所建立的工作同盟關係也可以開啟新的洞察，用以解釋個案的行為。Meara 與 Patton（1994）提出如下的觀點，他們認為穩定的工作同盟關係要能存在，諮商師：

> 要能像在個別諮商中一樣，概念化個案在生涯諮商中的行為（例如：抗拒）。一個早早結束或似乎不願意參與建立工作同盟的個案，可能被標籤為抗拒而不是不感興趣或尚未決定。如果諮商師

能夠識別出個案的抗拒並且能夠幫助個案克服，那麼就能有效地處理個案的抗拒。（pp. 174-175）

二、融入

融入（joining）不只是同理、情感反映，或是其他與個案中心（client-centered）諮商取向相關的其他概念。要融入個案，諮商師必須能珍視他們對生命的掙扎，而不僅是晤談時當下的感受。Miller（2006）建議我們「將個案的抗拒……視為是改變過程中自然會出現的現象，融入這樣的感受，並嘗試先好好的認識抗拒，然後再協助個案自己辨認並理解這抗拒」（p. 1）。

當你能融入個案時，你會讓個案知道你清楚他們在整個全面生活中的掙扎。要這麼做，你可以先找出自己在各個階段、角色，以及重要事件等所構成的生命任務當中，與個案問題有關的個人生活經驗及生活智慧。個案在經歷不同階段的生活時，面臨著不同的責任，每個人對同樣的生活角色以及應該承擔的責任會有各自獨特的反應。你可能需要將個案的生涯改變困境與他們其他的生活層面連結起來，例如養育青少年、面對突如其來的疾病，或平安渡過財務上的危機。8 歲、26 歲或 45 歲時的生活是什麼樣子呢？你是否能關注像是憂鬱、酒癮，或是妄想這些症狀的能量？這些都必須在日常生活問題及生涯決定的脈絡下完成。

最終，諮商師還是會需要辨識出個案痛苦、有困難或有壓力的地方，並承認它，雖然這些地方是無可避免的，但你還是會很細膩敏感的回應它。融入是讓你的個案知道你了解他們，讓他們知道你在和他們一起工作，也是為他們工作。只有在這種保護下，個案才能安全地探索替代方式，嘗試不一樣的做法，並做改變。諮商師需要跨越界線，融入個案，協助他們接受平日為生活而掙扎的責任。諮商師的姿態是一個積極但中立的傾聽者，幫助個案講述他們的故事。

你應該盡快開始與個案進行優勢的討論（Peterson, 2006）。關注弱點和負向的障礙不是非常有成效的，藉由確認個案的優勢，你就成為個案自尊的來源。在追求改變目標的同時，尋找並強調正向的功能。重要的是，你不應該對以前個案的嘗試或處理有偏見。即使在討論了一個明顯的負向情況，個案也不應該覺得他們被批評或感到內疚，要強調你是願意與他們合作解決這個問題。

將焦點放在個案正向的部分是很重要的。Manthei（2007）發現個案喜歡被視為是聰明的，是被尊重的。他也發現：

> 個案也很喜歡這種新的解釋或說法，這些新的解釋方法提供了他們看待自己處境的新方法，特別是當他們被告知自己是有能力、有技巧、有洞察力的，相較於過去自己是脆弱，是錯誤或無法因應的。（p. 271）

當個案感受他們是以這些正向方式被對待時，你已經成功地融入個案的世界。

三、隱喻

> 自從第一位諮商師嘗試完全理解個案生活世界的經驗時，隱喻性的語言就已經成為重要的治療性工具。傳統上，諮商師發展隱喻是為了要展現同理，並提出替代性方式來解釋個案所呈現的問題。使用隱喻時，諮商師所提出的隱喻並不會改變個案的問題，相反地，以此改變我們對問題的觀感，並引導出我們不曾考慮過的解決辦法。這麼一來，隱喻便提供了一種語言上的工具，能催化同理，並成為一種具有治療價值歷史的介入技術。（Wickman, Daniels, White, & Fesmire, 1999, p. 389）

Andersen 與 Vandehey（2012）指出：「隱喻是一種故事，能提供新的觀點，有助於處理生活問題。通常，隱喻暗指一個間接的含義，它為個案減輕負擔，或者為個案重新架構所面臨的問題。」（p. 177）個案會根據自己的生活經驗選取所聽到的內容，並與這些內容產生連結。當這樣的情況出現時，他們可能會對所關心的問題得到頓悟（insight），過去的經驗便融入了他們現在看待世界的模式。此外，這些新的陳述可以為諮商心理師和個案提供一個能互相理解的方式來討論當前的問題。隱喻「提供了一個有用的方法，讓我們得以整合生活經驗和生涯期望的情緒及象徵意義」（Barner, 2011, p. 100）。

接下來有一些隱喻的例子。第一個隱喻是用在一個害怕離家到另一個社區工作的個案身上。第二個隱喻是用在一個常以之前病痛為理由而不負責的個案身上。第三個隱喻，對象是一個經常讓玩耍干擾工作的個案。

1. 隱喻一：因為你家有種很多植物，所以你會了解我的考量。我在一個大盆子裡養了很多種植物，它們似乎相處得很好。我為它們澆水並照顧它們，但它們看起來似乎還是不太健康。它們都擠在一起，所以儘管它們很滿意現在的生存狀態，但它們似乎不太能夠成長，我決定要把它們分到不同的盆子當中。我把它們重新種在不同的盆子當中，一開始它們感覺很孤單、很弱小，但是在適當的照顧後，它們開始成長。它們不需要在共同的盆子分配水分和養分，它們有各自的盆子，即使我留在原本盆子裡的植物也還是長得很茂盛，所有的植物也都長得更好了，最終，它們都一樣強壯跟茂盛。也許你很難想像將一群植物分開後，各自可以變得更強壯跟茂盛，但我確實就是看到這樣的現象。

2. 隱喻二：有一個很傑出的外野手棒球員，他十分擅長打擊和盜壘。在一次比賽中不幸的意外發生了，當時他從一壘奮力跑往三壘，而且必須以滑壘方式進到三壘，但是他的釘鞋此時卻卡在草皮上，他的腿因此骨折了。他開始了漫長的治療過程，這段期間他只能以跛行的方式來走路。經過努力

復健後，他受傷的腿逐漸康復了，他也似乎跑得跟之前一樣快，但他心中卻懷疑自己是否失去了以前的速度。後來他回到球場繼續打棒球，表現傑出得就像是不曾受過傷一樣，但是每當他擊出了滾地球並且在一壘前被刺殺出局後，他總是會跛著腳回到球員休息區。但諷刺的是，當他擊出二壘安打並且奮力衝向二壘時，他卻完全沒有跛腳的狀況。

　　3. 隱喻三：人生就像一份事業。當然，在每個人的活動中應該有例行的時間去玩耍，並把注意力從嚴肅的事業轉向盡情歡樂。然而，人生並不是一場遊戲，而是必須認真看待並且要用心完成的事業。一份事業，需要我們去創造並維持價值（家庭、社區、教育、宗教、社交性）。以遊玩姿態看待人生的事業，則意味著是一場賭局。

　　如果你開始一場遊戲，你並沒有義務要持續一直玩，你可以放棄它，因為你不喜歡它，或是因為它讓你覺得無聊，或是你運氣不好，或只是因為你頭痛。相反的，如果你投入一份事業（工作、婚姻、撫養孩子、幫助朋友、公民活動）你就有義務要維持它、看清它、完成它。頭痛、無聊、厭惡和緊張都不是理由，不能縮減你應承擔的義務，也不會降低當初你接受的酬庸。遊戲是種個人傾向；事業是一項集體義務。遊戲是令人開心的，事業是一項任務。而一項任務可能令人愉快，這意味著快樂和任務是可以結合在一起。但若是一場遊戲，不管多開心，若與嚴肅的工作任務互相干擾，要做的就是停止遊戲並繼續事業。毫無疑問的，任務必須優先於遊戲。在生活中，即使是一個與鄰居簡單的對話，也是一項任務。這讓人們必須要有禮貌、要友善、要謙卑、要善良，並且要避免批評他人或蔑視他人智慧。

四、面質

　　雖然在使用面質時，可能會經歷某程度的不舒服，但是它卻是處理抗拒型個案最有用的技術。若能有效地使用，你會發現當它跟其他的策略一起使用會效果更佳。阿德勒學派的人經常使用的「肯定即否定」（stroke-and-spit）策略，就是一個例子。培養共同社會興趣並追蹤注意力焦點時，能與

個案建立連結融入歷程——這是正向的肯定。但另一方面，在使用否定的策略時，諮商師可以揭發個案所耍的花招，並指出可以採用的具體行為，以達到彼此想達到的目的。此時此地行為（here-and-now behavior），是最常見的焦點。因為被指出時，會令個案不愉快，所以個案以後不會再繼續這樣的行為（Nikelly & O'Connell, 1971）。若你「潑個案冷水」，他們就不會繼續這項行為。幽默和誇張可以用來緩和面質，這種解除武裝的方式會降低防衛心或是防衛行為的出現：「讓我們來看看能否將情況變得更糟」或是「你真的很聰明吧！藉由假裝變得軟弱，你才變得更有力量。」

如果個案使用非理性信念來指引他每天在家裡、在學校或在工作的生活，建議你可以幫助他們意識到這一點，並依照一系列的事件去處理它：A—B—C—D—E。為了說明這系列程序的使用，我們以下提出一個案例，這案例是由 Weinrach（1980）根據 Ellis（1977）最初提出的一個案例所改編。

荷西：背景概述

荷西第一次嘗試要找工作，他 18 歲，高中畢業，擁有汽車機械師的背景。他的母語是西班牙文，英文口語表達能力很流利，但寫作能力並不太好，在其他方面的基本能力也都很弱。他說他很憂鬱，因為他可能永遠無法找到工作，在最後一次面試時，也遭到拒絕。這個案例說明了 Ellis（1977, p. 44）的第一個非理性想法的適用性：我必須要做得很好，贏得別人的認可，否則我會被評比為一個爛人。

A——引發經驗（Activating Experience）：在面試中表現不佳，後來沒有錄取這份工作。

B——信念（Beliefs）：

- 理性信念（rational beliefs, rB）（想要的、渴望的）：我會想要那份工作。我不喜歡被拒絕。被拒絕造成很大的不便。很不幸，我面談表現得太糟糕。要得到一份工作比我預期的還難。

- 非理性信念（irrational beliefs, iB）（要求和命令）：我被拒絕，真是太糟糕。我無法忍受被拒絕。被拒絕，就代表我是個爛人。我不可能得到我想要的工作。我總是會在工作面試中表現得很糟。

C——引發經驗之信念的結果（Consequence）（情緒性的結果）：沮喪、無價值感、被拒絕、無助、無望。

D——駁斥或是辯論（Dispute or Debate）非理性信念（以問題形式表示）：沒有得到這份工作怎麼會如此可怕？有什麼證據可以證明我無法忍受被拒絕？如何從一次面試失敗讓我變成一個爛人？我怎麼會知道我永遠無法得到我想要的工作？我為什麼都要在面試中表現很差？

E——駁斥或是辯論非理性信念的效果（Effects）：

- 認知效果（cognitive effects, cE）：被拒絕並不是一件很糟的事情，尤其是很多人應徵同樣的工作，不可能每個人都得到那份工作。我可以忍受被拒絕。這不是我第一次被拒絕，但我不喜歡這種感覺。被拒絕只意味著我沒有被錄取這份工作，但並不會讓我變成一個爛人。現在就斷定自己不可能得到喜歡的工作可能為時過早，現在 18 歲，表示我還有時間。我需要的是要等待並且嘗試更多。我不見得會在餘生的面試中都表現很差。也許一些練習可以幫助我。當我處於壓力之下的時候，的確有些不好的習慣可能會跑出來。所有的人都會有些不好的個性，如果沒有，那就是完美，但沒有人是完美的。

- 情緒效果（emotional effects, eE）：我很失望但是我不憂鬱。

- 行為效果（behavioral effects, bE）：我會去找更多的面試機會；我會從我的諮商師那裡得到一些關於如何在面試中可以採取的因應方式，並跟我的同儕及家人練習。我會報名州立的和當地（綜合就業及訓練法案）適合我年齡的就業訓練課程。

摘要：進行理情行為治療法的結果，荷西停止了自我貶抑，他也開始看到情況並非他之前所定義的如此沒有希望或是很無助，他可以做些事情以增

進找到工作的機會。一旦感到失望，也不會憂鬱，會重新獲得情緒上的能量並試著繼續找工作。[1]

五、標籤化及重新架構

標籤化及重新架構（Bandler & Grinder, 1979; Harman & O'Neill, 1981; King, 1992）個案所表達的，會提供一種方式幫助他們以不同的方式看待自己和他們的世界。藉由提供新的字詞或是組織這些字詞的方式，諮商師能提供新組織的樣式和觀點幫助個案，動機和態度的改變通常和標籤化及重新架構的過程有關。

架構的改變是一個主要的事件，標籤化的改變是次要的結果。重新架構是改變我們所用來看某個行為的參照架構，例如道德觀點相對於醫學觀點，或是個人視角相對於家庭系統視角。重新標籤化應該適用於那些標籤有改變，但參照架構沒有改變的情況，例如：神經質與精神病，這兩個標籤化的名詞都是用於醫療架構中。

在馬克‧吐溫的作品《湯姆歷險記》當中，有一個很好的重新架構的例子，湯姆能夠將漆白色的籬笆這份令人討厭的工作轉換成令人滿意和有趣的事。他的朋友接受他對於任務的重新架構並持續熱情地加入漆籬笆的行列。這並不代表所有的重新架構都是控制，但是它提供了一個不同的看法，使人對舊的刺激有新的行為回應。

標籤化與重新標籤化的技巧，目的在提取個案的經驗，並以新的口語描述方式引導他們注意到這些經驗的重要性。Bolles（2012）在幫助人們辨識其功能性工作技能時做到了這一點。他要求個人描述他們做得很好的事情，然後，他將這些描述與功能性工作技能做連結。例如，做一個照顧孩子的好母親被標籤為照顧及幫助別人的功能性工作技能。家庭主婦的角色功能被分

1　本案例引自 "A Rational-Emotive Approach to Occupational Mental Health," by S. G. Weinrach, 1980, *Vocational Guidance Quarterly, 28*(3), pp. 213-214。Copyright 1980 by the American Counseling Association.

成各種不同的功能性技巧，這些技巧被標籤化為能夠轉移到其他工作或角色所需具備的工具性技巧。標籤化提供了一個焦點，當個案考慮生涯決定時，他們的經驗需要被重新標籤為功能性的工作技能，學術技能通常會被重新標籤，但是社會技能、休閒技能和生存技能有時會被忽略。

重新標籤化和重新架構關注個體的積極面向。重點在於人們可以做什麼以及他們擁有的能力。對於那些通常被敘述為自我概念較低落的人，重新標籤化和重新架構的技巧是很重要的，可能也需要被一再地強調。

重新架構包含知覺上的改變，這意味著行為反應將會不同或是會被重視。這也可能包含價值的改變，例如：一個騙子和一個商人可能有許多同樣的技能。負向地描述行為，通常包含生存所需要的技能，例如：能夠讀懂非語言線索這個能力，經重新架構後，讓騙子變得很成功。這些技能對於商人來說也是很有價值的，負向事件有時候能夠被重新架構成正向。

重新架構也能夠被用來面質個案，抗拒型和沒有動機的個案可能會創造矛盾的狀況。在教室裡不適當的行為可能被重新建構報復的方法或是展現自己能力，以創造自我價值。將非行為的描述重新建構為行為描述是很有利的，這能夠使狀況更具體也更能夠被理解。

諮商師的抗拒

諮商師的抗拒——在一個關於個案抗拒的章節討論這議題，會很奇怪嗎？其實並不盡然，因為不論抗拒源起於何處，在生涯諮商中都必須解決這問題，有時候抗拒也會來自諮商師。

為什麼抗拒會源自於諮商師？Cavanagh（1982）認為可能與諮商師要被滿足的需求有關。諮商師的需求可能包括懲罰、控制，或是轉變個案，他也認為諮商師不喜歡某些個案，這可能造成諮商師的抗拒。

Cavanagh（1982）列了十種諮商師可能出現抗拒的徵兆，他認為諮商師可能會做以下的事情：

1. 取消晤談或是遲到（諮商師總是有遲到的「好理由」；諮商界的人很少這樣）。

2. 對個案講話而不是聽他說話或是跟他說話。

3. 天馬行空地做白日夢及打瞌睡。

4. 講關於自己有關的事而非個案的事。

5. 忘記個案重要資料。

6. 訂定不可能的要求。

7. 突然發現個案有個「特別的問題」並且想辦法轉介個案給專長為這個問題的諮商師。

8. 不覺得個案認為重要的事情確實是重要的。

9. 對個案嘲諷或是把他當哥兒們看待。

10. 引進自己有興趣的討論議題，但是對個案並不一定有幫助。（p. 261）

　　除了這些徵兆，Meier（2012）認為有些諮商師可能難以處理有強烈情緒反應的個案，因此可能會抗拒處理個案的情緒議題。Meier 也指出有些諮商師可能「透過講很多話、給建議，以及過早解決問題」而抗拒將焦點放在個案的情緒上（p. 10）。

結語

　　在本章，我們指出並描述了在生涯諮商過程中個案或是諮商師可能呈現出抗拒的方式。我們的目的是要強調一點，每當個案要經歷改變時，個案的抗拒可能就隨之而來。事實上，個案的抗拒是可以被預期的，我們並不一定真的需要討論改變這個主題，但諮商師所激發出改變的可能想法，也可能會引起個案的抗拒。另一個目的是要提供一個語言系統，辨認並描述個案的抗拒，以便當抗拒出現時諮商師可以辨認出來。最後，也要請你注意有時候諮商師本身也是個問題。

　　但，光是能辨認出個案的抗拒是不夠的，所以我們也提出了可用於回應個案抗拒的諮商技巧實例。我們的目的是強調諮商師的主動角色，你必須直接處理個案的抗拒。如果你知道是什麼行為（個案抗拒）加上你也能假設這抗拒為什麼出現，那你就可以在諮商工作同盟下直接而自然地在晤談情境中回應。記住，個案抗拒會阻礙生涯諮商的發展，我們需要處理它。同時，我們強調一個事實：抗拒不僅僅發生在個案上。身為諮商師，我們必須檢視我們的動機並了解，儘管我們是問題解決的一部分，但事實上有時我們也是問題的一部分。

Amundson, N. E., Harris-Bowlsbey, J., & Niles, S. G. (2009). *Essential elements of career counseling* (2nd ed.). Upper Saddle River, NJ: Pearson.

Andersen, P., & Vandehey, M. (2012). *Career counseling and development in a global economy*. Belmont, CA: Brooks/Cole.

Bandler, R., & Grinder, J. (1979). *Frogs into princes*. Moab, VT: Real People Press.

Barner, R. W. (2011). Applying visual metaphors to career transitions. *Journal of Career Development, 38*, 89–106.

Blustein, D. L., & Spengler, P. M. (1995). Personal adjustment: Career counseling and psychotherapy. In W. B. Walsh & S. H. Osipow (Eds.), *Handbook of vocational psychology: Theory, research, and practice* (pp. 295–329). Mahwah, NJ: Erlbaum.

Bolles, R. N. (2012). *What color is your parachute?* Berkeley, CA: Ten Speed Press.

Bourne, E. J. (2010). *The anxiety and phobia workbook* (5th ed.). Oakland, CA: New Harbinger Publications.

Cavanagh, M. E. (1982). *The counseling experience: A theoretical and practical approach*. Belmont, CA: Brooks/Cole.

Dowd, T. E. (1995). Cognitive career assessment: Concepts and applications. *Journal of Career Assessment, 3*, 1–20.

Ellis, A. (1977). *How to live with and without anger*. Pleasantville, NY: Readers Digest Press.

Engle, D., & Arkowitz, H. (2008). Viewing resistance as ambivalence: Integrative strategies for working with resistant ambivalence. *Journal of Humanistic Psychology, 48*, 389–411.

Gold, J. M. (2008). Rethinking client resistance: A narrative approach to integrating resistance into the relationship-building stage of counseling. *Journal of Humanistic Counseling, Education and Development, 47*, 56–70.

Harman, R. L., & O'Neill, C. (1981). Neuro-linguistic programming for counselors. *The Personnel and Guidance Journal, 59*, 449–453.

King, S. M. (1992). Therapeutic utilization of client resistance. *Individual Psychology, 48*(2), 165–174.

Low, A. (1966). *Mental health through will training* (14th ed.). Boston, MA: Christopher.

Manthei, R. J. (2007). Client–counselor agreement on what happens in counselling. *British Journal of Guidance & Counselling, 35*, 261–281.

Meara, N. M., & Patton, M. J. (1994). Contributions of the working alliance in the practice of career counseling. *The Career Development Quarterly, 43*, 161–177.

Meier, S. T. (2012). *Language and narratives in counseling and psychotherapy.* New York, NY: Springer.

Miller, G. (2006). *Using motivational interviewing in career counseling.* Retrieved from http://209.235.208.145/cgi-bin/WebSuite/tcsAssnWebSuite.pl?Action=DisplayNewsDetails&RecordID=771&Sections=&IncludeDropped=1&AssnID=NCDA&DBCode=130285

Nikelly, A. G., & O'Connell, W. E. (1971). Action-oriented methods. In A. G. Nikelly (Ed.), *Techniques for behavior change* (pp. 85–90). Springfield, IL: Charles C Thomas.

Peterson, C. (2006). *A primer in positive psychology.* New York, NY: Oxford University Press.

Pryor, R. G. L. (2010). A framework for chaos theory career counseling. *Australian Journal of Career Development, 19*, 32–39.

Shulman, B. H., & Mosak, H. H. (1967). Various purposes of symptoms. *Journal of Individual Psychology, 23*, 79–87.

Snyder, C. R., Higgins, R. L., & Stucky, R. J. (1983). *Excuses: Masquerades in search of grace.* New York, NY: Wiley.

Teyber, E., & McClure, F. H. (2011). *Interpersonal process in therapy: An integrative model* (6th ed.). Belmont, CA: Brooks/Cole, Cengage Learning.

Vogel, D. L., Wester, S. R., & Larson, L. M. (2007). Avoidance of counseling: Psychological factors that inhibit seeking help. *Journal of Counseling & Development, 85*, 410–422.

Walborn, F. S. (1996). *Process variables: Four common elements of counseling and psychotherapy.* Pacific Grove, CA: Brooks/Cole.

Weinrach, S. G. (1980). A rational-emotive approach to occupational mental health. *Vocational Guidance Quarterly, 28*(3), 208–218.

Wickman, S. A., Daniels, M. H., White, L. J., & Fesmire, S. A. (1999). A "primer" in conceptual metaphor for counselors. *Journal of Counseling & Development, 77*, 389–394.

Part **III**

個案目標或問題解決

CHAPTER 16

使用資訊、採取行動並發展行動計畫

　　我們發現自己處於革命之中,其影響深遠。這不是一場刀劍論戰的革命,而是一場文字革命。與大多數人一樣,生涯諮商師現在可以非常方便地取得印刷文字和資訊。這場革命為所有人,特別是受過教育的人帶來了力量。我們可能會發現自己承擔額外的責任,將革命所呈現的好處帶給教育程度較低的人,以及許多因貧窮或其他形式的邊緣化而無法獲得科技的個案。

　　稍早在本章前,我們曾關注在如何以及從哪兒可以找到生涯資訊,接著再強調怎麼使用這些資訊,讓個案可以在為自己擬訂行動計畫時派得上用場。我們正處於一個資訊往往太容易獲得的狀況,而且,有時候這些資訊太過泛濫。儘管個案可能曾經被迫以很少的資訊做出決定,但現今他們面對的是用過多的資訊做出決定。諮商師需要能夠辨別因為資訊過多所造成的症狀或是抱怨:這些資訊不一定是很好的,而且太多了。今天生涯諮商師的關鍵議題是準確地辨別出個案對生涯資訊的真實需求。一旦需求被建立,其他的議題,例如為什麼,以及什麼時候提供生涯資訊、如何提供、要提供多少、哪些來源是好的,以及如何幫助整理資訊的品質,均成為重要的關注點。

　　也因此在本章當中,我們會討論如何辨別個案對資訊的需要、從個案的問題使這些需求具體化、我們自己對蒐集資訊的需求、為什麼以及什麼時候我們必須提供資訊、有助於我們處理過程的評估工具,以及一些好的資訊來

源。本章認為適當和有效地使用生涯資訊是一項重要任務，但並不容易，當我們在協助個案擬訂自己的行動計畫時，我們會討論如何讓資訊發揮作用。

辨別個案對資訊的需求

我們不應該假設所有的個案都需要生涯資訊。雖然他們呈現出的問題是需要這些生涯資訊，但這可能會掩飾掉其他更重要的問題。他們可能認為只需要生涯的資訊，但在初次談話的頭幾分鐘內，他們也許發現其他問題更加緊迫，而這些資訊可能晚點之後才會用到。你也可能會發現，回應一個簡單的資訊請求，只會令人更困惑而無法解決問題。資訊是很強而有力的，但是有時可能會很令人困惑，或可能過量使個案無法招架，或未在對的時候提供而看似與個案無關（Schwartz, 2005）。知道是否或是何時或如何提供資訊是生涯諮商中重要的組成部分。我們必須以適當方式善用這些資訊，以便能獲得有益的效果。生涯諮商師培養這方面的技能會特別有用，尤其是在其他諮商師缺乏這些技能的時候。

在這裡回顧一些之前在生涯諮商早期晤談中表達的典型個案的需求。試著確定是否需要資訊以及若需要時，何時提供資訊會有所幫助。

一位 55 歲的離婚婦人：

個　案：我不知道我接下來要做什麼。我從來沒有想過我必須外出工作，但現在沒有老公的支持，我必須找到我自己的生涯。

一位 18 歲的大一新鮮人：

個　案：我們家每個人都在醫藥相關單位，我一直認為我也會如此。但我現在不太確定，我擅長科學也喜歡科學，但不知能做什麼？我不確定我想花上十年時間在學校，除此之外，我也無法想像自己在醫院或是與病人工作的樣子。

一位 50 歲的海軍軍官準備要退休：

個　案：我很享受二十年來在海外的維修和補給工作，但我在哪裡可以將這些技能應用於一般的平民生活？

看似失望的大學畢業生：

個　案：我所做的工作，並非是我想要從事的，但我也不知道如何找到一份現在之外的工作。不知道只有主修新聞的我，還能做些什麼。

　　這四個案例代表了完全不同的生活狀況，雖然他們不見得有不同的需求。近期離婚的婦人沒有想過要外出工作，可能與大學新鮮人狀況類似，他需要思考除了醫學之外能做什麼。他們都不需要思考其他選擇，直到最近這些事情發生。他們各自如何處理這種近期對資訊的需要，也會使我們對他們的需求產生相當不同的回應。兩者似乎都需要資訊，但我們並不會馬上知道其他可能會混淆他們需求的情況。舉例來說，這位近期離婚的婦人還在處理長期婚姻的結束，以至於她無法客觀看待其他選擇嗎？這大一新生在尋找醫藥領域外的其他選擇，只因為她對大一所修的課程感到失望？她以為第一年裡有些課程是會讓她覺得很精彩的。很顯然，在我們能夠評估他們對資訊的需求之前，我們需要更清楚地了解他們的情況。

　　在海外待了二十年的海軍軍官似乎是需要資訊的典型例子，因為他想進入另一個職場。但是我們必須小心，不要假設他來找我們的時候沒有很清晰的討論議題和很多資訊，也許他只是要我們認可他的選擇。而且，我們需要更清楚地了解他的情況，才能決定是否以及何時需要提供更多資訊。最後，挫折的大學畢業生從事入門級工作並不符合她的需求，她必須關心的，也許是改變目前的情況，而不是尋找一個有吸引力的替代方案。很顯然的，我們還沒有足夠的資訊可以幫助以上的任何一位個案。

　　在所有這些案例中共同的主題，就是若沒有評估個案的整體狀況，我們很難判斷個案對生涯資訊的需求。在第一次晤談所提出的表面上要求，經常

導致我們在那時所提供的生涯資訊是並不需要或者是未能受到重視。我們診斷的技術在這裡很重要：首先要嘗試適當評估個案的狀況，唯有如此，我們才能決定是否需要、何時需要、如何提供以及需要何種生涯資訊。

做出決定要來回應生涯資訊需求的進一步微妙之處在於，必須要就個案如何使用這些資訊來做判斷。諮商師可以為需要資訊的個案查詢，並提供相關資訊，觀察到它是有幫助的以及它正在被適當地納入到個案的思考過程中。然而其他時候，你可能會提供資訊，但發現個案很少用到，或者更糟糕的是，這些資訊被不恰當地使用。個案似乎正朝著一些新的選擇方向前進，但忽略了所提供的新資訊。這些例子進一步證明在提供資訊之前需要充分評估資訊的需求。

從知覺觀點看生涯資訊的需求

在生涯諮商中，我們敏銳地注意到知覺性參照架構的重要。所以，某個議題經常並非真正如此，而是人們知覺到它是如此。我們的知覺可能會告訴我們如此，而個案所知覺到的可能是另外一回事。當我們決定是否、何時以及如何提供生涯資訊時，我們可能會錯誤地認為這是一個客觀的過程。我們可能會感覺需要某些特定的資訊，然後嘗試找到，並提供給個案，把自己當成專家。但讓我們看看為什麼從知覺的角度來看，這種方法可能無法滿足個案的需求。

當個案來談，覺得他需要生涯資訊，我們也接受這是一個準確的知覺，就會提供資訊，然後，舉例來說，生涯機會的知覺就變得更為正確。被正增強後，我們提供了更多資訊，但隨後開始發現附加資訊沒有得到適當地使用。例如，個案可能會忽略其中的一些部分或者扭曲其中的其他部分。在我們的客觀觀點中，我們認為需要強化一些想法或糾正其他想法，這過程就變得更加複雜，因為個案過濾掉一些內容。他們可能只聽其中一部分，其他部分都被誤解了。我們開始懷疑自己是否在溝通上造成誤解。我們看到的現實

可能不是個案所看到的。我們可以開始理解，就像理解諮商中的最初問題一樣，生涯諮商也有類似的困難，我們難以覺知最合適的時間來提供生涯資訊，並知道應該如何使用它。

看來在生涯諮商中，諮商師提供生涯資訊的簡單歷程其實非常複雜。我們是有意以此方式呈現，這個過程所包含的，不僅僅包括利用圖書館的資源、電腦系統資訊，或是網路。這是一個複雜的過程，需要我們對諮商過程的所有其他部分給予同樣的關注。因為我們需要在諮商的各個階段對資訊的普遍作用感到敏感，所以我們必須深入了解可用的資訊，以及如何、何時、以何種形式提供資訊。

看看我們自己對資訊的需求

雖然我們必須仔細檢查個案對資訊的需求，但我們也要考慮自己獲得並利用這些廣闊的資訊來源之需求。資訊的爆炸以及對工作、休閒、就業和生活角色想法的改變，代表著我們必須持續尋找新的資源以便能保持在最新狀態。為了幫助個案為瞬息萬變的世界做好準備，我們必須對來自各種來源的素材更自在且更熟悉。看起來好像某種形式的媒體可能對於提供某種資訊特別厲害，而另一種形式的媒體可能成為其他類型資訊的主要來源。雖然我們可能比較偏好某一種來源，但我們最終將不得不利用所有來源。我們必須成為掌握資訊和當前科技技術的專家，以獲得新知且可以有效的使用這些資訊。這意味著要保留一些訂閱書刊、使用影片資源、進入公司網頁和聊天室、透過視訊會議進行交流等等。新媒體形式在在職教育和繼續教育中對我們至關重要，因為專業期待對我們或是對個案而言會不斷改變。

與此同時，我們被鼓勵要多多學習透過科技獲得資訊，但同時也要保有對傳統方式的看法，因為我們的許多個案會持續從這些管道獲取生涯資訊。舉例來說，我們可以推測電腦資訊的影響，就像我們可以回顧過去電視的影響一樣。儘管潛力巨大，但電視成為當今普遍影響力是需要時間的。隨著時

間的推移，它在大多數家庭中成為主要的影響力，但更重要的是，為數眾多的人今天仍然沒有電視。同樣地，還有許多人們仍然沒有電腦或是使用科技的管道。雖然生涯資訊可能以複雜的科技傳達給我們，但仍會有相當數量的人——很多會是我們的個案——將以其他方式獲得資訊。實際上，對於某些人來說，重要的資訊資源將繼續被限制於個人的、非正式的資源，在本書中沒有太多著墨。這些重要的來源包括家人、親戚、社區成員、長輩們、牧師們、同儕們、老師們以及我們作為諮商師可能永遠不會互動的其他人。儘管如此，這些人可能會透過口耳相傳給我們的個案帶來更多的影響，而不是透過以電子方式能找到的資訊。

無論來源如何，能夠了解、檢索和獲取最新資訊都將成為更大的挑戰，這任務遠遠超出任何一個人所能付出的努力。有一些專業組織的期刊盡可能定期回顧與職業有關的評論及素材，大多數出版品也是如此。雖然最初這些幾乎都是針對印刷品素材，但會發現有越來越多的介紹是有關影音、電影、光碟和類似的新資訊來源。

為什麼我們提供資訊

除了個案認為他們有資訊需求這個事實外，在生涯諮商過程中提供資訊還有許多目的。這些目的是教育性的或是動機性的。

在教育領域，我們可以假設資訊能充實、擴展並延伸思考，甚至糾正我們的想法。這些顯然是不同的目的，我們在這些類別中提供資訊的方式是完全不同的。充實思考的過程遠比糾正思考要簡單得多。

充實可能是一個直接的過程，而糾正可能涉及幫助某人放棄一段時間內看起來有用的資訊。舉例來說，個案可能會抱怨心中扭曲的印象，她覺得自己不能回到學校，因為她幾年前沒有完成高中或大學學位。緊握這個資訊，她可能無法考慮其他有吸引力的生涯選擇，相信她自己不會有管道達成。

我們可能會發現將這些差異以廣告為例來說明會更清楚。我們是否在告

訴他人有關該產品的資訊，告知他們產品的其他好處？或者糾正了他們對該產品的印象？舉例來說，如果一個人對產品的印象是扭曲的，我們的任務就不僅僅只是提供資訊。

在動機領域中，我們使用資訊來刺激、挑戰和確認。也許在生涯諮商中最大的挑戰是學習以動機取向方式使用資訊。

有些資訊本身不會讓人產生動機，但在適當的時機提出來可能會在生涯規劃過程中發揮全然不同的作用。在做出決定之前，有些資訊可以被證明是有動機的，而有些類型的資訊在做出決定後更重要。在做出決定之前，個案可能只聽有關生涯可能性的全球性或普遍的資訊，但之後，在決定進入特定領域之後，他們可能持開放態度，願意聽更多有關他們所選擇的具體資訊。

當你想到請廣告商花費數百萬美元來激發我們使用他們產品的動機時，你對我們的任務應當會有些知覺。諮商師必須以生涯資訊來刺激或挑戰個案──即使對無限預算的人而言也是一項艱鉅的任務。我們必須學習以激賞的態度來做，感激有這麼一個所謂「可以教的時刻」（teachable moment）。當你的資訊讓你的個案感覺可以在某個特定時刻使用時，這可教的時刻就會到來。這是我們聲稱擁有專業認定的另一種方式：我們是知道何時提供資訊的專家。

在諮商中使用生涯資訊的時機

「時間就是一切」（time is everything），這句諺語在決定何時使用生涯資訊時，特別真實。有鑑於生涯決定是一個持續的過程，因此在諮商過程中的三個階段都提供資訊，會是最適當的。階段一（探索），我們可能需要在個案開始探索各種問題的過程中評估個案對資訊的需求。這個過程可能讓我們假設個案對資訊的需求以及其他方面的需求。舉例來說，一個個案可能缺乏資訊而且他知道自己缺乏資訊，或他缺乏資訊但他不知道自己缺乏資訊；一個個案可能有足夠的資訊並且適當地使用它，或是有足夠的資訊但是

並沒有適當地使用它或扭曲了它；或是個案可能會有很多的資訊並且知道如何因應，或是他可能被太多的資訊量給淹沒了。

我們提供一個 2×3 的表格來概念化整理個案一開始的位置所在：他們來談的時候資訊可能太少，可能剛好也可能太多；在另一方面，他們或許知道這樣的狀況也或許不知道（參見圖 16-1）。

		資訊		
		太少	剛好	太多
個案狀態	知道			
	不知道			

圖 16-1　個案狀態 vs. 能夠取得的生涯資訊

我們可以在這些類別中分別列舉案例，也可以提出假設，說明針對這幾類個案，何時需提供資訊。這些假設的藝術和科學並不是那麼精確，但顯然資訊太少的個案與資訊過多的個案在一開始就應該採取不同的方式對待。知道自己需要什麼資訊的個案，與那些對資訊需求缺乏洞察力的個案也很不一樣。一如往常，我們的診斷技巧就必須十分精確，並在個案開始生涯諮商時清楚辨認他的狀態。諮商之所以會變得更為複雜但又令人著迷，是因為一開始的分類可能很快會改變；我們可能會發現那些一開始知道太少資訊的個案，突然知道太多，反而被這些資訊給淹沒了。或者是相反的，資訊太多的個案可能會快速排序並需要更多資訊。

在生涯決定模式階段一（探索）之後，是階段二（理解）。在階段二，我們可以確認任何我們在階段一有關個案對資訊需求所做的假設。如果我們認為他們需要資訊且我們也提供了資訊，我們可以在隨後的諮商過程中觀察這些資訊是否已被納入以及是否影響了他們的理解。若沒有，我們需要嘗試新的策略。我們知道有時候個案在第一次時並不了解，這需要我們探索其他的方式。因為生涯諮商是一個不間斷的過程，我們可以一次又一次地審視及

處理這個過程,我們只希望能夠在個案到達階段三(行動)之前增加他們的理解。這個三階段的模式在圖 16-2 中以圖形方式描繪出來,強調過程的不間斷性。我們不斷以個案的回饋去改進這個過程,不斷評估需要提供資訊的時間。這是一個比第一眼看上去更複雜、更有趣的過程,這是我們身為諮商師另一個可以練習和精緻化諮商技術的地方。

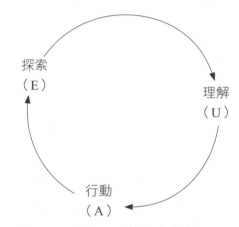

探索
(E)

理解
(U)

行動
(A)

圖 16-2　生涯決定模式在生涯諮商中的應用

一、幫助評估資訊需求

如果個案發現難以評估他們對生涯資訊的需求,我們可能希望透過生涯諮商中經常使用的一些評估工具中,尋找線索來增強他們的判斷或我們自己的判斷。例如,第 13 章中介紹的「我的職業情境」可以快速顯示個案在進行諮商時可能需要什麼。它提供一個職業認定的分數(1～18),分數較低的個案顯示他們對自己的職業狀況描述不清楚。這可能是生涯資訊需求的一個指標。除此之外,問題 19 特別問到有關個案對於各種領域資訊的需求,在第 13 章中討論到的「生涯轉換量表」,同時也幫助個案及諮商師看到特殊的需求。「初談量表」或是「希望量表」(Lopez, 2013)可以建議個案一個明確的需求以建立目標或是尋找途徑。除此之外,在興趣量表分數曲線

較低或是較平坦的個案，可能會需要更多資訊。然而，個案可能太清楚他們對資訊的需求，或者他們最初提出的問題顯然道出了他們的需求。我們不想建議你不必認真看待他們的判斷，但我們確實要提醒你不斷評估需求。這過程有蒙蔽性的可能，因為有些個案認為資訊越多越好，並且會迅速改變，這使個案或諮商師對提供資訊的重要性感到困惑。Barry Schwartz（2005）的書《只想買條牛仔褲：選擇的弔詭》（*The Paradox of Choice: Why More Is Less*），有效地指出，擁有更多資訊並不能使決策變得更容易。

二、要多少資訊量才是有幫助的

在改進過程的部分，沒有什麼比回饋更有幫助了。我們可以請個案給回饋，但有時候對他們來說提供回饋並不容易，我們可以建議他們找找像是回家作業，或是我們可以請他們嘗試 SIGI（System of Interactive Guidance and Information，互動式輔導與資訊系統）或許多類似的電腦化系統，或者我們可以建議他們查看一些可用的網路資訊，然後在下一次諮商中詢問個案這些資訊是否有用。我們可以請他們帶有關生涯的資訊到諮商中做更多討論，若我們在諮商中使用這些資訊，我們可以立即觀察到它是如何被個案使用或納入他們的想法中，我們就可以在他們提到的資訊中有更多相關資訊的需求和有效性的線索。

回饋在諮商中及諮商後都很重要，我們常常想知道所提供的資訊個案是否實際使用過，如果有的話，是否與我們所想的一樣有用。如果沒有之前個案的回饋，我們就錯過了改善自己對生涯資訊使用的機會。鼓勵個案在適當時間保持聯繫或留下便條，以便讓你知道什麼是有用的。有些諮商師或是機構在諮商結束幾週後定期向個案發送信函以求回饋。這種做法鼓勵諮商師和其個案對有用的資訊進行反思和評估。

生涯資訊的來源

　　有許多很好的生涯資訊來源,有些文獻資料特別擅長描述和定義可用資訊(D. Brown, 2012; Zunker, 2006),但是,新的資訊和來源也大量湧現,影片、電腦化系統以及網際網路提供了更多資訊。個案不容易有相當的管道得到這些來源,然而,由於「資訊就是力量」,我們的角色之一是要幫助我們的個案掌握這種力量。要做到這一點,我們需要自己熟悉所有生涯資訊的來源。

　　我們不得不誇大科技對人們(包括我們的個案)提供資訊的影響。在我們寫這篇文章時,我們在網際網路上看到了許多標準化的生涯資訊可供參考。舉例來說,《職業展望手冊》(*Occupational Outlook Handbook*; Bureau of Labor Statistics, 2013/2014),可以簡單的透過網路上取得,這是美國大學與僱主學會(NACE)提供的其中一個來源。就業機會和工作資源網路(Employment Opportunities and Job Resources on the Internet),通常稱為「賴利指南」(Riley Guide),提供用戶立即的管道可以得到本來只有少數人可以用的資源。美國勞工部針對各種主要工作蒐集資訊,並在職業資訊網〔Occupational Information Network,或稱為 O*NET(http://onetonline.org)〕提供資料庫。它也包含生涯興趣量表及生涯價值量表,這些網路資源請參閱本章末的附錄。大多數公司都在網路上設有網站,使用者可以在這些網站上得到廣泛且可能有助於求職的最新資訊。首頁允許使用者向潛在雇主發送有關他們自己的資訊,也可以透過網際網路構建和發送簡歷。光碟的技術和網路的技術已合併,可透過網頁持續更新許多的資訊。網路上提供 Peterson 研究生指南(Peterson's Guide)給大學生及研究生,網絡上有虛擬職業中心,也有職業評估的部分。簡而言之,能夠被印刷出來的,現在也能夠以具有競爭力的價格以電子方式取得。我們可能正處於各種媒體——印刷品、電腦、影片和其他來源——將以創造性的方式合併。同

時，我們可以預期不斷變化的生涯資訊會持續地劇增。

使用網際網路補充生涯資訊和其他生涯規劃資源的來源是很重要的。然而，它不僅是一門科學，也是一門藝術。幾乎每天都會出現新網站，開始依賴的網站總有一天會消失，然而，使用網路書籤將特定的好網站記錄下來以供個人使用會很有幫助，以定期在這些區域中找到最需要的資訊。本章的附錄介紹了當前網站具代表性（而非最詳盡）的樣本，可能對生涯諮商師和個案都有幫助。我們列出了我們在大學生涯中心的工作人員發現特別有用的網站。隨著不斷的變化，可登錄密蘇里大學生涯中心網頁（http://career.missouri.edu/）以獲取最新資料，即使有些連結在閱讀本文時已經有所更新，藉由進入這些網站，可以連結到其他與生涯相關的網路資源。將認為最適合與個案工作的內容標籤下來，無論是透過網路還是以印刷形式、光碟或影音形式所提供的資訊。諮商師要幫助個案找到這些生涯資訊並有效使用，對個案有所助益。諮商師在這方面的基本能力受到了更深的挑戰。

一些不太明顯的生涯資訊來源

這些年來，有越來越多個案不是無法獲得我們剛剛描述的各種生涯資訊來源，就是知道如何獲得資訊，但還是需要繼續依賴其他資源。這兩種個案都同樣重要。對於許多不同種族、宗教或文化背景的個案來說，家庭、教會或部落中的長老、先知、哲人或其他一些權威可能是最終的資訊來源。我們不會塑造或影響這些來源，即便我們塑造並描述電腦化系統的使用，但我們必須珍惜並理解這些影響的重要性。這是另一個很重要的原因，說明為什麼我們要聽聽個案的回饋。我們不能假設他們會發現我們的資源與他們已經使用的資源一樣有用。我們需要傾聽對於個案真正有意義的資訊來源的微妙線索，這些部分若很多時候沒有帶入晤談，就會明顯地減少我們與個案一起工作所帶來的影響。在日益全球化的世界裡，生涯諮商師能理解另一個人背景的重要性，是一個吸引人而且很重要的觀點。我們必須努力將各種來源編織在一起，並體認到在生涯諮商中做出的最終決定並非一定要以任何客觀方式

做解釋。這可能是檢視過程的一種方式,但顯然它不是我們許多個案首選的方式。你與不同背景的個案合作的經驗越多,越能知道你的方式只是眾多方式中的一種。

蒐集、分類、評估,以及決定是否使用資訊或如何行動,可能取決於個案的種族、族群、性別、性傾向、文化或社會經濟背景以及許多其他變項。我們只能從教科書中學到這些差異,很多地方還是有賴於我們對個案的傾聽。當你被指派的個案來自不同的種族或族群時,在準備接案時,你首先可能會依據自己過去經驗來評估這些不同。Ward 與 Bingham(1993)設計了「諮商師多元文化生涯諮商檢核表」(Multicultural Career Counseling Checklist for Counselors)(參見表 16-1),「主要在幫助你更徹底地思考這些種族或族群不同的個案與你的不同……並提供生涯諮商」(p. 250)。你只需閱讀並勾選適用的語句。這麼做,你將知道你對你個案的了解以及你還需要從個案那兒知道些什麼。

Ward 與 Tate(1990)設計「個案生涯諮商檢核表」(Career Counseling Checklist for Clients)(參見表 16-2),後來 Ward 與 Bingham(1993)再做了修訂,此檢核表讓個案告訴諮商師他(她)對工作世界的了解,以及年齡、性別、身心障礙和社會經濟背景的影響。它還包含有關家庭角色在生涯選擇決策中的問題。在早期或在諮商之前進行施測時,它不僅可以向諮商師提供有關個案在重要議題中有用的資訊,同時還可以傳達諮商師對這些問題的興趣,將它作為生涯諮商的一部分。你可能會發現你還想建立其他方法來確保對這些差異保持開放態度。

現在有各式各樣的資訊類型,要能有效利用這些生涯資訊,對生涯諮商師來說是一項艱鉅的挑戰。如今所有我們需要的資訊,都齊了;面臨的挑戰,是在於幫助我們的個案根據需要來進行分類:哪些是需要的、如何在最佳時機善用這些資訊、有哪些重要的資訊來源。協助個案將所有這些分類組合在一起,可能是一個複雜但吸引人的過程,當中用了許多我們的專業技能。

表 16-1　諮商師多元文化生涯諮商檢核表

　　如果你的個案跟你屬於不同的種族／族群，在開始與你的個案進行生涯評估前，你可能會想使用這份檢核表。

　　以下敘述能幫助你更全面地思考你將要服務的個案，他的種族或族群文化與你不同。請你勾選所有適用的敘述。

我的種族／族群認同是 ＿＿＿＿＿＿＿＿＿＿＿＿＿＿＿＿＿
我個案的種族／族群認同是 ＿＿＿＿＿＿＿＿＿＿＿＿＿＿＿

一、諮商師的預備

❑ 1. 我對跨文化諮商能力熟悉程度較低。
❑ 2. 我清楚個案的文化認定。
❑ 3. 我了解並尊重個案的文化。
❑ 4. 我知道自己的世界觀，也知道它是如何被塑造成型的。
❑ 5. 我知道我的社會經濟地位（SES）如何影響我同理個案的能力。
❑ 6. 我知道我的政治立場如何影響我對不同族群個案的諮商。
❑ 7. 我有面對不同種族及族群團體的諮商或其他生活經驗。
❑ 8. 我知道個案所屬族群團體歷史、當地社會政治議題，以及她對尋求協助的態度。
❑ 9. 我知道個案所屬族群團體的優勢。
❑10. 我知道自己在種族認同發展方面的位置。
❑11. 我知道關於個案所屬族群團體的一般刻板印象。
❑12. 我能自在地面對少數族群個案。
❑13. 我知道性別及種族／族群交互作用對我個案生活影響的重要性。

二、探索與評估

❑ 1. 我了解個案的生涯問題。
❑ 2. 我了解個案的生涯問題如何因經濟、家庭和學業問題而十分複雜。
❑ 3. 個案有呈現與生涯問題有關的種族和（或）文化背景資訊。
❑ 4. 我知道與個案種族或文化相關的生涯限制或是阻礙。
❑ 5. 我知道個案所知覺到的限制是什麼。
❑ 6. 我知道個案對她家庭種族文化認同的看法。
❑ 7. 我清楚個案能知覺到家庭對她生涯發展的支持。
❑ 8. 我知道個案相信她的家人希望她追求何種職業生涯。
❑ 9. 我知道個案家人的支持對她來說是否重要。

表 16-1　諮商師多元文化生涯諮商檢核表（續）

☐ 10. 我認為家庭義務正在決定個案的生涯選擇。
☐ 11. 我知道個案在高中及之後接觸多少的生涯資訊和角色楷模。
☐ 12. 我理解個案高中學習經驗（正向或負向）對其信心的影響。
☐ 13. 我知道個案對自己能力、素養和自我效能的看法。
☐ 14. 我相信個案會因為害怕性別歧視或種族主義而避開某些工作環境。
☐ 15. 我知道個案的種族認同發展階段。

三、談判和工作共識

☐ 1. 我知道協助個案所需生涯諮商的類型（生涯選擇、家庭收入補助、專業生涯發展等）。
☐ 2. 個案和我已對生涯諮商的目標達成共識。
☐ 3. 我知道個案身為家庭女性的角色如何影響她的生涯選擇。
☐ 4. 我知道個案對女性在家庭和文化中工作角色的看法。
☐ 5. 我清楚個案能了解孩子在她生涯規劃中的角色。
☐ 6. 我清楚個案接觸各種職業角色楷模的程度。
☐ 7. 由於接觸更多生涯及角色楷模，我清楚文化所形成的生涯衝突。
☐ 8. 我知道個案的生涯期望。
☐ 9. 我清楚個案對她達成期望的能力有多少信心程度。
☐ 10. 我知道個案了解工作類型和教育程度之間的關係。
☐ 11. 我知道消極和（或）自我打擊的想法對個案的抱負和期望而言是個阻礙。
☐ 12. 在進行文化和家庭問題的探索之後，我知道個案和我是否需要重新協調她的目標是否恰當。
☐ 13. 我知道個案了解生涯探索過程。
☐ 14. 我知道個案對生涯諮商過程的期望。
☐ 15. 我知道什麼時候使用適合個案族群的傳統生涯評估工具。
☐ 16. 我知道個案該使用哪種工具。
☐ 17. 我清楚個案所使用工具對其族群而言是有得到研究上的支持的。
☐ 18. 我清楚較適用於與個案族群有關的非傳統工具。
☐ 19. 我清楚如何以非傳統取向方式使用與個案所屬族群相關的傳統工具。
☐ 20. 我清楚個案與其種族或文化相關的生涯優勢。

註：取自 "Career Assessment of Ethnic Minority Women" by C. M. Ward and R. P. Bingham, 1993, *Journal of Career Assessment, 1,* pp. 246-257。Copyright 1993 by Sage Publications, Inc.

表 16-2　個案生涯諮商檢核表

　　以下敘述，有助你更全面性地思考你所關心的生涯議題，也有助於你的諮商師更了解你。請盡量誠實地回答，勾選對你來說是事實的選項。

☐ 1. 我覺得我必須答應別人要我做的事，這些期望與我自己的慾望相衝突。

☐ 2. 我有許多的興趣，但我不知道如何縮小範圍。

☐ 3. 我害怕在生涯選擇時犯下嚴重的錯誤。

☐ 4. 我沒有信心確定自己真正的興趣在哪些方面。

☐ 5. 對於有責任要做出良好的生涯選擇，我覺得不安。

☐ 6. 對於有關我生涯選擇方面的技能、興趣、需求、價值觀，我缺乏足夠認識。

☐ 7. 我的體力可能會嚴重影響我的生涯選擇。

☐ 8. 我缺乏工作世界的資訊，不清楚自己有哪些工作機會。

☐ 9. 我知道我希望自己的職業生涯是什麼，但不覺得這是一個實際的目標。

☐10. 我覺得我是唯一沒有生涯規劃的人。

☐11. 我對自己缺乏了解，也不知道能為工作世界提供些什麼。

☐12. 我真的不知道我的職業生涯需要什麼才能讓我感到滿意。

☐13. 我覺得我個人生活中的問題阻礙了我做出正確的生涯決定。

☐14. 我的族群背景可能會影響我的生涯選擇。

☐15. 無論我對生涯資訊知道多少，我都會來回搖擺不定，無法下定決心。

☐16. 我是個很容易放棄的人。

☐17. 在做生涯決定時，我覺得自己很多時候會被指責不夠成功。

☐18. 生活中很多時候我都很難做出決定。

☐19. 我的年齡可能影響我的生涯選擇。

☐20. 我希望我的生涯決定能填補我所感受到的無聊和空虛感。

☐21. 我很難做出承諾。

☐22. 我不知道在生活中我要些什麼，我是誰，或者對我而言什麼是重要的。

☐23. 我很難完成一件事情。

☐24. 我很害怕犯錯。

☐25. 宗教價值觀也許會嚴重影響我的生涯選擇。

☐26. 此刻，我想的比較是找工作而不是選擇一個生涯。

☐27. 家庭責任可能會限制我的生涯野心。

☐28. 我的生涯傾向與我家人的生涯傾向非常不同。

表 16-2　**個案生涯諮商檢核表（續）**

☐29. 我的工作經驗讓我知道在我的生涯有哪些事情是我想要或不要，但我仍然感到迷茫。

☐30. 我在學校的某些課程表現比其他同學好，但我不知道如何使用這個優勢。

☐31. 我的種族可能會嚴重影響我的生涯選擇。

☐32. 我的長期目標比短期目標還更為穩定。

☐33. 我有些與生涯有關的白日夢沒有和很多人分享。

☐34. 我一直無法看到我大學所學與未來生涯之間的關係。

☐35. 我覺得還挺滿意自己所做的生涯選擇，但我在尋找工作時需要具體的幫助。

☐36. 我的性別可能影響我的生涯選擇。

☐37. 我的生活發生了變化，這需要改變我的生涯規劃。

☐38. 我幻想著有一份對我來說很完美的工作，只是不知能否找到這份工作。

☐39. 我已經離開工作世界一段時間了，需要重新定義自己的生涯選擇。

☐40. 賺大錢，是我重要的生涯目標，但我不確定如何達成。

☐41. 我的移民身分可能影響我的生涯選擇。

註：取自"Career Assessment of Ethnic Minority Women" by C. M. Ward and R. P. Bingham, 1993, *Journal of Career Assessment, 1*, pp. 246-257。Copyright 1993 by Sage Publications, Inc.

擬訂行動計畫

　　看到我們的個案在進行生涯規劃時採取積極的步驟，這真的是生涯諮商過程中令人覺得很欣慰的地方。幫助他們將夢想變成真實，對諮商師和個案都是肯定，也證明諮商有效。這些狀況如何發生，有時是一套完善的目標和行動計畫的結果，有時則看似沒有系統，且無法解釋。當生涯目標和行動計畫遵循一系列合理的步驟時，最容易理解或解釋。我們知道有些時候這個過程看起來很直觀，特別是對於少數種族和族群群體以及女性的成員來說，一個人到達想要的地方，過程可能是非線性的，甚至可能是循環的，要經過好

幾回的決定循環。無論哪種方式，幫助個案明確知道自己的生涯目標和擬訂行動計畫是另一個重要的步驟，在生涯諮商過程中，這部分是值得我們關注的。

接下來我們開始探討生涯諮商中可以預期浮現的結果。這引導我們自然而然地仔細研究制定這些結果或目標或計畫的過程。最後，在結束前，我們會討論一些技術，這些技術將增加個案很多機會，讓個案在離開生涯諮商時帶著計畫及目標前瞻自己的未來遠景。

一、個案從生涯諮商中獲得什麼

當我們仔細觀察生涯諮商研究結果實徵資料時，很容易得出結論，認為這是個有價值且有益的過程（Heppner & Hendricks, 1995; Phillips, 1992）。事實上，從總結角度來做報告時，各種生涯介入的研究（S. D. Brown & Ryan Krane, 2000; Spokane, 1991; Spokane & Oliver, 1983）也主張這些效果可能比一般心理治療結果更令人驚訝。這應該讓我們詢問個案關於他們在生涯諮商中所發生的，是什麼讓他們覺得如此有用？

首先，我們常聽個案說對他們想要做些新的事情或再次感受對某些事情的希望感或決心。根據我們在本書前面介紹的部分，他們可能有更好的主動性機制或希望感（Lopez, 2013），並且更清晰地討論追求目標的途徑。他們的「目標」不應與我們建立強大工作同盟的「目標」相混淆。在工作同盟中，我們參考了諮商關係中要實現的目標——我們作為諮商師和個案共同工作的重要目標——而在這裡，我們所謂的目標是指一些更具體的項目，以便與個案制定行動計畫。

個案將很多因素歸功於諮商以及他們從諮商師那裡獲得的支持、理解和鼓勵，以及他們所經歷的關係（Fuller & Hill, 1985; Heppner & Hendricks, 1995）。我們不應該忽視這個關係的重要性，或許我們最後會發現，生涯諮商的過程比結果來得重要。然而，我們很難蒐集這些重要的資料，相較之下，我們比較容易觀察到客觀的改變。

我們經常會聽到個案在生涯諮商中得到新的發現或頓悟；這些可能是個案對自己或一些機會的學習或洞察。個案看待自己或看待機會的方式在諮商前後有何改變，研究結果顯示與生涯諮商結果的研究是相同的（Holland, Magoon, & Spokane, 1981）。

我們應該被所有可歸因於生涯諮商的證據所鼓舞，但我們不想忽視這歷程中發生的事情。個案獲得新的理解和洞察，並為自己看到新的機會，但這是如何發生的？他們如何幫助自己整理？他們的目標和生涯行動計畫如何出現，我們如何鼓勵這樣的計畫？

在一項對 62 份生涯諮商研究所做的綜合性回顧研究中（S. D. Brown & Ryan Krane, 2000），發現正向的諮商結果與五個關鍵要素有關。雖然其中任何一個要素都很重要，但五個要素組合在一起更為有力。這五個要素（沒有特別重要的順序）包括：書寫練習、個別化解釋及回饋、工作世界資訊、替代性學習經驗（像是接觸楷模，這些楷模藉由生涯探索歷程而獲得成功），以及建立個人生涯選擇的支持系統。我們提出一些方法，將這些要素內容納入生涯諮商，也鼓勵你思考其他有創意的方法。如果每一項都很重要，而五個要素的結合更為重要，我們必須以創意方式將這些要素都融入我們的諮商介入方案中。此外，我們也提供 S. D. Brown 與 Ryan Krane（2000）的章節，以更全面地描述這些重要發現。

第一個要素是結合書寫練習。我們會在初談表格中請個案簡單寫下對自己的描述，也可能會以一系列語句完成方式請他們寫下大致的生涯規劃。例如，完成「職業夢想量表」，可以請個案將焦點放在過去、現在和未來的生涯規劃。

在諮商中的第二個要素是個別化解釋及回饋。這通常是在諮商過程中寫在紙上或練習時的評論，或是晤談中對生涯計畫的評論，也可以是測驗或量表的結果解釋。這種回饋方式是否有用，要看這些回饋是否是在強而有力的工作同盟狀況下進行。只有在穩固的工作同盟下，這要素才會被認為是對個案很重要且有意義的。

第三，是工作世界資訊的提供。我們可能假設個案知道並能夠使用資訊，且不需要幫他們找這些資訊。然而，我們在本章花了很大的篇幅強調不要太快假設個案對生涯資訊的需求和理解。

S. D. Brown 與 Ryan Krane（2001）回顧他們早期研究結果，並在一年後補充了一個有趣的觀察結果：「研究中，只要是有請個案評估各種介入方法對他們有多大程度的幫忙，很一致的結果，是發現那些最有幫助的活動就是在協助個案搜索和使用職業資訊。」（p. 6）但特別的是，在諮商過程中使用生涯資訊並不被認同，通常的做法是給個案回家功課，讓他自己搜尋並檢視這些資訊。

第四，我們提供替代性學習經驗，我們可以讓個案在所學領域與成功的榜樣接觸。在大學校園裡，這可能意味著找到同儕、教職員工、社區成員和校友，這些人願意開放接受對工作的訪問。

第五，我們建立個案生涯選擇的支持系統，可能是情感或社會支持。這可能意味著幫助個案與我們社群網絡中的人建立聯繫，或者透過其他方式幫助他們擴展自身專業的社群網絡。我們可能會在諮商過程中針對個案提出的生涯規劃進行演練並提供立即性增強。

在本章的前面部分，我們主張生涯決定過程包括三個部分：階段一是探索，階段二是理解，階段三是行動。這是一個持續的過程，一個階段引導到下一個階段，依此類推。隨著你對自己的了解越來越多，你可能會在採取行動之前看到需要更多有關工作世界資訊的需要。這可能是一個良好過程的現象，可以讓有些個案依循以做參考，我們也相信一個較有系統的人可能會以這個方式進行。雖是個未經驗證的原貌，但確實顯示這三個階段就像在公式中按順序變化。其他比較沒那麼有系統的個案，在這歷程中的進行可能更難呈現出來。例如，我們知道直覺和非線性過程對某些個案來說可能同樣有效（Gelatt & Gelatt, 2003）。我們在第 2 章中討論的機緣學習理論和個人生涯理論（Holland, 1997），可能是同樣有效的過程。簡而言之，當另一個處遇方式可能更適合個案時，我們必須小心不要強加某一個處遇方式。但是，透

過使用一個模式或一組模式，我們都是嘗試幫助個案採取一些行動計畫。

無論哪種模式對你思考這個過程最有幫助，都會知道應該強調最終要採取某些行動。在諮商這段時間範圍內或之後，可能會是短期或是長期的行為，但生涯諮商應提供良好規劃的框架。雖然個案可能會談論其他諮商結果，但其中一些並不要求你特別做任何事情。一個好的目標或是行動計畫在成功實施之前通常需要討論、改進、演練、修改等等。個案若要完成這些步驟是需要幫助的，我們可以採取各種方法來提高他們最終採取行動的機會。

二、定義生涯目標和行動計畫

一般邏輯是我們希望在採取行動之前擬訂計畫。雖然這可能並非總是如此，但這就是我們所給的順序——計畫，然後行動。例如，我們經常談到我們的目標，然後在其他人的幫助下，試圖著手制定實現這些目標的行動計畫。這個計畫可能很簡單或是很複雜，很短或是很長，是個人的或是團體的，是具體的或是很普遍的，但總有一些目標在，這些目標應該是可以理解且能實現的。在生涯諮商當中，我們幫助個案整理出一個可理解的方案，以實現成為行動計畫的特定目標。確實，我們大多數人沒有定期制定目標或制定計畫，但我們欽佩那些有做到的少數人。生涯計畫通常來自設定目標的過程，一旦確定了目標，我們就會尋找實現這些目標的方法。

三、計畫的基礎

和生涯諮商一樣，一個生涯計畫需要被視為一個不斷發展的過程。雖然我們可以將計畫或行動階段描述為三部分過程的最後部分，但整體而更準確地說，這是一個連續的過程或循環，我們可以在三個部分上同時和個案工作——探索和理解自我；探索和理解一個人的環境；以及同樣重要的，探索和理解如何對這些見解或學習採取行動。

除了生涯諮商外，應該擬訂行動計畫，採取具體的客觀步驟，採取與以往不同的行動方式。我們需要知道哪些擬訂計畫的內容，以便能協助對計畫

歷程了解不多的個案，讓他們能受益呢？在諮商過程中，有許多事情是可以讓個案學習的。最重要的，就是在第一次晤談時就肯定諮商師是可以很快為其擬訂目標和擬訂計畫。事實上，個案應當盡早與諮商師溝通，同意目標和行動計畫是生涯諮商的預期結果。個案可能需要盡早並經常接受指導，也可以是簡單輕鬆地談論計畫而不是實際擬訂計畫。這就是為什麼有時你會聽到個案在一段努力之後，對諮商讚不絕口，但並無提及所採取的行動。諮商師可能有必要具體說明行動計畫的含義，例如在諮商早期，諮商師可能會說：

諮商師：你可能會對自己有更多認識，也可能會有些你以前沒想過的一些新的選擇。但同樣重要的是，我希望你能夠清楚知道你可以依循的行動方案。例如，你能想像自己的目標是在今年年底之前在另一個領域找到一份新工作嗎？我希望你能夠考慮這個問題，並思考可能需要採取的具體行動計畫。在你為自己擬訂這個或類似的行動計畫時，我或許可以為你提供一些幫助。

這敘述強調了對計畫和時間表的需求，這是在諮商過程早期所提出的兩個具體想法。在整個生涯諮商過程中，它們可能需要再次被強調，因為個案往往會拒絕採取行動所需要花費的努力。事實上，通常這就是為什麼他們來到生涯諮商的原因──無法為自己設定目標或擬訂行動計畫。

請記住，個案早期嘗試制定行動計畫可能只是對當下需求的敘述，這可能在他們進行任何探索前。看似恰當的行動計畫，最後可能還會改變，它可能不代表長期行動計畫。有些個案前來諮商，在擬訂行動計畫之前，他們不知道需要對自己有更多的認識，也不知道自己可以有些什麼選擇。他們前來，只為了表達他們當下的需求。讓我們看一下開啟晤談中的一些例子，這些陳述應該能說明我們的觀點：

個　案：我明天以前必須決定一個主修，才能預先註冊下學期課程。
個　案：我想辭掉工作，找一份麻煩較少的工作。

個　案：我又被解雇了，現在需要幫我找一份新的工作。

　　這些敘述可能是個案來諮商原因的良好線索，但他們並未提供擬訂最終行動計畫所需的所有資訊。選擇一個主修可能是一個長期目標，但個案可能需要更多的時間，也可能需要一些關於他（她）自己或生涯的具體資訊，然後再將其作為諮商的直接目標。一個人想要減少一些麻煩而辭職可能不太合理，但顯然我們需要更多的資訊才能同意將其作為一個目標，或者將其作為一個行動計畫。同樣，在第三個例子中，我們看到幫助個案找到另一份工作是一個合適的長期行動計畫，但我們希望個案在尋找其他工作之前認真思考以前工作中出現的問題。

　　這些例子可以得出兩個重點。首先，重要的是得區分個案的立即目標／計畫或終極目標／計畫。其次，我們需要將目標和行動計畫的設計視為一個持續的過程。後續的目標不應該否定最初的目標敘述和行動計畫，因為個案是為了這之前的目標敘述而前來進行生涯諮商。這可能是個很好的指標，可以在諮商歷程中持續澄清和改進。這通常可作為很精確的指標，才能協助個案建立目標並擬訂行動計畫。

　　我們需要確認個案在短期和長期行動計畫上需要給予平等的時間。有些個案只看立即目標；而有些只看長期目標，但需要幫助他專注於必要的短期目標。無論如何，我們都可以幫助個案根據更好的評斷標準來確認他們擬訂的計畫是否能成功達成他們的目標。

四、生涯目標和行動計畫的標準

　　目標和最終的行動計畫，應該要訂個符合客觀的標準。這需要花些時間，但以後比較容易觀察進展，看是否符合目標，或是找到仍需採取的步驟。Krumboltz 等人（Blocher, Heppner, & Johnston, 2001; Gysbers & Moore, 1987; Krumboltz, 1966）提出了特別有用的標準，用於建立目標和最終的行動計畫。簡而言之，目標應該具體、可觀察的，時程是清晰的，並且

是可實現的。為了幫助我們的個案制定符合這些標準的計畫，我們需要提供一些協助，這並不是自然而然時間到了就會做的事情。

(一) 目標應該具體

我們一定要注意具體性，以防個案只是做出簡單又模糊的陳述，例如：「我需要的是一份新工作……、有更多錢……、有一門新的主修」，當個案說出工作類型、金額或特定專業時會比較有幫助。同樣地，個案最初往往對目標模糊不清，但透過練習，目標可以變得非常具體。這是我們其中的一個角色：了解如何使目標或計畫更具體。如果沒有先訂出明確目標，就很難制定行動計畫。

(二) 目標應該是可觀察的

第二個標準是目標是可觀察的。若個案能看到目標，那會很有用：「我將進入研究所」、「我將接受一份新工作」或是「我將獲得我的文憑」，這些都是具體而可以觀察的目標。你可以看個案有沒有做到他打算要做的事情，個案和諮商師都可以觀察到這一點。同樣地，個案可能傾向不以這種方式陳述目標，但諮商師可能需要以這種方式幫助他擬訂目標。

(三) 目標應該要有具體時程

實現目標所需的時間也很重要。剛提到的那些可觀察到的目標或許加上一個合理的時間表會更好：「我將在今年 9 月之前進入研究所」、「我會在年底前找到一份新工作」或「我明年 6 月會拿到我的文憑」，這些都是具體、可觀察，且時間非常具體的目標。

(四) 目標應該是可實現的

最後，目標的訂定應該是可以實現的。從樂觀角度來看新學習或是新機會的發現，人們可能對目標過於樂觀或雄心勃勃。「我將在 9 月份進入研究

所並於一年拿到碩士學位」，當仔細地詢問發現該學位是一個為期兩年的學程時，這就是一個不合乎實際的目標。同樣，諮商師的角色是幫助個案設定合理且可實現的目標，同時不會削弱他們對新事物的熱情。

目標設定階段是一個重要的議題，可以幫助少數族群個案或非傳統生涯路線的男女計畫並訂定策略，協助他們克服邁向預期目標時會遇到的環境障礙。種族主義、性別歧視、恐同症和年齡歧視，都可能影響社會或機構對個案完成目標的支持意願。這可能也是諮商師倡導非常重要的時刻，他們要協助個案積極克服眼前阻礙以實現夢想。

(五) 目標可能需要寫下來

有時候把目標寫下來會有幫助，有些人會積極地寫下來，提醒自己打算做什麼；有些人則覺得沒有必要把它們寫下來，彷彿這樣才能明顯地看到目標。我們相信諮商師需要關注任何能增強個案的方式。畢竟，目的主要是幫助個案找到他們想做的事情並強化它。生涯諮商師應該要盡其所能協助個案記下諮商中的改變。

(六) 目標應該要清晰明確

另一點需要強調的是計畫清晰的重要性。雖然我們可能認為行動計畫應該是顯而易見的，但個案也許不會這麼認為。我們在整個諮商過程中應該鼓勵個案透過語言表達計畫。這促進了計畫的持續性，並能讓你把計畫變得更精緻。這也提供你一些諮商回饋，了解個案在諮商中聽到了什麼。個案通常會用一個完整的或過於雄心勃勃的計畫來表達，出乎你意料之外。因為一個好的計畫需要你們兩個人共同提供意見，在整合所聽到的意見時，需要聽得很清楚。只有經過深思熟慮和表達清晰的計畫才能付諸行動。

可能有助於建立生涯規劃的技術

沒有一種方法可以為自己建立一個或多個目標。行動計畫也可能是非常個人主義的，但我們應該努力建立一套有助於這過程的技術和技能。以下列出一些，你可以從自己的學習經驗中增加清單中的項目，但要謹慎。

1. 及早建立目標和行動計畫的期望和需求。讓個案知道他們可以實際預期的結果。

2. 制定合理的目標和行動計畫。可能需要幫個案查看內容是否是合理的。他們之前的經驗可能不足以幫助他們設定目標或重組行動計畫；或者他們正在尋求諮商，因為他們不知如何建立目標或擬訂計畫。如有必要，可以教他們建立目標和擬訂計畫的過程。在諮商中為個案提供時間讓他們學習和實踐此過程，複習目標和計畫，做出評論，進行演練，並幫助他們改進，支持並滋養照顧他們學到的這些技能。

3. 當目標和計畫已經建立，而且可以根據有意義和客觀的標準進行評估時，個案以及諮商師應該能夠觀察並記錄進展情況。

4. 盡可能多用各種方法加強有效的目標和行動計畫。建立目標或計畫要比採取行動容易得多。為個案提供機會，讓他們說出目標和計畫、寫出來、做演練，並想像自己實現目標和計畫。鼓勵個案與其他重要的人公開分享這些想法。可以考慮在生涯諮商期間建立一個例行規則，以規劃和檢閱擬訂目標和行動計畫的進展。幫助個案調整他們的目標和計畫，幫助他們辨認在實現目標或實施行動計畫任何部分的進展並為自己慶祝。這些增強對個案最終是否成功至關重要。而且由於對目標或計畫不明確的個案往往較難強化自己，這可能是個案非常重視生涯諮商時間的另一個原因。

5. 根據每位個案的需求和偏好風格做個人化的過程調整。對某位個案來說

似乎有用的東西可能對另一個個案會起相反作用。例如，結構可以強化一個人的行動力，但也可能是一個障礙。教導個案聚焦，可能會有些幫助，但也可能沒有必要。將計畫視覺化、寫下來，並做演練，這可能對一個人有幫助，但對另一個人來說只是個毫無意義的活動。

6. 當事情沒有按計畫進行時，不要為難個案或自己。有很多很好的理由說明為什麼目標沒有實現而計畫也沒有執行。有時我們預期會有一點點成功；有時會失敗；有時會拖延、藉口，以及無法理解的毫不行動。對於個案行動或不行動，我們有時只知道部分原因。我們經常發現需要向個案學習，以便更有效地協助其他個案。

結語

讓目標和計畫可以實踐，是最終也或許是生涯諮商步驟當中最困難的部分。我們需要多樣化的技能，讓目標與計畫在整個諮商歷程中是有成效的。要變得更好，需要我們的個案有練習、追蹤，並能回饋。有了這樣的助力，我們就更能滿足個案的真正需求。

參 考 文 獻

Blocher, D. H., Heppner, M. J., & Johnston, J. A. (2001). *Career planning for the 21st century*. Denver, CO: Love.

Brown, D. (2012). *Career information, career counseling, and career development* (10th ed.). Upper Saddle River, NJ: Pearson Education.

Brown, S. D., & Ryan Krane, N. E. (2000). Four (or five) sessions and a cloud of dust: Old assumptions and new observations about career counseling. In S. D. Brown & R. W. Lent (Eds.), *Handbook of counseling psychology* (3rd ed., pp. 740–766). New York, NY: Wiley.

Brown, S. D., & Ryan Krane, N. E. (2001, August). *Critical ingredients in career counseling: Some new data*. Paper presented at the 109th Annual Convention of the American Psychological Association, San Francisco, CA.

Bureau of Labor Statistics. (2013/2014). *Occupational outlook handbook*. Retrieved from http://www.bls.gov.ooh/

Fuller, R., & Hill, C. E. (1985). Career development status as a predictor of career intervention outcomes. *Journal of Counseling Psychology, 29*, 388–393.

Gelatt, H. B., & Gelatt, C. (2003). *Creative decision making: Using positive uncertainty*. Los Altos, CA: Crisp.

Gysbers, N. C., & Moore, E. J. (1987). *Career counseling: Skills and techniques for practitioners*. Upper Saddle River, NJ: Prentice Hall.

Heppner, M. J., & Hendricks, F. (1995). A process and outcome study examining career indecision and indecisiveness. *Journal of Counseling & Development, 73*, 426–437.

Holland, J. L. (1997). *Making vocational choices: A theory of vocational personalities and work environments* (3rd ed.). Odessa, FL: Psychological Assessment Resources.

Holland, J. L., Magoon, T. M., & Spokane, A. R. (1981). Counseling psychology: Career interventions, research, and theory. *Annual Review of Psychology, 32*, 279–305.

Krumboltz, J. D. (1966). Behavioral goals for counseling. *Journal of Counseling Psychology, 13*, 153–159.

Lopez, S. J. (2013). *Making hope happen: Creating the future you want for yourself and others*. New York, NY: Atria Books.

Phillips, S. D. (1992). Career counseling: Choice and implementation. In S. D. Brown & R. W. Lent (Eds.), *Handbook of counseling psychology* (2nd ed., pp. 513–547). New York, NY: Wiley.

Schwartz, B. (2005). *The paradox of choice: Why more is less*. New York, NY: HarperCollins.

Spokane, A. R. (1991). *Career intervention*. Boston, MA: Allyn & Bacon.

Spokane, A. R., & Oliver, L. (1983). The outcomes of vocational intervention. In W. B. Walsh & S. H. Osipow (Eds.), *Handbook of vocational psychology* (pp. 99–136). Hillsdale, NJ: Erlbaum.

Ward, C. M., & Bingham, R. P. (1993). Career assessment of ethnic minority women. *Journal of Career Assessment, 1*, 246–257.

Ward, C. M., & Tate, G. (1990). *Career Counseling Checklist*. Atlanta: Georgia State University, Counseling Center.

Zunker, V. G. (2006). *Career counseling: A holistic approach* (7th ed.). Pacific Grove, CA: Thompson Brooks/Cole.

附錄：補充資源

- 一般生涯輔導資訊（**General Career Guidance and Information**）
  http://www.bls.gov/ooh/
  www.rileyguide.com (Riley Guide, general guide for job seekers)
  http://career.missouri.edu (University of Missouri Career Center)
  www.chronicleguidance.com (*Chronicle of Occupational Briefs*)
- 履歷、申請信函及面談（**Résumés, Cover Letters, and Interviewing**）
  http://career.missouri.edu/resumes-interviews (University of Missouri Career Center)
- 賴利指南（**Networking**）
  www.rileyguide.com/nettips.html (Riley Guide)
- 線上生涯評估（**Online Career Assessments**）
  www.self-directed-search.com (Self-Directed Search Interest Inventory)
  www.keirsey.com (Keirsey Temperament Sorter)
  www.rileyguide.com (Riley Guide)
- 實習資訊網（**Internships**）
  http://college.monster.com/
  www.internshipprograms.com (InternshipPrograms.com)
  www.internsearch.com (InternSearch.com)
- 工作資訊網（**Job Searches**）
  www.cool2serve.org (national service)
  http://ww42.nationalservice.org/
  http://www.idealist.org/info/nonprofits
  www.escapeartist.com (international jobs)
- 行業資訊網（**Company Profiles**）
  www.vault.com (Vault Reports)
  www.wetfeet.com (independent directory for jobs and company profiles)
  http://company.monster.com (Monster.com)
  http://imdiversity.com (diversity perspective on jobs)
  www.businessweek.com (*BusinessWeek*)
  www.thestreet.com (TheStreet.com)
- 研究所資訊網（**Graduate Schools**）
  www.gradschools.com (general information)
  www.princetonreview.com (Princeton Review)
  www.petersons.com (Peterson's Guide to Graduate Programs)
  www.kaplan.com/

在生涯諮商中使用
社群媒體

CHAPTER 17

作者：Amanda Nell

什麼是社群媒體？

　　Davis、Deil-Amen、Rios-Aguilar 與 González Canché（2012）將社群媒體（social media）定義為：「一種在數位化環境當中透過多種溝通方式，以網路基礎及行動應用程式讓個人或組織開創、經營、分享新作品或是既有成品。」（p. 1）社群媒體包括部落格、社群網站（如 Facebook、LinkedIn、Ning）以及微網誌（如 Twitter 等）、共享照片及影片的網站（如 YouTube、Instagram、Flickr）、手機技術、即時論壇（Windows Live Messenger）、即時通訊（Skype）、地理定位服務（Foursquare）、社交書籤網站（Pinterest）以及公開編輯的平台工具（wikis）等。

　　本章一開始將探索社群媒體在生涯諮商中的價值與重要性，並主張社群媒體的必需性，它們是諮商中十分有效的溝通和輔導工具。大部分的例子所指的是社群網站及共享影片和相片的網站，因為對大眾來說最為流行，也最能讓老闆仔細的觀察。接下來的討論則以定義及發展個案的社群媒體知識為中心，幫助個案的生涯探索及就業努力，我們會與大家分享無數社群媒體的最佳案例。本章最後則會提供專業發展行動項目，供生涯諮商師參考。

一、為什麼社群媒體很重要？

有幾項關鍵因素使社群媒體和生涯諮商有更多交集。社群網站的快速發展令人驚訝，每個月有 11.1 億的活躍臉書使用者（Facebook Statistics, 2013）。推特（Twitter）帳號突破 5 億，平均每天有 4 億的推文被發表（Holt, 2013）。還有發展相當快速的社群網站 LinkedIn，每兩秒就新增兩個新成員，全球 2 億 2500 萬會員中，有超過 3000 萬學生和大學剛畢業的學生在使用 LinkedIn，他們是 LinkedIn 增長最快速的人口群（LinkedIn Statistics, 2013）。

二、傳遞服務

每天都有非常大量的個案及公眾會接觸社群媒體，生涯諮商師必須要評估他們要如何為大家提供生涯諮商服務。美國皮尤研究中心（Pew Research Center）的網際網路及民眾生活計畫（Internet & American Life Project）發現 18 至 29 歲的年輕人，是所有人口世代中使用社群網站最多的年齡群體（Duggan & Brenner, 2012），約占 83%。如果我們要與客戶見面（通常是藉由筆記電腦或其他手持裝置），大概也會想用網絡空間。事實上，有些研究顯示線上互動可以帶動個案更多的參與（Higher Education Research Institute, 2007），因此有意義的互動也比較豐富。線上交流是即時的也是可以有立即回應的，不只符合個案期待也能夠建立信任及投契關係。

三、接受服務的管道

隨著不同年齡層個案接受生涯諮商需求的增加，社群媒體提供數位化學習，並「遙控」（remote）個案與生涯諮商師互動的機會。以一個免費的服務系統來說，社群媒體讓所有個案平等並獲得管道，排除包括遠方學習者、身心障礙者、非傳統個案，及其他不容易接觸服務的群體可能會面臨的阻礙。

四、外部期待

　　此外，也有外部期待要求生涯諮商師要花更多的時間在網路及科技使用上。了解社群媒體對於有效輔導個案而言是十分重要的，因為企業界一直不斷地使用社群媒體進行員工招募。舉例來說，大學招生人員以及雇主們一直都持續穩定增加使用社群媒體，以進行招生及篩選適合人選。在 2012 年卡普蘭調查（Kaplan survey）中，大學招生委員會代表們發現申請人送審資料中，有 26% 的申請人會放 Google 與 Facebook 資料，而其中有 35% 的申請人在網站上所呈現的資訊反而對他們的申請有負面影響（Kaplan Test Prep, 2012）。同樣的，僱主們也會花時間上網搜尋適當的候選人，幾乎有五分之二的公司（39%）使用社群網站去找他們覺得適合此工作的人選，而也有 43% 招聘人員在網路上看到些資訊，導致他們不要僱用此人選（CareerBuilder.com, 2013）。除此之外，僱主會嘗試搜尋申請人的背景資訊，且研究主張社群媒體活動也能夠當成未來工作表現的預測因子（Kluemper, Rosen, & Mossholder, 2012）。Kluemper 與其同事（2012）的研究也指出 Facebook 中的個人檔案能夠展現一個人的個性，經常被用來預測一個人在工作環境中成功與否。所以個案若常發表過度情緒化的內容，分享不恰當的內容或是強調不成熟的行為，很可能會在職場上展現一樣的特質。

　　從正面角度而言，調查發現招生專業人員和僱主較可能活躍地使用 Facebook 或其他社群網站來招募適合人選及有潛力的申請人。創生涯這家公司（CareerBuilder.com, 2013）的一項調查確定有 87% 的人力資源招募人員會透過網絡社群尋覓有潛力的申請人，以填補公司職位空缺。卡普蘭公司（Kaplan Test Prep, 2012）調查發現絕大多數的大學招生委員會人員（78.6%），會登入 Twitter、Facebook 或 YouTube 去找未來的學生。因此，正向和專業的網站形象可能會為個案帶來很大的成效。

　　也因為如此，本章假定科技和社群媒體可作為工具，「幫助年輕人和成

人做出明智和謹慎的職業、教育、培訓和就業決定」（Vuorinen, Sampson, & Kettunen, 2011, p. 41）。在生涯諮商中，社群媒體的使用焦點集中於人際互動，技術能力往往不是生涯諮商師的強項或是優先考量。研究顯示生涯實務者對社群媒體的個人觀點及他們的實務知識，直接影響到他們接受和使用技術的程度。對實務工作持有整體觀點的生涯諮商師，比起直接引導，他們更傾向使用社群媒體（Kettuen, Vuorinen, & Sampson, 2013）。

社群媒體注意事項

如果你正計畫開展或簡單地重新評估你在目前工作環境中使用社群媒體的狀況，這裡有幾點從職業服務專業人士的全國性調查意見，可提供參考（Kubu, 2012b）。結果顯示，以下幾點是社群媒體應用成功的關鍵：

- 實務方針／標準
- 目標和策略
- 內容管理
- 人事和培訓
- 評估／評量

一、實務方針／標準

大多數接受調查的生涯中心（52%）並沒有社群媒體相關人員的部門，機構也沒有這方面的政策方針。辦公處應該先諮詢合法的、網路通訊，或是資訊技術專業人員採用的準則。已聲明的政策應該要提及實施、內容（語調和聲音）、應對負面評論的標準，以及對危機處理機制的溝通（Kubu, 2012b）。

普林斯頓大學（Princeton University）起草一個全方位的指導方針典範，清楚陳述對社群媒體管理人員的期望，以及僱主、校友及學生適當參

與，並顧及特定族群，維持公平和倫理標準（Kubu, 2013）。這包括簡短的理念，說明生涯服務工作人員在應用社群媒體時的所有政策及建議。

二、目標和策略

成功的社群媒體策略，其特色是與組織或機構的目標一致，並贏得領導者認同。焦點並不僅只是在所使用的平台，而且還有述說的故事以及所形塑出的品牌。大部分的社群媒體專家指出，以實現目標為基礎的溝通策略及編輯行事曆是很重要的。量化目標是一個標準，但別忘了使用者的參與。你會希望個案填寫問卷，提出評論，點擊連結並轉貼張貼內容。雙向溝通是最理想的社群媒體典範，所以服務對象及觀眾群能夠積極的跟上並分享諮商師提供的內容（反之亦然）。

此外，從廣泛角度思考在所有平台上所預期的觀眾群，某些特定網站可能對某些使用者端較有用。舉例來說，如果你的目標放在與僱主的溝通，你會將焦點放在 Twitter，因為一般公司很積極地使用這個媒介。而另一方面，許多個案在 Facebook 上較為活躍，所以你可能會關注臉書上所貼出的生涯資訊和相關貼文。一個 LinkedIn 的群組或頁面可以作為在大學或機構工作人員的通信（溝通）媒介。不妨以批判性角度想想你的預期目標：社群媒體單單只是促進現有業務的一種方式，或者你正在使用社群媒體作為一種增值服務？這答案並沒有所謂的對或錯。重點是制定一個深思熟慮的，而非偶發的途徑。

在某些情況下，使用社群媒體的生涯中心會進行需求評估，以決定線上資源如何能幫助他們提供就業服務，並獲得關鍵的資訊。辨識出服務對象的需求與行為，有助於在技術推動上做出好的決定，而不是讓社群媒體的趨勢來引導我們的決定（Timm, 2006）。

三、內容管理

你的溝通策略應該會促進內容的發展，但也有其他考慮因素可用來管理

你社群媒體平台的內容。生涯諮商專業人員應該採取足夠時間來確認資源的內容素材，確定更新的頻率，並極力避免常見而代價很高的錯誤。

(一) 張貼內容

你所張貼的內容必須是有創意且有吸引力的。要吸引個案，就需要藉由張貼有知識、有創意和有趣的內容，讓方法多樣化。舉例來說，可以連結一個有趣的影片、上傳生涯事件的相關照片、連結到一個有關工作趨勢的文章或調查、進行僱主問與答等等。多媒體的貼文（影片、動畫、圖片）比起一般貼文的內容，通常能得到較多的關注，近期發生的事件或是校園或機構發生的事情也是如此。但不用覺得要負責起草所有的原始內容。有些部落客及生涯網站（Wetfeet、Career-Builder、Brazen Careerist 與 CareerThoughts 等等）在建立頻繁的、具主題性的內容方面都有傑出的表現。只要把最喜歡的網站以書籤儲存起來或是註冊以便之後能收到電子報，然後按一下「分享」鍵，就能重新張貼內容到所喜歡的社群媒體帳號。

若越會結合社群媒體及其他行銷工具，結果就會更好。舉例來說，在email 簽名檔加上社群媒體圖示、在自己的生涯網站上放上分享鍵，或是在傳單上加上可以連結到 Facebook 或是其他生涯影片的二維條碼。這個行銷的結合可以幫助社群媒體網站增加能見度，也可以使用一些既有的內容，像是生涯博覽會的照片或是電子報文章，以便節省一些時間。

(二) 張貼時機

你所分享的資訊和媒體必須是正確的、有相關的並且是持續張貼的。生涯諮商師可以建立一個行事曆指引更新，這也有助於與個案之間進行討論。太多的貼文可能會隱沒關鍵頁面的更新或是惹惱個案，個案會離開。太少發文則可能會被遺忘或是被視為不相干。請確保時間表包括多種內容，例如狀態更新、一個連結、一張照片或是一個影片更新。若覺得有幫助的話，行事曆可以允許生涯諮商師安排一段時間（一段日子）讓個案可以在上面評論。

許多的生涯諮商師對於讓個案給予評論都秉持著謹慎的態度，擔心不適合或是負向的評論。但若仔細監控或公布時間簡短，將會促成一個理想的結果：個案的互動。通常而言，大部分的活動在它被推出前 24 小時內要再更新。此外，可以策略性地計畫什麼時間張貼文章。在某些情況下，個案每天早上接收到的第一個資訊，會是很有效的。有些生涯諮商師則選擇晚上貼文，因為他們知道個案更可能會在晚上使用電子設備，或是在讀書的空檔上網。社交管理的網站，例如 Hootsuite.com（免費資源），讓生涯諮商師可以提前安排任何日期或時間對他們所有的社群媒體張貼資訊。事先規劃活動也是個用來評估所使用溝通策略有效性的好方法。透過在行事曆上規劃和記錄活動，你可以查看網頁的洞察報告（page insight）和其他分析來決定哪些內容在哪些時間得到了最多個案的注意。

(三) 需要避免的事項

雖然線上溝通可以聯繫到群眾，但它確實有其限制。它是個被刪減過的對話，語句通常著重於文字的長度而不是音調或是內容。研究顯示，不論發送者和接收者是否有足夠信心，因為發送方法很模糊，所以人們很難分辨語調（tone），甚至會投射自己的刻板印象（Epley & Kruger, 2004; Kruger, Epley, Parker, & Ng, 2005）。使用社群媒體時，要注意語調，並避免使用有細微差別或是很複雜的資訊。此外，簡單的錯誤可能對諮商師的機構或組織造成不好的印象。判斷力差（如不夠聰明的玩笑），或誤報和一再出現的錯誤（例如拼寫錯誤和錯誤的連結），可以很快就敗壞你在線上的聲譽。經常在你的社群媒體網站上檢視並查對事實是很重要的，這樣才能被確認是良好且可靠資訊的來源。

四、人事和培訓

由誰負責管理和張貼資訊在社群媒體中是個關鍵的決定。溝通可以交由一位專屬的溝通／行銷工作人員，其他的專職人員則可以派給社群媒體和其

他主要工作任務。例如，在許多情況下，生涯服務有賴學生身分的工作人員來協助或管理社群媒體網站。在某些情況下，所有的工作人員都被鼓勵要每週或每天協助更新社群媒體網站。根據美國大學與僱主學會（NACE）2012年社群媒體的調查，大多數受訪者一週大約花 1 至 5 小時在社群媒體上。越進步的生涯中心，花在社群媒體管理上的時間越多（Kubu, 2012a）。

無論是誰負責管理社群媒體，隨著技術不斷演變，他們的培訓及不間斷的教育是關鍵。理想的情況是，社群媒體管理者應當考慮為他們的組織或機構員工提供專業發展研習、參與社群媒體用戶團體、加入線上討論團體、參加專業公會（協會）的研討會，與同行組織或機構維持一定的水準。在工作人員及訓練方面的討論隱含著預算議題，這預算往往也決定了員工的參與和訓練水平。即使資源有限，仍有許多免費的資源和社群媒體網絡，仍可以支持小型辦公室或是讓生涯諮商師個人玩一玩社群媒體，變些戲法。

一些網站像是 Mashable、Technocrati 和 SocialMediaToday，是新聞及資訊產業發展趨勢和創新的領導平台。他們透過社群媒體平台組織資訊和提供有用的文章及意見，以有效管理網路頁面，並擴大社群媒體的潛力。其所提供的「如何做」（how-to）資訊也可以改變社群媒體網站用途，並協助個案。在全美及地區性的專業組織也會協助更新知識，了解當前新出現的問題，例如內容管理、社群媒體推廣、法律和道德規範。美國大學與僱主學會（NACE）、美國生涯發展學會（NCDA）及美國諮商學會（ACA）有許多紙本和網上的文章，同時也贊助相關活動，討論社群媒體的使用。美國生涯發展學會（NCDA）網站和《生涯整合》（*Career Convergence*）網路雜誌經常發表社群媒體的議題及線上訓練工具。除了調查和研究，美國大學與僱主學會（NACE）主辦半年一次的「社群媒體大熔爐」（Social Media Mash-Ups）活動，這是專為經驗豐富的社群媒體管理者和新手舉辦的密集工作坊。

五、評估／評量

社群網絡的管理和監控有各種各樣的線上工具；然而，卻沒有一個衡量指標的標準來評估社群媒體的效果和投資回報率。但是，可以透過以下步驟評估社群媒體的使用狀況：

- 使用免費的分析系統，例如 Google 分析（Google Analytics），來評估網站及參照網頁的流量。這可以讓你知道所有網頁的瀏覽量、所有的瀏覽器類型，以及他們是否從社群媒體平台連到那裡。

- 可以回顧 Facebook 洞察報告（Facebook Insights），其中包括任何的粉絲專頁指標。管理員可以測量粉絲人數的增長，點「讚」人數和頁面的互動以及用戶的人口統計數據，都可用以檢視是否已經有足夠的人氣。數據也會顯示每天和每週的高峰活動。

- 檢查 Twitter 數據，看看諮商師所屬的生涯中心或是機構有多少追蹤者、被提及次數、資訊和轉推。

- 註冊像是 HootSuite 或 TweetDeck 等網站，它們使用的儀表板可管理和簡化社群媒體帳戶。它們也提供了強大的流量數據和報告（轉推、被提及次數等）。

- 善用 URL 短網服務洞察報告，如 Owly 或是 Bitly。這是另一種方式，看看有多少人實際上點擊社群媒體平台上資訊的連結或貼文。社群儀表板網站通常也提供這個選項，這可以讓你連結到能輸入 140 英文字元的推文（tweet）。

- 調查個案和僱主的觀眾在尋找什麼資訊，以及是如何獲得更多關於服務、資源和活動的資訊。

- 測量你的「社會影響力」（Kubu, 2012b, p. 39），與網頁上多種社交網絡相比較後，以數字來決定社群媒體覆蓋範圍。Klout、Social Mention 與 Topsy 便是幾個可參考的例子。

- 最後，可以諮詢像是 Mashable.com 和 SocialMediaToday.com 這種產業標準，看如何能最佳化社群媒體平台以監控你的進展。當分析很有用時，這些數字是會讓人被淹沒的；若沒有脈絡，它們是毫無意義的。報告和統計數據需要回歸到總體目標和溝通策略。

大學生涯中心的社群媒體概況

　　2012 年大學生涯中心的調查中，Osburn 與 LoFrisco 發現中心平均管理 2.7 個社群網絡網站：Facebook（93%）、LinkedIn（77%），與 Twitter（70%）。根據這項調查組，社群網站的目的是提供生涯資訊，包括求職技巧、生涯相關的文章、就業公告、用人單位聯繫，並推廣生涯服務。大約三分之一的受訪中心有 500 個或更多的追蹤者，生涯中心指出有 86% 的人滿意或是大部分滿意他們社群網站的使用情況（Osburn & LoFrisco, 2012）。

　　至於社群媒體的好處，大部分生涯中心辦公同仁認為包括：學生的參與、提高能見度、活動參與、更頻繁的交流，並與校友和僱主更多的連結。缺點則包括人員不足、沒有指標、缺乏學生事務的專業，以及難以針對目標有效溝通（Osburn & LoFrisco, 2012）。

個案的社群媒體素養

　　面臨數位時代的來臨，生涯諮商師有責任教育個案社群媒體的基礎知識，使他們能夠利用各方面的技術，進行生涯的探索和畢業後的生涯追求。不使用社群網站的個案，相較於使用這些工具資源的同儕，他們在找工作或是尋找公司企業網絡或求職資訊時，是相當不利的。正如我們在過去幾十年已經學會接受線上工具，技術創新也迫使我們必須協助個案發展社群媒體素養。

個案基本能力

以下是我們建議所有個案都應該熟練的一些基礎知識，它和三個最流行的網站有關——Facebook、Twitter 與 LinkedIn，這是幾乎所有個案或僱主所普遍使用的：

1. 創造線上的存在感（online presence）：個案很可能有 Facebook 的網頁，但是可以鼓勵個案註冊 LinkedIn，並且要經常使用這些帳號。生涯諮商師應該建議個案要固定一段時間（每週）去管理他們的帳號。毋需花太多的力氣就可以張貼一個故事或是轉貼一則評論。同時，一個個案什麼時候應該要使用哪些媒體以及在什麼平台使用，也是重要的思考議題。LinkedIn 是一個找實習、全職工作還有建立工作網絡互通訊息的重要資源，但是對還沒決定方向的個案並不實用。對於不同個案，你要使用不同的方法。最重要的是與個案分享社群媒體網站的目的和價值，好讓他們可以發展他們自己的策略方法。

2. 清理數位的垃圾（digital dirt）：若個案已經有使用社群媒體帳號，他們很可能需要再檢查這些網站並清除不適合的照片、內容及連結。生涯諮商師也許會問個案他們願不願意一起檢視他們的檔案，或是他們可以提出一些問題：「這會是你想讓你的家人或是重要他人看到的嗎？」個案必須仔細地檢查他們的隱私及帳號設定。尤其是 Facebook，有為使用者提供權限，可以控制誰能看到或回應他們在動態時報上張貼的資訊，批准任何的標註或外來的張貼內容，或是封鎖某些使用者。生涯諮商師也可以推薦像是 BrandYourself.com 的資源，讓自己在搜尋引擎中凸顯出特定的檔案及連結。

3. 創造僱主友善性（employer-friendly）**的網站**：在清除社群媒體中的負向內容後，個案應該強調正向的部分（以便僱主容易接受）。有幾種方法可以做到這一點：

- 使用強調工具指出和生涯相關的貼文以及 Facebook 動態時報上的重要成就。
- 轉推特定領域或所愛好研究之相關領域的正向故事或是主題。
- 將生涯目標和興趣放入 LinkedIn 帳號的標題中。
- 上傳一個專業的大頭貼或是 Twitter 的頭像。
- 確定所有的社群媒體網站有設定連結到個人的履歷或檔案夾,並且能連結到其他社群網站。

個人品牌工具

生涯諮商師可以花很多時間告訴個案清除數位垃圾,但是最有生產性的對話是當我們談論有關如何善用社群媒體力量,讓線上呈現的是正向及專業。不管諮商師覺得自己是很精通網路,或覺得自己是網路白痴,或是介於兩者之間,身為生涯諮商師,可以問問他們常使用的社群媒體,他們都張貼些什麼資訊內容等簡單的問題,以激勵個案。生涯諮商師可以分享的資訊,像是個案使用網路的工具不只是用在交際功能,也可以用來當作探索及追尋個人和生涯的興趣。要做到這一點,個案必須建立一個深思熟慮、有意圖的網路身分,以反映出那些價值。許多個案沒有仔細思考自己在線上所呈現的樣貌究竟是什麼角色,所以,鼓勵他們將此社群媒體思考為一個經營自己個人品牌(brand)的工具,如此可以幫助他們發展一個正向且專業的形象。邀請個案整理自己的目標、興趣、技巧和能力,然後重新檢視他們的社群媒體,看看這些價值及特點有沒有反映在他們的網站上。一個部落格的貼文內容、推文、Pinterest 貼圖,或是 Facebook 上貼文的資訊,都可以凸顯出一個人的學術成就、一個充滿激情的理由,或是生涯抱負。挑戰個案,讓他們加入團體、張貼文章,參與他們有興趣的議題或是對他們關心的近期事件進行討論。生涯諮商師的角色是協助個案,讓他們知道社群媒體的力量,並知道如何利用網路平台實現他們短期和長期的生涯目標。

求職與網絡工具

　　根據一項調查，54.5% 的大學畢業生無法成功地使用社群媒體求職（NACE, 2012），這是個很大的機會損失，尤其是學生如此精通像是 Facebook 與 Twitter 的情況。有超過 80% 的招聘人員積極地使用社群媒體宣傳職缺及尋找求職者，高達 98% 的招聘人員描述他們登入 LinkedIn 去尋找及聯絡熱門人選（Payscale.com, 2012）。

　　身為生涯諮商師，我們必須精通各種招募人員尋找人選的各種方法，幫助個案了解求職社群網站的潛力。我們對個案建議時，必須注意到不同的社群媒體網站所提供的選項也會有所不同。LinkedIn 和 Twitter 提供的建議如下：

一、LinkedIn 的建議

　　身為一個專業的社群網站，在協助個案進行網絡交流及找工作時，LinkedIn 提供一些獨特的做法。以下是一些可以展開的行動建議：

- 凸顯教育、課程、榮耀及其他學術上的成就。發展一個有關自己經驗、才華及生涯目標的摘要說明。
- 固定時間（每週）更新你的狀態，以便在他人眼中你一直都維持在最新狀態。
- 加入社團，顯示各團體的標記，積極地在討論中提出貢獻。
- 從各種不同資源（教職員、工作督導等等）尋求建議。
- 註冊一個獨特的 LinkedIn 網址，含括姓名（或是名字的變化）。
- 附上作品樣品的連結網址或是其他社群媒體網站。
- 將自己的 LinkedIn 網址放在履歷中。
- 搜尋和自己關聯的人或組織，同時將建議的這些選項加到你的網絡中。

• 個人化自己所有的資訊，以便讓人第一次接觸就留下深刻印象。

二、Twitter 的建議

Twitter 不只是一個追蹤及交際互動的好管道，同時也提供求職者豐富的職位空缺。以下為一些建議個案可以採取的行動：

• 追蹤致力於工作機會開放的 Twitter 帳號，例如像是公司（@mtvnetworksjobs）、企業（@medical_jobs）、地區（@Chicago TechJobs）及工作類型（@findinternships）。
• 追蹤人力資源的招募人員、企業的校友以及「大人物」，跟上時事及招聘的資訊。
• 利用主題標籤（#）增加你的能見度（知名度）及相關性。
• 轉貼與自己的生涯或是重要目標的有關資訊，以顯示興趣，並支持有興趣的領域。

生涯中心最佳的實務經驗

社群媒體的最佳想法，來自於生涯專業人士彼此間能分享他們在實務上的最佳做法。例如，以下這份創新課程的說明，來自 Evangeline Kubu（2012b）全國性研究報告，其中凸顯出生涯中心對社群媒體的應用情形。

一、學生輔導與網絡

LinkedIn 經常被用來作為促進學生與校友、或者年輕的校友與較年長的校友之間關係的一種方式。LinkedIn 是一個很好的資源，因為它為學生提供了聯繫人的電子「關係網」，在學生的部分不需要更新。網絡是有效率的，因為學生們可以很容易地搜尋他們跟其他人及公司之間的關係（連結），並發送一個自動邀請，與特定的聯絡人聯繫。雖然這些邀請應該要依

據每個聯絡人做出個人化，點下按鈕送出邀請即可省下很多寶貴的時間。學生還可以根據工作和教育背景以及小組成員身分確定共同關係和共同興趣。LinkedIn 幫助學生識別出具有相似生涯道路和興趣的專業人士，不用打一通「推銷電話」（cold call），而能讓學生快速建立和維護廣泛的專業人員網絡。賓州大學（University of Pennsylvania）的生涯服務部門創建了 @PennCareerDay，邀請校友在工作日時發布推文，讓學生和粉絲了解在特定領域工作的感受。每日副本會存檔在生涯網站上，校友檔案也都張貼在生涯中心的部落格中。

二、校友外展

校友可以藉由 LinkedIn 群組和 Facebook 頁面輕鬆地相互聯繫，並透過 Twitter 主題標籤追蹤有關工作線索和生涯主題內容的主題。除了偶爾的監控和驗證新加入的成員之外，行動團隊通常幾乎不需要行政監督。由於校友往往散布在美國和世界各地，因此線上工具可以非常有效地滿足他們的即時需求。

三、活動推廣

生涯服務可以發布與生涯活動相關的內容。例如，一些學校會在 Facebook 和 Twitter 上進行為期一週的倒數計時，以推廣即將舉行的生涯就業博覽會，包括以每日影片介紹如何準備的小技巧。社群媒體也是在活動前一天或一小時發送最後一分鐘提醒的好方法，這對於研討會、演講者或工作／面試截止日期來說，是非常理想的方式。

四、雇主關係

社群媒體可以快速為學生推播工作和實習機會，特別是使用 Twitter 發布工作機會公告。有些學校會邀請雇主成為 LinkedIn 討論小組的專家，或使用 Skype 讓他們擔任專題討論小組的與會講座。有些學校課程也會請雇主

以客座部落客在社群媒體加入更多內容，或錄影來簡短回覆問題。

五、同儕諮詢

由半專業人員或實習生編寫和製作的學生部落格和短片，是吸引大學部學生的有效方式。有些人還使用 Facebook 作為學生的討論論壇。例如，我們可以組織 Facebook 活動，透過「歡送會」的活動，連結同一家公司所雇用或是才剛搬到附近的實習生或近期畢業的大學生。

六、主題日或主題週

每週或每日有個主題，是生涯中心組織社群媒體工作的另一個例子，包括主題日，如「週一迷思破解」或「週二轉推」。另一個例子是密蘇里大學的「密茲工作週」（MIZ-JOB），有轉推生涯貼文和分享生涯成功故事的學生，就可以抽獎，獎品為一張價值 100 美元的圖書禮券。獲獎者將會在隔天的社群網頁上的首頁被凸顯出來，2013 年該活動幾乎使他們的粉絲增加了一倍。

七、專業化

一些學校正在使用線上公布欄 Pinterest 來教育學生有關專業化。例如賓州大學生涯中心分享圖片及資源，關於正確面試服裝、生涯的資訊圖表、推薦書籍和資源主題、學生的成功故事，以及年輕畢業生的職場技巧。

八、多媒體

影片和動畫是吸引當今學生的好方法。密西根大學（Michigan State University）建立了一個 YouTube 頻道，其中包含四個主題：校園（myCampus）、生涯（myCareer）、事業（myBusiness）、社群（myCommunity）。該頻道的目的是為學生提供生涯資訊的簡要概覽和求職的資訊洞察。他們會自己創新內容，也會訂閱其他的生涯或大學相關頻道。

九、競賽

有些品牌想建立粉絲專頁，以增加其價值（增加參與度及可見度），這時生涯中心可以特別提供競賽和廠商優惠券給社群媒體用戶以吸引學生參與。德拉瓦大學（University of Delaware）舉辦了一場現金獎的影片比賽，讓學生表達他們為什麼重視生涯服務。這些「角逐者」產生許多共鳴，為生涯中心提供了許多有價值的內容及推薦證詞。

十、諮詢委員會

有關問題的即時回饋，LinkedIn 群組、Ning 網站或 Skype 電話可以輕鬆地讓個人與校友、雇主或其他生涯專業人士等的主要成員聯繫。許多學校會組成正式面對面的諮詢委員會，但當許多成員分散在各地時，社群媒體能讓他們親自針對當天迫切的問題提供你建議。

十一、生涯課程

生涯課程可以使用線上工具接觸新的遠距學習者，也可以與在校學生連結。課程內容可以透過影片、作業、投影片和其他內容共享。這也可以成為創建學習社群的有效工具，這對於可能無法參與較大的課堂討論的學生來說非常有效。除了提供課堂內容外，社群媒體還可以幫助學生研究和完成作業，例如資訊式面談（informational interview）和生涯敘事。

十二、社群與關係建立

社群媒體應用的黃金法則是：如果追蹤並發布他人的內容，他們也將會這樣做。除了交叉營銷互相分享學生服務外，社群媒體活動還可以促進校園內各部門和學生團體之間的更多合作。社群網站還可以培養社群歸屬感，這對學生的滿意度和保留率至關重要，特別是在大型機構中。

專業發展

　　無論是否直接管理社群媒體，生涯諮商師都應該熟練使用這些平台。這需要熟悉並定期使用社群媒體網站，以便與新興功能和科技趨勢保持同步。請為你個人的專業發展採取以下行動：

- 設為書籤並參考 LinkedIn 職業服務資源中心網站：http://university.linkedin.com/career-services。
- 建立一個綜合詳盡的 LinkedIn 個人資料，並將其作為個人名片盒。
- 加入討論小組，例如職業顧問技術論壇（Career Counselor Technology Forum）或美國大學與僱主學會（NACE）社群媒體等，積極關注並加入對話。
- 分享你的專業知識，並透過 SlideShare LinkedIn 功能發布自己的 PowerPoint 簡報。
- 查詢或建立 YouTube 影片，與職業專業人士和個案分享。
- 透過公告和一對一的訊息傳送與他人建立聯繫。
- 與校友或遠距學習者安排 Skype 會議。（要先練習！）
- 與生涯服務專業人士和其他同事分享生涯及社群媒體新聞。

結語

　　採取小而可測量的步驟來實施這些策略，以便更充分地將社群媒體整合到生涯諮商師的專業互動和生涯諮商中。社群媒體是幫助我們更有效地履行生涯諮商角色並盡可能吸引廣泛觀眾的重要工具。當我們建議個案成為終身學習者並建立長期的生涯發展技能時，我們應該也要示範這種行為，勇敢面對令人興奮而不確定的社群媒體世界。

CareerBuilder.com. (2013). Retrieved from http://www.careerbuilder.com/share/aboutus/pressreleasesdetail.aspx?sd=6%2f26%2f2013&siteid=cbpr&sc_cmp1=cb_pr766_&id=pr766&ed=12%2f31%2f2013

Davis, C. H. F., III, Deil-Amen, R., Rios-Aguilar, C., & González Canché, M. S. (2012). *Social media and higher education: A literature review and research directions* (Research Report). Tucson: University of Arizona, and Claremont, CA: Claremont Graduate University.

Duggan, M., & Brenner, J. (2012, February). *The demographics of social media users.* Retrieved from Pew Internet & American Life Project Web site: http://pewinternet.org/Reports/2013/Social-media-users.aspx

Epley, N., & Kruger, J. (2004). When what you type isn't what they read: The perseverance of stereotypes and expectancies over email. *Journal of Experimental Social Psychology, 41*, 414–422.

Facebook Statistics. (2013). Retrieved from http://newsroom.fb.com/Key-Facts

Higher Education Research Institute. (2007). *College freshmen and online social networking sites.* Retrieved from http://heri.ucla.edu/PDFs/pubs/briefs/brief-091107-social-networking.pdf

Holt, R. (2013, May 21). Twitter in numbers. *The Daily Telegraph.* Retrieved from http://www.telegraph.co.uk

Kaplan Test Prep. (2012). Retrieved from http://press.kaptest.com/research-and-surveys/kaplan-test-preps-2012-survey-of-college-admissions-officers

Kettuen, J., Vuorinen, R., & Sampson, J. (2013). Career practitioners' conceptions of social media in career services. *British Journal of Guidance & Counselling, 41*(3), 302–317.

Kluemper, D. H., Rosen, P. A., & Mossholder, K. N. (2012). Social networking websites, personality ratings, and the organizational context: More than meets the eye? *Journal of Applied Social Psychology, 42*(5), 1143–1172.

Kruger, J., Epley, N., Parker, J., & Ng, Z. W. (2005). Egocentrism over email: Can we communicate as well as we think? *Journal of Personality and Social Psychology, 89*, 925–936.

Kubu, E. (2012a). *Assessing social media implementation in career centers.* Retrieved from the National Association of Colleges and Employers Spotlight for Career Professionals Web site: http://naceweb.org

Kubu, E. (2012b). Career center social media implementation and best practices: Findings of a nationwide survey. *National Association of Colleges and Employers Journal, 72*, 32–39.

Kubu, E. (2013). *Princeton University Office of Career Services social media and guidelines strategy.* Retrieved from http://www.princeton.edu/career/pdfs/Princeton-University-Office-of-Career-Services-Social-Media-Guidelines-Strategy 2013-2014.pdf

LinkedIn Statistics. (2013). Retrieved from http://press.linkedin.com/about

National Association of Colleges and Employers. (2012). *Class of 2012 student survey report.* Retrieved from http://www.naceweb.org/Research/Student/Student_Survey.aspx?referal=research&menuID=70

Osburn, D. S., & LoFrisco, B. M. (2012). How do career centers use social networking sites? *The Career Development Quarterly, 60*, 263–272.

Payscale.com. (2012). Retrieved from http://www.payscale.com/career-news/2012/04/social-media-recruiting-infographic?goback=.gde_135722_member_134640695

Timm, C. (2006). Technology decision-making in career services. *National Association of Colleges and Employers Journal, 66,* 33–39.

Vuorinen, R., Sampson, J., & Kettunen, J. (2011). The perceived role of technology in career guidance among practitioners who are experienced Internet users. *Australian Journal of Career Development, 20*(3), 39–46.

結束生涯諮商

在對諮商關係做一個有意義的結束，對諮商師而言，通常是最困難的，且最近的研究顯示，諮商師和個案往往對晤談的結束過程會有不同的知覺（Corey, 2013; Manthei, 2007）。基本上，諮商心理師應思考為什麼結束對自己以及對個案是困難的，這很重要，繼而發展有效的結束技巧以結束諮商關係（Meier & Davis, 2011）。

為何做結束會這麼困難？這有很多原因，也許最重要的，就是一般人對各種結束都會感到不安（Young, 2013）。這種不安的例子，在日常的結束都看得到，像是拜訪朋友或親戚，道別時會有不安。這種種結束經常發生，一直延續到下一次再見面。這些行為似乎達到某種目的，讓我們拒絕這晤談實際上是結束了的事實。我們與他人最重要、最真誠的溝通，有些就是在長期晤談的最後時刻才突然出現。結束讓我們感到不舒服。因此，在諮商中，諮商師及個案都會拒絕結束。也許他們會為了避免關係結束的感受而持續不見得有用的諮商關係。

在訓練諮商師時，有個很重要的議題，就是要檢視他們自己對結束的態度。若結束對諮商師而言是特別困難的，他們可以從閱讀書本或是期刊當中關於失落的議題進行學習，在督導過程中，可以暫時擱置這有關結束關係的議題。在某些情況下，若諮商師在有關結束方面的個人問題限制了他的諮商效能，那他可能需要尋求個別諮商。有些諮商師害怕自己不是個有用的諮商師，而這會因為關係的結束而變得更為明顯（Meier & Davis, 2011）。然而，對多數諮商師而言，透過學習有效結束生涯諮商的要素，這種伴隨著關係結束的不安會稍趨緩和。

有關生涯諮商結束的重要性，相關文獻很少。但結束諮商階段和諮商的開始階段一樣重要（Corey, 2013）。這種對於結束關係缺乏關注，可能部分是由於人們認為生涯諮商是短期的和結構性的，結束時較不容易看到像是在一般社會情緒諮商歷程中常見的情緒釋放情形。誠如本書所指出的，這種描述並不適用絕大多數生涯諮商的案例。人們生活中的工作角色無法與他們的社會情感生活區分開來，因此，有效的生涯諮商是以廣泛的取向理解一個人，並涵蓋一個人所有的生活情境及情緒。研究顯示，與普遍的看法相反，個案重視並認可工作同盟在生涯諮商中的重要性（Bikos, O'Brien, & Heppner, 1995; Heppner & Hendricks, 1995）。有了這種更為全面的生涯諮商觀點，我們更需要關注諮商關係的各個層面，包括統整關係結束的方法，以及如何說再見。為這「結束典禮」（closing ceremony; Amundson, 1998, p. 203）的規劃從諮商關係建立的一開始就很重要。

本章提出四個相關主題：第一，我們討論結束諮商的情境脈絡，包含各種結束諮商的理由。其次，我們介紹一種結束諮商關係的特別情況，也就是諮商師相信個案在還沒準備好的情況下就提早結束諮商。第三，我們討論與結束諮商有關的感受。最後，我們提供構成有效的結束諮商關係之相關資訊。

結束諮商的情境脈絡

　　由於各種原因，結束諮商發生在不同的時間點。結束諮商的情境脈絡是決定結束形式的一個重要原因，總共有三種結束諮商關係的原因。

一、已完成一開始設定的目標

　　個案和諮商師覺得一開始諮商時設定的目標已經達成，不再需要與諮商師見面了。在最好的狀況，是引發個案當初來談的需求已得到滿足，這時就自然會出現諮商關係的結束。例如，這可能意味著個案已經清楚了解他的主要或生涯選擇，或者已經解決了工作中遇到的困難。檢視個案為了實現目標而有的進展，是結束諮商的重要指標（Amundson, Bowlsbey, & Niles, 2005; Corey, 2013; Young, 2013）。雖然個案也許會想確認在結束諮商後若出現其他需求時是否能再次找到諮商師協助，但是對諮商師及個案而言，這樣的結束歷程通常是最清楚而也最有價值的。

二、在此刻沒有行動進展

　　個案知道生涯規劃歷程的下一步需要做什麼，但在此時決定暫不採取行動。在這樣的情況下，個案已經「到了湖邊」（gone to the edge of the lake，意指蓄勢待發），只是還沒準備好要跳下去。這表示個案已經很清楚自己的興趣、技能和價值觀念，也很清楚知道必須要採取什麼樣的途徑，只是基於種種原因而無法或不願意在此時採取這樣的途徑。第 13 章所描述的「生涯轉換量表」，可以評估個案無法採取行動的具體原因。個案可能缺乏動機、信心、支持、獨立性或控制感。透過幫助個案了解他們不採取行動的原因，可以幫助他們明白，他們可以選擇是否願意面對這些心理障礙並試圖克服這些障礙。很多時候情境的變化會阻止我們前進：像是有小小孩需要照顧，缺乏財力來支持他們改變生涯所需的培訓，或離婚後沒有什麼情緒能

量。重要的是，個案不會因為缺乏行動力而感受到指責。諮商師可以讓個案知道此情況是正常的，並向個案保證，當他們準備好要採取下一步驟時，諮商師是隨時可以提供幫助的。

三、缺乏深度或意義

諮商晤談本身缺乏深度或是意義。最初個案之所以來諮商的痛苦已經減輕，要進行諮商的動機也減弱了。通常需要有一定程度的不安、困惑或痛苦，如此個案才會有尋求諮商的動機。這樣的痛苦可能是因為失業所造成的壓力，可能跟同事之間有複雜而難以處理的人際問題；又或者是在選擇大學主修或職業領域時因猶豫不決而引起焦慮。也可能是許多成年人在接近生活中特別重要的觸發點（trigger point）時所感受到的痛苦和不確定性，例如邁入 40 歲，或到了與自己同性別父母死亡時的年齡。有時候這種痛苦會因與諮商師進行幾次晤談中的宣洩效應而得到緩解。即使問題沒有得到解決，個案也不再感受到最初激起他們在諮商中解決這些問題的強大情感反應，因此他們選擇結束諮商關係。

諮商師如何處理這類個案的諮商結束，很大一部分是取決於結束個別個案後的後果。對於很多個案來說，這類型的結束諮商關係是很正常的，也很少會導致嚴重的後果。他們得到協助而度過當下的問題，之後如果他們再次遇到問題，則會選擇再次使用諮商服務。當前的醫療保健領域重視有效率的諮商，這種短期問題解決方案類型已經成為常態。

然而在某些狀況，諮商師可能需要鼓勵個案持續下去，即使最初的不安問題已經好轉（例如：如果個案選擇留在不健康的工作環境中，對他的身體或心理方面會有危險）。在這樣的狀況下，諮商師的角色可能要幫助個案辨認以下必須討論的結果：(1) 諮商師感覺到自己不能再跟個案工作，且這些原因已經與個案討論過，或者相反地，(2) 個案感覺到自己不能再跟諮商師工作，並且這些原因也已經和諮商師討論過。

有時候在諮商過程中，由於各種原因，諮商師和個案之間會出現不匹配

的情況。舉例來說，個案可能在一個認同發展的階段，而難以與特定的諮商師合作。正如我們在第 3 章、第 4 章和第 5 章中討論的諮商中的性別和多元性議題，如果一個個案處於性別或種族二分化為特徵的認同發展階段，該個案可能難以與異性或不同種族的諮商師有效合作。另一個沒有匹配得當的潛在原因是，由於諮商師缺乏對某些特定個案問題有適當的培訓或對特定群體持有偏見。無論如何，在諮商師欲轉介個案給其他更適合的諮商師之前，諮商師和個案能夠修通他們的不同是很重要的。因此，這些不同的晤談結束情境脈絡決定了不同的諮商結束的形式。舉例來說，如果個案因無法與某個諮商師合作而被轉介，那麼諮商結束的焦點就和因為目標達成所以結束諮商關係這個焦點並不相同（Hackney & Cormier, 2013）。

過早結束諮商關係的特殊案例

　　也許結束諮商最棘手的情況之一，是文獻中提到的**過早終止諮商關係**（premature termination; Ward, 1984; Young, 2013），或是**過早結束諮商關係**（premature closure）。這會出現在個案於諮商師相信個案準備好結束諮商之前，就決定要結束諮商。過早結束諮商關係通常發生在個案不依預約時間出現。Brown 與 Brooks（1991）提到四個可能過早結束諮商的原因：(1) 個案相信他已經達到自己的目標；(2) 個案擔心諮商歷程中可能被發現某些內容；(3) 失敗的諮商，沒有達成個案想達到的期望；(4) 在諮商一開始個案就缺乏承諾。儘管在大多數情況下都會出現過早結束諮商的現象，諮商師去檢視結案背後真正的原因是很必要的事。有時候，這種檢視會產生有關生涯諮商背景或程序的訊息，這些訊息實際上會造成提早結束諮商。在一項調查生涯諮商中關鍵的負面和正面事件的研究中（Heppner, O'Brien, Hinkelman, & Flores, 1996），提出了以下評論，闡明了過早結束諮商關係的一些可能原因：

我覺得我的諮商師對我這個人一點興趣也沒有，她用她固定習
慣的方式給我這些測驗並告訴我應該怎麼做，我覺得她對每個個案
都是一樣──具備同樣的機械化歷程，我怎麼會想回去要求更多
呢？

這個例子顯示出建立工作同盟的重要性，將生涯諮商視為一個過程而不
是一個程序，並重視每個個案在過程中帶來的獨特性。

身為一個黑人，我不覺得我的諮商師理解我或是我所面對的議
題，她看起來就像一直都是很優越的。諮商中心給我一種是屬於白
人的感覺（White feel）──我在那裡感覺很不舒服。

雖然提早結束諮商發生在所有個案族群當中，但有強而有力的證據說明
對弱勢族群而言，這種過早結束現象特別普遍（Sue & Sue, 2007）。以下這
位個案所說的內容，強調我們需要檢視一些方式，看看諮商情境如何對弱勢
個案造成打擊。

我們諮商了幾次，他就把我轉介到生涯資源圖書館去「蒐集資
訊」，他說我應該看完資訊後再打電話給他。我感到很沮喪──他
好像根本沒有意思要幫助我。

將資訊融入生涯諮商的過程是門藝術，也非常關鍵重要。如第 16 章所
討論的，個案和諮商師必須發展具體計畫，以蒐集並解釋這些資訊。讓個案
自由探索可能會是導致過早結束諮商的最快方式之一。個案需要確定他們的
諮商師會在整個過程中與他們一起工作，而不是在陌生的生涯資訊茫茫大海
中放棄他們。

> 我從來沒有做過生涯諮商，不知道該期待什麼，但很明顯地，
> 我現在還沒有準備好接受諮商。

正如同我們在第 8 章所強調的，在生涯諮商一開始，個案和諮商師雙方共同討論對諮商的期望，是相當重要的。如此可以確保個案了解生涯諮商是什麼或不是什麼，更重要的是，也可以避免因為不明確的期待而形成過早結束諮商關係。

過早結束諮商關係的處理

如果個案缺席，諮商師就需要做出決定。諮商師應該承擔多少責任來鼓勵個案回來諮商，這是個專業判斷。通常打電話給個案具有以下優點：

- 可表達我們對個案的關懷和關心。
- 可以有機會蒐集有關個案過早結束諮商的原因，並了解諮商師或諮商機構是否有些不清楚的原因導致個案決定不回來繼續晤談。
- 若情況允許，在適當時機可以轉介給另一位諮商師或機構。
- 可以讓諮商師有機會為個案敞開大門，當個案準備再次開始時可以回來談。

與結束諮商關係有關的感受

了解與結束諮商有關的情緒範圍和複雜性，將有助於諮商師正常化多種感受，並促進個案處理他或她自己的情緒。有各種各樣與諮商結束相關的感覺。

一、「我寧可說說也不要行動」

雖然最有效的生涯諮商是談話和行動的結合，但個案可能會覺得諮商結

束時會為他們增加更大的壓力，因為他們要開始代表自己採取行動。個案可能對討論生涯規劃過程感到相當舒服自在；但採取行動可能引發他們更大的恐懼和不安。

二、「我在這窩裡很受滋養──不要把我踢出去」

對某些個案來說，諮商中的滋養（nurturing）和親密感是很特別的經驗。他們自己生活中的關係並不能提供他們在諮商時所感受到的那種支持和關懷。這樣的滋潤感覺很好，他們也不想放掉。這些感受提供了一個豐饒的環境鼓勵個案發展更有意義和滋潤的關係。你可能會強調，他們很明顯地能夠跟你（諮商師）發展這樣的關係，並且這些相同的技能可以用來培養其他的滋潤關係。

三、「如果我不回來，就不用說再見」

有時個案會透過反覆取消或缺席來逃避整個結束諮商的過程。藉由這種逃避方式，他們毋須經歷結束關係的不適，但他們同時也錯過了結束關係時會出現的滿足感。

四、「那並不是那麼好的經驗，為什麼要去處理它？」

很多時候，生氣讓人們覺得很不舒服，但哀傷或失落的感覺更不舒服。因此，當他們感受到結束即將來臨時，他們會透過覺醒隔離（disenchantment）而與結束保持一段距離（Bridges, 2004）。這個覺醒隔離可能會用貶損諮商師或是諮商過程的形式出現。個案可能會覺得諮商師在隱藏訊息，或是沒有像最初想像的那樣有幫助。這樣的目的讓結束諮商關係更容易進行，因為這樣的關係「反正也沒有那麼重要」。

五、「謝天謝地我已經完成了目標，週四晚上又可重回自由了」

接受諮商，是一份工作，因為不需要再來諮商而感到輕鬆的狀況是很常

見的。諮商可能對實現所需目標非常有幫助，但個案可能也會在結束時感到自由。在諮商的結束階段能夠真誠地談論這輕鬆的感受是結束階段一個重要的目標。

什麼構成有效的結束諮商關係？

諮商關係的結束是否順利，要看諮商時工作同盟的發展是否穩定以及諮商中的目標及任務如何有效地達成。即使在結束關係時有個別差異，但有效的結束諮商關係至少有七個共同點。

1. 通常會對諮商過程中發生的內容進行回顧。有效的結束階段，會是一個很好的生涯諮商反思旅程：個案當初來談時，他的情況如何？讓他一路走來達到這個結局，過程中的種種情況如何？這種反思可能會關注在個案最初的困惑和不確定性，透過諮商過程，個案如何得到對於自我和世界的更多認識。尤其是在這個回顧內容過程中，強調個案在旅程中發展成的角色，以及所學到的技能是否能轉化到新的情況下。這次的討論為諮商師提供了一個機會，用來描述生涯選擇和改變的動態性和重複性，並強調個案可以很好地利用這些對話中學到的技能來進行未來的生涯規劃。內容回顧，幫助個案了解更多有關歷程中個別的部分如何形成一個完整的樣貌。就如同 Amundson（1998）形容：「我發現要凸顯出改變歷程中的每一個小片刻（Moments of Movement）是很重要的，這表示這個過程中似乎有個清楚的改變指標。」（p. 191）這個脈絡可能聽起來像是這樣的：

諮商師：過去六週以來我們一起經歷了這趟旅程。

個　案：對啊，我覺得跟當時我一開始被絆住時很不一樣，那時不知道要做什麼或是我可以問些什麼。

諮商師：對，當時你很困惑，離婚才剛過一個多禮拜，你不知道自己的人生

該往什麼方向走。

個　　案：對啊，我還不知道我變得多麼依賴麥可，以及在結束這段婚姻時，我失去了大量的自尊心。

諮商師：你真的展現出了你的力量及韌性，能伸手求援，來到這個你什麼都不知道的地方。

2. 諮商中，內容回顧（發生了什麼）與歷程回顧（它是如何發生的）是同等重要的。歷程回顧，包括與個案直接討論諮商師與個案兩人間的工作同盟，以及這段晤談過程中彼此關係的發展如何。如果關係中曾存在衝突，那麼聚焦於歷程就顯得特別重要。仔細檢視諮商師和個案如何處理衝突可以是一種強而有力的學習經驗。歷程回顧的對話，可能如下所示：

諮商師：我記得你第一次來諮商時，我感受到你對於自己在很多地方都被忽略的生氣跟絕望。

個　　案：當時感覺很差，我來見你時，我懷疑一個白人是否真的能夠明白我所經歷的。

諮商師：我真的很想幫忙，但我不確定你是否願意讓我幫助你。

個　　案：不過，你後來通過了我的測試。

諮商師：測試？

個　　案：我在檢視你是個種族主義者嗎？你說的話真的是你的意思嗎？你是真心繼續跟我談，還是只是在說你認為我想聽到的東西？

3. 結束諮商也是再次強調個案在處理這些重要生活議題方面的優勢的時機。有時在諮商歷程中，我們很難讓個案接受他們使諮商有效的地方，所以在結束時，我們要跟個案反映他們的優勢，這很重要。以下是重申個案優勢的例子：

個　　案：你真的幫助我了解我是如何讓身為女人這樣的想法阻礙了我。

諮商師：你表現了很細緻的理解層次，能了解各種環境因素對你所知覺到的選擇行為有所限制。

個　案：是的，很感謝你，我覺得我現在可以探索更多的領域，並且可能實際上多了一些技能可以成功面對。

諮商師：我很感謝你對未來選擇所領悟到的新啟示，也增強了我的角色功能。我也想聽聽你在重塑夢想時所扮演的角色。

個　案：好的，我覺得我精力充沛。

諮商師：真的！沒錯！

4. 結束諮商也是一個評估的時機（Corey, 2013）。哪些進展順利？哪些情況很糟？整個諮商過程中什麼是最有幫助的事件？什麼是最阻礙進展的事件？一起反思這些問題可以為個案和諮商師提供非常有用的訊息。個案通常很難向諮商師表達負面的感受，表達負面感受時，個案可能需要幫助。我們可以常態化諮商過程中的高峰及低谷，了解更多每位個案的經驗，有助於諮商師及個案了解在諮商過程中的改變。以下這個例子是結束時進行評估的可能對話：

諮商師：在每一段諮商關係中都有高峰經驗也會有低谷的時候；有時介入的處遇十分有效，有時也會只是平平。我想知道你是否願意與我分享這個過程中對你最有幫助和最沒有幫助的地方。

個　案：當然。最有幫助的地方，是你相信我，並肯定我離開法律界而追求我成為一名製陶藝術家的夢想。

諮商師：在另一方面，什麼是最沒有幫助的，甚至可能阻礙了你的進步？

個　案：嗯，我知道你想檢視我，但這些興趣量表有點浪費時間。我不需要它們，我可以把時間花在更有用的地方。

5. 往往在互動中，事情並沒有表達出來。有時候覺得好像說話時機不對，或者我們會擔心他們是在何種情況下接收訊息的。有時候我們在諮商晤

談結束開車回家或是回顧錄音檔時，我們會想「我多希望當時我有告訴我的個案……」。我們為這些「沒說的事情」（Wheeler & Kivlighan, 1995）提供時間和地點，可以在結束諮商關係時表達，這是另一件很重要的事。接下來的例子說明如何與個案提出這沒說的事：

諮商師：有時候在關係中，很多事情是沒有被說出來的。你（或我）可能會想或是感受一些東西但沒有表達出來。之後，我們可能希望當時我們是更為肯定的。花一點時間，思考我們之間有沒有任何沒有說出或是尚未完成的事情。

6. 諮商結束的晤談提供了一個機會，可以用來討論與結束關係有關的心情。這時很重要的是正常化一系列的感受並增強他們在表達時的真誠及坦率。討論一些個案如何感到恐懼和被遺棄可能很重要，而有些個案則感到如釋重負。對個案感受了解越多，越能有助於妥善結束諮商關係。身為諮商師，這時我們也需要真實的面對溝通，表達我們對結束的情緒。以下是一個實例，說明在結束時如何表達感受：

諮商師：我們已經談了好幾個禮拜，這是我們最後一次晤談。人們對這樣的結束有各種各樣的感受——有些感到釋放，有些則感到害怕或缺乏自信，有些則希望避免討論結束。我不知道對今天這最後一次晤談，你的感覺如何。

7. 結束階段同時也是下一個步驟的開始時刻。根據個人情況，這種討論可能有幾種形式。諮商師與個案可能會在生涯規劃的過程當中去重新探討下一個步驟。有時候，這些後續步驟是個人單獨採取的，有時透過轉介來源的幫助，有時則需要再向諮商師尋求額外的幫助。這裡重要的一點是，個案應該對下一個步驟有清楚的圖像，並有信心能執行這些步驟。一旦有需要時，個案回來找諮商師應該也是要感到被歡迎或是被鼓勵的。我們從心理治療研究中得知，諮商結束後經常會出現反彈效應，這

樣，個案可能會感到失落，並需要諮商師的進一步幫助。重要的是，我們要營造一種氣氛，讓個案在有需要與我們重新連結時，覺得是很自在且容易的。有些諮商師使用術語「持續推進」（booster shot）或是「調整」（tune up）來形容這個階段。因為個案熟悉這些字詞，做些調整也很正常，個案較容易記得。諮商師的大門永遠敞開著，可以這麼做：

諮商師： 儘管這是我們最後一次正式的諮商時間，但我總是會告訴我的個案，萬一有需要做些調整時，我隨時都在。

個　　案： 調整？

諮商師： 是的，有時候個案會覺得他們被卡住，或是很掙扎，或者只是需要過來談一下事情的進展情形。有時他們覺得需要再次確認自己的選擇，或是強化他們的努力。不管什麼原因，我想讓你知道我的大門會為你而敞開。

結束諮商前思考的問題

諮商晤談的結束需要花時間，而且要有計畫才會有效果。在進行結束之前，先思考我們自己對個案的感受以及對結束的感受，是很重要的。協助個案準備好最後一次的晤談，讓他們感到自在和自信也很重要。有個不錯的準備技巧，是請個案在最後一次諮商開始前思考以下五個問題，這有助於為個案做好準備並深化他們的分享程度。

1. 你有覺察到哪些與結束有關的感覺？
2. 請花點時間反思諮商對你而言最有幫助以及最沒幫助的是什麼？
3. 你了解自己覺得最重要的事情是什麼？
4. 在我們彼此之間有沒有什麼是你沒有說出來的，你願意跟我分享嗎？
5. 你接下來要做什麼？這旅程的下一段，會是什麼樣子的？

除此之外，諮商師可以查看這個七點清單並確定結束諮商的晤談是否完整徹底：

諮商晤談結束清單

我是否有：

- 回顧諮商過程中發生的事情內容？
- 回顧整個諮商歷程？
- 再次強調個案在諮商中顯現的優勢？
- 評估哪些方面進展順利，哪些方面進展不佳？
- 探索諮商中未被說出的事情？
- 討論與諮商關係結束有關的感受？
- 為個案的下一步提供清晰直接的結構？

結語

結束諮商晤談在很多方面是最困難的，但也是諮商中最重要的晤談。它是一個諮商師與個案總結他們諮商旅程的時機——發生了什麼以及如何發生的。可以評估過程的有效性，沒說的事情可以說出來，個案和諮商師的優勢可以再次得到增強，個案離開前也可以有個明確的未來計畫。若我們逃避這些議題，匆忙帶過，沒有給足夠時間，或不以細心的態度做討論，整個諮商效果就會大打折扣。當諮商晤談的結束經過深思熟慮和計畫後，可以成為諮商師和個案最滿意和最有意義的晤談之一。我們積極鼓勵生涯諮商師花時間思考諮商晤談的結束方法，以便隨著個案邁向新的開始時，他們將有這個重要時刻來反思他們所經歷的過程。

Amundson, N. E. (1998). *Active engagement: Enhancing the career counselling process.* Richmond, British Columbia, Canada: Ergon Communications.

Amundson, N. E., Bowlsbey, J. H., & Niles, S. (2005). *Essential elements of career counseling.* Upper Saddle River, NJ: Pearson.

Bikos, L., O'Brien, K. M., & Heppner, M. J. (1995). *Therapeutic alliance as a component of career counseling: A comparison and outcome study.* Unpublished manuscript, University of Kansas–Lawrence.

Bridges, W. (2004). *Transitions: Making sense out of life's changes.* Reading, MA: Addison-Wesley.

Brown, D., & Brooks, L. (1991). *Career choice and development.* San Francisco, CA: Jossey-Bass.

Corey, G. (2013). *Theory and practice of counseling and psychotherapy.* Belmont, CA: Brooks/Cole.

Eliot, T. S. (1942). *Little Gidding.* San Diego, CA: Harcourt Press.

Hackney, H. L., & Cormier, S. (2013). *The professional counselor: A process guide to helping.* Boston, MA: Pearson.

Heppner, M. J., & Hendricks, F. (1995). A process and outcome study examining career indecision and indecisiveness. *Journal of Counseling & Development, 73,* 426–437.

Heppner, M. J., O'Brien, K. M., Hinkelman, J. M., & Flores, L. Y. (1996). Training counseling psychologists in career development: Are we our own worst enemies? *The Counseling Psychologist, 24,* 105–125.

Manthei, R. J. (2007). Client–counselor agreement on what happens in counselling. *British Journal of Guidance and Counselling, 35,* 261–281.

Meier, S. T., & Davis, S. R. (2011). *The elements of counseling.* Belmont, CA: Brooks/Cole.

Sue, D. W., & Sue, D. (2007). *Counseling the culturally different: Theory and practice* (3rd ed.). New York, NY: Wiley.

Ward, D. E. (1984). Termination of individual counseling: Concepts and strategies. *Journal of Counseling & Development, 63,* 21–25.

Wheeler, J. L., & Kivlighan, D. M., Jr. (1995). Things unsaid in group counseling: An empirical taxonomy. *Journal of Counseling & Development, 73,* 586–591.

Young, M. E. (2013). *Learning the art of helping: Building blocks and techniques.* Boston, MA: Pearson.

國家圖書館出版品預行編目（CIP）資料

生涯諮商：優勢、多元、全方位／Norman C. Gysbers,
Mary J. Heppner, Joseph A. Johnston 作；田秀蘭等譯.
-- 初版. -- 新北市：心理, 2020.04
面；　公分. --（輔導諮商系列；21124）
譯自：Career counseling: holism, diversity, and
strengths, 4th ed.
ISBN 978-986-191-902-7（平裝）

1. 生涯規劃　2. 職業輔導　3. 諮商

192.1　　　　　　　　　　　　　　　　　　109003694

輔導諮商系列 21124

生涯諮商：優勢、多元、全方位

作　　　者：Norman C. Gysbers、Mary J. Heppner、Joseph A. Johnston
校 閱 者：田秀蘭
譯　　　者：田秀蘭、吳芝儀、王玉珍、楊育儀、林昱芳、劉怡佳
執行編輯：林汝穎
總 編 輯：林敬堯
發 行 人：洪有義
出 版 者：心理出版社股份有限公司
地　　　址：231026 新北市新店區光明街 288 號 7 樓
電　　　話：(02) 29150566
傳　　　真：(02) 29152928
郵撥帳號：19293172 心理出版社股份有限公司
網　　　址：https://www.psy.com.tw
電子信箱：psychoco@ms15.hinet.net
排 版 者：龍虎電腦排版股份有限公司
印 刷 者：龍虎電腦排版股份有限公司
初版一刷：2020 年 4 月
初版二刷：2023 年 9 月
I S B N：978-986-191-902-7
定　　　價：新台幣 580 元